宁波广电蓝皮书 Blue Book of Broadcasting&TV Industry of Ningbo

宁波广播电影电视发展报告
· 2022 ·

Report on Development of Broadcasting,
Film and TV Industry of Ningbo（2022）

宁波市广播电视学会
宁波市广播电视发展研究中心　编著

中国国际广播出版社

《宁波广播电影电视发展报告（2022）》编辑委员会

主　任：詹荣胜

副主任：李　可　陈彩凤　张菊琴

委　员：（按姓氏笔画排序）

丁杨明　王　伟　王　伟　王海寅　王雷达
叶秀少　朱鸣鸿　阮一心　孙　静　李仲祥
李阳育　李善基　杨玉红　杨华平　何健军
应　彬　汪光辉　张畅芳　陈　军　陈兴达
陈建瑜　陈淑萍　邵道良　周女芬　郑开颜
郑志雄　郑静峰　房伟迪　赵　科　胡玉珍
夏　欣　蔡建萍　潘　霖　穆晓莉

主　编：陈彩凤　张菊琴

副主编：李仲祥　王仁忠

编　辑：徐位岳

摘 要

《宁波广播电影电视发展报告（2022）》（广电蓝皮书）是2021年度宁波广播影视行业发展的年度报告。由宁波市广播电视学会和宁波市广播电视发展研究中心共同编撰，宁波市广播电影电视行政管理部门及全市广播影视机构提供资料支持。

全书由"总报告""2021年宁波广播电影电视发展状况""2021年宁波广播电影电视基本情况""专题研究报告""个案分析报告""附录"等六大部分构成。

"总报告"统领全篇，呈现宁波广播电影电视事业产业在2021年取得的新成就和新进展。

"2021年宁波广播电影电视发展状况"就广播电视新闻宣传、广播影视公共服务、广播电视产业、电影和电视剧产业、视听新媒体发展方面发布权威数据，全面深入展现2021年宁波广播影视行业的发展轨迹。

"2021年宁波广播电影电视基本情况"是宁波广播影视行业基本资料汇编，囊括了2021年宁波广播电视播出机构、频率频道、节目播出、广播电视从业人员等全方位情况。

"专题研究报告"选取宁波广播影视事业产业发展中的重点、焦点问题进行较为深入的研究，兼具实践指导和理论参考价值。

"个案分析报告"聚焦行业典型案例，既有单个栏目的成功之道，也有播出机构的创新运作，精确生动地展现了其成功的经验与路径，提供借鉴和启示。

"附录"提供了书中涉及的一些数据图表，以及关于全书撰写的背景情况，比如撰写人员、材料提供单位等。

以习近平新时代中国特色社会主义思想为指引，全书致力于从媒介技术革命、媒介融合发展及影视产业繁荣发展的大背景，报告和研究宁波广播电视传媒改革发展的最新状况，追踪地方广播影视产业发展的最新成果，助力宁波广播影视业的快速发展和文化强市建设。

目　录

总报告 …………………………………………………………………… 001

第一章　2021年宁波广播电影电视发展状况 ……………… 012
　　第一节　广播电视新闻宣传 ………………………………… 012
　　第二节　广播影视公共服务 ………………………………… 036
　　第三节　广播电视产业 ……………………………………… 042
　　第四节　电影和电视剧产业 ………………………………… 060
　　第五节　视听新媒体 ………………………………………… 083

第二章　2021年宁波广播电影电视基本情况 ……………… 092
　　第一节　广播影视管理机构 ………………………………… 092
　　第二节　广播电视播出网络机构 …………………………… 093
　　第三节　频率频道 …………………………………………… 099
　　第四节　节目播出 …………………………………………… 100
　　第五节　受众调查 …………………………………………… 123
　　第六节　评奖与表彰 ………………………………………… 128
　　第七节　广播电视从业人员 ………………………………… 131
　　第八节　电影经营单位 ……………………………………… 146
　　第九节　广播电视节目制作经营机构 ……………………… 165
　　第十节　社团组织 …………………………………………… 201
　　第十一节　书刊简目 ………………………………………… 201

第三章 专题研究报告 …… 203

第一节 主旋律电影国庆热潮下的"宁波思考" …… 203

第二节 主流价值传播的网络建构

——以"'NB轰红'短视频大赛"为例 …… 211

第三节 连接、对抗、在场："云传播"时代的主播话语体系解构 … 216

第四节 关于主流媒体参与基层社会治理的探讨

——以宁波广播电视集团新闻综合频道《看点》栏目为例 … 222

第四章 个案分析报告 …… 229

第一节 以建设性新闻舆论监督助推清廉机关建设

——《阳光热线——清廉机关·你我同行》特别节目的

实践 …… 229

第二节 锤炼"四力"创作"网感"短视频 讲好乡村振兴故事

——以甬派团队创作短视频专题《小裤脚教授》为例 …… 233

第三节 创新节目形态 丰富报道手段 拓宽传播渠道

——《第一发布》特别节目《决战决胜全面小康区县（市）

长访谈》新突破 …… 236

第四节 台风报道的策略与实践

——以宁波电视台新闻综合频道5G直播连线为例 …… 240

第五节 记录小生活 映照大时代

——纪录片《三公里的担心》创作心得 …… 245

第六节 浅谈如何办好少儿广播节目

——以《小星星乐园》获奖为例 …… 251

第七节 电视健康服务类节目须讲"新闻性"

——以宁波广播电视集团自办节目《健康有1套》为例 …… 256

第八节 在共性中展现个性 挖掘好"共同富裕"这座"富矿" …… 261

第九节 助推鄞州"出圈"的媒体力量

——简析融媒体情境下城市形象宣传的创新 …… 264

目 录

附录一　2021年宁波广播电影电视发展大事记 …………… 273

附录二　2021年宁波广播电影电视事业产业发展亮点一览表 … 293

附录三　2021年宁波广播电视发展主要指标一览表 ………… 311

附录四　2021年宁波广播电视行业实际创收收入构成情况图 … 313

附录五　2021年宁波有线电视网络收入构成情况图 ………… 314

附录六　2021年宁波广播电视广告收入分布情况图 ………… 315

附录七　2021年宁波广播电视制作、播出情况图 …………… 317

附录八　2021年度浙江省广播电视获奖作品一览表 ………… 321

附录九　2021年度宁波市广播电视获奖作品一览表 ………… 333

附录十　《宁波广播电影电视发展报告（2022）》图表索引 …… 367

附录十一　《宁波广播电影电视发展报告（2022）》
　　　　　撰稿人名单 …………………………………………… 370

附录十二　《宁波广播电影电视发展报告（2022）》
　　　　　提供材料单位及特约编辑 …………………………… 374

后　记 ………………………………………………………………… 375

总报告

2021年是中国共产党成立100周年，是"十四五"规划开局之年和全面建设社会主义现代化国家新征程、向第二个百年奋斗目标进军的开启之年。一年来，宁波市广播电影电视行业践行初心使命，坚定责任担当，奋力应对行业普遍持续下滑状况和新冠肺炎疫情严重冲击，全力抓好新闻宣传、内容建设、媒体融合、技术支撑等各项工作。

一、2021年宁波广播电影电视行业发展

2021年，宁波市广播电影电视行业坚持以习近平新时代中国特色社会主义思想为指导，深入贯彻党的十九大和十九届历次全会精神，切实落实中央和省委、市委决策部署，坚持政治为魂、内容为王、惠民为基、改革为重、转型为要，进一步提升党建引领力、舆论引导力、公共服务力、融合生产力、产业竞争力，攻坚克难，革新图强，为宁波锻造硬核力量、唱好"双城记"、建好示范区、当好模范生、加快建设现代化滨海大都市、高质量发展建设共同富裕先行市提供了有力的舆论引导和文化支持。

（一）坚持政治为魂，进一步提升党建引领力

坚持把政治建设摆在首位，增强忠诚拥护"两个确立"、坚决做到"两个维护"的政治自觉、思想自觉、行动自觉。

一是严格落实"第一议题"制度。全市广播电视播出机构对习近平总书记发表的系列重要讲话和中央、省委、市委以及县市（区）广播电视播出机构对县市（区）委的重大决策部署，都安排第一时间学习传达。

二是严格落实党史学习教育主体责任。把开展党史学习教育作为贯穿

2021年全年的一项重大政治任务，按照学史明理、学史增信、学史崇德、学史力行的要求，高标准高质量完成了党史学习教育各项任务，达到了学党史、悟思想、办实事、开新局的目的。

三是严格落实意识形态工作责任制。坚持党管媒体、党管意识形态不动摇，把意识形态工作责任制严格落实到新闻舆论、融合改革、阵地管理、安全播出、队伍建设、保密管理等各个环节，全力以赴抓好新闻宣传主业，稳妥做好重大突发事件和热点敏感问题的舆论引导，全面做好广播电视网络安全播出等方面的风险隐患排查，确保了在内容导向上未出现偏差，在安全播出、网络安全和人员管理上没有发生事故。

四是严格落实领导班子内部运行机制。认真贯彻执行民主集中制，坚持集体领导和个人分工负责相结合，统筹推进宣传舆论引导、媒体融合改革、产业经营拓展和干部人才队伍建设。

（二）坚持内容为王，进一步提升舆论引导力

聚焦主责主业，坚持守正创新，努力以内容优势提升核心竞争力。

一是抓好重大主题宣传。宁波广播电视集团精心策划和组织做好"建党百年""党史学习教育""锻造硬核力量 奋力争先进位 加快建设现代化滨海大都市""高质量发展建设共同富裕先行市""奋力打造全国文明典范城市""宁波建城1200周年""甬凉携手 山海情深"等重大主题宣传，有力有效做好镇海、北仑疫情防控，台风"烟花""灿都"防御等突发事件的应急报道和舆论引导。

二是抓好内容质量提升。宁波广播电视集团谋划推出以"精品节目+精品活动+精品直播+精品影视剧"为框架的宁波电视精品频道，内容品质和节目影响力、传播力得到进一步提升。全面改版《宁波新闻》《看点》等品牌栏目，研发推出《第一访谈》《寻味明州》《经典甬流传》等新节目。策划承办了庆祝建党百年主题灯光秀、2021中国（宁波）大运河国际钢琴艺术节暨郎朗杯钢琴大赛等品牌活动。

三是抓好对外宣传。宁波广播电视集团2021年全年电视外宣在中央广播电视总台（简称"总台"）各频道各栏目发稿368条，其中《新闻联播》发稿

74条；浙江卫视发稿792条，其中《浙江新闻联播》发稿395条，发稿总分和总条数继续保持在全省城市台第一方阵。在广播外宣方面，总台中国之声发稿252条，其中《新闻和报纸摘要》发稿32条，发稿总分再次获全国城市台"十强"称号。由宁聚新媒体中心运维的"学习强国"宁波学习平台，被全国学习平台录用472条。

四是抓好广电精品创优。宁波广播电视集团电视新闻访谈节目《丛志强：划火柴的人》获第三十一届中国新闻奖二等奖，广播剧《中国蛟龙》获中国广播电视大奖2019—2020年度广播电视节目奖广播剧类广播电视大奖。另有13件内容类作品获2020年度浙江省广播电视政府奖及浙江新闻奖一等奖，40个科技类项目获2020年度省级一等奖以上科技创新或录制技术质量奖，1项获国家发明专利。

（三）坚持惠民为基，进一步提升公共服务力

坚持"以人民为中心"的价值追求，着力提升基础设施建设，推进应急广播建设，推进技术优化升级，持续实施广播影视惠民工程。

一是着力提升基础设施建设。宁波市文化广电旅游局完成应急广播提升前期准备工作。按照《浙江省应急管理厅 浙江省广播电视局关于进一步推进全省农村应急广播体系建设的通知》精神，完成了全市应急广播基本状况调研，研究制订了市级平台改造方案和全市应急广播提升计划，并协调相关部门落实了专项建设资金。同期，进行了广播电视"村村响"、无线发射台站等基础设施的摸底调查，着手研究"户户通"提升计划，重点推动美丽乡镇建设广电项目的实施。推进广电重要项目建设，积极争取资金，通过购买服务的方式推动双向双环多节点异地备份容灾安全网络建设，既增强了市域广播电视节目传输的安全性，也提高了广电网络新兴业务的承载能力；继续做好广电网络IPv6改造，新布局和改造的网络全部采用IPv6技术模式，并不断推进光纤入户和双向网覆盖；推动智慧广电建设，积极支持宁波广播电视集团、宁波华数广电网络有限公司等开展智慧广电"社区大脑"试点工作，推动各广电单位主动承建"雪亮工程"、智慧停车等社会项目；继续做好广播电视高清化工作，促进高清频道数、用户数的不断提升，除余姚市因搬迁未完成改

造外，其余播出机构均实现了数字电视高标清同播。

二是抓好民生实事工程。宁波市文化广电旅游局完善落实广播电视"村村通"及无线覆盖工程，继续实施广电低保工程，督促各广电运营单位做好有线广播电视运营服务工作。

（四）坚持改革为重，进一步提升融合生产力

坚持系统观念，积极谋划和稳妥推进深化改革与深度融合发展。

一是融媒体传播矩阵建设进一步完善。2021年，全市广播电视播出机构持续构建以"两微一端"为主体，辅以微信小程序、视频号、抖音号等多种网络视听新媒体形态的移动视听传播生态和格局，以短音频、短视频为主的内容生产持续向好，以更专业的发布、更权威的信息和思想观点的输出，发挥"关键少数"作用。宁波广播电视集团着力打造以"宁聚"客户端为龙头、由广播电视新媒体组成的融媒体传播矩阵，全年"宁聚"客户端共推出直播440余场，精心创作推出的《看一看宁波美丽的样子》《我们如此热爱宁波》等高品质视频在国内各大主流媒体广泛传播，其中播放量达100万人次以上的有52条，800万人次以上的有15条，"城市形象短视频"项目荣获2021年度宁波市宣传思想文化工作创新大奖。

区县（市）融媒体中心新媒体矩阵建设有新成效。余姚市融媒体中心（余姚市广播电视台）整合了各个新媒体平台，明确了以"姚界"客户端为龙头的中心旗下七大视听新媒体平台，投入50多万元升级"姚界"客户端，创新推出"姚视频""慢直播"，主打"姚界"视频品牌。奉化区融媒体中心（奉化区广播电视台）实现"一端四微多平台"融媒体（含视听新媒体）矩阵，即"掌上奉化"客户端（粉丝量16万+）；"奉化头条"（粉丝量12万+）、"奉化发布"（粉丝量6万+）、"FM994资讯音乐台"（粉丝量近11万）和"民声1890"（粉丝量近4万）等4个微信公众号；入驻网易、蓝媒号、"甬派"、"宁聚"等多个外宣平台。矩阵用户总和达到49万+，去除各平台重复用户，信息覆盖达全区一半用户以上。

二是融媒体科技支撑进一步夯实。宁波广播电视集团广电融媒体科技创新大厦工程项目建设加快推进，已进入机电安装、幕墙施工和工艺设计编制

阶段。数字化改革积极启动，成立领导小组和工作专班，具体负责方案编制、规划建设、组织推进、统筹协调和监督指导等各项工作。宁聚云二期（中国蓝云宁波分中心）资源扩容项目和宁波分中心互联项目的验收、云平台送播备份通道调试已完成，电视5G+4K+AI实验室项目建设积极启动。媒资库项目建设加快推进，抢救性广播媒资数字化转储服务（二期）项目已完成，抢救性电视媒资一期项目的审核、编目正全力推进。

（五）坚持转型为要，进一步提升产业竞争力

面对全国广播影视行业总体下滑的态势，全市广播影视行业攻坚克难，持续创新经营，坚持转型为要，实现产业平稳发展。

一是广播电视行业实际创收收入继续下探，降幅不大。2021年，全市广播电视行业实际创收收入126354.04万元，同比下降7.71%。宁波广播电视集团实际创收收入37265.23万元，同比2020年实际创收收入44198.52万元减少6933.29万元，下降15.69%。

在全市广播电视行业实际创收收入中，广告收入33368.67万元，同比下降15.56%；有线电视网络收入65127.63万元，同比下降32.46%；新媒体业务收入2304.99万元，同比增长137.86%；其他创收收入25552.75万元，同比增长18.21%，广播电视行业实际创收收入结构进一步优化。

广播广告收入10218.04万元，同比下降1.74%；电视广告收入17998.94万元，同比下降21.39%，降幅较大；网络媒体广告收入1742.17万元，同比增长38.25%；其他广告收入3409.52万元，同比下降31.26%，除网络媒体广告实现正增长外，其他类型广告收入普降。

有线电视网络收入65127.63万元，同比下降32.46%，降幅较大，占全市广播电视行业实际创收收入的51.54%，与去年相比，所占比重下降。有线电视实际用户数2092726户，与去年相比减少28228户；有线数字电视实际用户数2062342户，与去年相比减少27762户，其中有线双向电视实际用户数1058631户，同比减少8.27%。

二是电影票房收入整体恢复到疫情前的69%。2021年宁波电影市场整体票房收入5.49亿元（含服务费），观影人次1343.2万，人均观影1.4次（以全

市常住人口940万计算)。整体上已经恢复到疫情前的69%。

全市共有118家影院，845个影厅，放映电影130万场，分账票房收入4.99亿元（含服务费票房收入5.49亿元），平均票价37.2元。

与2020年相比，产生票房影院增加6家，新开影院14家，关停影院10家，观影人次增长109.8%，票房增长137.3%，平均票价上涨4.3元，上座率下降0.1%。2021年，全市单影院年均票房423万元，比去年增长125.2%；单银幕平均产出59万元，比去年增长125.5%。

宁波在全国城市票房排名第17位，占全国总票房的1.2%，与2020年持平，较2019年下降1位，在浙江省票房排名第2位，占全省总票房的15.5%，总人次的15.6%，人次比下降0.2%。

三是影视剧创作与平台建设成效显著。全市电视剧备案9部，发行2部；网络电影、网络剧备案119部；累计接待剧组470个，落地拍摄294个；持证影视企业362家，新增影视相关公司、个人工作室2476家。以宁波影视艺术有限责任公司为代表的影视产业主体，攻坚克难，持续推进电影和电视剧精品创作投资，电影《力量密码》、电视剧《阳明传》启动。同时，公司面向未来深挖本土题材影视项目的孵化，推进新项目的开发和储备，通过原创、改编、合作等方式储备了一批项目：电视剧《风起东方》《爱情博弈论》；网络剧《这个客栈有点甜》；电影《大戏》等。

2021年，宁波市电影集团有限责任公司按照现代企业制度的要求，进行了业务重组和资产整合以及产权制度改革，更好地发挥了国有影视企业在"影视之城"建设和文化宁波建设中的独特和核心作用，构建创作拍摄、投资融资、产业集聚、文化交流、发行放映等"五大体系"战略布局，成为"影视之城"建设中的领军企业。

宁波市影视文化产业区立足打造具有国际影响力的影视文化创新中心，有力推动影视文化产业实现破局发展。全年实现营业收入73.13亿元，同比增长53.89%；实现税收3.56亿元，同比增长40.71%；接待勘景、拍摄剧组306个，其中入驻拍摄剧组230个，同比增长17.95%。获批中国电影家协会影视基地工作委员会理事单位、首批浙江省现代服务业创新发展区、浙江省重点文化产业园区、浙江省示范级文化和旅游IP、浙江十大数智景区、宁波市科普教育基地等。

二、2021年宁波广播电视行业的问题与挑战

2021年，宁波广播电视行业各项工作取得的成绩来之不易，但也存在着许多压力和困难，有不少薄弱环节和问题亟待解决。

一是政治站位不够高。学懂弄通做实习近平新时代中国特色社会主义思想，运用新思想指导实践、推动改革、破解难题、加快发展方面还不够到位，未能真正做到融会贯通。

二是内容建设不够强。尽管有人力、财力、物力支撑不足等客观因素，但由于自身存在着能力不够足、窗口意识不够强等不足之处，导致节目栏目研发能力还不够强，比较缺少高品质、有影响力的节目栏目和产品。

三是融合改革不够快。融合改革的紧迫性不够强，研究得不够深，决策不够坚决，路径不够清晰，导致步子不够快、力度不够大、成效不明显。

四是产业转型不够明显。广告经营收入断崖式下降趋势尚未见底，止跌企稳尚需付出极大努力；经营规模普遍不大且缺少主营业务，整体实力和竞争能力不强，面向市场的科学化运营体系还没有真正形成。

五是队伍不够强。干部年龄总体偏大，退出渠道不够通畅，轮岗交流成效不够明显。专业人才呈现老龄化趋势，新媒体人才和经营人才欠缺。

三、扎实推进"五大工程"，开创广播电视行业发展新局面

2022年是党的二十大和省、市党代会的召开之年，是实施"十四五"规划承上启下的重要一年，也是宁波广播电视行业全面推进融合改革发展的关键之年。全市广播电视行业要以习近平新时代中国特色社会主义思想为指导，深入贯彻党的十九大和十九届历次全会精神，坚决落实中央和省委、市委决策部署，贯彻落实全国宣传部长会议精神和省、市宣传思想工作会议精神，坚持稳字当头、稳中求进的工作总基调，聚焦举旗帜、聚民心、育新人、文化、展形象的使命任务，突出迎接宣传贯彻党的二十大和省、市党代

作主线，扎实推进政治铸魂、内容提升、改革深化、产业转型、人才支撑等"五大工程"，为宁波加快建设现代化滨海大都市、高质量发展建设共同富裕先行市提供强有力的舆论引导和文化支持，以优异成绩迎接党的二十大和浙江省第十五次党代会、宁波市第十四次党代会胜利召开。

（一）坚持党媒姓党，扎实推进政治铸魂工程

把政治建设作为铸魂工程抓牢抓实，切实把"两个确立"转化为做到"两个维护"的思想自觉、政治自觉、行动自觉。一是保持政治定力。严格落实把学习贯彻习近平新时代中国特色社会主义思想作为党委会会议的"第一议题"制度，建立健全党史学习教育长效机制，对习近平总书记发表的系列重要讲话和中央、省委、市委的重大决策部署，第一时间组织传达学习和研究部署，不断提高各级干部政治判断力、政治领悟力、政治执行力。二是体现政治担当。严格落实意识形态工作责任制，并具体地贯穿广电工作的全领域全过程各环节，把握正确的政治方向、舆论导向、价值取向，守住守好党的意识形态阵地。三是提升政治能力。坚持以党委中心组学习会等为平台，认真学习贯彻中央和省委、市委决策部署，切实提高党委把方向、谋大局、定政策、促改革的能力，提高领导班子运用法治思维和法治方式深化改革、推动发展、化解矛盾、维护稳定的能力。严格落实党建工作责任制，围绕中心抓党建，以高质量党建引领保障广电高质量发展。四是强化政治监督。坚定不移坚持从严治党，严格落实全面从严治党"四责协同"机制，加强对党委重大决策部署落实的监督，着力推动日常监督做实做深、执纪问责严格严肃、廉政教育入脑入心，一体推进不敢腐、不能腐、不想腐，积极营造风清气正的良好政治生态。

（二）坚持守正创新，扎实推进内容提升工程

牢牢把握正确舆论导向，坚持"内容为王"，专注内容质量，提升内容品质，努力以内容优势赢得广播电视行业高质量发展的竞争优势。一是着力升主题宣传。系统谋划和深入实施以"开好党代会、迎庆二十大"为主线闻宣传、安全播出和精品广播影视剧创作，围绕中心策划推出"滨海宁

波 启航世界"等大型融媒体新闻行动，组织实施好"浙江省第十五次党代会""宁波市第十四次党代会""建设现代化滨海大都市""高质量发展建设共同富裕先行市""争创全国文明典范城市""制造业'专精特新'""'精特亮'工程建设""北京2022年冬奥会和冬残奥会""杭州2022年第19届亚运会"等重大主题报道，进一步巩固壮大主流思想舆论。二是着力提升内容品质。积极实施精简精办战略，坚持以人民群众的新期待、新需求为导向，深入推进内容生产供给侧结构性改革，深化精品频道建设，着力完善业务提升、质量考评、创新创优等工作机制。三是着力提升融合传播。坚持把更多优质内容、先进技术、专业人才、项目资金向互联网主阵地汇集、向移动端倾斜，通过可视化呈现、互动化交流、碎片化传播等方式，突出"宁波味"和"广电味"，精心制作一批适合广电媒体和互联网大小屏互动传播的融媒体报道产品，切实提升融合传播品质。四是着力提升主流外宣。宁波广播电视集团要主动对接央媒、省媒，精心上送素材案例，巩固和拓展在总台央视《新闻联播》、央广《新闻和报纸摘要》和"学习强国"全国平台的用稿量，巩固和提升省卫视主打新闻栏目的用稿总量和全省排位，立体讲好宁波故事，认真组织二次传播，外宣数量和质量继续保持全国城市台领先地位。

（三）坚持积极稳妥，扎实推进改革深化工程

坚持系统化思维，注重规律性把握，以实现媒体深度融合、加快推动主力军全面进军主战场为目标，深度谋划和渐次推进管理、广播、电视、技术、产业五大板块的深化改革，努力以融合改革增动力、促活力。一是作为全市广播电视行业龙头的宁波广播电视集团要率先实施以实现公司化治理为目标的组织架构改革。建立事业与产业"一体两面"的运作机制，事业要进一步完善党委会领导下的管委会、编委会分工负责制，产业要建立党委会前置审议、董事会依法决策、总经理办公会具体执行、监事会依法监督的议事清单。二是实施内部行政管理部门改革。坚持科学合理、精简高效、统分结合的原则，重新设定内设机构，进一步优化综合管理部门职能，明确权责划分，厘清工作边界，提高工作效率。三是实施全面预算和优化薪酬绩效考核一体化改革。坚持问题导向，整合资源，并联推进，着力健全预算制度，力求规范

严格、考核相对科学合理、分配相对公平公正的制度体系。四是实施屏、网、端、微一体化改革。整合优质资源，集中优势力量，全面实现屏、网、端、微一体化整合运行，全力推动主力军挺进主战场，构建起"一次采集、多次生成、多元发布、多级放大、多渠道融合、多平台互动"的融媒传播格局。五是实施数字化改革。着力推进管理数字化建设应用，力争建成一批功能完备、行为规范、运转协调的综合信息应用管理系统；着力助推媒体深度融合建设，加快推进实现广播电视节目的采、编、播、管、控等全流程数字化。

（四）坚持开源节流，扎实推进产业转型工程

坚持稳字当头、稳中求进，按照"目标不变、任务不减、标准不降"的要求，开源与节流并举，全面完成年度各项经营目标任务。一是加快传统广告转型。创新广告经营体制机制，层层压实指标责任，强化全媒体方案服务，实行精准化营销，巩固和拓展大企业资源、政府类资源和本地商业资源，守住广告基本盘，力争实现恢复性增长。二是加快产业优化转型。抓住数字化改革的市场契机，利用自身网络资源和5G推出时机，深度参与城市智能化运营；重点围绕主旋律和精品工程，宣传和推广好城市形象，实现社会效益与经济效益相统一；持续谋划实施一批与广电现有产业关联度高、匹配性强的重大项目。三是加快制度管理转型。厘清职责权限、议事规则和运行机制，真正实现权责边界清晰，决策、执行和监督机制运转顺畅；强化市场导向，突出企业盈利能力建设，建立更加科学精准的企业绩效考核评价制度；积极实施与选任方式相匹配、与企业功能相适应、与经营业绩相挂钩的差异化薪酬分配办法，构建灵活高效的激励约束机制。四是加强财务资产科学管理。深入实施全面预算管理，完善财务管理体制机制。

（五）坚持严管厚爱，扎实推进人才支撑工程

牢记初心使命，勇于自我革命，切实加强干部人才队伍建设。一是选用好干部。坚持把政治标准放在选人用人首位，坚持事业为上、德才兼备、人岗相适、群众公认，选好用好干部，科学有序推进干部交流轮岗，完善干部退出机制。二是管理好干部。坚持严管和厚爱结合、激励和约束并重，加强

对干部的监督管理，完善干部考核评价机制，强化考评结果运用，树立讲担当、重担当、改革创新、干事创业的鲜明导向。三是培育好专业人才。重视选拔培养经营管理人才和新媒体人才，加强全媒体优秀人才培养和专项培训；优化人才队伍结构，强化人才梯队建设，深入实施青年英才选拔培养工作，着力构建"选培管用"全链条制度。四是营造好广电文化。加强作风效能建设，着力克服全局观念淡薄、服务意识不强、工作推诿扯皮、在岗在位不在状态等倾向，努力在效能意识和工作能力上有新提升，在履行职责和改革创新上有新突破，在服务质量和办事效率上有新提高。积极组织开展"迎庆二十大"和岗位练兵、技术比武、学术沙龙等富有特色的文化活动，营造创业创新、担当担责、唯实惟先、善作善成的广电文化，进一步增强干部职工的归属感和凝聚力。

第一章 2021年宁波广播电影电视发展状况

第一节　广播电视新闻宣传

2021年是中国共产党成立100周年，是"十四五"规划开局之年和全面建设社会主义现代化国家新征程、向第二个百年奋斗目标进军的开启之年。站在"两个一百年"奋斗目标的历史交汇点，宁波市广播电影电视行业以习近平新时代中国特色社会主义思想为指导，深入贯彻党的十九大和十九届历次全会精神，忠诚拥护"两个确立"，坚决做到"两个维护"，深入贯彻落实中央和省委、市委决策部署，围绕举旗帜、聚民心、育新人、兴文化、展形象的使命任务，充分发挥宣传职能，为忠实践行"八八战略"、奋力打造"重要窗口"，高质量发展建设共同富裕先行市提供有力舆论支撑和强大精神动力。

一、坚持正确舆论导向，浓墨重彩做好重大主题宣传

2021年，宁波市广播电视媒体坚持以习近平新时代中国特色社会主义思想为指导，特别是以习近平总书记关于宣传思想文化工作的重要思想为指导，秉承"党媒姓党"原则，牢记48字职责使命，紧紧围绕市委、市政府中心工作，抓好主题主线宣传，把好舆论导向关，提升新时代广播电视舆论宣传传播力、引导力、影响力、公信力。

（一）精心组织做好建党百年和党史学习教育宣传报道

全市广播电视媒体围绕庆祝中国共产党成立100周年重大主题，精心策划实施庆祝建党百年、党史学习教育宣传报道。通过专栏专题、系列报道、媒

体行动、纪录片、直播报道等形式多样、内容丰富的广电宣传，营造浓郁热烈的舆论氛围。在"七一"前后，甬城三江六岸上演缤纷多彩的灯光秀，宁波"两优一先"表彰大会暨庆祝中国共产党成立100周年文艺演出，将庆祝建党百年宣传报道推到了高潮。

宁波广播电视集团多媒体新闻中心以庆祝中国共产党成立100周年为主线，聚焦主线，主动有为。《宁波新闻》开设《奋斗百年路 启航新征程》专栏，全力以赴做好建党百年和党史学习教育宣传报道，策划推出了《解码红色基因》《学党史 悟思想 办实事 开新局》《永远记住你》《听老一辈讲党史》《点亮幸福生活》《沿着高速看宁波》《我为群众办实事》等多个专栏。2021年7月1日，《宁波新闻》通过对当天稿件的精细策划和特别编排，以"来到2021"为主线，串联起了《百年大庆》《烽火岁月》《沧桑巨变》《启航新征程》《党在我心中》等五大版块，从宁波本地视角，充分传递了百年大党欢庆华诞的宏大主题；7月1日后，推出《党旗高高飘扬·连线》等专栏和系列报道，持续做好习近平总书记"七一"重要讲话精神的宣传阐释。

宁波广播电视集团广播频率群在前期做好"奋斗百年路 启航新征程"大型主题采访报道的基础上，策划实施"党旗飘飘——我和我的支部"大型融媒体报道，记录和讲述基层党支部以党建为引领，带领人民群众克服困难、全面奔小康的生动故事；策划推出了大型党建音频节目《百年经典》，该节目梳理、甄选了100个宁波党史上的典型事件或人物故事，制作成100个音频作品；联合市政协文化文史和学习委启动实施"知行合一践初心——庆祝建党100周年"读书会、宣讲会等系列活动。

各区县（市）广播电视媒体广泛开展内容丰富、主题鲜明、形式多样的宣传活动，回顾党的光辉历程，讴歌党的丰功伟绩，从党的百年历史中汲取前行的智慧和力量。

海曙区全媒体中心紧扣庆祝中国共产党成立100周年主线，开设《奋斗百年路 启航新征程》和《学史力行 我为群众办实事》两个专栏，播发一批具有海曙特色的稿件。同时开辟《声动诵党史》专栏，刊播党员职工优秀诵读音频；推出"走遍海曙"大型融媒体活动，以海曙区260余个村（社）为记述对象，深入挖掘历史故事，重温"红色记忆"，描绘"十四五"发展蓝图。

江北区全媒体中心（江北区广播电视中心）推出了"红色巡礼·英雄记忆，光荣在党50年"老党员自述系列片。在2021年7月1日，中国共产党成立100周年的重要节点，派出多路记者，奔赴辖区各地，采访社会各界、各街道（镇）、各部门收听收看庆祝中国共产党成立100周年大会及热议习近平总书记在大会上讲话的情况。

镇海区新闻中心（镇海区广播电视台）启动"奋斗百年路 启航新征程"主题宣传活动。推出"寻访镇海红色印记"系列融媒体报道、《美丽宁波行——红色记忆》音画专栏、"家书里的故事"系列，拍摄制作《浃江风云——中国共产党镇海历史》和《初心永驻 继往开来》两部重量级纪录片。在"镇灵通"客户端首页显要位置开设"党史学习馆"，设置"学史进行时""红色档案""学习镇海党史"等特色融媒体板块，引导广大党员干部随时随地开展"指尖学习"。

北仑区传媒中心（北仑区广播电视台）精心策划"学党史 悟思想 办实事 开新局""奋斗百年路 启航新征程""寻找北仑红色印记""百年党史，我家的故事"等主题报道，采制完成《县委书记说党史》专栏报道。

鄞州区融媒体中心（鄞州区广播电视台）开设《奋斗百年路 启航新征程》专栏。分设《新春走基层 一线党旗红》《同心奔小康》《沿着红色足迹走鄞州》《向党说句心里话》等系列版块，分别从基层特色党建、全面建成小康社会微视角、红色印记再探访、细数变化谈发展等不同角度，展现干部群众团结一心创造美好生活的精神风貌，凝聚立足新阶段、奋进新征程的强大力量。

奉化区融媒体中心（奉化区广播电视台）启动"奋斗百年路 启航新征程"大型主题采访活动，中心全体编辑记者深入探访奉化党史上重大事件发生地、重要遗迹遗址，挖掘革命先烈的英雄事迹，推出《沿着红色足迹走奉化》专栏，先后推出20余篇红色故事精品报道。加强党史学习教育宣传，组织以"红色巡礼 英雄记忆"为主题的融媒体展播展示活动，在"掌上奉化"客户端集中推出奉化区爱国主义教育基地相关报道，在首页首屏最醒目位置开设《学习时报》《牢记总书记嘱托》等专栏。

余姚市融媒体中心（余姚市广播电视台）推出庆祝中国共产党成立100

周年"百年交响 激荡姚江"主题报道。

慈溪市融媒体中心（慈溪市广播电视台）在"慈晓"客户端、"慈溪发布"微信公众号推出"牢记嘱托 沧海桑田谱新篇"系列报道，深度展示慈溪的发展成绩，献礼建党百年。

宁海传媒集团（宁海县广播电视台）在《宁海新闻》、广播、《今日宁海》、新媒体同步策划开设了《奋斗百年路 启航新征程·红色印迹》《奋斗百年路 启航新征程·为无名烈士寻亲》《奋斗百年路 启航新征程·学党史 悟思想 办实事 开新局》《奋斗百年路 启航新征程·党旗飘扬》《奋斗百年路 启航新征程·红动宁海》《奋斗百年路 启航新征程·光荣在党50年》等多个子栏目。

象山县传媒中心（象山县广播电视台）围绕庆祝建党百年主题，结合广播电视、报纸、新媒体特色，分别开设《学党史 悟思想 办实事 开新局》《建党百年 红色记忆》《百名党员话初心》《青春向党 红色印迹话初心》《阿树讲党史》等主题专栏，集中展示象山党史学习教育动态及本土党史人物、党史遗迹和党史事件，累计刊播报道200余篇。

（二）深入推进党的十九届六中全会精神宣传报道

宁波市广播电视媒体迅速掀起深入学习宣传贯彻党的十九届六中全会精神热潮，广泛开展"六讲六做"宣讲活动的宣传报道，让全会精神深入千家万户。宁波广播电视集团多媒体新闻中心开设《六中全会在基层》等专栏，通过各种形式传递全会声音，贯彻落实省委、市委的部署。广播频率群策划推出了《贯彻落实党的十九届六中全会精神，加快建设共同富裕先行市——"六讲六做"在基层》专栏，生动报道全市各地各部门推进宣讲活动的鲜活故事。

（三）做好全国、省市两会等重要会议特别报道

每年的两会是关系到国计民生的重大会议，在我国民主政治生活中处于重要地位。2021年是"十四五"规划开局之年，年初相继召开的省市两会展示年度成绩单，对规划新目标有着重要意义。

宁波广播电视集团多媒体新闻中心在配合疫情防控常态化措施的同时，

因时制宜开展直播或者报道。《宁波新闻》开设《关注省两会》专栏，5天内播发新闻稿件14篇，出色地完成了代表委员履职尽责报道。市两会在疫情防控常态化背景下，也采取了较为严格的防控措施，参会记者克服困难，在尽可能的条件下，第一时间较为精准地编辑好图像，及时出稿、审稿，并严格遵守会议纪律，以高度的政治责任感和新闻职业操守，采制各类两会稿件，积极反映代表建议和群众呼声，确保了市两会报道的顺畅进行。在技术、安保等部门的配合下，精简人马，派出近40人的直播团队，适应闭环管理等新情况，做到直播服务"不掉链"。创新出彩，首次开设代表委员通道，加配手语播报，将两会信息传递给更多听障人士，圆满完成市两会4场直播任务。

全国两会报道，市级广电媒体首次不进京采访报道。在宁波市委宣传部、市人大、市政协的支持下，《宁波新闻》采用图文的方式进行报道，在疫情防控常态化背景下克服困难，协力合作，推出了近20篇报道，顺利完成全国两会报道任务。宁波交通广播在两会期间开设《两会晨报》专栏。

2021年6月25日，中共宁波市委十三届十次全体（扩大）会议举行。这次市委全会是《中共中央 国务院关于支持浙江高质量发展建设共同富裕示范区的意见》发布后，宁波市系统谋划推进共同富裕先行市建设的一次重要会议。宁波广播电视集团广播频率群以高度政治责任感全力以赴做好此次市委全会的宣传报道工作，在做好全会精神解读的同时连续推出系列评论，包括《充分展现服务全国全省大局的政治担当——一论高质量发展建设共同富裕先行市》《抓牢缩小城乡差距这个重点——二论高质量发展建设共同富裕先行市》等，为全市宣传贯彻市委全会精神营造了良好氛围。

（四）当好"重要窗口"模范生，奋力打造全国文明典范城市

2021年是宁波建城1200周年，这是宁波城市发展史上的一件大事，宁波广播电视集团多媒体新闻中心项目团队追古溯今，遍访名家，与宁波市文化遗产管理研究院紧密合作，实地考证古城遗址，精心打造推出系列短纪录片《透见·1200年》（共4集），以融合传播方式，开启城市的记忆键，一同回望宁波城走过的1200年沧桑岁月。纪录片于国庆期间播出，在全市上下引起强烈反响，在本地文化圈得到广泛赞誉，被称为"用心之作""篇篇精彩""很

有水准，论证扎实，数据充分，美感到位，是国庆节最好的礼物之一"。《都市周报》与宁波市社会科学院联合策划推出了宁波建城1200年专题栏目，以"宁波城事""宁波港事""宁波大运河""宁波宋韵文化"四大主题，展现宁波城市建设、发展、变迁的故事。宁波广播电视集团电视频道群相继推出《老地名的故事》《甬城·1200》等专栏以及建城1200周年才艺大赛，完成《三江汇处是吾乡》6集专题系列片。

全国文明城市，是体现一座城市综合实力的最高荣誉。在高分获得全国文明城市"六连冠"的基础上，宁波在建城1200周年之际提出创建全国文明典范城市目标，宁波广播电视集团多媒体新闻中心全力配合，翻篇归零开启创建新征程的专项主题宣传。《宁波新闻》推出全新专栏《奋力打造全国文明典范城市》，推出大量鲜活报道，努力成为新一轮文明创建新闻报道的可持续性、全过程的主要载体窗口。《看点》(原《看看看》)等栏目推出《与文明同行》专栏，挖掘百姓身边的鲜活爱心故事，报道创建鲜活案例，突出反映与城市创建相配套的公民素养提升，为创建活动营造浓厚氛围。中心各档栏目围绕文明主题全年发稿500多篇：持续关注井头山遗址入选全国十大考古新发现、舞剧《花木兰》全国巡演、宁波交响乐队进京、中国(宁波)大运河国际钢琴艺术节等文化价值观报道；配合反诈宣传开设宁波市反诈周报《民警说反诈》，以高压态势打击违法犯罪；加强策划，精心做好节日纪念日报道，在春节期间推出《新春走基层·留在宁波》专栏和《家门口看风景》特别节目，在"五一"期间推出"致敬劳动者"等大量人物报道，在国庆长假期间推出"老区共富奋斗路"等成就报道，共同传递社会主义核心价值观；发挥榜样力量，用生动的电视新闻语言，报道崔译文、竺士杰等榜样人物及其先进事迹，持续关注"顺其自然"捐款现象。

2021年2月，《第一测试》节目转型升级，围绕文明城市创建和正能量话题，推出"乘公交有人借口罩你会借吗？"等12期新型测试节目，自3月1日起在《看看看》栏目播出，同时在抖音和微信视频号同步推出短视频版本，贴合受众碎片化阅读的需求，播出后各方反响热烈，取得了良好的社会效果。《第一聚焦》从7月起加大文明典范城市创建舆论监督力度，以每周2—3期的频率，推出"创建文明典范城市"系列报道和《聚焦回头看》专栏跟踪报道，对全市各县市（区）文明创建中存在的乱停车、乱扔垃圾、安全隐患、环境污染、占道经营、噪声扰民等乱象开展舆论监督，确保问题及时得到整改，有力助推宁波市文明典范城市的创建工作。

宁波广播电视集团广播频率群加大力度开展宁波市文明典范城市创建的报道力度，积极策划、落实组织采访《奋力打造全国文明典范城市》专栏，密集推出了一批重点报道，围绕高标准常态化、扎实推进文明城市创建主题，深入采访各区县、园区和市级重点部门，充分报道各地各部门抓年度创建重点工作落实的新思路、新举措。

（五）策划实施重大事件媒体报道

宁波广播电视集团电视频道群策划举办2021中国（宁波）大运河国际钢琴艺术节，圆满完成了开幕式、郎朗杯钢琴大赛、大师音乐课、音乐会、闭幕式等10余场活动；同时引导央媒、省媒及市属各媒体开展大小屏动态宣传，共有新华社、中央广播电视总台等30多家主流媒体参与报道。

宁波广播电视集团广播频率群全面做好第二届中国—中东欧国家博览会、第二十三届中国浙江投资贸易洽谈会、第四届中国国际进口博览会等重大经贸活动的宣传报道。

2021年，宁波体育运动员在东京奥运会上屡创佳绩，广播频率群全方位加大宣传报道力度，广播端累计播发重点报道60余篇，新媒体推出短视频报道30余条次，为体育强市建设营造了良好氛围。在做好奥运动态信息报道外，广播频率群还积极开展深度策划，以奥运健儿夺金为切入点，聚焦宁波体育强市建设，深度挖掘宁波奥运金牌从零到领跑全国背后的体制机制建设成果，推出了一期特别编排节目，宣传报道效果显著。

宁波广播电视集团电视频道群充分发挥独有的资源优势，和央视频合作开展8场宁波奥运健儿直播，并通过"甬视频"和"宁波来发"抖音号同步发布。直播累计观看人次350万，短视频累计发布58条，其中播放量达100万人次以上的短视频有8条，最高播放量762万人次，为全市媒体的融合传播树立了标杆。"甬视频"播发的《宁波奥运冠军防疫提醒"六还要"！》原创短视频，在宁波广播电视集团新媒体平台、三江口大屏幕及全市各大医疗窗口滚动播放，取得现象级传播效果，成为全年亮点案例。

鄞州姑娘杨倩获得东京奥运会首金，鄞州区融媒体中心（鄞州区广播电视台）《鄞视报道》策划推出了"以勇夺奥运首金精神跑出高质量发展加速度"主题报道，广泛宣传杨倩首金事迹，弘扬奥运首金精神，激励鄞州区上下把奥运首金精神与新时代鄞州精神融合起来。

二、提升媒体应急能力，彰显主流媒体责任担当

2021年，10级以上台风"烟花""灿都"强势来袭，年底镇海、北仑疫情相继暴发。宁波广播电视媒体迅速开展应急宣传报道，有力有效做好镇海、北仑疫情防控，台风"烟花""灿都"防御等突发事件的政策发布和舆论引导，履行主流媒体的职责和使命。

（一）快速响应，全面启动新冠肺炎疫情防控宣传

宁波广播电视集团多媒体新闻中心闻"疫"而动，迅速投入"战"时状态，调度骨干采编力量和全媒体平台资源，全力以赴开展抗疫新闻宣传。在镇海疫情期间开设《战"疫"进行时》和《疫情防控》等专栏报道，推出了蹲点记录的重磅系列专题节目《抗疫进行时》，在两周内完成各类抗疫电视报道270多篇，新媒体及短视频报道200多条，在总台央视、省卫视推出疫情防控报道80多篇，为凝聚"战"疫力量提供强大的舆论支持。

宁波广播电视集团音乐广播多平台矩阵发力，全方位做好疫情防控宣传。在疫情防控宣传中，新媒体报道团队积极运用移动客户端、微信公众号、微博、抖音等新媒体平台，用图文、移动端短视频的形式，及时传递声音，回应群众关切。

镇海区新闻中心（镇海区广播电视台）应对突如其来的疫情，迅速响应，整合力量，策、采、编、审、发流程一体化运作，全方位启动防疫融媒宣传报道，有力配合全区疫情防控工作，形成强大的正面舆论引导声势。融媒各条战线攻坚克难，不畏风险，顽强作战，全媒体日均采制融媒报道40多条，各平台推出《直击蛟川》《抗疫群英谱》等特色融媒专栏10余个；"镇灵通"客户端日均更新110条信息，共发布2208条，总点击量超2500万人次；"镇海

发布"微信公众号发布权威信息95条，阅读量达216万人次；《今日镇海》连续出报21期，刊发抗疫相关报道380余篇，言论25篇，特色专版22个，疫情后印刷出版《镇海，别来无恙》（抗疫珍藏版）报刊合订本3000册；《镇海新闻》播出抗疫栏目25期，总时长500分钟，开设短视频栏目《抗疫，我们在一起》，滚动播出短视频近30个。

（二）全面动员，做好防台宣传报道

2021年7月、9月，台风"烟花""灿都"先后来袭，宁波广播电视集团多媒体新闻中心第一时间做出响应，7月23日至27日开展全天候直播"奋力防御'烟花'特别报道"，集团6个电视频道与新媒体平台首次实现同步直播，累计完成并机直播350小时左右；推出《在风雨中砥砺初心》专栏，聚焦党员的先锋模范作用，展示基层党组织的战斗堡垒作用，展现灾难面前的温情故事，其中《我叫党员》短视频在防台期间报道的到达率、点赞率和转发率均创历史新高。面对"灿都"台风，9月12日至13日，集团6个频道并机直播，新闻中心出动记者近200人次，发回大量一手信息，推出4个时段滚动直播"全力抗击'灿都'特别报道"，总直播时长140分钟。

鄞州区融媒体中心（鄞州区广播电视台）《鄞视报道》分别开设《直击台风"烟花"》特别节目和《直击台风"灿都"》特别节目，全体采、编、播人员深入防台一线，及时播发台风权威信息，播报关于人员转移安置、救灾抢险的鲜活动态，展现广大党员干部在防御台风中的模范作用。同时梳理科学防台创新亮点，关注灾后恢复情况。两次台风合计播发相关稿件近百条次。

镇海区新闻中心（镇海区广播电视台）全力做好迎战台风"烟花""灿都"专题报道，各融媒体平台开设专版专题、直播报道和特别节目，刊发刊播各类稿件和资讯信息280余条。

海曙区全媒体中心启动防台抗台报道应急预案，开设"抗击台风"特别报道。所有人员迅速集结，编辑记者共赴全区各地防台抗台一线开展采访，深入山间滩头，走进街巷村舍，探访干部群众防台抗台工作，不断将来自灾区一线的最新情况展示给观众。《海曙新闻》推出各类报道123篇。

江北区全媒体中心（江北区广播电视中心）累计出动600多人次赴一线

开展宣传报道工作。在"新江北"客户端开启"图文+视频"混合直播，连续直播7场共计118小时，开设《防御台风"烟花"》《甬战烟花》等5个专栏；"江北发布"双微、"句章是座城"双微共推送相关文章200余篇，全方位报道各地各部门防汛抗台工作动态。同时，积极联动上级媒体，在"浙江新闻"客户端、"天目新闻"客户端滚动直播《风雨一把手》等报道，在央级、省级媒体共刊发新闻50余篇。

三、深化舆论监督职责，常态化、长效化融媒体问政节目

2021年，全市广播媒体围绕市委、市政府中心工作，以问题为导向，聚焦市民关注的热点、焦点、难点，加大舆论监督力度，深入打磨电视问政系列报道，形成舆论监督合力。

（一）架好政民沟通桥梁，持续发挥新闻媒体作用

宁波广播电视集团广播频率群《宁广早新闻》常设《92关注》专栏，作为舆论监督和建设性新闻宣传报道的常态化平台，不定期推出舆论监督和建设性新闻报道近百篇，内容涉及产业发展、环保违法、环境整治、法治打黑等方方面面，共计发稿30余篇。高标准办好《阳光热线——清廉机关·你我同行》《法治时空》等节目，高效服务民生。《阳光热线——清廉机关·你我同行》作为一档大型民生问政直播栏目，自改版亮相后，携手宁波12345政务服务热线中心，深度关注民生实事，解民忧、聚民意，逐步打造成为咨询申诉的平台、政府百姓的纽带，架起政府百姓之间的连心桥。传统媒体、新媒体同步打造内容品牌"12345热线追踪"，听民声、解民忧，正逐步形成影响力。

2021年初，广播频率群联合市直机关工委推出《阳光热线——清廉机关·你我同行》特别节目，邀请市直机关单位主要负责人等走进FM92直播间，带头宣传政策法规措施、接受市民咨询投诉、帮助群众排忧解难等。节目有效发挥广播媒体的社会服务和舆论监督功能，助力改进市直机关作风形象，引导全社会共同推进清廉宁波建设。全年共播出34期，已经形成了很好的节目口碑和品牌影响力。

镇海区新闻中心（镇海区广播电视台）加强舆论监督，全新改版升级《全媒聚焦》栏目，曝光突出问题，助力落实重大任务，解决民生关切，固定为每周一期，同时做好反馈报道，形成"发现问题—曝光问题—解决问题—反馈成效"的闭环机制。策划推出澥浦镇"对标典范找差距、问政村社'一把手'"活动，首次将问政活动下沉到村社基层，引发广泛关注。《灵通镇来帮》栏目继续联动问政平台，刊发稿件126篇，首次发布网络问政年度报告。

象山县传媒中心（象山县广播电视台）精益求精做好《每周聚焦》舆论监督栏目，选题聚焦"无废城市"创建、安全生产、"低散乱"整治、国土空间整治、"六大专项攻坚行动"、"三改一拆"专项行动、"三清三美"专项行动等重点工作，节目内容动真格、不温暾、有"辣"味，每期节目播出前以滚动字幕预告，提升公众知晓率和节目影响力。推出了《停车难停车乱"老大难"问题如何根除》《消劣又反弹！8条河道被检测为劣五类水》等深度报道，相关问题受到县领导的批示和群众的广泛关注，将问题解决推向了快车道。《每周聚焦》自2015年5月6日开播以来，已累计播出160期，曝光各类问题180余个，问题整改完成率达94%，有力推动县委、县政府中心工作落地见效。

奉化区融媒体中心（奉化区广播电视台）在《奉视新闻》栏目里开设舆论监督类节目《记者观察》，全年共推出56期，在《记者视点》《记者观察》两档新闻舆论监督专栏和节目中，先后刊播《甬金铁路部分工地抑尘不力》《多家生猪养殖场不同程度存在环保问题》等舆论监督报道，有效解决部分社会治理难题。《奉川走笔》《犇犇说事》《锦溪杂谈》评论专栏刊登《切莫无视防疫纪律》《对野蛮施工说"不"》等50余篇新闻评论，直面热点、针砭时弊，充分发挥党报评论的旗帜作用。

（二）及时回应民生关切，有效开展建设性舆论监督

宁波广播电视集团多媒体新闻中心紧紧围绕宁波市委、市政府每一阶段中心工作，结合宁波实际，以问题为导向，以事实为依据，以推进问题解决、改进机关作风为目的，开展建设性舆论监督，2021年全年发布报道198篇，其中舆论监督类报道116篇，占58.6%，重点围绕"无废城市"创建、安全生产、"低散乱"整治、国土空间整治等方面开展舆论监督；正面报道82篇，占

41.4%。内容涉及文明创建、垃圾分类、乡村振兴、共同富裕示范区建设等，为全市各地提供借鉴和启发。

2021年3月30日，宁波市委书记彭佳学在《第一聚焦》督查专报上批示：各区县市委书记要第一时间对《第一聚焦》所曝光的问题进行整改，并将整改情况报市委。《第一聚焦》专门开设《聚焦回头看》版块，对栏目播出过的舆论监督节目进行追踪报道，监督落实情况。市委督查室对每期节目整治情况进行督查，确保"事事有落实，件件有回应"。

《第一聚焦》记者卧底两个月，在3月15日重磅推出"315"深度调查类报道《餐饮店"挂羊头"卖鸭肉？》《"美丽屋"租房为何不美丽？》等。节目播出后，引来各方强烈反响，市场监督管理部门第一时间介入，对不法商家进行突击查处，并在全市开展专项整顿活动，维护了消费者的合法权益，打击了不法商家的嚣张气焰，对整顿市场秩序、倡导诚信经营起到了有力的推动作用。

各区县（市）广播电视台主动发声，在综合运用多种新闻报道手法的基础上，以理性、建设性的态度有效开展建设性舆论监督，及时有效回应民生关切，承担起宣传和服务双重属性。

北仑区传媒中心（北仑区广播电视台）强化舆论监督，让群众更有获得感。精心策划首个专题类新闻舆论监督栏目《聚焦》，围绕区委、区政府中心工作和群众关心的各类民生问题确定选题，已完成17期，有效推动了各类问题的解决。

鄞州区融媒体中心（鄞州区广播电视台）紧紧将新闻工作与区委、区政府中心工作相结合，与民生关切相结合，加大舆论监督报道的力度，做好社会的"瞭望者"。《鄞视报道》重点关注上级媒体或区域部门曝光的典型问题，做好监督反馈，如跟进首南街道三里村拆后场地环境问题点位销号情况等；围绕全区精品线路（风景线）打造专项行动，4月下旬开始，新闻中心和要闻部、民生部、地方部联动，策划推出"聚焦精品线"系列报道，着重关注精品线建设短板，合计播发相关稿件20余条，督促整改落实。《鄞视聚焦》围绕争创社会主义现代化先行区、乡村振兴、课后校内托管、学校周边"接送难"、老旧小区电梯加装破难、制止耕地"非农化""非粮化"等热点话题采制报道60余篇。其中近半数具备"建设性新闻"属性，如《闻过即改 定时开放 五佛古塔乱象开展集中整治》《聚焦新能源汽车：充电桩配套不足成发展阻碍》《堇山西路拥堵严重 路边泊位成众矢之的》《疫情防控一线调查 整体落实到位 个别场所仍有漏洞》等，确保监督的权威性和公信力，赢得了较好的社会反响和群众支持。

余姚市融媒体中心（余姚市广播电视台）在舆论监督上，着力做好《电视问政面对面》《四明聚焦》《市民关注》品牌栏目。《电视问政面对面》聚焦文明城市创建短板，剖析原因、提出对策、解决问题，为全国文明城市建设再出发、再提升拔钉破难、加油鼓劲。《四明聚焦》《市民关注》为社会治理、城市管理、民生保障、生态环保、安全生产等巡诊把脉、建言献策、助力破难。累计已有100多部（篇）次作品刊播。新开设的扶持民生服务栏目《小云来帮忙》，积极反映社情民意，为群众服务。

慈溪市融媒体中心（慈溪市广播电视台）《今日聚焦》《三北聚焦》栏目密集推出涉及文明创建、五水共治、垃圾分类、生态环境等方面的舆论监督报道稿件30余篇，市委、市政府主要领导分别作出批示，给予充分肯定并督促整改落实。《桥城快报》开设《文明微播报》《阿拉关注》两个监督类专栏，《文明微播报》以图文并茂的形式重点关注城市中的不文明现象，《阿拉关注》以明察暗访的形式倾听民声、了解民情。《小灵热线》栏目发布的《道路破损村民盼修复》《道路野蛮施工 车辆频频被"坑"》等相关报道均取得良好的社会效果。《金黄道地》在帮助老百姓解决身边事、宣传正能量等方面彰显媒体力量。

宁海传媒集团（宁海县广播电视台）媒体舆论监督持续深化。进一步整合《全媒聚焦·全民问政》《主播帮帮帮》《百姓事马上办》等品牌栏目，重点推出《全媒聚焦·全民问政》栏目，播出的10期节目社会反响良好。同时，以《百姓事马上办》平台为枢纽，组建"帮忙团""监督团"，畅通民意疏通渠道，主动回应民生关切，共帮助解决群众问题和困难1100余个，举办民生热线现场活动11期，真正做到解民忧、暖民心。

四、做好创新创优，实施品牌战略提升媒体影响力

宁波广播电视媒体以推进广播电视创新创优为手段，着力优化广播电视

媒体内容和结构，增强优质内容供给能力，打造电视精品频道，提高广播电视节目栏目创作水平和质量，全面提升媒体的"四力"，为宁波市高质量发展建设共同富裕先行市营造浓厚的文化舆论氛围。

（一）凝心聚力打造电视精品频道

宁波广播电视集团抓好内容质量提升，谋划推出以"精品节目+精品活动+精品直播+精品影视剧"为框架的宁波电视精品频道，内容品质和节目影响力、传播力得到进一步提升。

2021年7月2日，在建党百年大庆期间，精品频道全新亮相：对标国内一线频道，遵从媒体传播和受众收视规律，打造精品新闻节目带、精品原创节目带、精品剧目带，通过"全新升级频道包装、全新布局整体编排、全新优化精品节目、全新构建融合模式"等创新手法，推出全新改版升级的精品频道。

在精品新闻节目带方面，《宁波新闻》从形式到内容得到全面提升，权威、规范、大气，更加符合宁波城市气质；《第一聚焦》紧贴民众关心的热点、难点和突出的民生问题，进行深入调查、客观报道，切实发挥好在问题发现与解决闭环机制中的作用；《看看看》改版升级为《看点》，突出"原创""深度""温度"特色，走民生新闻精品化的路子；《第一访谈》挖掘甬上名人，讲好宁波故事，推出半年以来，制作了一批非常有影响力的节目，诸如《爷孙俩的百年对话》《杂货铺里的女作家》《杨倩：越努力越幸运》《天一阁遇见易中天》《谭盾："听见"宁波》等节目都兼具思想性和可看性；*Ningbo Focus*（《宁波聚焦》）向国际友人展现宁波魅力。

在精品原创节目带方面，全新推出周播高雅艺术赏析类节目《经典甬流传》和周播美食寻访体验类节目《寻味明州》，全新改版日播健康养生互动类节目《健康有1套》；精品剧目带方面则由具有较高思想深度和艺术水准的精品电视剧三集连播组成。

此外，精品频道推出全新VI（视觉识别系统）创意设计及栏目包装，形成一整套特色鲜明的识别系统；邀请国内顶尖包装团队参与频道包装升级设计，频道ID、导视系统、节目片头和节目形式等全新亮相。新版《宁波新闻》采用男女双播模式进行，画面效果以高清16∶9模式呈现，结合全新栏目包装，视觉效果更加舒适养眼、规范大气。《宁波新闻》片尾还推出了《大美宁波》高品质宁波形象宣传视频，每天一期，展现宁波山水、历史、人文、城建、文明之美。

（二）深入推进内容供给侧改革

宁波广播电视集团广播频率群资讯评论类节目《谈天说地》引领受众树立正确新闻价值观；医疗公益节目《名医来了》突出权威性、知识性、服务性、公益性，为市民和名医之间架起沟通桥梁，助解甬城百姓看病难题；服务甬城百姓的节目《甬往职前》通过"广播就业创业服务+"新模式，打造宁波就业、创业资源广播对接平台；资讯和娱乐共享节目《新闻扫堂腿》《我们聊天吧》在提供谈资之余又有思想内容；音乐风心灵情感生活节目《等风来》成为市民的情感倾诉新通道、解决困扰好帮手；用故事展现人文关怀的《新闻故事汇》等新节目精彩纷呈，彰显独特优势。在传播手段上，更是强化了新媒体呈现和线下活动交融、音视频同步直播，频率公号对节目精华的再传播成为常态。完善升级"线上节目+线下活动+新媒体（专属公号）推送"的模式，依托独家原创内容和贴心频繁福利，快速实现了粉丝的增长，增强了粉丝黏合度。

宁波广播电视集团多媒体新闻中心紧扣市委、市政府中心工作，充分发挥时效性、权威性优势，对标总台央视、省卫视，强化业务学习，提升报道和节目品质。改进完善中英双语电视栏目 Ningbo Focus，改月播为周播，配合国际化港口城市建设，提高人物访谈比重，2021年全年共播出52期节目，在节目选题、节目类型、呈现方式上都取得了一定的突破，巩固和加强对外传播优势。在《宁波新闻》《看看看》等节目中增加高雅艺术和文化活动的报道比重，在《宁波新闻》推出"艺术宁波"系列报道和片尾"名家名段"的滚屏。

宁波广播电视集团音乐广播强化新媒体矩阵，加大对高雅艺术的推广宣传，组建以节目为依托的短视频工作组，打造《剧场发声》，以演出资讯播发、台前幕后访谈等内容积极推进与宁波交响乐团、宁波大剧院、宁波演艺集团、宁波文化广场大剧院的合作，营造出良好的文艺文化氛围。重点聚焦舞剧《花木兰》重庆和成都巡演、宁波交响乐团《宁波组曲》赴国家大剧院演出、2021中国（宁波）大运河国际钢琴艺术节暨郎朗杯钢琴大赛、中国三大男高音演出、中国爱乐乐团音乐会、宁波交响乐团音乐季以及众多音乐现场。2021年，音乐广播《如意鸟·有声杂志》打造的红色主题广播剧《乌篷里的红》《陈淑芳》《破壳》成功迈出了广播剧市场化运作的初次尝试。

宁波广播电视集团交通广播宣告FM93.9、FM102.9同步正式改版，两频人员全面融合、互通互补，全新设计研发的9档节目如《全民爱体育》《新闻全媒体》《民生新观察》等，定位精准、特色鲜明，展现出更加贴近实际、贴近群众、贴近生活的生动姿态。

宁聚传媒做优做强直播品牌，把新闻直播全程全息化，进一步扩大影响力。如镇海疫情期间，推出"宁波市新冠肺炎疫情防控工作新闻发布会"和"浙江省新冠肺炎疫情防控工作新闻发布会"所有场次视频直播，累计观看量达700万人次；在抗御台风"烟花""灿都"期间，推出"直击台风'烟花'特别报道""直击台风'灿都'特别报道"等直播，直播源还被SMG（上海广播电视台、上海文化广播影视集团有限公司）和中国蓝等媒体要求采用。强化平台优势，垂直细化内容，打造《金牌大医生》《消费大学问》《金牌名师说》等品牌栏目，稳定输出优质内容。创新直播形式，提升节目品质，推出"宁波消防科普实验——车载灭火器的正确使用方法""探秘污水如何变净水"等民生类直播；与宁波市公安局共同策划了"防诈骗"系列直播，不断突破固有模式，取得良好效果。实现慢直播常态化，推出"'甬凉携手，山海情深'慢直播""'樱'你心动——宁波樱花公园5G慢直播""雅戈尔动物园'云吸'树懒慢直播"等。

（三）推进精品创作再上新台阶

宁波广播电视集团多媒体新闻中心精品创作成效显著，其中电视新闻访谈节目《丛志强：划火柴的人》荣获第三十一届中国新闻奖二等奖，是全国地市级电视台唯一获得二等奖及以上的电视作品，也是宁波广播电视集团历年来获得的第19个中国新闻奖，获奖总数列全国市级台第一。此外还获得包括重大主题策划创新、电视访谈、电视播音主持等在内的省级一等奖3件、二等奖6件、三等奖4件。

2021年，宁波广播电视集团交通广播选送的多篇作品获得省市级重要奖项，如由毛欣主创的《回家的路》获得2020年度浙江省广播电视节目奖文艺类作品广播综艺节目一等奖，由毛欣主创的《坚持三百年的送茶善举》获得2020年度浙江省广播电视公益广告广播作品扶持项目二等奖。

鄞州区融媒体中心（鄞州区广播电视台）2020年共有109件作品获奖，其中有7件作品获浙江新闻奖，二等奖3件，三等奖4件。二等奖作品为：新媒体类短视频《李克强总理视频连线为鄞企"三个阿姨"鼓劲》和《一起来聆听，这座城市复苏的声音》，以及播音主持类广播文艺《三首不能听的歌》。三等奖作品为：电视消息《第127届广交会网上开幕 李克强总理点赞"乐歌"危中抢机共生共荣》，论文《建设性新闻在县级融媒体中心的实践》，少儿奖广播新闻专题《非遗进校园》和电视新闻专题《小戏骨的戏曲梦》。

奉化区融媒体中心（奉化区广播电视台）2021年共有65件新闻作品获奖，其中，《奉化日报》4月16日要闻版等3件作品获得浙江省县市新闻奖二等奖，《"奉"陪到底看"浙里"》等9件作品获得浙江省县市新闻奖三等奖。

慈溪市融媒体中心（慈溪市广播电视台）充分利用资源优势，精品创作取得明显成效。报纸、电视新闻专栏《三争三拼 六大赶超 在建设"重要窗口"中走前列当标兵》荣获浙江省县市新闻奖二等奖、2020年度宁波新闻奖重大主题报道策划创新奖；电视新闻《特殊的年夜饭 缺席的消防员》获得2020年浙江省县市新闻奖三等奖，并在浙江省县级融媒体工作年会上斩获"年度融媒中心20强""年度十佳广播频率/电视频道""年度十佳领军人物"等荣誉。

宁海传媒集团（宁海县广播电视台）的《新农家》在2020年度浙江省广播电视对农节目服务工程建设考核中获评优秀；专题节目《守望乡村儿童 赋能乡村振兴》荣获对农节目一等奖。

象山县传媒中心（象山县广播电视台）大力实施新闻创优提质工程，上送作品累计获得全国省市各类新闻奖项68件、浙江省广播电视节目技术质量奖（金鼎奖）6件，其中《乡村众筹赋能乡村集体创业》和《创新的力量——宁波象山乡村振兴十大经典案例》分获华夏高科技产业创新奖一等奖、三等奖；24集海洋人文地理纪录类栏目《品读象山》分集《乡见》获第二届中国长三角微电影大赛最佳纪录片奖；2020年入围第三十届中国电视金鹰奖纪录片奖的《翩跹》获得了浙江省纪录片丹桂奖。

海曙区全媒体中心2021年度有多件新闻作品获奖。其中，《菜农隔离不能出摊，海曙这位老顾客帮其吆喝卖菜》获浙江新闻奖新媒体类短视频现场新闻三等奖，《爱聚海曙！加油洞桥，我们一定行》获浙江新闻奖新媒体类短视频专题报道三等奖。

五、坚持守正创新，写好媒体融合发展大文章

加快推进媒体深度融合发展，是中央作出的部署，也是当前移动互联时代的大势所趋。宁波市广播电视媒体2021年进一步加大力度，按照"移动优先"战略，加快了新媒体的扩容提质。

（一）移动优先，多渠道拓展新媒体矩阵

宁波广播电视集团重视媒体融合，着力打造以"宁聚"客户端为龙头、由广播电视新媒体组成的融媒体传播矩阵。2021年全年，"宁聚"共推出直播440余场，精心创作推出的《看一看宁波美丽的样子》《我们如此热爱宁波》等高品质视频在国内各大主流媒体广泛传播，其中播放量达100万人次以上的有52条，达800万人次以上的有15条，"城市形象短视频"项目荣获2021年度宁波市宣传思想文化工作创新大奖。

宁波广播电视集团多媒体新闻中心在官方微信号和微博平台的基础上，相继入驻了人民日报客户端、央视频客户端、今日头条客户端，并开通了视频号、抖音号。2021年微信公众号积极配合中心外宣工作，做好新媒体二次传播，共推送央视新闻内容共40多条，《李克强总理考察宁波，去了这些地方》《31次！宁波刷屏央视》《央视点赞宁波12岁男孩》等推文阅读量突破10万人次，起到了良好的传播作用。在视频号上坚持电视原创节目的融媒传播，推出《第一测试》《第一访谈》《透见·1200年》《复兴路上逐梦人》等多个节目的系列短视频，获得了不错的反响，受众可以根据喜好自由选择，视频号和人民号与大屏之间互相进行了引流。其中报道烈士寻亲活动的短视频《我要找到"你"》在新媒体矩阵转发后，引起了新华社客户端、央视频、今日头

条等国内众多媒体的广泛关注和转发，被誉为"党史学习教育的生动实践"。镇海疫情暴发期间，多媒体新闻中心新媒体矩阵开启24小时全天候滚动发布模式，微信号与视频号同步直播省市新闻发布会，权威发布各类防疫信息，回应民生关切，推出暖心故事，如"抗疫进行时"系列短视频点燃朋友圈。从2021年12月6日至19日，"NBTV新闻"视频号和"甬望角"抖音号共发布抗疫相关短视频129条，总观看量超1000万人次。

宁波广播电视集团电视频道群2021年在媒体融合领域最重要的改革探索，就是打造了视频号"甬视频"。2021年，"甬视频"和"宁波来发"在抖音、快手、央视频等平台上共推发3200多条短视频。其中500万人次以上观看量的有20余条，最高阅读量3000万人次以上。在建党百年、钢琴节、防御台风、奥运会、抗疫等主题报道中发挥重要作用，极大提高了频道识别度，助推大屏信息的到达率和传播速度。

在融合传播方面，宁波广播电视集团广播频率群通过建立专业团队、理顺制播流程、完善考核机制等方式推进全媒体融合传播力度，确立了向移动端优先供稿的发稿程序和移动优先的稿酬原则。立足原有"两微"公号，进一步规范"宁波"客户端的推送流程；在原有全媒体主题活动（新闻）直播常态化的基础上，着力强化原创音视频内容生产，取得显著成效。将重要力量放到抖音平台传播，粉丝量已近40万，位居全市各大媒体前列。改进新闻生产流程，重点落实新媒体采编协同，规范采编制度，确保优质高效实现"一次采集、多元编辑、多端发布"，为频率群新媒体的进一步发展壮大提供了有力的综合保障。

旗下"潮爸辣妈工作室"通过深耕亲子教育垂直板块，在内容生产、用户拓展、资源整合、多元营销等方面强势发力，喜提5个"10万+"（微信公众号活跃用户数10万+；微信公众号原创推文喜提2篇阅读量10万+；微信视频号原创短视频播放量首次实现10万+；微信商城年度纯利润首次实现10万+）。"潮爸辣妈"IP的影响力持续扩大，已成为宁波亲子教育融媒领域数一数二的品牌，通过在新机制、新模式、新内容、新技术、新生态方面的创新和实践，为广播频率群提供了更多可复制的融媒方案。

北仑区传媒中心（北仑区广播电视台）融合传播渐成规模，积极利用现有宣传矩阵开展多轮次、多渠道推送传播，重大主题报道在集纳型分发、立体化传播方面取得较好成效。微信公众号"看北仑"发布1700余篇推送文章，年均WCI（微信传播指数）数值超过1000，其中2021年8月WCI排名全国第6名、宁波市第3名；"仑直播"平台组织网络直播126场，每周四播出的"吃喝玩乐GO"直播播出52期，已形成地方特色品牌；2021年9月9日"仑传"客户端正式运营，试运营两年来，总装机数突破27万，特别是通过与区卫生健康局合作，独家开设《疫苗接种信息》专栏，实现用户数大幅增长，平均每天活跃用户7000多人，最高日活跃用户近2万人次，活跃用户数位居全省前列。

余姚市融媒体中心（余姚市广播电视台）做强新媒体，提升全媒体传播水平。策、采、编、播（发）、评一体化，形成"一体策划、一次采集、多种生成、全媒传播"的全媒体采编播发流程；确立了以"姚界"客户端为龙头的中心旗下七大新媒体平台，投入50多万元升级"姚界"客户端；推行新媒体优先供稿机制，确保新媒体稿件的及时性。

奉化区融媒体中心（奉化区广播电视台）适应传播格局和舆论生态的深刻变化，推动媒体融合向纵深发展，实现"一端四微多平台"融媒体矩阵，即"掌上奉化"客户端（粉丝量16万+）；"奉化头条"（粉丝量12万+）、"奉化发布"（粉丝量6万+）、"FM994资讯音乐台"（粉丝量近11万）和"民声1890"（粉丝量近4万）等4个微信公众号；入驻网易、蓝媒号、甬派、宁聚等多个外宣平台。矩阵用户总和达到49万+，去除各平台重复用户，信息覆盖达全区一半用户以上。"奉化头条"连续5个月在宁波市媒体月排行榜位居前十，每月累计阅读量均超过45万人次。2021年，"奉化头条"微信公众号入选宁波最具影响力自媒体二十强；"奉化发布"微信公众号12月在全省政务微信排名第29名。

海曙区全媒体中心创新实施每周"融·策划"会商机制，进一步深化"融·采访"机制，积极探索"新闻+政务+服务"的传播模式，不断健全"一次采集、多次生成、多元发布、多渠道融合、多平台互动"的全媒体工作格局。"海曙新闻"客户端全年发稿近7000条，累计注册用户达11万，海曙新闻网更新稿件逾5000条，"海曙发布"微博账号推送微博6000余条，"海曙发布"微信公众号发布微信推文近1700篇，"海曙发布"视频号发布视频157条，政务抖音号"海曙最宁波"发布视频150条。"海曙新闻"客户端重点打造《每日一景·海曙》专栏，通过挖掘人文、历史、经济、地理等优质资源，以图片的形式展现海曙城区形象，得到广泛认同。

江北区全媒体中心（江北区广播电视中心）着力拓展新媒体矩阵，在"四微一网一端"平台全年共发布稿件1.4万余条，累计获得阅读量1500多万人次，阅读量1万人次以上的推文140余篇。其中"新江北"客户端全年共推出直播30余场，累计用户注册量达8.1万；"江北发布"微信公众号粉丝量达到17.8万以上；"江北发布"微博账号总粉丝量3.2万。此外，"新江北"客户端开设"新闻""报料""我的""服务"四大板块，"头条""聚焦""政情""视频""媒体看江北""专题""看电视""读报"八大分区。同时，客户端增强互动、服务功能，开通台风路径、江北天气、透明政务、新闻报料等查询、互动服务模块。

（二）大小屏联动，探索媒体深度融合新模式

镇海区新闻中心（镇海区广播电视台）深入探索融媒体工作室生产模式，孵化品牌特色栏目。依托图酷、无二视觉、甬浪品推等融媒体工作室，生产更多受年轻群体喜爱和欢迎的内容产品，初步形成品牌效应。图酷工作室发挥年轻美编的"手绘"技能特长，策划推出《灵通"漫"谈》栏目，将手绘和短视频结合起来，制作的防疫漫画系列获一致好评；无二视觉工作室根据年轻职工的表演爱好，尝试创作自编自导的短剧产品；甬浪品推工作室重点启动"萌宠"等爱好人群的品推项目，策划推出第一届萌宠短视频大赛，收到报名作品111件，点赞量近12万人次，并开展文明养宠"益起来"暨萌宠志愿服务公益行、"萌宠护星"等公益活动。跨部门新成立的美食美客工作室，生产美食内容，打造短视频垂直IP。美食抖音号"三夏五除二"全年发布作品100个，其中《驴馆》单条视频播放量近70万人次，点赞数破万人次。

北仑区传媒中心（北仑区广播电视台）持续深化媒体融合工程，努力抓好新媒体产品生产、融媒体运作、全媒体传播，奋力"守住大屏、拓展小屏、实现跨屏"，加快向新媒体主阵地迈进。进一步夯实"报、网、端、微、屏"

新闻核心圈层基础，加快构建以新媒体部为基础平台的常态化报道和多部门融合传播指挥调度机制，在部门协同上形成了"决策、执行、反馈"新链条，在考核机制上体现了"大屏重品质、小屏重传播"新模式；按照"三定"方案完成内部科室调整，打破以往报纸、电视、广播等各自为战的格局，形成"一室十部五站"架构；建立人员设置和流程相匹配工作机制，科室人员通过双向选岗全部到位。完成"全媒体指挥中心""融媒体演播室"建设，其中，全新的180平方米融媒体演播室可进行电视节目录播，计划在2022年完成非编系统部署，上线全媒体直播。

宁海传媒集团（宁海县广播电视台）根据"频道专业化、栏目品牌化、行业领先化"的要求，投资1300万元，建成融媒体高清演播中心，实现多种信源采集接入、多景别互动、多景区空间共享、多系统配合联动播出、多平台传输分发等功能，带给观众耳目一新的视觉享受。谋划与融媒体指挥中心技术贯通、数据共享，挖掘媒体融合效力。

六、讲好宁波故事，着力加强外宣阵地建设能力

宁波市广播电视媒体紧紧围绕市委、市政府中心工作，发挥主观能动性，打好主动仗，通过精心策划选题、积极联络推送、强化二次传播，积极向总台央视、省卫视等重要栏目上送稿件。

（一）数量和质量并重，保持全国城市台第一方阵地位

宁波广播电视集团主动对接央媒、省媒，精心上送素材案例，巩固和拓展在总台央视《新闻联播》、央广《新闻和报纸摘要》和"学习强国"全国平台的用稿量，巩固和提升省卫视主打新闻栏目的用稿总量和全省排位，立体讲好宁波故事，认真组织二次传播，外宣数量和质量继续引领全国城市台。2021年全年电视外宣在中央广播电视总台各频道各栏目发稿368条，其中《新闻联播》发稿74条；浙江卫视发稿792条，其中《浙江新闻联播》发稿395条，发稿总分和总条数继续保持全省城市台第一方阵。在广播外宣方面，总台中国之声发稿252条，其中《新闻和报纸摘要》发稿32条，发稿总分再次获全国城市台"十强"称号。由宁聚新媒体中心运维的"学习强国"宁波

学习平台，被全国学习平台录用472条。

宁波广播电视集团多媒体新闻中心电视外宣力量全力以赴配合总台央视完成"永远跟党走"庆祝建党百年主题灯光秀，除了本地媒体宣传之外，精剪视频画面在新媒体矩阵播发，小屏播放量突破1000万人次，形成流量级现象。

镇海区新闻中心（镇海区广播电视台）外宣上再创新高。在电视方面，总台央视刊播镇海多举措践行群众路线、联动施策稳外贸、开展"清廉指数"测评等报道53条，比2020年多20条；其中，总台央视《新闻联播》录用《暖心保障之心服务 大家小家安心过年》《澥浦农民画喜迎国庆》《精雕细琢 高标准建设文明城市》等报道11条，比2020年多3条；浙江卫视全年录用102条，比2020年多9条。在广播方面，2021年全年上送总台中国之声9条，其中，《新闻和报纸摘要》2条；浙江之声63条（含新媒体客户端），宁波电台358条，与2020年同期持平。

北仑区传媒中心（北仑区广播电视台）外宣工作增长明显，由中心采制上送的电视新闻107次登上总台央视，是2020年全年的2.5倍，数量和质量大幅提升，其中《新闻联播》10条，中央人民广播电台各栏目录用稿件31条。

鄞州区融媒体中心以讲述鄞州好故事、传播鄞州好声音为目标，通过探究鄞州高质量发展的典型经验和创新解法，展现鄞州山水之美、城事之美、人文之美，探索出了一条"央视做引领、卫视为核心、省级频道和宁波台两翼齐飞"的鄞州广电外宣格局。截至2021年12月31日，累计1000多条次新闻在中央、省市级媒体播出，其中中央级媒体播出204条。

奉化区融媒体中心（奉化区广播电视台）2021年全年在中央、省级媒体累计刊播稿件198余篇。在总台央视各频道播出新闻58篇，其中7月25日新闻《台风"烟花"登陆 各地积极应对》和8月7日新闻《五集电视专题片〈人民的小康〉引发热烈反响》在《新闻联播》播出，时长30秒时以上。在浙江卫视播出80余篇，4月4日新闻《特别在思想：清明祭英烈 精神永流传》在浙江卫视《浙江新闻联播》头条播出。在广播方面，在总台中国之声和央广网播出30余篇，在浙江之声及新媒体播出30余篇。

慈溪市融媒体中心（慈溪市广播电视台）充分挖掘新闻资源，加强外宣选题策划，积极与上级媒体沟通联系，外宣工作取得历史性突破。浙江卫视共发稿98条，其中头条2条，蓝媒视频144条；总台央视各频道共发稿67条，其中《新闻联播》7条，头条2条。浙江之声发稿22条，其中头条4条；总台中国之声发稿6条，其中《新闻和报纸摘要》头条2条。尤其在防御台风"烟花"期间，通过积极对接总台央视浙江站，在央视新闻频道、中文国际频道等多栏目推出7场现场直播报道，并在央视发稿25条。

宁海传媒集团（宁海县广播电视台）电视新闻被总台央视录用123条，浙江卫视录用81条。"学习强国"平台录用500多条，位居全省前四，被评为2021年度"学习强国"浙江学习平台优秀供稿单位；"浙江新闻"客户端录用稿件120余篇，在11月浙报·县级融媒体合作传播力榜上位居全市第一、全省第三。

江北区全媒体中心（江北区广播电视中心）2021年全年在中央、省级媒体累计刊播稿件1200余篇。在总台央视各频道播出新闻117篇，其中在2021年10月3日，《新闻联播》播放《畅享美好假日 品味幸福生活》组稿（30—40秒），报道了慈城国庆民俗活动，引起较好的反响；总台央视农业农村频道《我的美丽乡村》栏目选取了江北区"精特亮"线路上3个各具特色的村庄：鞍山村、毛岙村、达人村，特别策划了3期专题，其中以江北区鞍山村和毛岙村为题的《鞍山村的民宿经济》《山清水秀毛岙村》分别于2021年9月4日、9月10日播出。

（二）坚持文化自信，加强国际传播能力

由宁波广播电视集团主办、宁波交通广播承办的英语外宣节目 *Hearing Ningbo*（《听见宁波》）于2021年3月6日正式推出，以宁波本土的新闻资讯、历史文化、时代风采等内容为主体，兼具原创采编、互动参与等功能特点，重点服务在甬、来甬外籍人士以及英语爱好者，及时报道宁波经济、社会最新发展情况，提供英文资讯和服务信息，积极展示宁波作为历史文化名城、创新活力之城、生态文明之都的良好城市形象，成为外国友人走近宁波、认识浙江、了解中国的窗口。这也是宁波在加快建设现代化滨海大都市的背景下，提升国际传播能力的新举措，进一步丰富了宁波国际传播载体，为讲好宁波故事、传播好宁波声音提供了新平台。

宁波广播电视集团多媒体新闻中心改进完善中英双语电视栏目 *Ningbo Focus*，改月播为周播，配合国际化港口城市建设，提高人物访谈比重，2021年全年共播出52期节目，从节目选题、节目类型、呈现方式上都取得了一定的突破，巩固和加强对外传播的优势。

七、强化行业监管水平，深入实施"安全播出"工程

在市委、市政府和上级管理部门的正确领导下，宁波市广播电视管理工作紧紧围绕中国共产党成立100周年和宁波建城1200周年重要活动，以实施国家广播电视总局确定的"六大工程"为着力点，守住底线、筑牢防线，全力确保重要保障期安全播出，强化行业监管，不断提升安全保障能力。

围绕中国共产党成立100周年重要活动，实施"安全播出"工程，开展中国共产党成立100周年安全播出专项行动，建立健全市县两级广播电视安全播出组织体系，完善相关工作职责及制度，开展安全大检查活动，发现和消除各类安全隐患，执行重要保障期任务，落实广播电视安全监测监管、巡查检查、业务培训、应急演练、重要保障期工作制度。监测并及时处置停播事件3起。年内，对广播调频频率、移动电视频率进行全面排查复核，梳理并解决了部分历史遗留问题。

强化地卫整治，在全市开展了"非法卫星电视接收设施整治活动"，重点整治非法销售、擅自安装卫星地面接收设施等突出问题。通过建立考评体系、信息通报和明察暗访等督促推动，形成了市县两级地卫整治组织部门互动、上下联动的整治工作格局，共出动执法人员1892人次，发出整改通知书1932份，立案33起，取缔非法销售点15个，收缴非法境外卫星电视接收设施1088套，拆除4458座，是成效最明显的一年。

第二节　广播影视公共服务

2021年，宁波市广播影视行业以习近平新时代中国特色社会主义思想为指导，贯彻落实《关于印发〈国家基本公共服务标准（2021年版）〉的通知》，

坚持为民惠民、守正创新，政策标准进一步健全完善，重点惠民工程建设有序推进，基层优质节目供给更加丰富，广播影视公共服务效能进一步提升。在丰富基层群众精神文化生活、助力乡村振兴和服务党史学习教育、疫情防控、防灾抗灾等方面发挥了重要作用。

一、加强广播电视网络建设

奉化区融媒体中心（奉化区广播电视台）聚焦高质量发展，紧扣数字化转型，优化产业结构，搞好市场分析，开拓营销思路，夯实固定收入项目，努力提升经济增长点。2021年，有线电视在册正常用户140388户，其中双向业务用户16172户，宽带用户7743户，有线电视新开户3547户。营业厅共受理业务180392笔，呼叫中心受理故障和咨询电话144454次，故障派单17661次。5月新推出4K业务落地，200M宽带上线，不断加大用户的选择空间和需求。现全区EOC智能终端3910套（在线），光纤入户3662户（开通双向用户）。

余姚市广电网络有限公司积极推进美丽乡村4K覆盖。根据《浙江省人民政府办公厅关于开展未来乡村建设的指导意见》，积极与各乡镇街道对接，通过街道，实现4K高覆盖。2021年新增加四明山镇4K覆盖达标，同时在临山、黄家埠等乡镇推广4K电视。

宁波华数广电网络有限公司共计完成了120个行政村的光改和40个"千兆村"的发展，通过网络改造，全面提升农村网络品质和用户使用体验，进一步夯实了农村网络基础，为长远的业务发展打下扎实基础。

二、持续推进广播电视技术优化升级

宁波广播电视集团广电融媒体科技创新大厦工程项目建设加快推进，目前已进入机电安装、幕墙施工和工艺设计编制阶段。数字化改革积极启动，成立领导小组和工作专班，具体负责方案编制、规划建设、组织推进、统筹协调和监督指导等各项工作。

宁聚云二期（中国蓝云宁波分中心）资源扩容项目和宁波分中心互联

项目的验收、云平台送播备份通道调试已完成，电视5G+4K+AI实验室项目建设积极启动。媒资库项目建设加快推进，抢救性广播媒资数字化转储服务（二期）项目已完成，抢救性电视媒资一期项目的审核、编目正全力推进。

完成智慧广电"社区大脑"二期项目。实现智慧社区疫情防控的人脸测温、体温高于阈值告警、健康码出现红码和黄码告警、小区疫情数据汇总统计等。积极探索智慧广电业务模式，独立研发"数字化宣传栏"并申请了专利。与石碶街道达成8个小区"智慧广电未来社区应用"服务协议，推进智慧广电未来社区融媒服务应用场景市场化落地，得到国家广播电视总局、浙江省广播电视局、浙江广播电视集团等上级部门的肯定。

宁海传媒集团（宁海县广播电视台）在电视演播室高清化改造的同时，做好电视播出系统技术提升工作，在电视高清播出之前做一次全面系统性的技术维护更新，提升硬件设备，增加安全播出系数，确保电视播出安全。

三、全力做好安全播出保障工作

2021年，宁波市广播电视媒体严格落实意识形态工作责任制。坚持党管媒体、党管意识形态不动摇，全力以赴抓好新闻宣传主业，稳妥做好重大突发事件和热点敏感问题的舆论引导，全面做好广播电视网络安全播出等方面的风险隐患排查，确保在内容导向上未出现偏差，在安全播出、网络安全和人员管理上没有发生事故。

（一）安全播出常抓不懈

宁波市广播电视监测中心全年365天全天候不间断双人值班，对全市转播和自办的390余套广播电视节目分类进行重点或轮询监测，监测总时长达到340余万小时，监测未发现重特大事故和事件。2021年全年开展台标呼号、广告、国歌播放、新闻转播等专项监测活动。所有发现问题均及时按规程处置，并在事后进行了现场情况核实、分类分析原因、沟通反馈帮助改进。

在重要保障期和节假日、重要会议、恶劣天气期间等加强值班57天，累计发送预警短信1万余条，按重保标准落实值班制度和应急处置流程，协助市广播电视安全播出领导小组开展工作，收发安全播出情况报告。特别是在建党百年庆祝活动期间，强化预警、值班，全市全程安全播出。在台风"烟花"肆虐期间，全市应急广播系统运转正常，发挥了较大作用。

宁波广播电视集团电视技术中心坚持稳中求进总基调，从每一个细节入手，由点及面，从人员、设备、制度入手，稳步推进上载、审片、播出等各环节工作，在打造严明的工作纪律、培养良好的工作习惯和过硬的心理素质上下苦功，把安全播出隐患消除在萌芽中。在建党百年安全播出重要保障期间，严格执行双人双岗、零汇报制度，确保CCTV直播信号及广播信号安全无差错，圆满完成庆祝中国共产党成立100周年大会及"七一"晚会安全转播的技术保障工作。

（二）"制度"+"技术"保障安全播出

宁波广播电视集团发射中心做好发射机更新工作。发射三台调频发射机更新项目资金需求量大，技术指标要求高，设备质量是否过硬与节目播出效果直接相关，直接影响安全播出可靠性。在宁波广播电视集团大力支持下，中心下定决心，协调相关部门申报专项资金，集中技术力量重点攻坚，分步解决发射机更新工作。从市场调研、技术需求确定、招投标、进口认证、财政审批等方面，中心上下高度重视，力求精益求精，完成发射三台两套调频发射机安装，包括前两年的两套调频发射机，发射三台宁波调频4套发射机全部完成更新，结束了原有老旧发射机十几年运作指标劣化、故障频发、维护成本高、安全播出保障受影响的历史。现宁波调频4套主机均为全进口液冷R&S发射机，原有HARRIS做备机，大大提高了安全播出的可靠性、稳定性，节目播出质量得到有力的保障。

除此以外，发射中心各台、部室还进行了供配电线路改造、DTMB信源线路备份、URM数据库备份建设、管理专网配置优化、雷电预警系统建设、融合平台监控升级完善等大量技术改造、工程项目建设工作，对涉及安全播出设备系统各环节针对性查漏补缺，消除隐患，做好备份，不断提高系统设备抗突发故障和容灾能力。

江北区全媒体中心（江北区广播电视中心）根据《中华人民共和国计算机信息系统安全保护条例》《中华人民共和国计算机信息网络国际联网安全

保护管理办法》等文件精神，结合工作实际，制定了《江北区全媒体中心网络平台信息内容管理和安全责任制》，成立江北区全媒体中心网络平台信息内容管理和安全责任领导小组，罗列工作责任清单，严格按照"谁主管谁负责"原则，坚决履行相应责任和工作职责，进一步加强了江北区全媒体中心网络平台管理，确保了网络信息内容安全，强化了网络平台资源建设。此外，中心还修订了《江北区全媒体中心广播电视安全播出应急预案》，坚持预防为主、明确责任、快速反应、协同配合为目标，进一步提高江北区全媒体中心广播电视突发事件事故应急处置能力，确保全区广播电视节目安全播出。

四、扎实推进应急广播体系建设

宁波市文化广电旅游局按照《浙江省应急管理厅 浙江省广播电视局关于进一步推进全省农村应急广播体系建设的通知》精神，完成了全市应急广播基本状况调研，研究制订了市级平台改造方案和全市应急广播提升计划，并协调相关部门落实了专项建设资金。

宁波广播电视集团广播、融媒体技术中心积极作为，纵向与国家应急广播中心联合开展国家应急广播预警信息发布试验项目，横向对接市应急管理局，建立了中央、市、县三级联网联动联播工作机制，提高了应急信息传递时效性，扩大了应急广播覆盖范围。

自2021年7月22日14时开启第6号台风"烟花"防台风Ⅲ级应急响应以来，根据市应急管理局、文化广电旅游局的总体要求，宁波广播电视集团承建的应急广播平台临危受命，在市应急管理局、市文化广电旅游局、FM939宁波应急广播频率的支持下，首次在全市启动实战应急信息发布工作。每日分三个点位（10点、15点、20点）向全市各县市区共计2262个行政村、12534个应急广播终端下发防台预警信息。截至年终，累计下发预警信息128条。此次防御台风"烟花"启动应急响应播报是市应急广播平台经历的第一次实战考验，团队高度的责任心和专业性得到了市应急管理局、市文化广电旅游局和各县市区一致好评。

奉化区融媒体中心（奉化区广播电视台）顺利完成本级应急广播系统与宁波应急广播平台的对接，实现与上级平台的互联互通，并在台风"烟花"期间发挥重要作用，通过宁波平台统一发布应急信息达240余条。

五、巩固加强广播电视惠民工程

宁波市广播电视大力实施惠民工程，推进公共服务提质增效，不断满足新时代人民群众对美好生活的需要，把党的温暖送到千家万户。

（一）广电低保工程为幸福生活加码

宁波市文化广电旅游局抓好民生实事工程，完善落实广播电视"村村通"，继续实施广电低保工程。北仑区传媒中心（北仑区广播电视台）推行实施"北仑区60周岁及以上居民用户免缴数字电视基本收视维护费"惠民政策，目前老年免缴用户5.8万户，每年减免费用1400万元；连续8年举办"记录金婚"大型公益活动，选取全区100多个农村、社区拍摄点，为结婚50周年的金婚老人拍摄纪念合照，已为4000多对北仑老人拍摄纪念照。

象山县传媒中心（象山县广播电视台）对最低生活保障家庭、最低生活保障边缘家庭和特困人员分散供养对象等8447户实行免收终端基本收视维护费政策，对优抚对象和视言听残疾对象1858户实行免收基本维护费政策，累计减免费用225万余元。

（二）公益电影为精神文化加餐

宁波市电影集团有限责任公司开展"喜迎建党百年 跟着电影学党史"2021我的电影党课主题活动。活动中突出"实"和"活"，活动丰富，形式多样，惠民措施覆盖广，无论是活动辐射范围还是活动参与人数、活动社会影响力都达到了历年之最，广受社会各界好评。截至2021年10月底，活动整体覆盖了全市各县市区，共放映电影10342场次，观影量达1414765人次。同时，充分发挥红色阵地的宣传赋能作用，利用影院阵地窗口作用，让党史学习"热"起来、"红"起来。抗击台风"烟花"中，在避灾点开辟红色电影党史教育新课堂，组建34支电影放映志愿者队伍，第一时间奔赴全市各避灾安置点。7月24日至27日期间共播放党史教育红色影片304场次，累计观看群众达5.89万人次，放映面覆盖全市11个区县（市）的49个避灾放映点，成为配合各级党委、政府抗击台风"烟花"的一支有生力量，为群众带去安心、暖心和信心。

坚持社会效益为先、双效合一的原则，以群众满意作为做好农村电影发行放映工作的出发点和落脚点，全心全意服务农民、服务基层。围绕"优服务、高效率、促发展"的经营理念和思路，扎实推进农村电影发行放映优化升级，实现公共文化服务提质增效。面对新冠肺炎疫情和台风"烟花"，负重加压，努力拼搏，顺利实现农村公益电影放映目标任务。2021年，宁波全市共放映农村公益电影31746场，占年度放映任务的113%，受众达3663557人次；放映庆祝中国共产党成立100周年农村公益电影9226场，占全年放映总场次的42%，受众达1370077人次，已全部完成市政府下达的任务。

第三节　广播电视产业

2021年，面对复杂严峻的国际环境和国内疫情影响，宁波市上下坚决贯彻落实国家和省各项决策部署，科学统筹疫情防控和经济社会发展，扎实做好"六稳"工作，全面落实"六保"任务，全市经济持续平稳增长，全年实现地区生产总值14594.9亿元，按可比价格计算，比上年增长8.2%，扎实推进高质量发展建设共同富裕先行市，社会事业均衡发展，民生福祉保障有力，"十四五"实现良好开局。面对全国广播电视行业总体下滑的态势，全市广播电视行业攻坚克难，持续创新经营，实现产业平稳发展。

一、广播电视产业总体情况

（一）实际创收收入继续下探，降幅不大

2021年，全市广播电视产业实际创收收入126354.04万元，同比下降7.71%（见图1-1）。

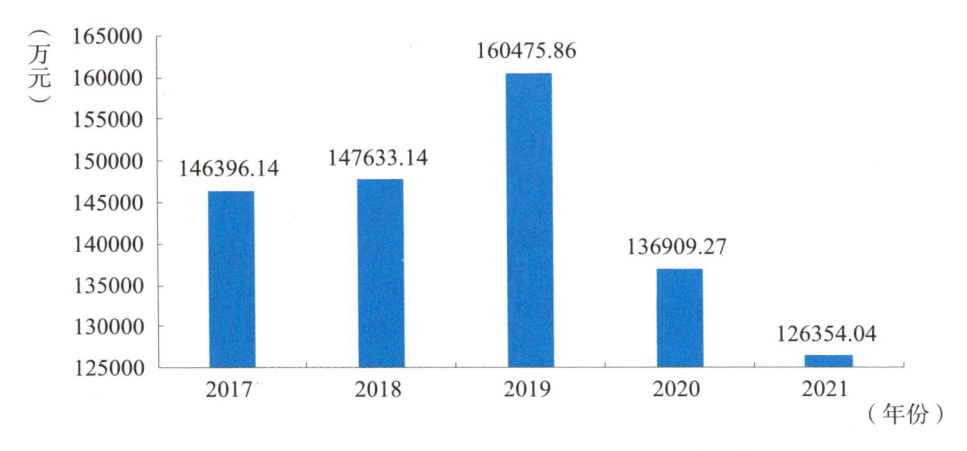

图 1-1　2017—2021 年宁波广播电视实际创收收入情况

宁波广播电视集团实际创收收入37265.23万元，同比增长29.94%。区县（市）广播电视行业实际创收收入50261.63万元，同比下降16.25%。

慈溪市广播电视行业实际创收收入13705.89万元，同比增长50.98%；余姚市广播电视行业实际创收收入11589.00万元，同比增长9.36%；镇海区广播电视行业实际创收收入11104.20万元，同比增长22.71%（见图1-2）。

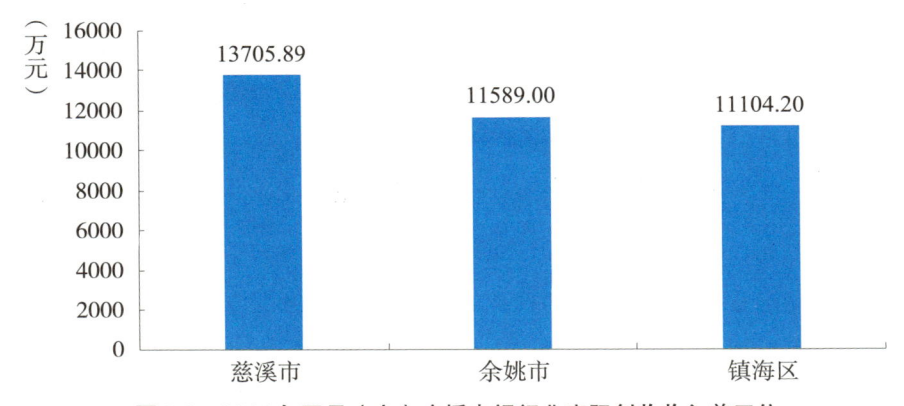

图 1-2　2021 年区县（市）广播电视行业实际创收收入前三位

（二）新媒体业务收入大幅增长，收入结构进一步优化

在全市广播电视产业实际创收收入中，广告收入33368.67万元，同比下降15.56%；有线电视网络收入65127.63万元，同比下降32.46%；新媒体业务收入2304.99万元，同比增长137.86%；其他创收收入25552.75万

元，同比增长18.21%，广播电视行业实际创收收入结构进一步优化（见图1-3）。

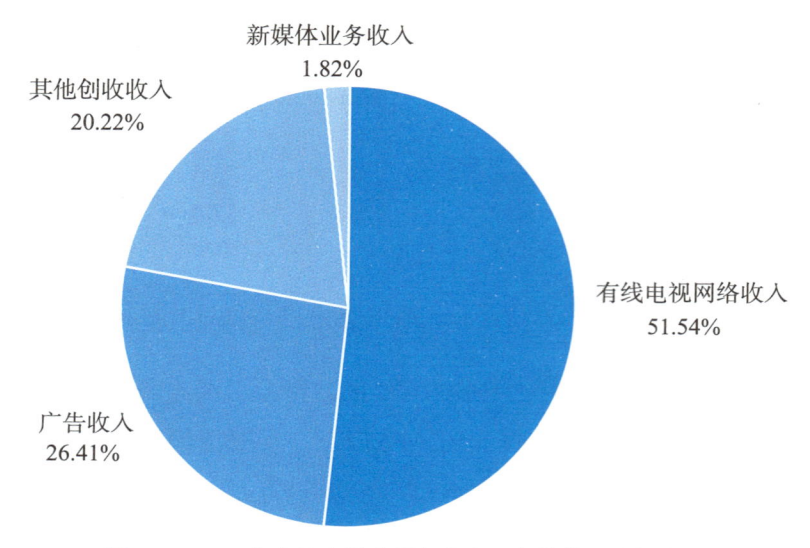

图1-3 2021年宁波广播电视行业实际创收收入结构情况

饼图数据：
- 有线电视网络收入 51.54%
- 广告收入 26.41%
- 其他创收收入 20.22%
- 新媒体业务收入 1.82%

（三）坚持转型为要，进一步提升产业竞争力

面对全国广播电视行业整体性下滑态势和疫情冲击等因素叠加影响，宁波广播电视集团按照"目标不能变、任务不能减"的总要求，着力推进产业拓展转型、资产盘活增值和预算科学管理。2021年全年营收3.65亿元，同比减少3311万元；因成本费用支出大幅压缩、资产处置收益等，净利润3031.49万元，实现扭亏为盈，同比增加5423.58万元。到2021年底，集团资产总额33.86亿元，净资产29.92亿元。

一是积极稳住广告创收大盘。面对疫情带来的广告收入结构性变化，在高度重视广告品质管理的同时，主动寻求与政府部门、区县（市）、大企业的战略合作，积极拓宽广告创收渠道。按照权责发生制确认，2021年全年广播电视广告创收2.48亿元，同口径与去年相比增长2.48%。

二是积极推进多元拓展。集团以专项基金形式，投资了"杭州城云科技"（2000万元）和"上海爱数"（2500万元）这两个数字经济项目。集团最大单体股权投资项目——投资1.055亿元的浙江出版传媒已于2020年7月下旬在上海证券交易所主板上市。重数传媒项目已向证监会报送IPO（首次公开募股）申报资料，北京百分点等多个项目正在做好上市辅导材料。借助数字化改革东风，主动介入智慧广电"社区大脑"、直播电商产业等新兴项目。智慧广电"社区大脑"项目已经进行了市场调研、平台开发、试点建设、社区运营和参与导则制订等工作，争取市里支持集团为运营主体，统一承担宁波社区智慧服务平台的建设和运营。由集团等单位共同投资的宁波（前洋）直播中心运营较好，已形成直播园区的集群效应。2021年集团下属经营性企业实现经营收入1.025亿元、利润742万元，与2020年同口径相比基本持平。

三是积极推进资产盘活增值。深入市场调研，主动与国资委等部门沟通汇报，加快盘活集团持有的广播、电视、总部三个地块的不动产，其中广播大楼已完成过户并收到房款。

四是积极推进预算管理全面科学。有保有压实施全面预算管理，如在新闻宣传方面，确保电视精品频道建设，安排专项资金重点保障；同时压减一般性日常支出，特别是新大楼建设方面，坚持管用、实用、够用原则，投资项目概算由原18亿元规模控制在16亿元以内。

慈溪市融媒体中心（慈溪市广播电视台）积极拓展产业渠道，经营创收能力全面提升。

一是深挖媒体服务，巩固传统产业。进一步完善数字电视BOSS系统相关功能，提高客户服务能力，组织客服分析典型问题，集客数据专线业务、境外卫视集团用户等均有新增。

二是策划举办活动，力促经营增收。优质、高效策划执行2021慈溪经济风云榜颁奖大会、慈溪市融媒体中心少儿春节联欢晚会，以及举办首届花朝节、"世界水日"节水绘画比赛、正大油菜花春田花花同学会、首届生物多样性亲子科普嘉年华等活动，累计完成视频直播47场，点击量达200万人次以上。

三是拓展创新项目，探索多元经营。主动应对形势发展，加强与政府机关和商业团体合作，建立联谊单位70家；创新广告形式和载体，《楼市风向标》栏目实现创收70余万元，并带动报纸房产、装修板块增加创收；注册"大兵小娜"抖音号直播带货，创收35万元；与杭州湾新区管委会签订合作协议，由中心代为运营杭州湾新区电视高清频道，实现宁波杭州湾新区电视高清频道、慈溪电视台新闻综合高清频道在新区、慈溪两地双向落地，同步开播运营。

余姚市融媒体中心（余姚市广播电视台）积极克服困难，推动产业经营拓展新局面。旗下网络公司多措并举，推进宽带、数字电视等扩面业务；广联公司积极参与智慧城市建设，深入开展智慧停车等扩面行动；姚界公司共承办各类会展、演艺传播活动等40多场次。通过微信代运营、活动策划执行、广告发布等方式，新媒体运营业务稳中有升。2021年中心新开辟了电梯投影屏项目。

镇海区新闻中心（镇海区广播电视台）在巩固传统广告经营优势项目的基础上，发挥融媒特色，有效拓展经营业务。广播举办海曙恒一天台音乐会、开元广场音乐派对等商业线下活动50余场。文创全年摄制"文明城市""精特亮""雄镇英才"等主题的各类短视频、专题片、宣传片等共164部，承办活动录制直播36场；积极启动"云"上业务，开展宁波"村晚"云上直播、"春晖杯"云端宁波行等活动；业务拓展涉及动画制作、舞台设计、平面设计、PPT（演示文稿）制作、微信维护、展览展陈、节目指导等10余个领域，延伸发展链条，提升市场竞争力。新媒体策划推出镇海区第二届"品质社区"现场评选、2021年镇海区青年理论宣讲大赛暨微型党课大赛等大小活动20余场；业务拓展政务工作图解、汇报PPT、特色工作H5、案例短视频等，带动广告经营取得良好效果。

北仑区融媒体中心（北仑区广播电视台）坚持稳中向好，推动产业结构升级加快，发展动能提速，产业发展格局有新进展。一是广告创收稳住阵脚。深化推进新媒体环境下"平台、价格、服务、创收"四位一体广告营销体系，升级营销手段，多维开掘市场。专题活动部对接政府资源，承办6场政府大型活动和数场小型活动，完成各类宣传片、汇报片10余部；新媒体部推进社会化合作，面向市场提供日常短视频服务、大型活动直播服务、新媒体策划运营和网上平台代维服务，推出"留仑职工新春大抽奖直播"等收费直播项目。

二是产业拓展迈出新步。专题活动部盘活存量资源，《花儿少年》《山海经》《纪录》栏目首次与儿童友好专班、区环保局、春晓街道展开合作，新媒体部打造自有优质内容、"网红"队伍，形成"仑美食""仑知识"等个性化品牌集群，中心产业经营格局进一步优化。三是资产优化重塑结构。完成下属4家公司的股权变更，完成工商登记变更；对3家合署办公的公司人员进行了整合。

宁海传媒集团（宁海县广播电视台）通过"项目+服务"，激发产业拓展新动能。一是数字赋能，智慧广电建设全面推进。借着数字化改革的东风，全面推进"智慧广电+公共服务"。圆满完成智慧停车一期项目建设，继续承接总投资2811万元的二期项目，涉及43条城区道路的3222个停车泊位。不断探索数字经济创新模式，积极与各乡镇街道、部门合作，向智慧广电未来社区、智慧党校、智慧乡镇等领域延伸，实现共赢发展。二是拓宽路子，文化产业发展稳中求进。充分发挥文化公司龙头带动作用，持续巩固全媒体宣传、活动策划执行、视频制作、户外旗幔广告、职业技能培训等多元化经营模式，不断拓宽经营渠道。2021年共策划承办庆祝中国共产党成立100周年系列活动等各类文化活动20余场次，拍摄完成《生态宁海 绿色足迹》等视频13部。同时，传统媒体宣传广告努力推进，户外旗幔广告走向利好，教育培训步入正轨。

二、广播电视节目制作与播出

（一）广播节目制作与播出

2021年，全市公共广播节目共播出94288小时，同比下降4.52%。播出时长前三位的节目分别是其他类、综艺益智类、专题服务类节目，播出时长分别是27605小时、20599小时、17342小时（见图1-4）。

2021年，全市公共广播节目制作时间为70284小时，同比增长8.14%。制作时间前三位的节目分别是综艺益智类、其他类、专题服务类节目，制作时间分别是18138小时、15659小时、15294小时（见图1-5）。

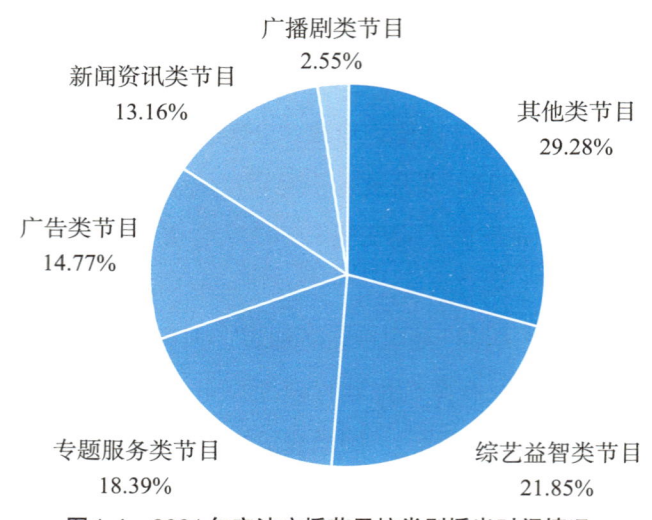

图1-4　2021年宁波广播节目按类别播出时间情况

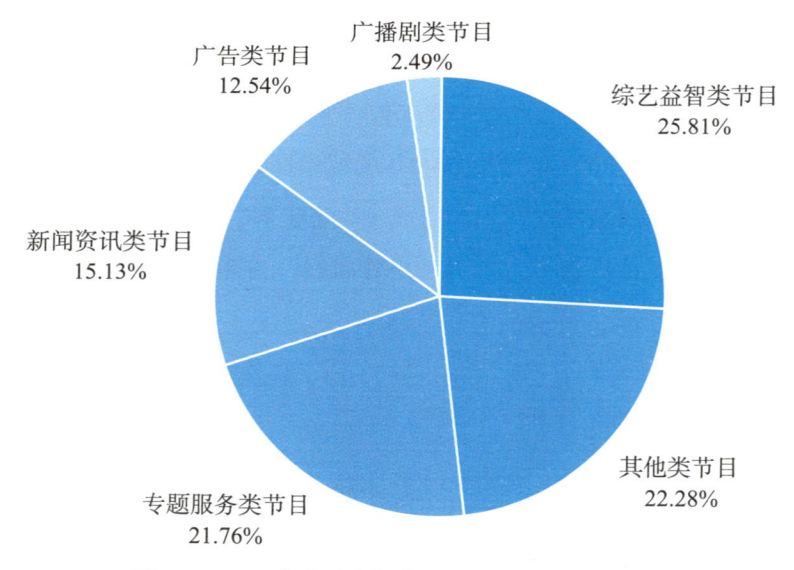

图1-5　2021年宁波广播节目按类别制作时间情况

（二）电视节目制作与播出

2021年，全市公共电视节目共播出82995小时，同比增长4.11%。播出时长前三位的节目分别是影视剧类、广告类、新闻资讯类节目，播出时长分别是40272小时、14590小时、9729小时（见图1-6）。

第一章　2021年宁波广播电影电视发展状况

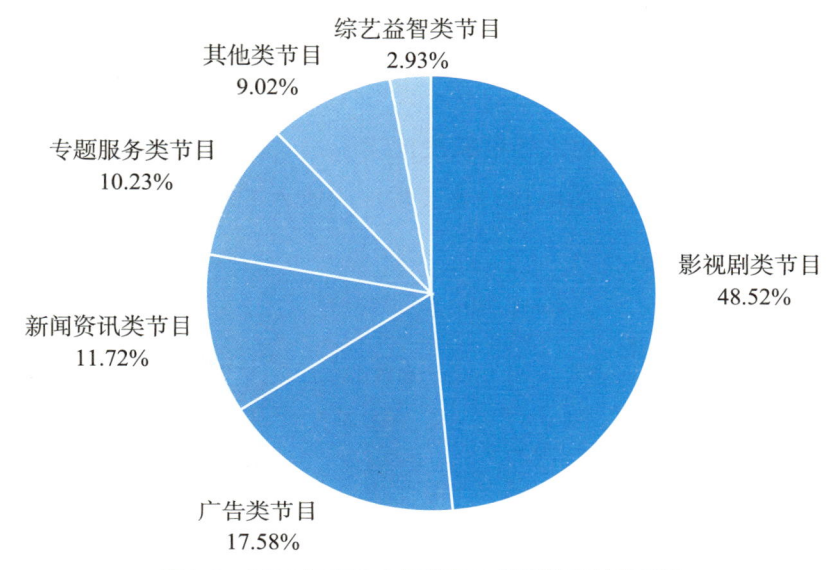

图1-6　2021年宁波电视节目按类别播出时间情况

2021年，全市公共电视节目制作时间为9995小时，同比下降12.46%。制作时间前三位的节目分别是新闻资讯类、专题服务类、广告类节目，制作时间分别是3316小时、2969小时、2109小时（见图1-7）。

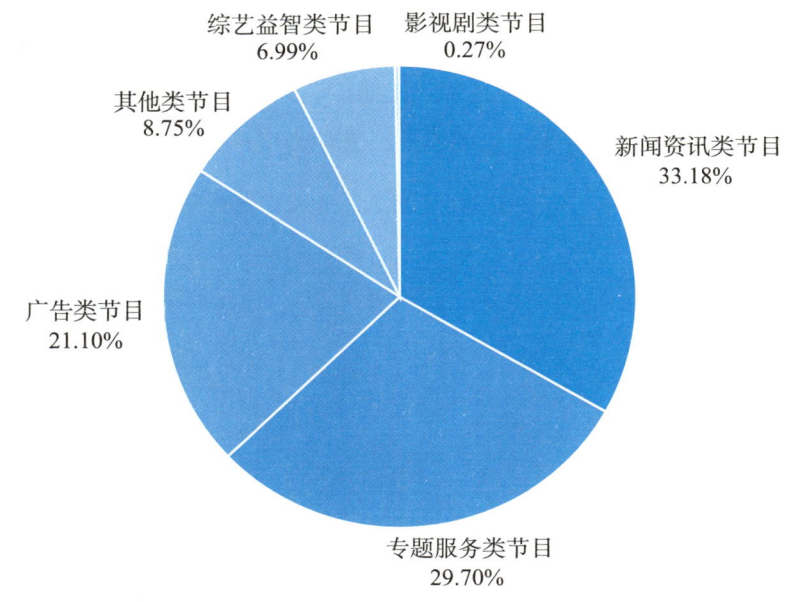

图1-7　2021年宁波电视节目按类别制作时间情况

三、广播电视广告

2021年，传统广告的市场份额被持续压缩，面对经济发展的跌宕起伏和疫情的反复，全市广播电视行业实现广告收入33368.67万元，同比下降15.56%（见图1-8）。

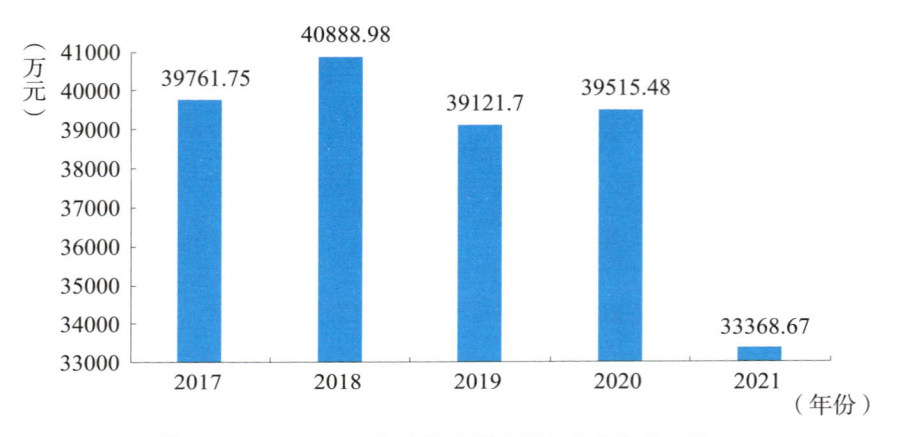

图1-8　2017—2021年宁波广播电视行业广告收入情况

其中，广播广告收入10218.04万元，同比下降1.74%；电视广告收入17998.94万元，同比下降21.39%，降幅较大（见图1-9）；网络媒体广告收入1742.17万元，同比增长38.25%，其他广告收入3409.52万元，同比下降31.26%，除网络媒体广告实现正增长外，其他类型广告收入普降。

图1-9　2017—2021年宁波广播和电视广告收入情况

宁波广播电视集团广告收入23493.62万元，同比下降16.51%。广告收入排名前三的区县（市）广播电视播出机构为镇海区新闻中心（镇海区广播电视台）、宁海传媒集团（宁海县广播电视台）、奉化区融媒体中心（奉化区广播电视台）（见表1-1、图1-10）。

表1-1 2021年宁波广播电视广告收入区域构成情况

区域	总收入（万元）	占全市广播电视广告收入比重（%）
宁波广播电视集团	23493.62	70.41
镇海区	2569.89	7.70
宁海县	1870.75	5.60
奉化区	1745.53	5.23
慈溪市	918.65	2.75
象山县	816.00	2.45
北仑区	689.44	2.07
余姚市	570.00	1.71
宁波华数广电网络有限公司	501.44	1.50
鄞州区	193.35	0.58
全市合计	33368.67	100

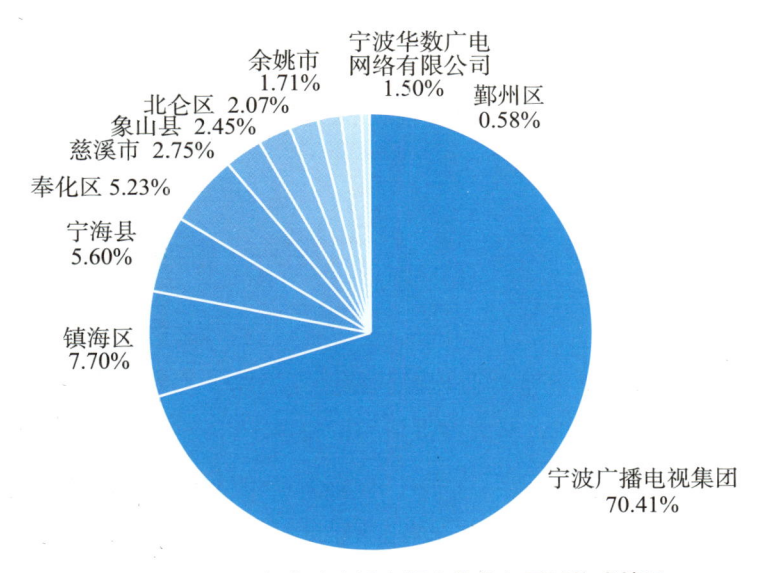

图1-10 2021年宁波广播电视广告收入区域构成情况

（一）广播广告收入小幅下滑，努力探索新的增长点

2021年，全市广播电视行业广播广告收入10218.04万元，同比下降1.74%。宁波广播电视集团广播广告收入7936.43万元，同比增长3.59%。区县（市）广播电视行业广播广告收入2281.61万元，同比下降16.64%。

广播广告收入排名前三位的区县（市）广播电视播出机构为镇海区新闻中心（镇海区广播电视台）、慈溪市融媒体中心（慈溪市广播电视台）、余姚市融媒体中心（余姚市广播电视台）（见表1-2、图1-11）。

表1-2　2021年宁波广播广告收入区域构成情况

区域	总收入（万元）	占全市广播广告收入比重（%）
宁波广播电视集团	7936.43	77.67
镇海区	1175.24	11.50
慈溪市	431.07	4.22
余姚市	233.00	2.28
鄞州区	168.00	1.64
宁海县	154.72	1.51
奉化区	57.92	0.57
象山县	39.00	0.38
北仑区	22.66	0.22
宁波华数广电网络有限公司	0	0
全市合计	10218.04	100

2021年，全市广播电视行业积极调整经营思路，不断加大广播广告创新力度，整合优化宣传资源，努力探索新的增长点。

宁波广播电视集团广播广告累计完成投量8085.07万元，比去年同期上涨8.4%。从行业细分来看，金融保险、房产行业、本地汽车、专题板块等传统广告受市场政策调整、原材料稀缺、广告监督趋严等诸多因素影响，存在

25%—55%不等的跌幅。同时，随着市外广告拓展力度的加强，本地广告渠道的不断整合创新，2021年外埠广告投放量同比增长30%，政府类广告同比增长33%，展会广告从无到有，实现380%的增长。

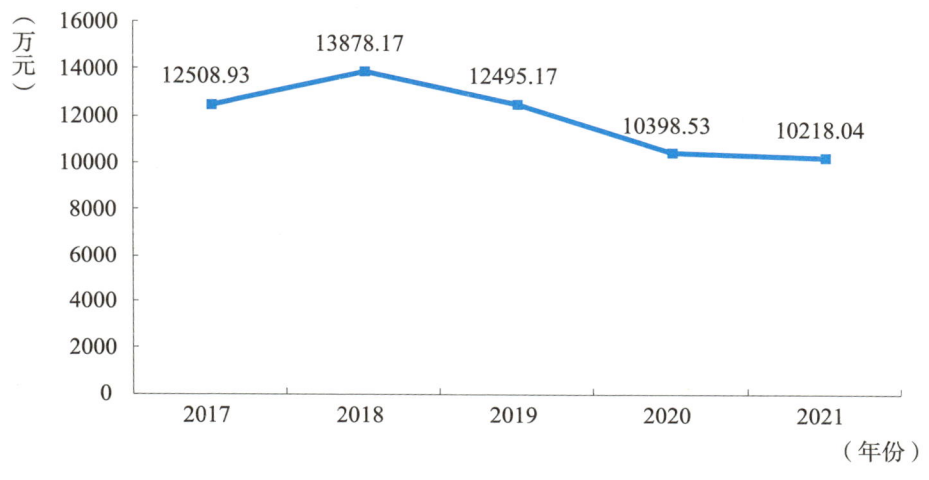

图1-11　2017—2021年宁波广播广告收入情况

宁波广播电视集团广播广告公司以互联网思维积极探索广播广告创新突破，通过新渠道、新内容、新策略顺应商业环境变迁。

一是整合优势资源，优化广播自身品牌形象，提升市场竞争力。面对复杂多变的市场环境，广播广告公司不断整合五频优势资源，升级营销效能，提高市场竞争力。以数字平台为基点，与市委宣传部开启"唐诗之路"，以短视频方式生动展现宁波建城1200周年的文化底蕴，融合创意H5形式完成承载与传播；"城市会客厅"项目，为宁波完成"锻造硬核力量、唱好'双城记'、建好示范区、当好模范生、加快建设现代化滨海大都市"的历史使命注入了崭新力量。与宁波商务局在延续"宁波购物节"整案宣传的前提下，进一步建立了"宁波市家政服务信用体系建设工作宣传项目"的合作，多措并举激活宁波消费市场，建立家政信用体系，提升了城市的综合竞争力。

二是深度打造品牌IP，挖掘客户内在需求，扩大广播广告影响力。广播广告公司在进一步维护好年投放量百万级的银泰、方特、杭州湾、宁波牛奶、燕之屋等优质客户外，不断开发各行业新客户，深度挖掘客户需求，打开市场增量，吸引了国货品牌奥康皮鞋年度400万元的广告投放。继而，风范装饰、深爱居装饰陆续入驻广播广告公司。从入市初期的品牌形象构建就全面介入，进一步根据市场与产品特性定制传播内容，市场反馈良好，风范装饰在485万元年度投放量的基础上又增投了100万元。深爱居装饰通过广播五频定制化硬广、互动口播结合三江口创意互动视频、朋友圈短视频、出租车顶灯等视觉化传播强势输出。深爱居装饰品牌入驻宁波，年广告投放量超700万元，达到了品牌声量和广播广告影响力的共赢。

三是探索产业转型，创新经营模式，与客户共成长。面对营销需求的不断迭代升级，广播广告公司积极探索市场趋势，不断调整、转型、升级，以更灵活多样的经营模式迎接多变的市场浪潮。2021年，广播广告公司试水会展经济，与专业直销厂商合作开展红木展、翡翠展等展会活动，通过广播的影响力有效导流，实现展会创收从无到有，获得近百万元创收。同时，拓展营销模式，转变专题经营思路，与西藏那曲冬虫夏草等珍贵中草药品牌合作经营，在开创专题节目的同时，充分利用现有资源设立展销门店，线上线下同步服务，提高广告的转化率，让广播广告在市场的夹缝中收获更多价值。

四是持续开拓下沉市场，打造融媒体生态圈。2021年，广播广告公司进一步深化与奉化区农业农村局的合作，从奉化水蜜桃逐步拓展至奉化春茶、香榧子项目，从短视频到专题摄制，通过强化产品与产地来实现市场差异化竞争，实现农产品宣传与流量变现的双重利好。奉化区"囡囡好声音"活动两年来持续发声，进一步塑造了良好的市场口碑。随着奉化本地市场开拓的深入，与奉化宝龙广场的合作正式开启，开业宣传当天，通过硬广、新媒体发文、资讯发布、"宁波"客户端直播等融媒体矩阵，为其创造了"10万+"的超高曝光量，进一步打造了区县（市）融媒体生态圈。

五是强化组织建设，推进内部考核体系创新，进一步提升队伍的战斗力。广播广告公司进一步探索行之有效的考核体系、针对广告业务经营和融媒体活动执行不同的工作特性，制定差异化的考核和薪酬分配体系。广告经营人员以目标量化考核为前提，制定经济创收与工奖体系相匹配的考核模式，为完成公司业务指标提供了原动力。随着广播广告创意内容输出的不断强化和线下活动的频繁落地，针对融媒体活动部制定了一套工作量考核体系，在保障基本薪资的前提下，以工作量评分的考核方式充分调动员工的工作积极性和创造力，提升团队的合作力和执行力，真正激发了员工的内在自驱力。

（二）电视广告收入降幅较大，努力拓展以遏跌止损

2021年，全市广播电视行业电视广告收入17998.94万元，同比下降21.39%，降幅较大。宁波广播电视集团电视广告收入14617.61万元，同比下降21.11%。区县（市）广播电视行业电视广告收入3381.33万元，同比下降22.56%。

电视广告收入排名前三位的区县（市）广播电视播出机构为奉化区融媒体中心（奉化区广播电视台）、慈溪市融媒体中心（慈溪市广播电视台）、宁海传媒集团（宁海县广播电视台）（见表1-3、图1-12）。

表1-3　2021年宁波电视广告收入区域构成情况

区域	总收入（万元）	占全市电视广告收入比重（%）
宁波广播电视集团	14617.61	81.21
奉化区	1614.39	8.97
慈溪市	487.58	2.71
宁海县	385.60	2.14
余姚市	337.00	1.87
北仑区	288.58	1.60
象山县	179.00	0.99
镇海区	63.83	0.35
鄞州区	25.35	0.14
宁波华数广电网络有限公司	0	0
全市合计	17998.94	100

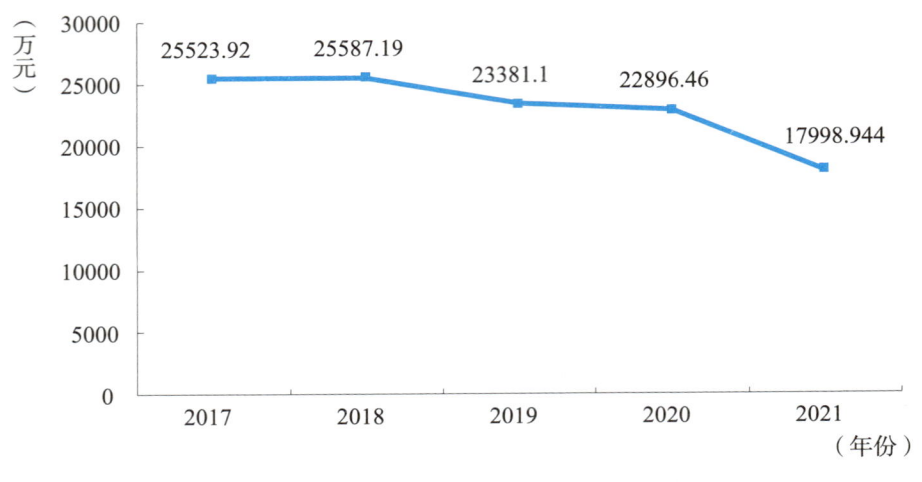

图 1-12　2017—2021 年宁波电视广告收入情况

宁波广播电视集团电视广告公司努力贯彻新发展理念，想方设法拓展经营，实现平稳发展。

一是严格落实内控管理制度。以制度为抓手深化内控管理，深度推进嵌入式廉洁风险防控工作。强化对领导干部、公司员工的日常考核，树好风气，及时查找部门经费执行和管理中的不足，积极构建权责清晰、流程规范、风险明确、措施有力、制度管用、预警及时的廉政风险防控机制。

二是多措并举，科学管理激发活力。公司内部管理多在"学"上下真功，多措并举，有统有分，简政放权，有序推进。优化内部管理模式，明确权责划分，厘清工作边界，切实做到科学高效、一体融合、多元化发展；在公司人才队伍建设方面，重视全媒体优秀人才的培养和专项培训，一些重大主题项目整合优质人才，设立专业团队，高度"放权"，全盘激发队伍发展活力。

三是努力经营拓展破局，多元战略、多点开花增收益。不仅要巩固现有传统广告，更要不断开展多元化经营，尤其在政府项目、集团大客户、商业大案等方面，以全媒体融合出击，以面带点，统分结合。继续深入探索全代、新媒、电商、异业、渠道等多元模式的融合发展，打造具有影响力的广电IP，多角度进入移动互联网主战场，发布各种资讯和内容，通过多渠道、全方位展示来提高媒体的影响力。

四是全面探索新媒体抖音直播平台营销业务。公司新媒体"阿拉驾到"

作为媒体融合平台，已拥有年轻群体粉丝40万以上，并依靠平台强大粉丝，开发"阿拉购"小程序商城，售卖了上万件福利产品，进一步增强粉丝黏性，促进变现转化。此外，全新创立"阿拉驾到ala"抖音账号，开设抖音直播间开展电商业务。发挥"阿拉驾到"IP价值，新老平台相辅相成，既联合做强平台，又实现创收新增长点。

同时，电视广告公司经营也存在以下问题。

一是广告经营根植于频道的影响力，落地于频道的自办栏目之内，但当前频道自办栏目已无法满足客户的承载需求。另外，由于频道承办各类政府大型活动，已无力协助广告公司落地商业客户的需求。

二是因疫情影响，大型展会类活动受到限制，即便是有时段收视率也无法满足客户购买到达率的需求，比如展会类客户受制于场所及人群密集度要求，客户反馈效果很不理想，多次减量，甚至一度停播；受市场环境影响，滋补品、保健品客户越来越看重广告对销售的转化效果，尤其是新进品类，比如海参品类，客户反映转化效果不理想，销售不佳，持续亏钱，导致投放总量日益下行。即便经多次沟通，调整段位，丰富播出内容和形式，仍无法改变业绩下滑的趋势。

三是因国家政策监管的影响，养生类节目内容无法达到客户宣传需求和目的，诸多客户无法承受损失，纷纷停播。如"扶阳论坛""民以食为天""阿拉养生苑""铁峰帮你忙"等栏目，经营损失全年约超千万元。

四是外埠4A客户、本地和国内直客（直接客户）普遍低迷。一方面客户对广告投播性价比的要求越来越高，另一方面投放上却持续低迷缩量；4A、本地和国内直客受疫情和经济大环境影响，普遍减量。

五是传统媒体缺乏精准的评估数据，新媒体的精准营销逐步发力。广告主对电视播出最直观的效果评估就是线下销售转化。电视广告既没有线上数据可以直接参考，也没有线下客流到达数据，对客户的支出无法精准量化，导致评估比例严重失衡，直客纷纷撤单。而新媒体凭借其灵活的运营、精准的点击到达率、便捷的后台数据对商业客户的目标嵌入、渗透与影响更加深刻，在疫情后分流了较多广告份额。

六是公司广告经营队伍日趋老龄化，组织臃肿。特别是业务人员面对新事物的学习主动性不强，广告营销模式更多延续老传统，工作热情低迷。

四、传输网络产业

（一）有线电视网络收入降幅较大

2021年，宁波广播电视行业有线电视网络收入65127.63万元，同比下降32.46%，降幅较大，占全市广播电视行业实际创收收入的51.54%，与去年相比，所占比重下降（见图1-13）。

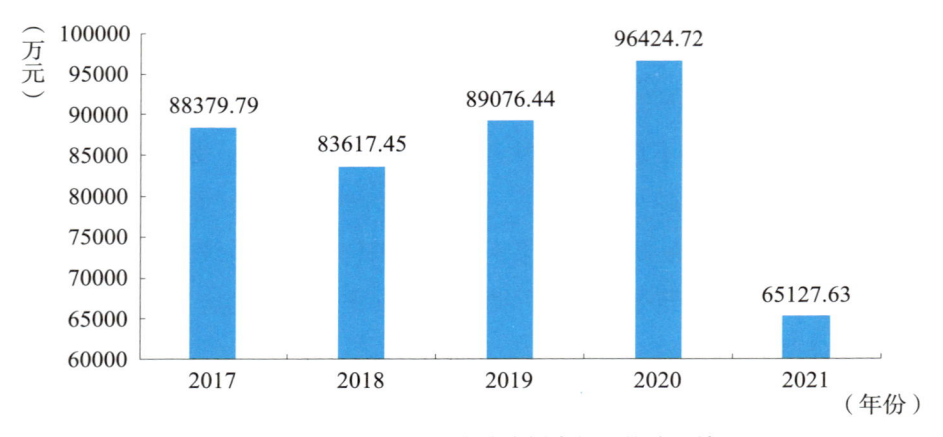

图1-13　2017—2021年宁波广播电视网络收入情况

全市广播电视行业有线电视网络收入中，有线电视收视费收入14209.06万元，同比下降59.70%，降幅很大；付费数字电视频道收入5582.85万元，增幅接近2倍；增值业务收入1763.93万元，同比下降74.48%。可见，有线电视网络收入结构变动较大。

（二）有线数字电视用户持续下降，互联网宽带业务用户增幅较大

2021年，宁波广播电视行业有线电视实际用户数2092726户，与去年相比减少28228户，有线数字电视实际用户数2062342户，与去年相比减少27762户，其中有线双向电视实际用户数1058631户，同比减少8.27%。互联网宽带业务用户数176906户，同比增加20.47%（见图1-14）。

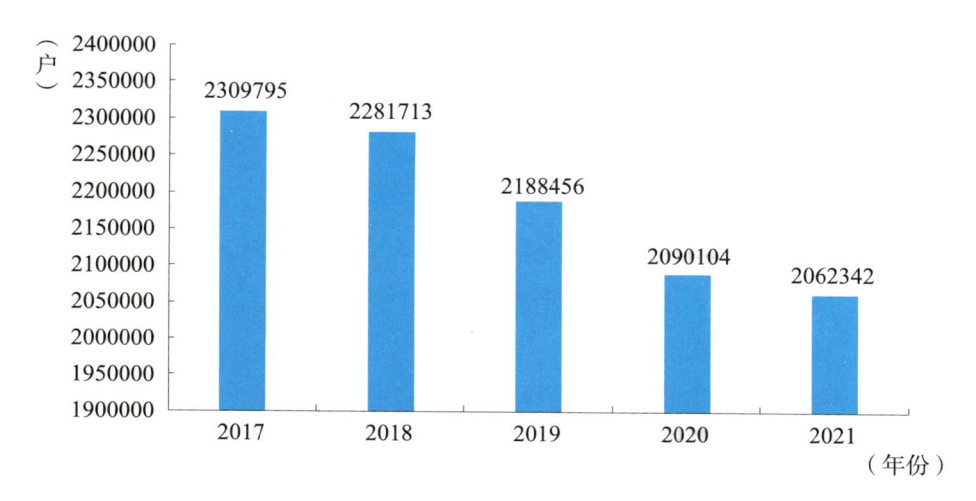

图1-14　2017—2021年宁波有线数字电视实际用户数

（三）推进"乡村振兴"战略，为网络传输业务发展打下扎实基础

2021年，宁波华数广电网络有限公司统筹推进疫情防控与经营生产"双线作战"，奋力夺取疫情防控和经营发展的双胜双赢，制定了"乡村振兴"战略，确立了"基层广电站站长成为村民委员会数字化顾问"的战略目标，并作为公司"一号工程"进行推进，努力将基层广电站的潜在优势转化为现实优势。2021年，27个下属基层广电站（分公司）累计签订合同350余份，合同金额共计2200万余元。

一是围绕"三村"建设，夯实基层广电站发展基础。在"千兆村"方面，共计完成了120个行政村的光改和40个"千兆村"的发展，通过网络改造，全面提升农村网络品质和用户使用体验，进一步夯实了农村网络基础，为长远的业务发展打下扎实基础。在"团购村"方面，成功签约"团购村"81个，在充分发挥出站长良好客情关系的优势基础上，持续将"智慧乡村"等产品和应用集成到电视屏上，不断提升用户黏度，夯实用户基础。在"数字化样板村"方面，推进了海曙区山下庄村、鄞州区李家洋村、江北区外漕村的发展建设，通过数字化产品和场景的展示，打造了可复制、可推广、可借鉴的样板村标杆，并在推动集客、大众联动发展方面产生积极影响。

二是建立"奖金池"考核机制，选树典型培养"乡村振兴"生力军。一年来，开展了"乡村振兴"竞赛活动，设置了"奖金池"模式的考核激励机制，围绕商企、大众、集客、工程、可持续五大业务板块，累计竞赛积分进行月度、季度与年度排名，分别评选出月度之星，季度金、银、铜奖与年度明星站长等荣誉奖项，不断激励基层广电站站长奋勇争先，形成"你追我赶、比学赶超"的良好氛围。

三是积极构建"蓄内融外"的站长能力提升机制，推动尽早实现"村民委员会数字化顾问"战略目标。为重点提升广电站站长的专业素质和市场敏锐度，相继开展了第一期、第二期"乡村振兴"站长能力提升研修班，并邀请宁波市农业农村局分管乡村振兴工作的领导做专题培训，指导公司"乡村振兴"相关工作。通过"周二夜学"平台及兄弟公司、合作单位交流学习，常态化提升站长能力水平，为村一级业务的拓展提供有效助力，推动尽早实现"村民委员会数字化顾问"目标。

第四节　电影和电视剧产业

2021年是新冠肺炎疫情暴发之后的第一个整年，尽管年末受突发疫情影响，全市影院停业半个月，最终2021年宁波市电影市场整体票房收入5.49亿元（含服务费），观影人次1343.2万，人均观影1.4次（以全市常住人口940万计算）。整体上已经恢复到疫情前的69%。

一、2021年宁波全市整体电影市场分析

（一）影院数增加，票价上涨，市场整体恢复至疫情前的近七成

根据拓普、灯塔数据显示，2021年全年宁波全市共有118家影院，845个影厅，放映电影130万场，观影人次1343.2万，分账票房收入4.99亿元（含服务费票房收入5.49亿元），平均票价37.2元（见图1-15）。

第一章　2021年宁波广播电影电视发展状况

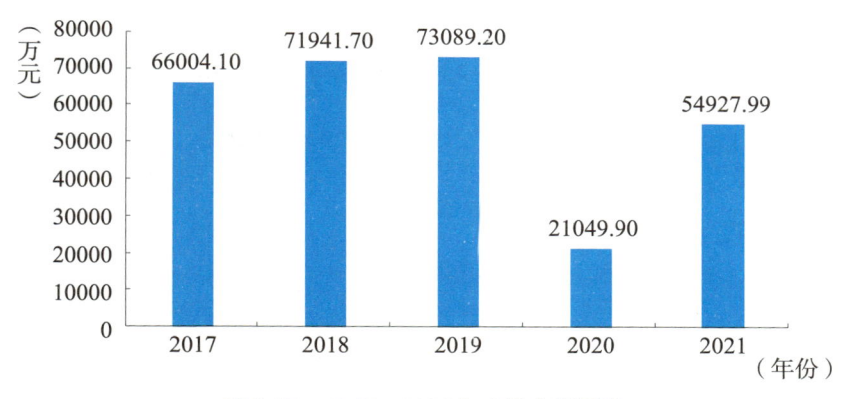

图1-15　2017—2021年宁波电影票房

与2020年相比，产生票房影院增加6家，新开影院14家，关停影院10家，观影人次增长109.8%，票房增长137.3%，平均票价上涨4.3元，上座率下降0.1%。2021年，全市单影院年均票房423万元，比去年增长125.2%；单银幕平均产出59万元，比去年增长125.5%（见图1-16、图1-17、表1-4）。

图1-16　2016—2021年宁波全市影院数与票房增长趋势变化

图1-17　2016—2021年宁波市电影平均票价走势（单位：元）

061

表 1-4　2017—2021 年宁波市电影市场数据同比分析

年份	票房同比	人次同比	场次同比	场均人次
2017 年	11.7%	15.6%	21.4%	18.8
2018 年	9.0%	8.5%	21.3%	16.8
2019 年	1.7%	−3.1%	14.7%	14.2
2020 年	−71.2%	−70.0%	−58.2%	10.2
2021 年	137.3%	109.8%	107.4%	10.3

宁波市在全国城市票房排名第17位（见图1-18），占全国总票房1.2%，与2020年持平，较2019年下降1位，在浙江省票房排名第2位，占全省总票房的15.5%，总人次的15.6%，人次比下降0.2%。

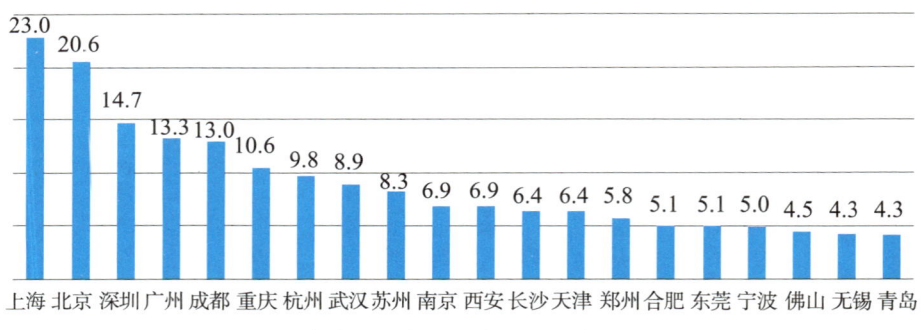

图1-18　2021年全国票房排名前二十的城市（单位：亿元）

上海 23.0　北京 20.6　深圳 14.7　广州 13.3　成都 13.0　重庆 10.6　杭州 9.8　武汉 8.9　苏州 8.3　南京 6.9　西安 6.9　长沙 6.4　天津 6.4　郑州 5.8　合肥 5.1　东莞 5.1　宁波 5.0　佛山 4.5　无锡 4.3　青岛 4.3

（二）影院投资仍具市场吸引力，单体经营难度增加

从2016年到2021年，宁波市影院数量增加了50家，平均票价增长了3.5元，但2021年票房产出确实是除2020年（因疫情停业半年）外的最低值。

随着影院数的增加，单体影院观众分流，场均人次逐渐减少。2020—2021年受疫情防控75%的上座率限制影响，场均人次滑落较多但趋于平稳。

（三）档期依赖严重，与非档期分化明显

往年的票房人次基本集中在春节档、暑期档、国庆档或贺岁档几个核心档期，2月受春节档数据带动，为一年的最高值，占据全年票房的26.4%。

与往年相比，2021年的主要峰值则出现在春节档、五一档和国庆档，含大档期的月份与非档期月份的票房差值变大。部分原因在于国产影片扎堆重点档期，依赖假期的集中人流量带动票房；非档期单纯靠影片本身口碑发酵困难，热门影片数量减少；另外还有淡季进口大片数量减少，暑期档缺少往年现象级爆款影片的原因。

在春节和国庆假期的带动下，2021年2月和10月是全年整体单项数据最高的月份，是唯二票价超过40元和上座率超过10%的单月。因2020年1月至7月受疫情影响停业，只有10月和11月同比有增长。但与疫情前2019年的数据相比，仅5月票房人次同比上升（见表1-5、图1-19、图1-20）。

表1-5 2021年宁波全市电影票房每月基础数据同比

月份	2021年票房收入（万元）	2020年同比增减	与2019年同比	2021年人数（万）	2020年同比增减	与2019年同比	2021年上座率	2020年同比增减	2021年票价（元）	2020年同比（元）
1月	3343.9	67.1%	−10.9%	101.3	55.4%	−13.6%	6.7%	1.9%	33.0	2.3
2月	13193.1	/	6.6%	298.3	/	−4.3%	19.7%	/	44.2	/
3月	2402.2	/	−46.9%	71.3	/	−50.6%	4.9%	/	33.7	/
4月	2348.2	/	−58.8%	71.9	/	−47.7%	5.0%	/	32.7	/
5月	5090.3	/	17.1%	150.0	/	26.8%	9.0%	/	33.9	/
6月	2170.3	/	−55.1%	69.2	/	−54.4%	4.6%	/	31.3	/
7月	3424.7	1256.9%	−49.8%	103.1	743.6%	−51.0%	6.6%	−0.8%	33.2	12.6
8月	2733.9	−24.8%	−70.6%	83.0	−27.0%	−70.6%	5.2%	−7.3%	32.9	1.0
9月	2263.9	−7.1%	−38.8%	67.3	−8.1%	−41.7%	4.6%	−1.8%	33.6	0.4

续表

月份	2021年票房收入（万元）	2020年同比增减	与2019年同比	2021年人数（万）	2020年同比增减	与2019年同比	2021年上座率	2020年同比增减	2021年票价（元）	2020年同比（元）
10月	9288.2	36.8%	−5.2%	218.8	12.7%	−24.1%	15.2%	2.7%	42.5	7.5
11月	2160.1	12.0%	−41.4%	66.3	9.6%	−44.6%	4.8%	0.6%	32.6	0.7
12月	1533.1	−61.7%	−64.0%	42.7	−64.8%	−68.2%	6.6%	−1.3%	35.9	2.9
总计	49951.9	137.3%	−31.7%	1343.2	109.8%	−37.0%	7.8%	−0.1%	37.2	4.3

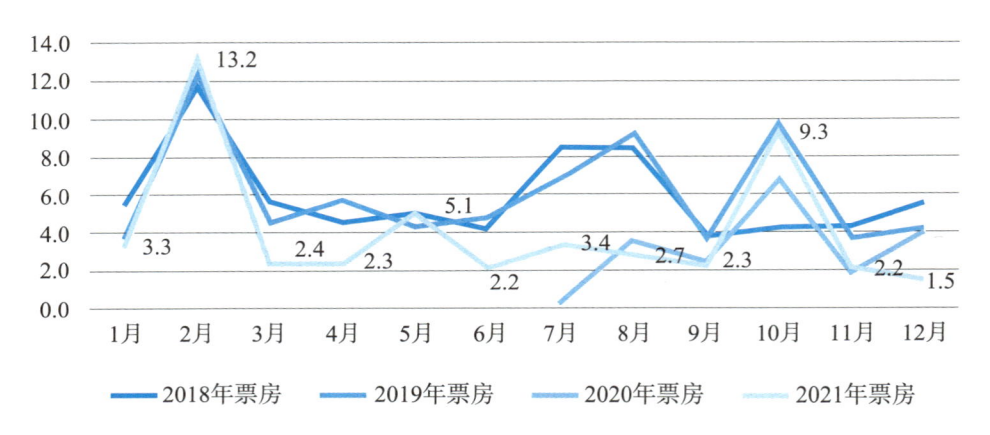

图1-19 2018—2021年宁波月票房走势（单位：千万元）

图1-20 2018—2021年宁波月观影人次走势（单位：万）

四大档期整体合计占据全年50%的票房,其中春节档7天就占据了18%,远超疫情前的占比。一方面因为影片类型比较丰富,内容供给充沛,票价大幅度提高;另一方面因为这是时隔两年的首个春节档,存在一定的报复性消费现象,以及"留甬过年"政策留住了大量的外地流动人口。整体来说,观影已经在一定程度上成为假期消费的刚性需求。国庆档的提高主要靠《长津湖》带动和喜迎中国共产党成立100周年包场观影需求。暑期档与贺岁档的下降则分别因为影片和疫情影响(春节档为每年农历除夕至初六,暑期档为每年6月至8月,贺岁档一般为每年最后35天)(见图1-21、表1-6)。

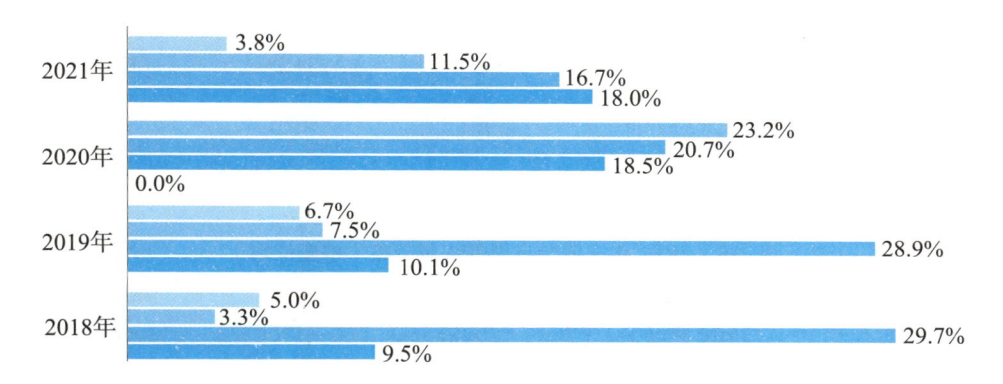

图1-21 2018—2021年四大重点档期票房占比

表1-6 2021年宁波全市四大档期票房同比

年份	春节档(万元)	暑期档(万元)	国庆档(万元)	贺岁档(万元)
2020年	0	3885.6	4365.9	4874.4
2021年	8975.2	8328.8	5724.3	1911.2
同比	/	114.4%	31.1%	-60.8%

（四）全市影院以中大体量影院为主，小体量影城票房同比增幅大

当前影院集中以中大体量的腰部影院为主，但票房的同比增幅却不如小体量的影城，主要原因在于单座和单银幕产出效益的下降（见表1-7、表1-8）。

表1-7　2021年宁波全市影院体量分布（按影厅数）

2021年	小型 （1—4厅）	中型 （5—7厅）	大型 （8—10厅）	特大型 （11厅以上）
影院数	9家	55家	44家	10家
同比增减	0	4	0	2
总票房（万元）	653.4	15605.4	26494.3	7198.8
同比增减	170.9%	140.0%	134.2%	142.6%
平均票房（万元）	72.6	283.7	602.1	719.9
同比增减	170.9%	122.5%	134.2%	94.1%

表1-8　2021年宁波全市影院体量分布（按座位数）

2021年	小型 （700座以下）	中型 （700—1200座）	大型 （1200—1800座）	特大型 （1800座以上）
影院数	27家	52家	35家	4家
同比增减	0	1	5	0
总票房（万元）	4454.8	17949.8	22650.0	4897.3
同比增减	134.9%	135.6%	146.1%	112.5%
平均票房（万元）	165.0	345.2	647.1	1224.3
同比增减	134.9%	131.0%	111.0%	112.5%

2021年宁波全市票房排名前二十的影院中，鄞州区5家，海曙区、余姚市、慈溪市各3家，北仑区2家，江北区1家，宁海县2家，奉化区1家，镇海区、象山县0家。与2019年相比，因2020年影院复工时间不同，排名有较大的变化，但票房前四位未发生变化（见表1-9、图1-22）。

表 1-9 2021 年宁波全年票房排名前二十影院

排名	影院名称	票房（万元）	票房同比	人次（万）	票价	总场次	上座率
1	博纳国际影城（北仑 IMAX 店）	1946.3	91.1%	46.1	42.2	2.32	14.5%
2	万达影城（鄞州万达广场店）	1620.7	104.2%	39.6	40.9	1.76	9.9%
3	万达影城（余姚万达广场店）	1512.5	130.7%	36.2	41.8	1.83	12.5%
4	宁海万象国际影城	1410.9	131.1%	37.8	37.3	1.60	17.6%
5	万达影城（奉化万达广场店）	1108.0	138.0%	28.3	39.1	2.06	9.4%
6	UME 国际影城（天一店）	1099.7	123.2%	30.3	36.3	2.63	11.0%
7	新幕激光巨幕影城（余姚银泰城店）	997.2	146.4%	23.1	43.2	1.36	10.3%
8	宁波影都（东门口店）	993.0	79.2%	31.0	32.0	1.64	13.9%
9	红星电影世界（慈溪爱琴海店）	904.6	142.9%	21.5	42.1	1.22	10.6%
10	CGV 影城（鄞州 IMAX 店）	899.2	119.2%	18.8	47.8	1.67	6.2%
11	沃美影城	878.2	138.4%	21.6	40.7	1.43	8.5%
12	博纳国际影城（东银泰店）	875.6	80.1%	21.4	40.9	1.53	7.6%
13	CGV 影城（城东 IMAX 店）	857.4	138.2%	19.0	45.1	1.48	7.2%
14	万达影城（江北万达广场店）	839.8	112.0%	22.4	37.5	2.08	7.3%
15	中影集禾 LUXE 影城（桃源广场店）	828.1	170.9%	23.5	35.2	1.98	10.8%
16	保利国际影城（亚细亚 CINITY 店）	822.1	109.2%	23.2	35.5	1.62	8.7%
17	百老汇影城（印象城店）	800.7	108.0%	19.0	42.1	1.28	8.9%
18	星轶 STARX 影城（慈溪旗舰店）	791.4	162.0%	20.2	39.2	1.46	7.9%

续表

排名	影院名称	票房（万元）	票房同比	人次（万）	票价	总场次	上座率
19	海盛博地国际影城	782.7	130.2%	20.2	38.7	1.54	8.9%
20	SFC上影影城（宁波店）	753.7	218.7%	19.7	38.3	1.56	4.8%

博纳国际影城（北仑IMAX店） 46.1
万达影城（鄞州万达广场店） 39.6
宁海万象国际影城 37.8
万达影城（余姚万达广场店） 36.2
宁波影都（东门口店） 31.0
UME国际影城（天一店） 30.3
万达影城（奉化万达广场店） 28.3
中影集禾LUXE影城（桃源广场店） 23.5
保利国际影城（亚细亚CINITY店） 23.2
新幕激光巨幕影城（余姚银泰城店） 23.1

图1-22　2021年宁波全年观影人次排名前十影院

疫情后整体市场恢复较缓慢，各家影院的经营效益下降明显，2021年没有一家影院票房在2000万元以上，票房在1000万元以上的也仅有7家，近七成的影院年票房收入不足500万元。票房前二十的头部影院在全市占比下降，一方面是票房前二十的影城基本拥有较好的商圈，随着新商业综合体开设，消费人群分散造成了分流；另一方面是高票价带来的人次减少，票房同比增幅超过全市的只有8家，但平均票价超过全市的有16家（见图1-23、图1-24、表1-10）。

第一章　2021年宁波广播电影电视发展状况

图1-23　2017—2021年影院票房前二十占全市票房比

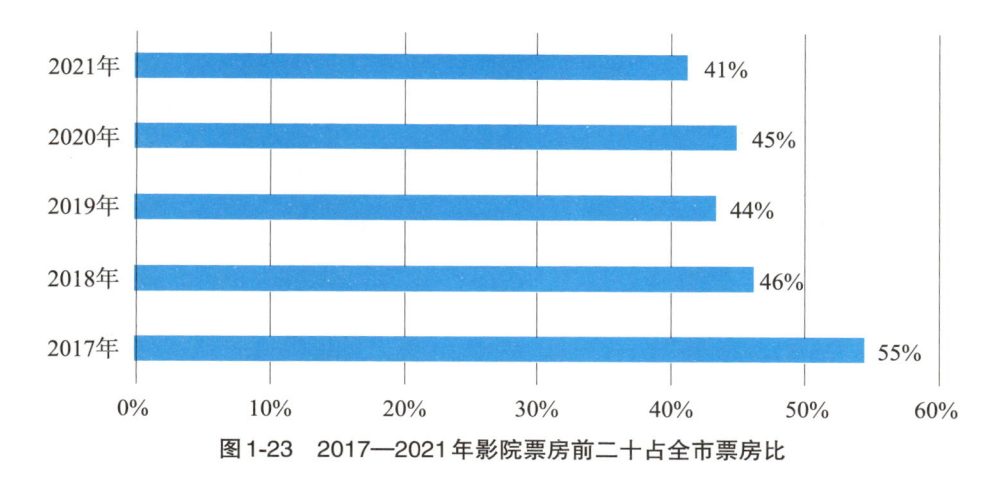

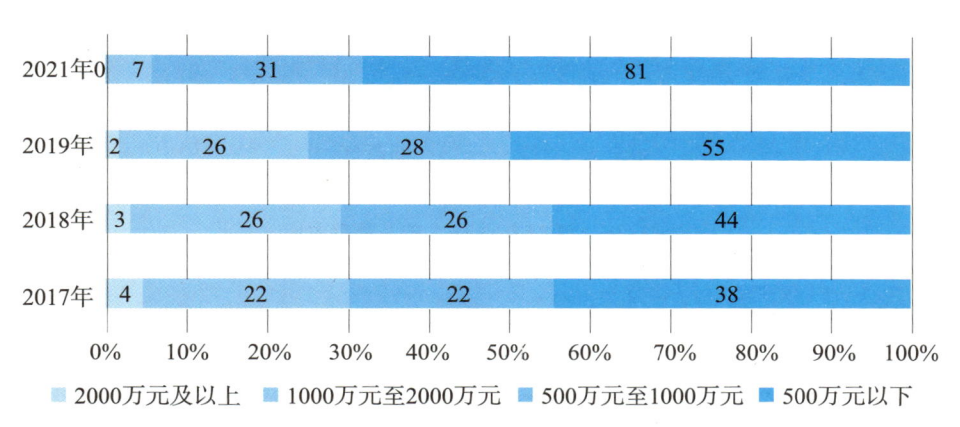

图1-24　2017—2021年全市影院按票房分类数量图（单位：家）

表1-10　2021年全市影院票房区间

	1000万元以上	500万元—1000万元	250万元—500万元	100万元—250万元	100万元以下
影院数	7	31	37	26	18
票房总计（万元）	8698.1	22455.2	13419.7	4575.2	804.3

2021年，宁波市10个区县（市）票房均突破2000万元，鄞州区票房产出突破1亿元，慈溪市和海曙区超过7000万元。鄞州区、海曙区、江北区三个主城区票房产出2.29亿元，占全市票房45.8%。鄞州区、海曙区、北仑区票房份额减少，鄞州区下跌最明显（见图1-25、表1-11）。

069

宁波广电蓝皮书
宁波广播电影电视发展报告（2022）

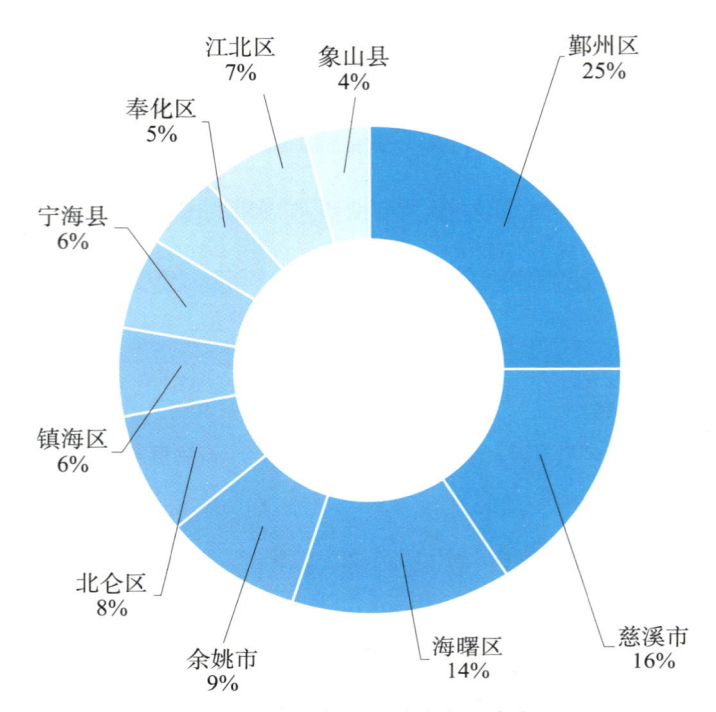

图1-25　2021年区县（市）票房占比

- 鄞州区 25%
- 慈溪市 16%
- 海曙区 14%
- 余姚市 9%
- 北仑区 8%
- 江北区 7%
- 镇海区 6%
- 宁海县 6%
- 奉化区 5%
- 象山县 4%

表1-11　2021年区县（市）影院市场数据

区域	影院数	厅数	票房（万元）	票房份额同比	人数（万）	人次份额同比	场次（万）
鄞州区	25	200	12430.2	−4.3%	327.6	−3.7%	31.7
慈溪市	21	138	7776.9	1.0%	209.9	0.3%	18.4
海曙区	18	136	7115.4	−0.2%	209.0	0.2%	20.4
余姚市	9	56	4683.0	0.6%	112.4	0.6%	9.1
北仑区	8	62	4093.5	−0.3%	101.0	0.0%	8.9
江北区	8	66	3322.3	2.0%	94.7	2.0%	10.8
镇海区	9	61	2937.0	0.2%	76.9	0.0%	8.9
宁海县	5	37	2853.0	0.4%	78.0	−0.2%	6.1
奉化区	7	43	2514.5	0.2%	69.9	0.3%	8.0
象山县	8	57	2226.1	0.5%	63.8	0.4%	7.8

4个区县（市）的平均票价高于全市的平均票价37.2元。余姚市最高，为41.7元；海曙区最低，为34.0元。

全市场均人次为10.3人次/场，其中5个区县市高于均值。宁海县最高，为12.7人次/场；象山县最低，为8.2人次/场（见图1-26）。

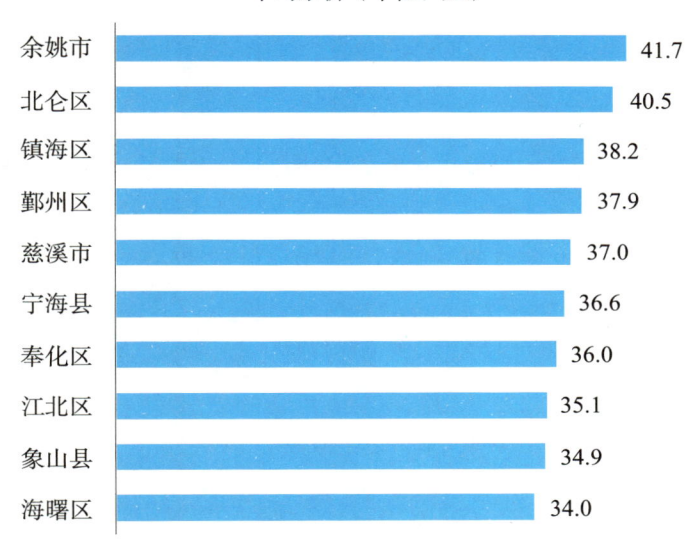

平均票价（单位：元）

区县（市）	平均票价
余姚市	41.7
北仑区	40.5
镇海区	38.2
鄞州区	37.9
慈溪市	37.0
宁海县	36.6
奉化区	36.0
江北区	35.1
象山县	34.9
海曙区	34.0

场均人次（单位：人/场）

区县（市）	场均人次
宁海县	12.7
余姚市	12.4
慈溪市	11.4
北仑区	11.4
鄞州区	10.3
海曙区	10.2
江北区	8.8
奉化区	8.7
镇海区	8.7
象山县	8.2

图1-26　2021年区县（市）平均票价和场均人次

2021年宁波各区县（市）共新开影院14家，鄞州区3家，北仑区、海曙区、慈溪市和余姚市各2家，江北区、象山县和镇海区各1家（见表1-12）。

表1-12 2021年区县（市）新开影院

影院名称	票房（万元）	人次（万）	厅数	座位数	放映天数	开业时间	区县（市）
玺乐耀莱影城象山店	195.2	5.95	9	734	264	2021/02/05	象山县
金沙玺乐耀莱影城高新店	333	9.52	9	1169	312	2021/02/09	鄞州区
马渚嘉莱影城	85.9	2.29	5	711	249	2021/04/27	余姚市
中影千玥影城	70.7	1.95	8	1295	246	2021/05/04	北仑区
寰映影城（阪急店）	371.6	8.06	10	1160	214	2021/05/17	鄞州区
万象影城（万象城IMAX激光店）	419.2	11.22	11	1729	204	2021/05/20	江北区
中影国际影城（镇海开元广场店）	181.7	5.04	7	1225	170	2021/06/26	镇海区
金时代影城	92.6	2.74	6	688	165	2021/06/29	余姚市
幸福蓝海国际影城（爱琴海店）	104.1	3.07	7	856	174	2021/07/02	慈溪市
沃美影城（北仑印象里店）	150.5	3.8	8	1347	79	2021/09/24	北仑区
慈溪杭州湾时代影城	9.2	0.31	7	762	18	2021/11/26	慈溪市
保利国际影城（新天地店）	0.8	0.03	7	1235	12	2021/12/20	海曙区

续表

影院名称	票房（万元）	人次（万）	厅数	座位数	放映天数	开业时间	区县（市）
幸福蓝海国际影城（环宇城IMAX店）	2.9	0.07	8	1357	1	2022/01/01	鄞州区
宁波影都（樱花里店）	3.1	0.09	6	535	1	2022/01/03	海曙区

注：玺乐耀莱影城象山店为原耀莱成龙影城（象山店）旧店新开，实际为同一家。

2021年宁波各区县（市）共关停影院10家，鄞州区2家，象山县2家，余姚市、海曙区、北仑区、慈溪市、江北区和镇海区各1家（见表1-13）。

表1-13　2021年区县（市）关停影院

影院名称	票房（万元）	人次（万）	厅数	座位数	放映天数	开业时间	区县（市）
大地影院（培罗成店）	315.1	8.42	7	1043	302	2013/11/09	鄞州区
大地影院（四明广场店）	454.2	11.55	8	876	343	2015/01/12	余姚市
玺乐耀莱影城象山店	195.2	5.95	9	734	264	2021/02/05	象山县
大地影院（明海南路店）	133.8	3.91	5	771	218	2013/05/11	镇海区
时代雷亚影城（北岸星街坊店）	99.2	2.78	6	639	220	2016/12/30	江北区
大地影院（恒茂店）	97.7	2.50	7	1059	79	2015/05/28	海曙区
自由人影城（宝龙店）	526.2	14.0	9	1035	314	2019/12/25	鄞州区

续表

影院名称	票房（万元）	人次（万）	厅数	座位数	放映天数	开业时间	区县（市）
嘉麦数字影院（高塘店）	71.7	1.73	5	466	125	2015/09/10	北仑区
欢乐小马电影城	273.8	8.56	8	794	326	2011/09/30	慈溪市
耀莱成龙影城（象山店）	0.0	0.00	9	734	3	2017/11/21	象山县

（五）全市影投公司排名与2020年保持一致

与2020年相比，万达2021年新开寰映影城（阪急店），旗下影城有较好的商业综合体带动，稳居影管公司综合票房第一，票房份额和人次份额同比都上升了1%，拉大了与博纳的差距；宁波电影公司2021年最后一天新开宁波影都（樱花里店），票房同比涨幅不如其他影投；大地影院旗下多家影院关停，开业影城也多次间歇性停业；CGV影投人次少，主要是凭借高票价提升整体票房（见图1-27）。

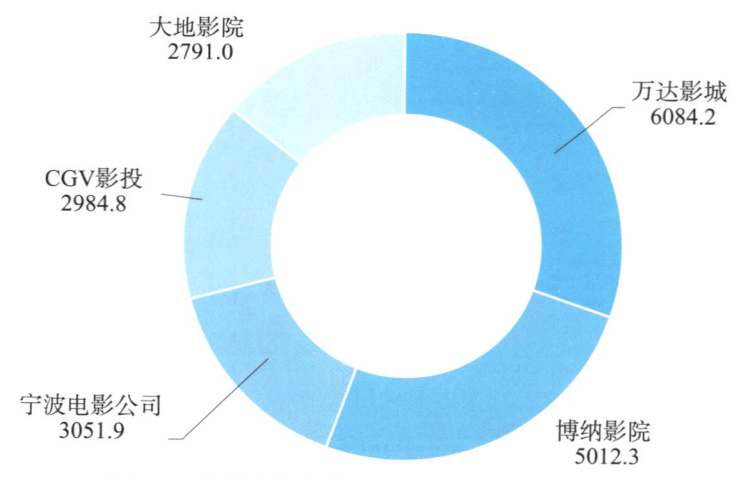

图1-27　总票房排名前五的影投公司（单位：万元）

大地影院 2791.0
CGV影投 2984.8
宁波电影公司 3051.9
博纳影院 5012.3
万达影城 6084.2

2021年宁波共有22条城市电影院线开展加盟业务，票房占比10%以上的有4家，为浙江时代、上海联和、万达院线和博纳院线（见表1-14）。

表1-14　2021年全市22条电影院线情况

排名	院线公司	加盟影院数	票房（万元）	人次（万）	场次	票房占比
1	浙江时代	26	9030.2	256.9	26.5	18.1%
2	上海联和	21	7892.6	215.4	21.3	15.8%
3	万达院线	6	6084.2	151.4	10.4	12.2%
4	博纳院线	6	5012.3	128.3	9.8	10.0%
5	中影星美	6	3924.2	106.2	8.4	7.9%
6	大地院线	10	2368.1	63.9	7.8	4.7%
7	中影南方	4	1998.9	55.3	5.4	4.0%
8	横店院线	5	1932.5	51.3	6.0	3.9%
9	保利万和	5	1619.7	46.3	4.4	3.2%
10	中影数字	6	1612.7	42.8	6.3	3.2%
11	华夏联合	2	1358.8	34.0	2.8	2.7%
12	幸福蓝海	4	1232.2	30.5	2.7	2.5%
13	武汉天河	2	1228.2	29.3	2.7	2.5%
14	华人文化	1	1099.7	30.3	2.6	2.2%
15	长城沃美	2	1028.7	25.4	1.8	2.1%
16	金逸珠江	2	976.9	28.6	2.5	2.0%
17	浙江星光	5	755.9	21.4	4.4	1.5%
18	上海大光明	1	340.5	11.6	1.7	0.7%
19	北京新影联	1	261.7	8.7	1.1	0.5%
20	北京红鲤鱼	1	140.0	4.0	0.9	0.3%
21	中广国际	1	40.3	1.1	0.3	0.1%
22	温州雁荡	1	13.6	0.4	0.1	0.0%

（六）国产片主导地位进一步稳固

2021年宁波市共放映影片495部，其中票房过百万元的影片仅61部。全市票房前十的影片中国产片8部，进口片2部，合计票房占全年总票房的55.8%。全市票房前十中有3部主旋律影片，3部春节档影片（见图1-28、表1-15）。

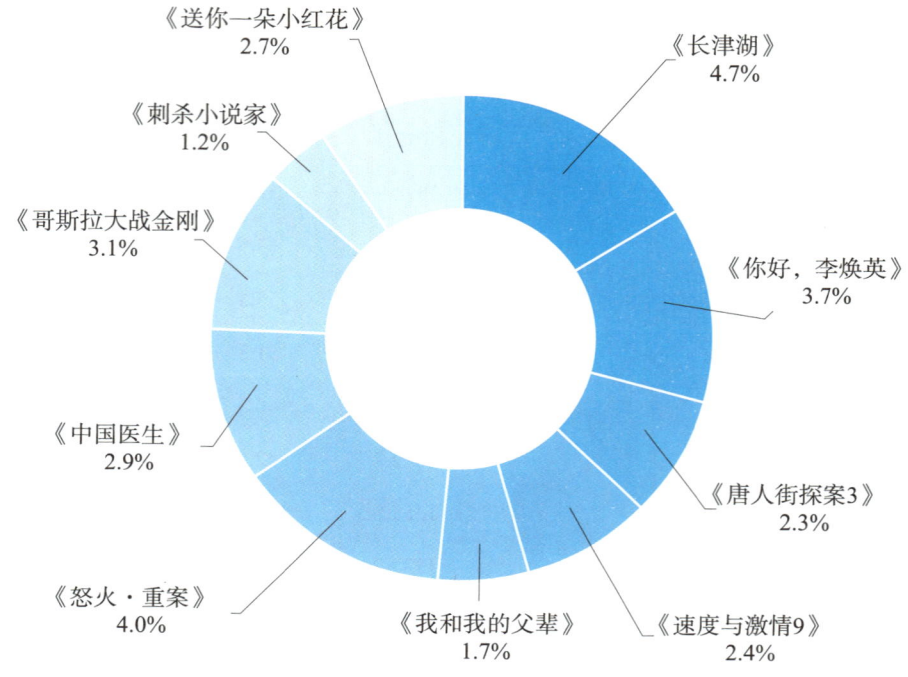

图1-28　2021年全市票房前十影片占全年票房比例

表 1-15　2021 年全市票房前十影片情况

排名	影片名称	分账票房（万元）	人次（万）	票房占比	上映时间
1	《长津湖》	7180.0	161.6	14.4%	2021-09-30
2	《你好，李焕英》	5283.8	122.7	10.6%	2021-02-12
3	《唐人街探案3》	4945.5	106.8	9.9%	2021-02-12
4	《速度与激情9》	1765.3	48.6	3.5%	2021-05-21
5	《怒火·重案》	1683.6	42.0	3.4%	2021-07-30
6	《我和我的父辈》	1640.9	48.5	3.3%	2021-09-30
7	《中国医生》	1519.7	45.7	3.0%	2021-07-09

续表

排名	影片名称	分账票房（万元）	人次（万）	票房占比	上映时间
8	《哥斯拉大战金刚》	1435.5	42.2	2.9%	2021-03-26
9	《刺杀小说家》	1249.0	28.1	2.5%	2021-02-12
10	《送你一朵小红花》	1163.2	34.7	2.3%	2020-12-31

2021年宁波市票房前六十影片占全市总票房的92%，其中国产片46部，进口片14部；相反，2019年宁波市票房前六十中的国产片为32部，进口片为28部。受多方因素影响，进口片上映数量大幅减少，整体国产片票房超八成，是历年最高。国产片票房同比下降4.9%，进口片票房下降71.2%（见表1-16）。

表1-16 2019年、2021年国产片和进口片情况

年份	影片类型	影片数量	人次（万）	票房（万元）	人次占比	票房占比
2021年	国产片	46部	1008.1	39072.4	75.1%	78.2%
	进口片	14部	201.1	6673.3	15.0%	13.4%
2019年	国产片	32部	1190.1	41290.1	55.8%	56.5%
	进口片	28部	653.2	22949.8	30.6%	31.4%

二、电影和电视剧创作与投资

2021年，影视行业继续深度调整，同时，新冠肺炎疫情贯穿全年，以宁波影视艺术有限公司为代表的影视产业主体，攻坚克难，持续推进电影和电视剧精品创作投资。

7月16日，以宁波北仑籍中共优秀党员张人亚光辉革命事迹为主题原型的电影《力量密码》启动。该片获得了浙江省委宣传部、宁波市委宣传部等各级党委、政府的重点关注和支持，并根据张人亚同志生前的奋斗足迹邀请了浙、沪、赣、皖四地的党委宣传部和有关企业来共同创作。10月30日，电视剧《阳明传》在余姚市王阳明故居启动。该剧通过全景展现王阳明先生集立

德、立功、立言、立身于一体，"此心光明"的一生，体现中国优秀传统文化的自信与魅力，彰显思辨之美、信仰之美。该剧由浙江省委宣传部指导组织，宁波影视艺术有限责任公司牵头与杭州佳平影业有限公司、浙江省文化产业投资集团有限公司、余姚开投蓝城投资开发有限公司等省内精干力量共同创作，由国家一级编剧、中国电视剧编剧委员会会长刘和平担任文学顾问，申捷担任编剧，张永新担任导演。

同时，公司面向未来，深挖本土题材影视项目的孵化，推进新项目的开发和储备，通过原创、改编、合作等方式储备了一批项目：结合了宁波"港"、宁波"城"与宁波"产"题材的电视剧《风起东方》；聚焦大龄女性爱情和婚姻状态的电视剧《爱情博弈论》；记录"明犯强汉者，虽远必诛"发声者陈汤传奇人生的电视剧《西域英雄》；与爱奇艺"云腾计划"合作的网络剧《这个客栈有点甜》；刻画一代越剧表演从业者梦想的遗失与唤醒的电影《大戏》等。

2021年，宁波市电影集团有限责任公司按照现代企业制度的要求，进行了业务重组和资产整合以及产权制度改革，更好地发挥了国有影视企业在"影视之城"建设和文化宁波建设中的独特和核心作用，构建创作拍摄、投资融资、产业集聚、文化交流、发行放映等"五大体系"战略布局，逐步建立市场公平竞争机制，企业自主经营的电影产业市场运营和市场参与、企业经营、政府引导、群众受惠的电影公共服务两大体系，成为"影视之城"建设中的领军企业。

以"创作为本，产业为基"为发展理念，布局实施"1+X"电影创作投资新战略。申报重大题材电影《谁持彩练当空舞》，获得国家电影局备案重点影片（影重备字〔2021〕第4号）立项。通过参投或合拍组建多元化生产格局，与恒业影视、宸铭影业等头部影视企业合作了《涉过愤怒的海》《误杀2》《彷徨之刃》《扑通扑通的水球少年》等影片。

三、影视产业区、服务平台和行业协会助力影视产业平稳发展

2021年，宁波市影视文化产业区立足打造具有国际影响力的影视文化创

新中心，有力推动影视文化产业实现破局发展。全年实现营业收入73.13亿元，同比增长53.89%；实现税收3.56亿元，同比增长40.71%；接待勘景、拍摄剧组306个，其中入驻拍摄剧组230个，同比增长17.95%，获批中国电影家协会影视基地工作委员会理事单位、首批浙江省现代服务业创新发展区、浙江省重点文化产业园区、浙江省示范级文化和旅游IP、浙江十大数智景区、宁波市科普教育基地等。

坚持招大招强、提质增效，招商引资开创新局面。聚焦企业精准招引与服务要素保障，通过"网络推介＋云端签约"等形式，为落户企业提供企业注册"跑零次"服务。2021年共引进自由酷鲸影业有限公司、赵文卓工作室等落户影视企业1799家，同比增长50.29%，累计在册落户影视企业达4646家，落户影视企业实现营业收入73.13亿元，上缴税收3.56亿元，同比分别增长53.89%和40.71%；新增宁波慧寰影视文化有限公司、宁波渡渡鸟文化艺术有限公司等规上（规模以上）企业8家，累计规上企业24家，规上企业营业收入8.51亿元，同比增长35.73%。积极协助落户企业争取象山县内外扶持政策及资金配套支持，实现县内财政奖励5987.96万元，惠企2807家。电视剧《和平之舟》获省级艺术基金500万元，电影《非常四侠》获市级文化精品工程扶持资金200万元。进一步深化"最多跑一次"改革，加快广播电视和网络视听产业发展，协助落户影视企业完成广播电视节目制作证办理及更新共188起，上报网络影视剧规划备案244部，上报上线备案29部。12月底正式挂牌成立宁波市影视文化产业区网络影视剧审查中心，承接省广电网融处下放的网络影视剧规划备案初审权及上线备案审查权，提高审查效率，降低剧组创作风险和时间成本，有效推进影视全产业链产业区建设。

坚持完善配套、优化服务，剧组拍摄再获新突破。根据网络剧、自制剧、精品微短剧盛行的发展趋势，加大与爱奇艺、优酷、腾讯、芒果TV等四大网络视频平台合作力度，成功引流60余部平台定制剧及自制剧来象山拍摄。与《朝歌·少年行》剧组合作搭建"世子营"场景，与宁海、台州等地签订多处外景地合作协议，进一步丰富象山影视城场景及外景地资源。多次赴北京、上海等影视资源丰富的城市，以北京电视节目交易会、上海国际电影节等大型影视交流会为推荐平台开展推广活动。在政策加持和优质服务下，剧组引进再创新高。2021年相继接待《和平之舟》《风起陇西》《误杀2》等230个剧组入驻拍摄，同比增长17.95%，拍摄天数达3209天，其中投资过亿元的影视剧超10部。多部在象山影视城取景拍摄的影视剧在各大平台热播，中宣部、国家广电总局重点影视剧项目《和平之舟》作为第一部在象山立项出品的电视剧，得到诸多行业内专家的高度评价；院线电影《误杀2》上映后打破多项中国影史纪录，票房口碑双丰收；电视剧《雪中悍刀行》在腾讯视频与总台央视电视剧频道网台联播，累计播放量超60亿人次。

坚持抢抓进度、完善配套，园区品质展现新风采。2021年，象山星光影视小镇完成投资额4.18亿元，累计完成投资额37.17亿元，已完成省级特色小镇创建累计固定资产30亿元的考核目标。宁波市重点工程浙江广电象山影视基地三期项目完成投资额1.2亿元，累计完成投资额12.75亿元；海影颐墅酒店处于室内装修及外广场铺装阶段，君澜度假酒店完成设计建造一体化招标，正有序推进项目建设前期工作；主题乐园核心区规划设计方案完成评审并推进施工场地土地平整。占地210亩（约14万平方米）的产业区停车场及游客服务中心完成土地政策处理及塘渣填平工作。象山影视城5A级景区创建项目，水帘洞广场一期及瓮城广场提升改造工程完工，剧组出入门楼投入使用。景区内完成"速度与激情"场馆、襄阳集市、宁波志愿者服务We站、新游客出口、小火车片场游候车厅等功能性项目。办公区完成小镇客厅、办公楼中庭改造及咖啡馆装修，进一步提升办公区形象及功能。

坚持丰富产品、拓宽渠道，影视文旅彰显新融合。不断探索"景点+游乐+演艺+互动"的文旅新模式，推出AR（增强现实）玩转象山影视城小程序、王者荣耀挑战赛、LED影视拍摄体验等特色文旅产品，进一步丰富春节影视庙会、踏青节暨国学节、影视嘉年华、泼水节等节庆活动内容。打造大型实景特效演艺秀《速度与激情》，使其成为景区游客接待量新增长点，"十一"期间场均观演游客超1500人次。开发沉浸式动力手环和Vlog（视频博客）打卡，集景区消费、地图导览、NPC（非玩家角色）互动、视频打卡等功能于一体，为游客提供全新交互式游览体验。承接象山海鲜美食节暨品鲜季开幕式、第五届象山柑橘文化节"红美人"开摘仪式等县级大型活动，形成具有特色的办节模式。紧抓企业团建、学校研学等团队市场开展重点营销，推出泼水团建、党建活动、千人国学、百人旗袍、军事国防研学等产品，定制专属服务和旅游路线，全年接待学生团1.6万人次，企业团3.1万人次。在疫情多次反复的情况下，景区接待游客量及门票收入分别同比增长32.70%和45.19%，恢复性增长势头良好。

坚持科技创新、数智赋能，技术支撑迈上新台阶。以打造数字影视产业基地为突破口，不断强化科技赋能，完善产业生态闭环，升级影视基地服务功能，补齐影视拍摄生产要素，积极培育发展数字影视全产业链。推进"智治影城"改革项目，建立"智治影城"云平台，形成景区管理、影视服务、智慧旅游、综合治理四大应用场景，初步实现智慧化的共享共治。成立象山影视城数字科技有限公司，引进加拿大专业虚拟拍摄团队、设备及数字资产库，打造电影级LED数字虚拟摄影棚，充分运用虚拟拍摄技术，减少剧组实景搭建及后期特效处理，优化影视制作流程，提高影视摄制科技含量。开发"象影智管"客户端为数字影视综合服务前端，为剧组提供人员车辆出入证件办理、影视烟火枪支使用报备、群众演员选角、场景及摄影棚预约等线上办理服务，以及在线工作分配、食宿安排、物资管理、财务管理、拍摄进度管控等线上管理服务，大幅提高剧组拍摄管理效率。为加强疫情防控，开通"来（返）象人员管理"板块，要求剧组来象山前完成健康码、行程码、核酸检测证明、来象方式等个人防疫相关信息的填报、上传工作，提高疫情防控工作效率。搭建"线上堪景"平台，让剧组不用到达现场实地勘探，在电脑端便可实现远程场景距离测算、角度测量等功能，有效解决疫情阻碍剧组前期实地勘景的难题，方便剧组远程勘景及搭景规划。"象山影视城数字影视产业改革创新"项目入选2021年浙江省文化产业优秀创新案例名单。

宁波市电影集团有限责任公司积极发挥"东方1910"影视服务平台功能，当好"话务员"，做好"服务生"，推进影视文化发展的前端服务，推动影视企业、项目落户宁波。2021年累计服务接待剧组470个，落地拍摄剧组294个，引进影视企业几十家。

2021年，宁波市微电影协会、宁波市影视产业协会、宁波市航拍协会、宁波市电影家协会等行业协会积极发挥组织优势，通过举办影视主题沙龙、讨论会以及影视项目推介会等，为会员单位和会员提供更优质的服务，助力影视产业平稳发展。

四、打响电影节品牌，国内外影响力进一步扩大

2021年，第六届宁波微电影节（NSFF）由中共宁波市委宣传部、宁波市文化广电旅游局、宁波市人民政府外事办公室、宁波广播电视集团、宁波市微电影协会主办，宁波教科文化传播有限公司承办，宁波市电视艺术家协会、宁波市电影家协会、南塘老街、博地影业协办。

本届宁波微电影节于2021年11月22日征片启动，历时2个月，圆满完成了作品征集、评选、颁奖等工作。

哈萨克族导演杜曼·布尔列斯汗的短片《收获月影的季节》获得最佳短片、最佳导演两项大奖。最佳男演员奖开出了"双黄蛋"，演员刘之冰（曾获第15届中国电影华表奖优秀男演员奖）、郑好凭借在《钝器锋利》中的精彩表演，共同获得该奖。最佳女演员奖由刘丹（中国国家话剧院演员，热播剧《开端》主演）获得。希腊、法国、意大利、韩国等国的多部短片入围，希腊短片 Bella（《贝拉》）、The Meaning of August（《八月的意义》）分别获得了评委会推荐奖和最佳外语片奖。短片单元中由慈溪市委宣传部出品的党建题材作品《众望》、北仑区委宣传部出品的国际外宣题材作品《丹尼尔的中国字典》等3部宁波作品及四川税收题材作品《温度》、河北扶贫题材作品《心路》荣获优秀作品奖。剧本杀单元中《逃脱艺术家》《大山》等6部作品获奖。

（一）电影专业赛事品牌效应显现

本届宁波微电影节设立短片、短视频、剧本杀三个单元，共征集来自全球的参赛作品869部。国际影片涵盖法国、希腊、意大利、保加利亚、韩国、新加坡等国家，国内短片涵盖上海、浙江、北京、湖南、福建、新疆、重庆、广东等20多个省、直辖市和自治区。

参赛作品类型丰富、题材广泛，既有实验片、剧情片、动画片，也有纪录片、短视频和剧本杀。题材涵盖科幻、爱情、悬疑、青春、宗教、抗疫、党建、女性等多个方面。

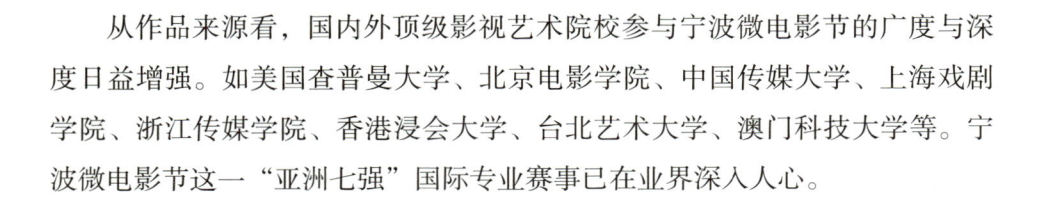

从作品来源看，国内外顶级影视艺术院校参与宁波微电影节的广度与深度日益增强。如美国查普曼大学、北京电影学院、中国传媒大学、上海戏剧学院、浙江传媒学院、香港浸会大学、台北艺术大学、澳门科技大学等。宁波微电影节这一"亚洲七强"国际专业赛事已在业界深入人心。

（二）产业化曙光初露端倪

本届宁波微电影节首次增设剧本杀（剧本推理游戏）单元，共收到193部剧本参赛。短片单元中有近10%的参赛短片作者有意愿将其短片改编为剧本杀作品。

将影视作品和剧本杀联动开发是宁波微电影节尝试拓展赛事产业链的一大创举，既有利于填补电影节市场交易环节空白，又有利于开辟短片变现通道。

（三）国际影响力进一步扩大

本届宁波微电影节组委会与14个国际短片节组织取得联系，希腊、法国、保加利亚、意大利、韩国等多个国家参与。邀请希腊作为主宾国，与希腊戏剧国际短片电影节建立联系并在片源选送、主题影展等方面加强合作。从法国和希腊各聘请了一位国际评委。

2021年，宁波市电影集团有限责任公司建立了长三角影视联盟，不断提高对内、对外合作水平，加速推动电影行业深度合作，推动宁波第一次作为上海国际电影节的分会场，以及"一带一路"电影周在宁波举办，大大提高了宁波城市影响力。与上海艺术电影联盟和杭州亚洲青年影展合作，引进艺术影展，打造了"眸视 I SEE"艺术品牌，满足宁波观众多元文化需求，做到季季有影展，奏响双城互游互通的序曲，谱写"双城记"影视文旅新篇章。

第五节 视听新媒体

随着国内视听新媒体业务的崛起，视听新媒体不断挤占传统媒体的市场份额，传统媒体纷纷"多管齐下"，向视听新媒体转型。目前我国视听新媒体业务的市场形态具体包括互联网电视、手机电视、IPTV（交互式网络电视）、移动互联网音视频、移动多媒体广播电视和公共视频载体。

视听新媒体的产业链与传统广播影视的产业链有一定的相似性，包括内容提供、网络服务、终端消费等产业环节，但由于传播方式、传播空间、服务方式、消费方式的改变，视听新媒体的发展格局与传统媒体也表现出一定的差异性。

当前我国网络视听新媒体发展主要呈现七大发展趋势：第一，视听新媒体战略地位进一步明确，对政治、经济、文化生活的影响更加深入、广泛；第二，视听新媒体行业管理进一步优化，行业发展日益规范；第三，视听新媒体技术支撑快速升级，逐渐实现"视听无时无处不在"；第四，媒体融合大步向纵深推进，新型主流媒体版图日渐清晰；第五，视听服务业态更加丰盈多彩，网络原创节目创作生产持续活跃；第六，资源整合与资本运作愈加频繁，为视听新媒体主体不断聚力赋能；第七，高新技术强力驱动，视听新媒体未来发展空间无限。媒体和AI技术的结合，已经由早期概念进入产品形态。机器人写稿、智能推荐、语音识别、视频感应器等技术的应用，正在重塑新闻生产和信息传播各个环节。

2021年，宁波市广播电视播出机构和宁波日报报业集团持续推进媒体深度融合，持续构建以"两微一端"为主体，以微信小程序、视频号、抖音号等多种网络视听新媒体形态为辅助的移动视听传播生态和格局，以短音频、短视频为主的内容生产持续向好，以更专业的发布、更权威的信息和思想观点的输出，发挥"关键少数"作用。

此外，随着城市化进程和经济社会发展，公共交通类移动视听新媒体持续增长。截至2021年12月，宁波广电华视移动数字电视有限公司已在市区1482辆公交车上安装2347台电视终端，比2020年增加107台。地铁1，2，3，4号线及宁奉线覆盖103个站点、147列列车及7846台电视终端，终端数量比2020年增加1796台。

一、主流视听新媒体持续发挥新闻宣传"关键少数"作用

2021年，宁波广播电视集团旗下宁波宁聚传媒科技有限公司运营的"宁

聚"客户端坚持"宁聚 就是力量"核心理念，深入学习贯彻习近平总书记重要讲话精神，紧紧围绕"锻造硬核力量、唱好'双城记'、建好示范区、当好模范生、加快建设现代化滨海大都市"的使命任务，做好新闻主题宣传。2021年全年"宁聚"生产内容总阅读量超10亿人次，建党百年重大主题宣传和重要保障期实现"零通报"和"零事故"，成功入选国家网信办《互联网新闻信息稿源单位名单》。

（一）主题宣传高质高效

落实市委宣传部、市委网信办及集团部署要求，充分运用短视频、直播、专题专栏等新媒体表现形式，持续深入做好建党百年、浙江高质量发展建设共同富裕示范区、宁波加快建设现代化滨海大都市、打造全国文明典范城市、抗击疫情等重大主题宣传，推出新闻专题58个。充分运用"宁聚"客户端进行二次传播，做亮宁波城市形象宣传，共推出相关报道846篇。特别是庆祝建党百年期间，高质高效完成重大宣传任务，实现被上级部门"零通报"的佳绩。

建党百年宣传期间，策划推出《奋斗百年路 启航新征程》《学习宣传贯彻习近平总书记"七一"重要讲话精神》《胸怀千秋伟业 恰是百年风华》等新闻专题，做好建党百年重要新闻和庆祝活动直播报道，共推出直播14场，积极展现中国共产党领导下中国取得的新发展、新成就，让庆祝建党百年的主旋律深入人心；持续做好党史学习教育宣传，深入普及党史知识，重点聚焦宁波各地各部门党史学习教育，共推出相关主题稿件303篇。

全力做好学习贯彻党的十九届六中全会精神及其评论、反响报道，重点展现各地各部门深入开展的"六讲六做"大宣讲活动，开设《十九届六中全会》《聚焦十九届六中全会精神》《六中全会精神在基层》等相关专题，分别转载报道46篇、73篇和24篇。

全力宣传好"浙江高质量发展建设共同富裕示范区"，及时刊载习近平总书记关于共同富裕重要文章，以及浙江省委书记袁家军相关文章和专访，同时重点展现全省尤其是宁波各地积极推进共同富裕的相关行动举措和先进人物，开设新闻专题《高质量发展建设共同富裕示范区 问需于民问计于民》，集纳报道355篇。

（二）民生报道鲜活生动

充分把握角度、温度和效果三个维度，用"接地气"的报道贴近民情、服务民生，重点做好疫情防控、"小人物，正能量"、宁波"双十一"以及气候变化等贴近百姓生活的报道。

特别是镇海区疫情发生以来，"宁聚"高度重视，全员投入抗疫宣传报道工作，其间共发布相关报道800多篇，总点击量（观看量）达4800万人次；首页首屏做好本轮浙江疫情尤其是宁波镇海疫情动态、防疫举措、暖心故事、防疫知识、疫情辟谣等报道，第一时间做好重要防疫措施滚动播报，并推出省市疫情防控新闻发布会视频直播23场；推出《浙疫战 我们能赢》《必看！最新防疫指南》《捉谣记》等专题，分别集纳相关报道271篇、50篇、51篇；生产原创短视频400余条，其中播放量达100万人次以上的作品13篇，10万人次以上的作品80余篇，如《浙BD86370车主，请接受战疫一线的警察敬礼》观看量超300万人次，《镇海必胜！》观看量破100万人次；派出两名记者第一时间奔赴镇海，不分昼夜，深入一线，创作"宁聚记者vlog"系列战"疫"报道；滞留镇海的宁聚记者生产了大量镇海疫情防控的鲜活见闻，如颇具特色的"喜宝"系列，以4岁萌娃的纯真视角"看见"防疫艰辛，被多家媒体转载，同时还拍摄制作了多个"防疫日记"系列短视频，收获较大社会反响。

（三）"宁聚"视频品牌全面发力

利用最新的拍摄创作和互联网传播技术，探索以短视频为核心载体，按照"市—区县（市）—创作达人"三个层级构建多维生产体系，以多平台分发画出最大传播同心圆，着力打造"我们如此热爱宁波"子系列，发布200余条作品，在"宁聚"视频号、"宁聚"抖音号、"学习强国"宁波学习平台、"美丽浙江"抖音号、"中国蓝新闻"客户端等平台进行多渠道投放，全网累积播放量超2亿人次；围绕重要宣传节点、重大事件推出立意高、制作精、传播度好的精品短视频，如《奥运4金 宁波造！》《奥运5金 宁波亮了！》将宁波奥运选手夺冠时刻和城市气质相关联，两个视频全网播放量近千万人次；做好重大突发事件视频新闻报道，在防御台风"烟花""灿都"期间，推出多个新闻短视频，其中短视频《太暖心！台风来袭，消防队全体出动，归队后发现4筐新鲜蔬菜》全网播放量超980万人次；做好民生服务类视频新闻报道，原创短视频《电动自行车？电动摩托车？新购、以旧换新千万别搞错！》《宁波一男子遇交警检查转身逃跑 没跑10米就被抓了》全网累积播放量达1600万人次。

（四）平台矩阵融合赋能

建立立体化传播格局，实现平台相互赋能，让优质内容、优质资源、优质用户在融合中展现强大传播动能。坚持"新媒体+党建"的探索和实践，以初心的热度、故事的温度、网络的速度、路径的广度、共享的维度，推进"宁波红"党员教育新媒体直播平台全新改版，焕发新活力。"学习强国"宁波学习平台下设11大板块、60多个二级子栏目，涵盖党史学习教育、宁波地方新闻推送、民生信息服务等内容。2021年全年"学习强国"宁波学习平台刊发稿件10093篇，在浙江学习平台刊发稿件5012篇，在全国平台刊发稿件468篇，总阅读量达4亿人次。在全国县级融媒体中心优秀作品双月赛中荣获两次三等奖。12月，中央宣传部宣传舆情研究中心发布题为《"学习强国"浙江宁波学习平台举办"红色照耀甬城"党史学习教育专题线上活动》的文章，用近千字的篇幅对宁波学习平台进行了表扬。

2021年，宁波广电华视移动数字电视有限公司新闻宣传聚焦主线，主动有为，服务大局，取得显著成效。

一是强化主题宣传，唱响时代主旋律。围绕中国共产党成立100周年重大时间节点，组织全方位、立体式、高强度、高质量的宣传，合力打造传播矩阵，让正能量更强劲、主旋律更高昂。《资讯快车》栏目紧扣庆祝中国共产党成立100周年主线，《红色印迹 星火燎原》百集系列专题片线上线下共庆百年华诞，《党课开讲啦》让红色教育一路相伴。

二是做好疫情防控舆论宣传引导工作。持续不断播出疫情防控相关宣传视频，提高市民防护意识。此外，通过《我爱科学》《资讯快车》栏目与新媒体推送，不断宣传新型冠状病毒疫苗接种相关知识，打消市民对新型冠状病毒疫苗的安全性的疑虑，鼓励市民积极参与疫苗接种，推进宁波新型冠状病毒疫苗接种工作有效开展，实现"应接尽接"，构筑全民免疫屏障。

三是系统化打造宁波城市形象推广核心窗口。始终将城市形象宣传作为重要工作，在公交地铁PIS（乘客信息系统）端和3，4号线电子媒体上发布《宁波正奋进》主题宣传片、加快建设现代化滨海大都市宣传标语、宁波先进制造业全球引才推介片《来！造点梦想》等展现宁波城市形象的大型宣传片。

四是对标高分高标准，助力文明城市创建。按照宁波市委宣传部下发的《2021年宁波市精神文明创建工作宣传方案》细则执行，具体在播出总量、类型、频次三个方面进行细化落实。确保公益广告播出总量达到25%以上，播出频次为每5分钟刊播2次，公益广告创新频率一月一更新，做到超标准执行。

二、网络视频直播影响力进一步扩大

"宁聚"客户端持续做强做优视频直播品牌，全年共完成直播447场，总时长约2873小时。其中，新闻类直播201场，时长约308小时；主题策划类直播45场，时长约65小时；服务类直播61场，时长约90小时；慢直播140场，时长约2410小时。其中《探寻宁波古韵破圈的秘密》节目全网总观看量近300万人次。

镇海区新闻中心（镇海区广播电视台）整合采编播技多部门力量，建设"镇直播"网络直播频道平台体系，采取重要节目、活动直播与日常慢直播相结合的形式，大幅提升网络直播的比例和频次，成为提升融媒品牌影响力的新增长点。如在冬至夜和跨年夜分别推出"情暖镇海　梦圆冬至"和"闪亮的日子"两场大型直播活动，广播、新媒体联动，首次实现广播频率、客户端、视频号、抖音号等多平台的音视频同步直播，直播时长分别达6小时和17小时，各新媒体平台观看总量达18万人次；直播湾塘岚山整村搬迁第一期安置房抽签仪式累计时长40个小时，日均活跃度超3万人次，观看量达16.7万人次；开展"山海情深　共庆彝族年"镇海—金阳两地联动新闻直播，总观看人数超过5万人次。慢直播中，"迎战台风'灿都'"观看量达31.2万人次，"国庆期间植物园赏秋7天"观看量超30万人次。

三、平台建设和内容生产持续优化

2021年，宁波日报报业集团宁波报网传媒有限公司深入实施移动化整体转型策略，主力军坚定挺进主战场。通过内容生产流程再造，报网新媒体与纸媒形成资源整合、优势叠加的良性发展态势。"甬派"客户端扩容提质成效明显，注册用户突破400万大关；月均发稿量4000余条，比2020年增长15%，其中原创稿件量增长16%，原创视频量增长13%以上，短视频、Vlog、直播及H5互动在重大主题宣传与重大活动报道中丰富呈现；品牌栏目发稿量质齐升，系列频道次第亮相；平台功能不断丰富，43个项目有效服务百姓民生。通过实施移动化优先战略，融媒体产品的传播力、影响力明显提升。

一体综合指挥发挥作用。报网一体化综合指挥部加大策划密度，提高指挥精度，流程再造、资源整合、优势叠加成效不断显现，在移动化整体转型的方向、路径和行动上形成高度共识。"甬派"客户端总发稿量持续攀升，视频、H5等移动化媒体产品数量快速增长，创建了文艺、港通天下、数字宁波、法治宁波等频道，以及英文频道Ningbo Times并每周推出英文版报纸，构建"梅鱼号"新平台，学习强国号、视频号等新媒体矩阵继续壮大。优化品牌专栏运作机制，《时晓竹》专栏更加紧贴时政热点，《甬派快评》专栏实现每日发稿目标。

余姚市融媒体中心（余姚市广播电视台）整合了各个新媒体平台，明确了以"姚界"客户端为龙头的中心旗下七大视听新媒体平台，投入50多万元升级"姚界"客户端，创新推出"姚视频""慢直播"，主打"姚界"视频品牌。推行新媒体优先供稿机制，确保新媒体稿件的及时性。按照新媒体供稿规范化要求，设立视觉创意部，加大短视频、H5等新媒体产品的制作力度。利用中国新闻摄影学会县市传媒分会会长单位的优势，投入70多万元改造中国县市图片网，建设中国县市（区）融媒体中心视觉产品共享平台，在视觉产品资源共享和版权维护上迈出了重要步伐。2021年，余姚市融媒体中心制作、发布的短视频、微信等新媒体产品，点击量超10万人次的有30个，浏览量最高的一条达65.7万人次。

鄞州区融媒体中心（鄞州区广播电视台）打造以"鄞响"客户端为龙头的视听新媒体矩阵，客户端总用户数近60万。开设《鄞州正当潮》《走遍鄞州》等原创视频栏目，推出"学党史 知使命全区党员说心声"系列H5产品，转发次数达11424次，成为爆款产品。应对台风"烟花"和"灿都"的报道，慢直播"直击三江口抢险""鄞州这些地方有积水，请避让"等受到广泛关注。

宁海传媒集团（宁海县广播电视台）一是强化创新思维，打造最强视听新媒体。继续做大平台。"看宁海"客户端粉丝量从18万+增加到21万+；"宁海发布"微信公众号粉丝量从15万+增加到18万+；"直播宁海"抖音号粉丝量从12万+增加到15万+。同时拓展新的网络平台。2021年2月1日，开通"宁海新闻"视频号，已发布视频600多条，单篇阅读量最高的是《百名党员话党史谈体悟①|储吉旺：与时俱进，推动企业改革发展》，达到12万人次以上。二是突出内容生产，提高网络新闻影响力。短视频系列持续发力，"主播看宁海""主播游宁海""曝光进行时""寻找无名烈士碑""重走红色印迹""百名党员话党史谈体悟""芳姐在现场""遇见宁海""阿明讲×××"等系列短视频获得较大反响；深度访谈类栏目实现零的突破，推出《大艺术"+"》视频访谈栏目，通过和驻村艺术家的对话，聚焦宁海艺术振兴乡村行动，提高网络新闻的深度和广度，已经推出5期，平均阅读量在3万人次以上；唱好"四季歌"，2021年策划推出"四季美食"（20篇，8篇登上新华社客户端首页）、"四季风景"（65篇）系列，以图文、短视频的方式，关注宁海本土人文风情，拓展内外宣内容。2021年，各平台有70多个"10万+"爆款作品。

四、安全播出和技术研发攻坚克难

"宁聚"客户端坚决贯彻落实上级安全播出要求，精心组织，周密部署，全面梳理技术平台，构建完善的安全专用设备网，加强安全应急演练，提高应急处理能力，完成"宁聚"客户端三级等保测评工作，2021年全年实现安全播出"零事故"。

与宁波市文化旅游研究院共同申报的宁波市"科技创新2025"重大专项合作项目"区域文化基因解码与精准传播服务技术研究及应用"正式获批，并按计划稳步推进。持续推动"宁聚"客户端迭代更新，已迭代上架13次，新增或修改功能点39个。做好宣传报道和重大活动技术支撑工作，2021年全年共开发专题64个，制作H5互动网页15个。

第二章 2021年宁波广播电影电视基本情况

第一节　广播影视管理机构

2021年，宁波文化广电旅游管理机构共11个，其中市级管理机构1个，县级管理机构10个（见表2-1）。2021年，宁波广播电视监测机构共1个（见表2-2）。2021年，宁波影视产业区机构共1个（见表2-3）。

表2-1　2021年宁波文化广电旅游管理机构一览表

序号	管理机构	法定代表人	单位地址	邮编
1	宁波市文化广电旅游局	詹荣胜	鄞州区宁东路835号B座6楼	315000
2	海曙区文化和广电旅游体育局	应　彬	海曙区解放北路128号	315010
3	江北区文化广电旅游局	李善基	江北区庄桥街道深悦商业广场7幢432号	315020
4	鄞州区文化和广电旅游体育局	孙　静	鄞州区惠风东路568号A楼	315100
5	镇海区文化和广电旅游体育局	阮一心	镇海区沿江东路618号	315200
6	北仑区文化和广电旅游体育局	蔡建萍	北仑区四明山路775号	315800
7	奉化区文化和广电旅游体育局	胡玉珍	奉化区中山路138号	315500
8	慈溪市文化和广电旅游体育局	房伟迪	慈溪市新城大道北路99号	315300

续表

序号	管理机构	法定代表人	单位地址	邮编
9	余姚市文化和广电旅游体育局	杨玉红	余姚市南雷南路388号	315400
10	宁海县文化和广电旅游体育局	张畅芳	宁海县南畈路5号桃源大厦B座	315600
11	象山县文化和广电旅游体育局	陈淑萍	象山县天安路999号	315700

表2-2　2021年宁波广播电视监测机构一览表

序号	管理机构	法定代表人	单位地址	邮编
1	宁波市广播电视监测中心	潘　霖	鄞州区兴宁路53号	315000

表2-3　2021年宁波影视产业区机构一览表

序号	管理机构	法定代表人	单位地址	邮编
1	宁波市影视文化产业区管委会	陈建瑜	象山县兴盛路228号商检大楼	315700

第二节　广播电视播出网络机构

2021年，宁波广播电视播出机构共12个，其中市级广播电视播出机构2个，县级广播电视播出机构10个（见表2-4）。

表2-4　2021年宁波广播电视播出机构一览表

序号	播出机构	法定代表人（负责人）	单位地址	邮编
1	宁波广播电视集团（宁波人民广播电台）	李　可	宁波市和义路109号	315000
2	宁波广播电视集团（宁波电视台）	李　可	宁波市环城西路南段599号	315000
3	鄞州区融媒体中心（鄞州区广播电视台）	朱鸣鸿	鄞州区麦德龙路8号	315100

续表

序号	播出机构	法定代表人（负责人）	单位地址	邮编
4	镇海区新闻中心（镇海区广播电视台）	李阳育	镇海区南大街36号	315200
5	北仑区传媒中心（北仑区广播电视台）	郑志雄	北仑区恒山路596号	315800
6	奉化区融媒体中心（奉化区广播电视台）	周女芬	奉化区中山路9号	315500
7	慈溪市融媒体中心（慈溪市广播电视台）	赵 科	慈溪市新城大道北路288号	315300
8	余姚市融媒体中心（余姚市广播电视台）	杨华平	余姚市谭家岭东路29-1	315400
9	宁海传媒集团（宁海县广播电视台）	何健军	宁海县桃源中路228号	315600
10	象山县传媒中心（象山县广播电视台）	陈兴达	象山县象山港路536号	315700
11	江北区全媒体中心（江北区广播电视中心）	夏 欣	江北区庄桥街道深悦商业广场7幢432号	315020
12	海曙区全媒体中心	汪光辉	海曙区国医街85号	315000

2021年，宁波广播电视网络机构共4个，其中市级1个，江北区1个，鄞州区1个，镇海区1个（见表2-5）。

表2-5　2021年宁波广播电视网络机构一览表

序号	网络机构	法定代表人（负责人）	单位地址	邮编
1	宁波华数广电网络有限公司	钟发松	鄞州区甬江大道188号财富中心14层	315000
2	宁波江北华数广电网络有限公司	胡 波	江北区江北大道670号034幢	315000

续表

序号	网络机构	法定代表人（负责人）	单位地址	邮编
3	宁波市鄞州华数广电网络有限公司	舒放毅	鄞州区麦德龙路68号9层	315100
4	宁波市镇海数字电视有限公司	楼宝妹	镇海大西门路32号	315200

2021年，宁波视听新媒体平台共11个，其中市级2个，江北区1个，鄞州区1个，镇海区1个，北仑区1个，奉化区1个，慈溪市1个，余姚市1个，宁海县1个，象山县1个（见表2-6）。

表2-6　2021年宁波视听新媒体平台一览表

序号	平台名称	法定代表人（负责人）	单位地址	邮编
1	"宁聚"客户端	周洋文	海曙区环城西路南段599号	315012
2	"甬派"客户端	邓少华	鄞州区宁东路901号	315000
3	"新江北"客户端	夏　欣	江北区庄桥街道深悦商业广场7幢432号	315020
4	"鄞响"客户端	朱鸣鸿	鄞州区麦德龙路8号	315100
5	"镇灵通"客户端	李阳育	镇海区南大街36号	315200
6	"仑传"客户端	郑志雄	北仑区恒山路596号	315800
7	"掌上奉化"客户端	周女芬	奉化区中山路9号	315500
8	"慈晓"客户端	赵　科	慈溪市新城大道北路288号	315300
9	"姚界"客户端	马军辉	余姚市兰江街道世南西路152号	315400
10	"看宁海"客户端	何健军	宁海县桃源中路228号	315600
11	"山海万象"客户端	陈兴达	象山县象山港路536号	315700

2021年，宁波乡镇（区）广播电视站（中心）共82个，其中海曙区9个，江北区1个，鄞州区11个，镇海区5个，北仑区5个，奉化区10个，慈溪市17个，余姚市10个，宁海县8个，象山县6个（见表2-7）。

表 2-7　2021 年宁波乡镇（区）广播电视站（中心）一览表

序号	区域	机构名称	单位地址
1	海曙区	鄞江广播电视站	鄞江镇它山堰村王元玮路 5 号
2		集士港广播电视站	集士港镇公园路 22 号
3		洞桥广播电视站	洞桥镇何晓东路 1035 号
4		横街广播电视站	横街镇政府四楼
5		石碶广播电视站	石碶街道食品街，政府大院内
6		高桥广播电视站	高桥镇文化路
7		章水广播电视站	章水镇樟村振兴中路
8		龙观广播电视站	龙观乡桓村龙兴路 500 号
9		古林广播电视站	古林镇中心路 191 号
10	江北区	江北区广播电视总站	庄桥街道深悦商业广场 7 幢 432 号
11	鄞州区	瞻岐广播电视站	瞻岐镇瞻虹路 41 号
12		东吴广播电视站	东吴镇镇南路 62 号
13		邱隘广播电视站	邱隘镇人民北路文化城文广大楼西侧一楼
14		姜山广播电视站	姜山镇北大东路 8 号
15		云龙广播电视站	云龙镇政府大院东首
16		横溪广播电视站	横溪镇人民路 1 号
17		塘溪广播电视站	塘溪镇塘头村人民路 6 号
18		钟公庙广播电视站	钟公庙街道四明西路 253 号
19		咸祥广播电视站	咸祥镇龚家村多宝路 1 号
20		下应广播电视站	下应街道湖下路 147 号
21		五乡广播电视站	五乡镇爱民北路 2 号
22	镇海区	澥浦广播电视站	澥浦镇新建西路 26 号
23		九龙湖广播电视站	九龙湖镇河头村
24		蛟川广播电视站	蛟川街道镇骆东路 150 号
25		骆驼广播电视站	骆驼街道银店路 170 号
26		庄市广播电视站	庄市街道兆龙路 769 号

续表

序号	区域	机构名称	单位地址
27	北仑区	小港广播电视站	小港街道红联渡口路 375 号
28		大碶广播电视站	大碶街道人民南路 15 号
29		柴桥广播电视站	柴桥街道环镇北路 51 号
30		白峰广播电视站	白峰镇道峰城路 172 号
31		春晓广播电视站	春晓街道洋沙山观海路 250 号
32	奉化区	溪口广播电视站	溪口镇武岭路 224 号
33		西坞广播电视站	西坞街道西坞南路 89 号
34		裘村广播电视站	裘村镇银山路 14 号
35		江口广播电视站	江口街道江宁路 88 号
36		大堰广播电视站	大堰镇大名路 10 号旁边
37		萧王庙广播电视站	萧王庙街道峰岭南路 6 号
38		莼湖广播电视站	莼湖镇红星桥西侧 2 号
39		松岙广播电视站	松岙镇上汪振兴路 31 号
40		尚田广播电视站	尚田镇县江弄 2 号
41		方桥广播电视站	方桥镇方港路 16 号向南 100 米
42	慈溪市	城区广播电视站	古塘街道三北大街 518 号
43		宗汉街道广播电视站	宗汉街道新卫路 1 号
44		坎墩街道广播电视站	坎墩街道兴镇街 648 号
45		龙山镇广播电视站	龙山镇灵峰路 1000 号（综合写字楼内）
46		掌起镇广播电视站	掌起镇横街 509 号（镇文体中心内）
47		观海卫镇广播电视站	观海卫镇墨池路 39 号
48		附海镇广播电视站	附海镇花塘路 7 号
49		逍林镇广播电视站	逍林镇园丁路 58 号
50		胜山镇广播电视站	胜山镇胜山大道 518 号
51		新浦镇广播电视站	新浦镇新胜路 88 号（镇政府内）
52		桥头镇广播电视站	桥头镇吴山南路 615 号

续表

序号	区域	机构名称	单位地址
53	慈溪市	匡堰镇广播电视站	匡堰镇高家村 5 大弄东 29 号
54		横河镇广播电视站	横河镇龙泉路 39 号（镇政府内）
55		崇寿镇广播电视站	崇寿镇文化广场西侧
56		长河镇广播电视站	长河镇贤江大道长河体艺馆内
57		周巷镇广播电视站	周巷镇大通中路 178 号
58		庵东镇广播电视站	庵东镇文体中心内
59	余姚市	江北分中心	笋行弄 188 号
60		江南分中心	兰江街道日月星苑一期北门东首
61		泗门分中心	泗门镇湖星江路 1 号
62		低塘分中心	低塘街道许家堰路 21 号
63		马渚分中心	马渚镇东横路 217 号
64		临山分中心	临山镇南塘路
65		丈亭分中心	丈亭镇惠民路（渔溪市场对面）
66		陆埠分中心	陆埠镇育才路（镇政府旁）
67		河姆渡分中心	河姆渡镇政府内
68		梁弄分中心	梁弄镇仙桥新村 1 号
69	宁海县	城区广播电视站	跃龙街道中山中路 34 号
70		桥头胡广播电视站	桥头胡街道黄墩路 10 号
71		力洋广播电视站	力洋镇力洋东路 40 号
72		长街广播电视站	长街镇长岳中路 16 号
73		一市广播电视站	一市镇茂林路 6 号
74		岔路广播电视站	岔路镇人民北路 18 号
75		西店广播电视站	西店镇镇前路 5 号
76		深甽广播电视站	深甽镇天明西路 32 号

续表

序号	区域	机构名称	单位地址
77	象山县	城区工作站	象山港路 508 号
78		石浦片区工作站	石浦镇南屏路 392 号
79		西周片区工作站	西周镇弘文路 6 号
80		大徐片区工作站	城东工业园区映玉路
81		定塘片区工作站	定塘镇元亨路 81 号
82		东陈片区工作站	东陈乡金商路 245-1 号

第三节　频率频道

2021年，宁波广播电视播出机构广播频率共13个，电视频道共14个，其中市级广播频率5个、电视频道6个，县级广播频率8个、电视频道8个（见表2-8）。

表 2-8　2021 年宁波广播电视播出机构频率频道一览表

机构名称	（频率）频道名称	广播频率	开播时间	传输方式
宁波市人民广播电台	新闻综合广播	FM92.0，AM1323	1953.02.10	无线
	经济广播	FM102.9，AM747	1993.08.18	无线
	交通广播	FM93.9，AM603	1999.01.01	无线
	老年与少儿广播	FM90.4，AM1251	2007.01.08	无线
	音乐广播	FM98.6	2010.02.01	无线
宁波市电视台	新闻综合频道		1985.02.20	无线、有线
	经济生活频道		1995.05.01	无线、有线
	都市文体频道		2001.05.01	有线
	影视剧频道		2001.05.01	有线
	少儿频道		2005.06.01	有线
	教育科技频道		2014.12.28	有线

续表

机构名称	（频率）频道名称	广播频率	开播时间	传输方式
鄞州区广播电视台	广播节目	FM105.2	1993.07.01	有线
	电视节目		1994.04.01	无线、有线
镇海区广播电视台	广播节目	FM104.7	1994.09.01	有线
	电视节目		1994.09.28	有线
北仑区广播电视台	广播节目	FM100.8	1996.02.10	有线、无线
	电视节目		1993.10.01	有线
奉化区广播电视台	广播节目	FM99.4	1992.12.28	有线
	电视节目		1992.12.28	无线、有线
慈溪市广播电视台	广播节目	FM106.4	1984.12.26	有线
	电视节目		1995.09.17	无线、有线
余姚市广播电视台	广播节目	FM96.6	1986.12.30	有线
	电视节目		1988.10.01	无线、有线
宁海县广播电视台	广播节目	FM98.9	1995.12.18	有线
	电视节目		1998.10.01	有线
象山县广播电视台	广播节目	FM107.3，103.9	1995.11.01	无线、有线
	电视节目		1996.11.01	有线

第四节　节目播出

宁波广播电视集团（广播）

《宁广早新闻》（新闻资讯类）　新闻综合广播播出，播出频率：FM92.0；播出时间：周一至周日7:00—8:00。该节目是新闻综合广播一档综合性新闻节目，自2018年改版以来，树立起传递党的声音、集纳社会信息、道正声远的传播品牌。该节目以报道信息丰富、引导正确、监督有力、贴近民生、关注社会为主要特点，时效性与本土化并重，既有政府部门发布的权威信息，也有普通百姓的民意表达；既有本市新消息，也有国内外最新动态消息。内容架构主要由四个版块组成：《听宁波》《看世界》《追热点》《评天下》。该节目推出了一系列有影响力的报道，在全国和省市评比中屡获奖项。主持人：一晴、李侃、轶轩、夏梦。

《新闻扫堂腿》（娱乐资讯类） 新闻综合广播播出，播出频率：FM92.0；播出时间：每周日至周五17:00—18:00。以快节奏、嘻哈调侃的方式，播报社会趣闻，讲述古今故事，强调雅俗共赏，重视传播互动。主持人具有一定的史学功底，根据当天话题选取对应的历史故事，用说书人的语气进行生动演绎。节目风格轻松亲切、爆笑幽默。节目下设《新闻扫堂腿》《听众互动》《历史有点酷》等版块。主持人：葡萄、小黑、柚子。

《教育有声》（教育类） 新闻综合广播播出，播出频率：FM92.0；播出时间：每周四11:30—12:00；视频播出平台："在宁波"客户端。该节目是宁波市教育局联合宁波人民广播电台共同推出的一档教育类广播融媒体节目。节目聚焦本土教育资讯，解读热点教育政策，讲述教育人物故事，分享教育喜人成果。节目既在广播主流媒体端进行音频直播，又在移动端进行视频同步直播，并进行微信公众号、视频号再度推送，播出一年来已成为一档广受师生和家长欢迎，有口碑、有影响力又接地气的教育融媒体栏目。主持人：徐宁。

《名医来了》（医学科普类） 新闻综合广播与老年与少儿广播并机播出，播出频率：FM92.0，FM90.4；播出时间：每周一至周五10:00—11:00。该节目以公益、科学、实用为定位，严谨做好医学科普，精准推荐诊疗团队，助力就诊群众少走弯路。该节目前身为《家庭医生》，2021年改版后，更强调科学性与互动性，让听众"听得懂、学得会、用得上"。节目以倡导百姓的健康观念和生活方式为宗旨，下设《第一医院健康伴你行》《医学主委访谈录》《华美健康之声》《健康一点通》《空中导医》等版块。编辑、主持人：周月。

《全民爱体育》（社会民生类） 交通广播播出，播出频率：FM93.9；播出时间：每周一至周日12:00—13:00。该节目及时传递竞技体育、群众体育新闻资讯，宣传体育相关政策；邀请专业人士讲解科学健身知识；为民间体育运动健身爱好者以及相关体育团体提供展示平台；下设《激情时刻》《体育大咖说》《体育全民说》《运动玩家》等版块。主持人：文博、嘉瑜。

Hearing Ningbo（《听见宁波》）（英语广播类） 交通广播于2021年3月6日播出，播出频率：FM93.9；播出时间：每周六8:30—9:00。该节目由中共宁波市委宣传部指导，宁波广播电视集团主办，交通广播承办，是一档集新闻资讯、历史人文、互动参与为一体的全新英语广播节目。节目重点服务在甬、来甬外籍人士以及英语爱好者，及时报道宁波经济社会最新发展情况，提供英文资讯和服务信息，积极展示宁波作为历史文化名城、创新活力之城、全国文明典范城市的良好形象，成为外国友人走近宁波、认识浙江、了解中国的窗口。主持人：赵文博（Wenbo）、王嘉瑜（Miley）。

《心动在路上》（民生资讯类） 经济广播播出，播出频率：FM102.9；播出时间：周一至周日7:00—9:00。该节目在早高峰时段结合经济广播的频率特点，关注当下社会流行热点，融入更多经济、金融类信息，增加更多民生内容，服务百姓生活需求。节目以轻松的广播语言，陪伴听众朋友的上班路，传递明快、清新的正向情绪。同时，运用微信公众平台等新媒体传播手段，丰富与受众的互动渠道。主持人：铭亮、美樾。

《生活在宁波》（生活文娱类） 经济广播播出，播出频率：FM102.9；播出时间：周一至周日16:30—18:00。该节目以娱乐为形式，以民生消费服务为重心，为听众分享"吃喝玩乐、电影文娱"等信息。节目内容贴近生活，突出互动，分享乐趣，展现轻快、自然、动感、时尚的风格，让受众感受宁波丰富多彩的生活形态。主持人：箫鸣、家蔚、小米。

《新闻全媒体》（新闻资讯类） 经济广播播出，播出频率：FM102.9；播出时间：每周一至周五15:00—15:30。该节目下设《新看点》《新观察》等版块，将每天来自各大网络端口的热点音视频新闻，在广播节目中汇集并以音频的形式播出，让受众不需要打开手机和电脑，就能穿越全网，尽晓天下事。同时，节目通过微信公众号关键词，将当期节目所选的新闻，在自动回复中呈现，受众不仅可以从广播中听新闻，也可以同步在微信中看到视频版新闻，达到线上线下互动、新老媒体融合传播的效果。主持人：杨广杰、黄琳。

《即刻出发》（生活文娱类） 音乐广播播出，播出频率：FM98.6；播出时间：每周一至周五9:00—10:00。这是一档体验感极强的沉浸式全媒体节目，汇集研学、体验、自驾、骑行、音乐等元素。节目锁定"70后""80后""90后"人群，以好动、爱玩、亲子、游学为主题，建立一个"爱玩团"，由主播带队，全媒体视频直播跟进，来一场说走就走的沉浸式"即刻出发"之旅。主持人：子涵、子琪。

《最美汽车CD》（音乐专题类） 音乐广播播出，播出频率：FM98.6；播出时间：周一至周日19：00—20：00。该节目坚持"音乐引领文化传承"理念，是一档有听觉、有品位、有文化、有深度的音乐品牌化节目。节目于2021年首次尝试用黑胶唱机播放黑胶唱片的方式进行广播和视频号同步直播，让音乐可以"看得见"。每隔两周推出子栏目《音乐老友记》，以播客的方式邀请音乐人、普通人来聊生活、聊艺术。主持风格亲切随意，是晚间受众心仪的音乐陪伴。主持人：马莎。

宁波广播电视集团（电视）

《看点》（民生新闻类） 新闻综合频道播出，播出时间：每天18：15，时长37分钟。该节目为宁波电视界首档民生新闻直播类节目，2021年由原有的《看看看》改版升级而成，突出"原创""深度""温度"，继续走民生新闻精品化的路子。节目放眼大民生视角，关切民情、民意、民利，以民生新闻现场报道、帮忙服务、舆论监督、深度调查为特色，强化"一现场、一帮忙、一监督"的节目理念。看社会民生，看是非善恶，看人情冷暖。《看点》（原《看看看》）曾获浙江省优秀电视民生新闻类栏目、浙江省广播电视品牌建设优秀栏目奖、浙江省新闻名专栏、中国电视艺术家协会"2012十优电视栏目"等荣誉。主持人：胥可、沙瑛雪、张馨予、郭雪玲。

《寻味明州》（生活服务类） 经济生活频道创作，新闻综合频道播出，2021年7月4日开播，播出时间：每周日18：00，时长28分钟。该节目是一档美食寻味体验类原创精品节目，通过对宁波各区县（市）的地标性食材、特色美食以及相关文化习俗的梳理，用"寻味"串联起食材、美食、地域文化之间的关联，挖掘美食承载的人物情感和地域气质，用美食展示当代宁波人的生活方式。节目立足一个"新"字——创作新思路、拍摄新技术、制作新手段；强调一个"精"字——精品意识、精益求精。节目播出后，引起社会上的广泛关注与传播，口碑极佳，节目效果得到了相关宣传部门和文旅单位的好评。编导：李洁。

《阿拉宁波》（对外宣传类） 经济生活频道播出，2014年6月开播，播出时间：每周三美国东部时间18：00，时长20分钟。该节目通过浙江电视台国际频道这一电视外宣平台向海外播出，落地覆盖全世界60多个国家和地区，拥有数十万家庭用户，是宁波创办的唯一境外落地、有固定播出时间的综合性电视品牌节目。该节目让海外观众更加详细深入地了解宁波的人文风情、历史底蕴，成为宁波宣传经济、文化、旅游资源的特色平台，进一步吸引更多华人华侨和外国友人来宁波考察、投资、旅游，不仅有利于凝聚海外"宁波帮"的爱乡之心，也有利于向海外传递宁波声音、展示宁波形象。制片人：李凡；主持人：景圣晔。

《开心大赢家》（公益棋牌类） 影视剧频道播出，2011年10月开播，播出时间：每天20：25，时长55分钟。该节目是一档大型棋牌竞技类节目，形式为宁波特色的四人斗地主。节目自开播以来收视稳定，在宁波本地集聚了大量人气，是广大宁波观众最为熟知的品牌节目之一。2021年，该节目在牌局播出界面做了小改版，调整牌面布局、记分框等，增加出牌特效，给观众耳目一新之感，有效提升了节目的娱乐可看性。制片人：张志伦；主持人：章天宁。

《经典甬流传》（艺术赏析类） 少儿频道创作，新闻综合频道播出，2021年7月开播，播出时间：每周六18：00，时长28分钟。该节目是宁波广播电视集团推出的一档艺术赏析类节目，紧扣红色主题，坚持民族、传统主基调，注重从专业角度解读作品，努力发挥普及高雅艺术、提高大众艺术素养的功能，强调突出"甬"味，让观众获得艺术熏陶和审美愉悦的同时，能够感知宁波独特的地域文化气质。节目自开播以来，已经专访了近40位德艺双馨的艺术名家，播出了43期节目，为甬城观众献上了一场场荧屏艺术盛宴，为文化宁波建设增添了一道亮丽风景线。主持人：石丽虹。

《江南话语》（历史文化类） 专题创研部创作，都市文体频道播出，2003年7月开播，播出时间：每周六18：20，时长20分钟。该节目是一档历史文化类节目，以影像志形式记录、发掘以宁波为主的浙东及江南历史文化，表现江南地区的历史人文及民风民俗等相关内容,并从中挖掘历史与文化的深层内涵。《江南话语》开办至今,所创作的节目已18次获得国家级奖项,被国家广电总局授予"全国优秀电视文化栏目"荣誉称号。在2007年度、2009年度、2011年度中国广播影视大奖评选中,蝉联优秀栏目奖,成为中国广播影视大奖至今唯一一个"三连冠"栏目,并获得了中国广播影视大奖首次设立的优秀栏目成就奖。编导:赵军、郑萍等。

《东方微电影》(电影欣赏类) 教育科技频道播出,2014年8月1日开播,播出时间:每周六20:20,时长30分钟。该节目是一档微电影赏析及资讯服务类节目,作为宁波微电影节优秀参赛影片的官方展播平台,节目包含《影视动态》《影人访谈》《微电影赏析》等版块。监制:倪东。

宁波广播电视集团(新媒体)

"学习强国"宁波学习平台(党员教育类) 由宁波广播电视集团旗下"宁聚"客户端团队负责运营的"学习强国"宁波学习平台于2019年12月正式上线运营。平台下设11大板块、60多个二级子栏目,涵盖党史学习教育、宁波地方新闻推送、民生信息服务等内容。2021年全年"学习强国"宁波学习平台刊发稿件10093篇,在浙江学习平台刊发稿件5012篇,在全国平台刊发稿件468篇,总阅读量达4亿人次。在全国县级融媒体中心优秀作品双月赛中荣获两次三等奖。2021年12月,中央宣传部宣传舆情研究中心发布题为《"学习强国"浙江宁波学习平台举办"红色照耀甬城"党史学习教育专题线上活动》的文章,用近千字的篇幅对宁波学习平台进行了表扬。

鄞州区融媒体中心(鄞州区广播电视台)

《105上班路》 鄞州广播节目播出,播出频率:FM105.2;播出时间:每周一至周五7:00—8:30。该节目以中英双语介绍全球新鲜资讯,覆盖商业、科技、消费、传媒等行业,拓展国际视野,提供为城市中产阶级服务的优质内容。同时配以动感好音乐伴随每一位私家车车主上班早高峰。主持人:Maddy。

《105下班路》 鄞州广播节目播出,播出频率:FM105.2;播出时间:每周一至周五 16:30—18:30。该节目是一档晚高峰脱口秀节目。整个节目被分割成单元 15 分钟的小版块：《下班早点到》《新闻之我见》《阿拉来毁歌》等。接地气的话题和听众良性、紧密互动，培养了一群忠实听众，粉丝黏性强，节目风格风趣幽默，深受城市下班族喜爱。主持人：巨牌、施展。

《鄞视报道》 鄞州电视节目播出，播出时间：周一至周日 18:00，时长约 15 分钟。该节目关注全区重大政策举措、重要时政活动，纵览鄞州大事要闻，突出"围绕主题突出主线、服务大局助推发展"，先后开辟《天南海北鄞州人》《他山之石》等系列专栏，立足做强做优主流舆论阵地，主动担当尽责。同时，不忘记录社会发展变迁，关心百姓苦乐冷暖，确保宣传报道有高度、有深度、有温度，致力打造有责任、有权威、有情怀的主流新闻节目。

《民情面对面》 鄞州电视节目播出，播出时间：每周日 19:30，时长 15 分钟。该节目邀请理论专家、学者和党政部门、镇（街道）主要负责人等担任访谈嘉宾，进行政策解读、答疑解惑，把握适度问责，解决矛盾突出问题。节目除了在电视上播出外，还与"鄞视报道"微信公众号、"鄞响"客户端等新媒体联动推送。同时，加入手语同步翻译，为失语、失聪残疾人服务，扩大受众面，提高节目影响力。

《鄞视聚焦》 鄞州电视节目播出，播出时间：每周日 19:40，时长约 6 分钟，2018 年 9 月 8 日正式开播。该节目紧扣区委、区政府中心工作和阶段性重点工作，以建设性监督为原则，坚持正确的舆论监督方向，坚守舆论监督底线，敢于揭丑亮短，在新闻调查的基础上，采用"一事一曝，一事一评议"的方式进行监督，落实反馈，确保舆论监督有深度，最终目的是推动问题的解决，树立党委、政府的良好形象。节目口号：发挥新闻监督力量，助力鄞州领跑领先。

镇海区新闻中心（镇海区广播电视台）

《爱车爱未来》 镇海广播节目播出，播出频率：FM104.7；播出时间：每周一至周五 10:00—11:30。该节目是一档围绕汽车主题的服务型节目，为听众提供二手车估价、新车购买咨询、车辆故障解答、新鲜汽车资讯、新车亲身试驾体验分享等专业性与趣味性兼顾的内容，深受私家车车主好评。主持人：佳乐。

《爱上下班路》 镇海广播节目播出，播出频率：FM104.7；播出时间：每周一至周五17:00—18:30。该节目的主持人个人风格鲜明，幽默感十足，节目形式多样，融合了相声、评书等曲艺形式，为甬城晚高峰的听众传播快乐、释放压力，开播以来一直深受听众喜爱，收听率稳居全市同时段前两名。主持人：贾老师、阿拉蕾。

《音乐有重力》 镇海广播节目播出，播出频率：FM104.7；播出时间：每周二至周五14:00—16:00。该节目是一档欧美潮流音乐节目，已经连续开播10年，积攒了一批忠实铁粉，主持人用极具个人特色的腔调和优秀的音乐品位为听众送上一道美味的"音乐下午茶"。主持人：Fiona。

《一路平安》 镇海电视节目播出，播出时间：周四19:35，每月播出一期，每期10分钟左右。该节目将视角延伸至每一位执勤交警，通过对交通现场的实时跟踪拍摄，挖掘交警背后的故事，展现当今交通现状，从而达到将交通知识传达给每一位观众的目的。编导：陈士伟、王君美；主持人：许颜。

《健康有约》 镇海电视节目播出，播出时间：每两周播出一期，周六18:00首播，次周六18:00重播，时长10分钟左右。该节目由镇海区龙赛医疗集团、镇海区人民医院医疗集团与镇海电视台联合打造，是一档健康服务类节目。节目分为三个版块，分别是《我想知道》《你也可以》《别听他的》，聚焦镇海人家门口的"名家名医"，不仅把镇海最好的医疗资源介绍给百姓，还普及了基础医疗知识，打破了很多人心中固有的医疗误区，已成为群众了解医疗相关政策、获取科学健康知识的重要平台。编导：许颜、余骥、马旭峰、高凌霄、王君美、颜逸超、陆艺。

《鱼你有关》 "镇灵通"客户端播出，播出时间：每周一、三、五。该节目以轻松活泼的方式，用简短的语言解答人们在生活中遇到的大小事，指出生活中的误区。节目用"主持人出镜+MG（动态图形）动画"的形式，时间短、干货多，符合新媒体的传播方式，让受众在娱乐中得到收获。主持人：小鱼。

《说吧，青年》 "镇灵通"客户端播出，播出时间：每月两期。该节目一方面定位于展现新时代镇海各行各业突出的青年标兵风采，真实记录被拍摄青年一段时间的工作，从中表现出该青年的成长历程、成才经验，并为广大青年的成长提供合理性建议，以榜样的力量引领更多的镇海青年为镇海的建设添砖加瓦。另一方面针对时下热门话题，用街头采访的形式，征求各类社会青年的想法，表达青年观点。主持人：刘思妤。

北仑区传媒中心（北仑区广播电视台）

《1008早、晚新闻》 北仑广播节目播出，播出频率：FM100.8；播出时间：周一至周日19:08—19:38首播，次日6:00—6:30重播。《1008早、晚新闻》是一档新闻节目，主要涉及区政府重要活动、文件精神以及时事民生等内容。

《可乐爱回家》 北仑广播节目播出，播出频率：FM100.8；播出时间：周一至周日16:38—18:30。该节目是100.8频率晚高峰娱乐互动、脱口秀节目，受众定位为25—40岁的私家车车主，节目设有《下班脱口秀》《我爱记歌词》《接梗王》《娱乐大爆炸》等版块。节目互动性强，主持风格幽默亲和，有固定的粉丝群。主持人：新宇、乐晓。

《可乐早高峰》 北仑广播节目播出，播出频率：FM100.8；播出时间：每周一至周五7:08—9:08。该节目是一档集资讯、新闻、路况播报、听众互动为一体的早间节目，主持人以幽默诙谐的语言和积极乐观的态度将热点事件和民生新闻讲述得鲜活有趣。节目以搞笑娱乐的风格，获得了众多听众的认同。主持人：周扬、雪儿。

《原味音乐》 北仑广播节目播出，播出频率：FM100.8；播出时间：每周一至周五14:38—15:38首播，22:08—23:08重播。该节目是一档品味音乐类的伴随性节目，以经典流行音乐为主体推出不同的音乐主题，品味音乐，品味人生。主持人：轩东。

《一听可乐》 北仑广播节目播出，播出频率：FM100.8；播出时间：每周一至周五15:38—16:38（周三机器检修停播）。该节目是一档娱乐脱口秀节目，听众定位是晚高峰起峰下班的私家车车主，主持人以自己独有的直播方式，讲述生活中的琐事，笑料不断，给下班回家的人们带来快乐。主持人：乐晓。

《山海经》 北仑电视节目播出，播出时间：每周日18:42，时长15分钟。

该节目为方言故事类节目，由中共北仑区委宣传部和北仑区传媒中心联合主办。节目以传统家风、家训故事和发生在身边的当代好人好事为主要素材，结合北仑社会热点，着重突出"身边人讲身边事"，深受广大电视观众及网民的关注和好评。主持人：钱树德、叶光龙。

《花儿少年》 北仑电视节目播出，播出时间：每周一18:30，时长10分钟。该节目为青少儿节目，以"关注少儿，服务家长"为宗旨，为北仑区广大家长和小朋友提供校园资讯、服务指南和展示平台。节目力求形式更新颖、内容更丰富、覆盖更广泛，开设了多个版块，注重寓教于乐和文化引领，大力弘扬中国传统文化。主持人：张佳丽、吕彦续。

《杏林之家》 北仑电视节目播出，播出时间：每周六18:30，时长15分钟。该节目为健康服务类节目，由北仑区中医院、北仑区传媒中心联合主办。节目主要提供北仑区中医院最新、最全的医疗资讯，并邀请专家名医解惑各类疑难杂症，分享中医文化。主持人：张佳丽、吕彦续。

《打卡吧青年》 北仑电视节目播出，播出时间：每周六18:30，时长10分钟。该节目为时尚休闲类节目，由北仑区新兴产业和服务业发展局、北仑区传媒中心联合主办。节目主要围绕美味佳肴、休闲娱乐、品质消费、运动健身、亲子游玩、生态旅游等新兴时尚业态，寻找挖掘网红打卡地，推荐品质商家，全方位宣传介绍"青年北仑"。主持人：张佳丽。

《纪录》 北仑电视节目播出，播出时间：每周六18:30，时长15分钟。该节目为社教专题节目，旨在为观众讲述人物故事，传播正能量。节目以专题、纪实等方式，讲述老百姓身边的故事，通过表现本地文化传承人的精彩技艺和人生故事，记录时代变迁，见证社会进步。主持人：张佳丽、吕彦续。

《走进恬园》 北仑电视节目播出，播出时间：每周六18:30，时长15分钟。该节目以农村建设为中心，以服务"三农"为宗旨，围绕"农"字做文章，关注农民生活，传递服务信息，记录农村社会变迁。节目设置了《恬园采风》《经验谈》《恬园新貌》等几个版块，通过不同的版块传递更多样、更精准的信息。主持人：张佳丽、吕彦续。

《仑直播》 该节目是北仑区传媒中心新媒体矩阵重点打造的特色节目，是本地有影响力的专业直播品牌。以政务类、休闲类直播为主，实时展现北仑本地社会热点与多姿多彩的风土人情，旗下的"吃喝玩乐GO"直播更是深受网友的喜爱，主播"可盐可甜"，带领网友追赶潮流。主播：李娜、王孟思。

奉化区融媒体中心（奉化区广播电视台）

《城市早七点》 奉化广播节目播出，播出频率：FM99.4；播出时间：每周一至周五7:00—9:00，时长120分钟。2013年推出至今，不断推陈出新，在大量提升单位时间内信息量的同时，着眼民生，以更加亲民的播报方式贴近百姓。内容涵盖国内外即时资讯、路况信息、航班信息、本地要闻等，成为奉化人民上班路上必不可少的信息集合站。主持人：叶凡、子扬。

《HELLO晚高峰》 奉化广播节目播出，播出频率：FM99.4；播出时间：每周一至周五16:30—18:30，时长120分钟。该节目融合全媒体传输新方式，开设全新美食互动版块《HELLO美食家》，利用短视频传播方式，与传统广播相融合，使节目版块更加鲜活灵动，从视觉、听觉两方面双管齐下，满足受众收听需求。结合时下热点，设计改良答题互动版块《HELLO小答人》，通过增设主题专场的方式，使节目更贴近群众所思所需。主持人：小叨、凌白。

《城市夜高峰》 奉化广播节目播出，播出频率：FM99.4；播出时间：每周一至周五19:00—20:00，时长60分钟。百变的小仙女，百变的夜高峰，节目新增模仿秀环节，增加与听众的互动，用DJ、伤感情歌party、猜猜我是谁等音乐类互动游戏的方式开启夜晚高峰时段的娱乐时间，同时通过听众发送歌曲链接的方式进行歌曲PK，为广大市民搭建展现自我的平台。主持人别具特色的主持风格，让整个时段都充满欢声笑语，也令忙碌一天的市民朋友在这一时段收获轻松和快乐。主持人：蒋琳。

《奉视新闻》 奉化电视节目播出，播出时间：每周一至周五18:30，时长12—15分钟。该节目紧密围绕区委、区政府中心工作，以媒体的视角，对全区各地各部门的重点工作进行全方位展示。《奉视新闻》是奉化区委、区政府重大决策、重要方针政策的主要发布渠道之一，深受广大干部群众喜爱。责任编辑：王也儿（1—4月）、董伟（5—12月）；主持人：陈璐娜、成功、范菁菁。

《民声1890》 奉化电视节目播出，播出时间：每周六18：30，时长15分钟。该节目以民本思想为基础，以老百姓身边事、麻烦事、稀奇事、关心事为主要报道题材，以平民视角关注和表现普通百姓的生存、生活和生计。内容涉及住房、就业、教育、劳动保障、消费纠纷等方面。《民声1890》是一档反映民情、关注民生、着眼老百姓生活状态、为民排忧解难的民生节目，受到广大市民的喜爱。责任编辑：董伟；主持人：职望。

《乡间小路》 奉化电视节目播出，播出时间：每周一至周五奉化一套18：15，每周一至周五奉化二套19：40，时长15分钟。该节目是一档对农节目，结合奉化地理特点、农业特点，同时认真总结过去农业节目的经验，在节目定位上大胆尝试、大胆创新，通过《乡间故事会》《乡间超市》《乡间加油站》《阿拉走乡间》《大厨驾到》等全新的版块形式，走出一条与众不同、与以往不同的对农节目道路。主创人员：孙颖、任芸芸、张肯登、邢昊臻。

《阳光城》 奉化电视节目播出，播出时间：周一至周日18：00，时长40分钟。该节目分设《小眼睛大视界》《奉化少年说》《美丽校园》《最萌乡音》等版块，2018年还推出了教育资讯服务类节目《教育直通车》，发布权威的教育信息。以"让学习更快乐，让成长更精彩，与奉化少年儿童共成长"为宗旨，摄录阳光童年的点点滴滴，使其成为少年儿童学习成长的快乐园地。该节目的《奉化少儿春节联欢晚会》已经成功举办9届，成为奉城人民家喻户晓的品牌活动。主创人员：傅陈、李铁、鲍骍科、蒋豪、俞远。

"报料"平台 "掌上奉化"客户端的"报料"平台，是与奉化区民情会办中心、市长电话共同合办的媒体监督平台。群众登录"掌上奉化"客户端，就能随时随地、方便快捷地提交诉求、反映问题。内容涉及交通运输、建设、教育、卫生、农林、城管、交警、市场发展、各乡镇街道工作等，其中以咨询求助类和投诉反馈类居多，也包含部分社会爱心点赞及生活分享。"报料"平台的搭建畅通了群众诉求反映渠道，依托大数据和信息技术，打造奉城民生服务平台，一大批事关群众切身利益的热点、难点问题得到了快速反映、有效解决。

《奉城纪事》 奉化电视节目播出，播出时间：每半月一期，周日奉化一套18：30、22：30，周六奉化二套19：40。该节目是一档人文底蕴深厚的纪录节目，用镜头讲述奉城人自己的故事，小人物的奇闻趣事，大人物的传奇故事，以古至今的人文历史，以及城市发展的沧海桑田，都在节目中可窥一斑。主创人员：周晓璐、李博滕、傅聂。

《奉化党建》 奉化电视节目播出，播出时间：每半月一期，周日奉化一套18:30、22:30，周六奉化二套19:40。该节目集中介绍奉化各地各部门的党建教育活动进展情况，优秀共产党员、基层党组织的先进事迹，聚焦党建前沿，弘扬时代精神。主创人员：张艳、李博滕、傅聂。

《奉话健康》 奉化电视节目播出，播出时间：每周日奉化二套19:50，时长5分钟。该节目由奉化区疾病预防控制中心与奉化区融媒体中心联办，已开办两年。节目紧紧围绕建设"健康奉化"这一中心思想，借助全区优势医疗资源，每期节目涉及并介绍一种疾病主题。在立足传统电视播出端的同时，该节目通过"掌上奉化"客户端、奉化区疾控中心官方微信公众号和视频号等新媒体平台及全区医院内部电视端的播出平台，为全区人民普及健康知识，为建设"健康奉化"贡献一份力量。主创人员：王桃波、李铁、应婕敏、鲍骀科、蒋豪。

慈溪市融媒体中心（慈溪市广播电视台）

《朝慈·溪闻》 慈溪广播节目播出，播出频率：FM106.4；播出时间：每周一至周五8:30—9:30，时长60分钟。这是一档集慈溪本土资讯、社会民生新闻、生活知识于一体的民生新闻节目，以了解城市最新动态为主线，以独特的视角网罗身边的大小事，带你了解慈溪。宣传口号：早上八点半，城市资讯快一点，了解慈溪从《朝慈·溪闻》开始。主创人员：房方。

《新闻最头条》 慈溪广播节目播出，播出频率：FM106.4；播出时间：每周一至周五7:30—8:30，时长60分钟。内容涵盖国际资讯、当前路况、时事热点，节目主线聚焦交通信息。主创人员：秋明。

《汽车当道》 慈溪广播节目播出，播出频率：FM106.4；播出时间：每周一至周五10:00—11:00，时长60分钟。这是一档集汽车资讯、汽车价格走势、汽车质量问题解答于一体的服务型民生节目。节目以服务百姓、科普汽车知识为主线，为百姓出行解决安全隐患。邀请汽车维修行业协会专业技师或专业汽车销售人员在线答疑解惑，解答百姓关心的各类汽车问题。节目包括"每月汽车召回咨询""每月新车发布信息""二手车评估""汽车市场现状""汽车维修咨询"等内容，切实服务大众，耐心解决每一个汽车小问题。宣传口号：任何汽车问题，在这里都会找到答案！《汽车当道》。主创人员：余泽峰。

《拜托了！姐妹》 慈溪广播节目播出，播出频率：FM106.4；播出时间：每周一至周五中午时段。以听众求助热线、新闻咨询、生活百科、家长里短等不同信息给听众提供生活服务。同时和司法局合作推出《现声说法》《法治督查月月谈》等版块，请专业律师和法治督察员走进直播室，就听众关心的法律法规和民生话题进行科普及讨论，做到真正为听众办实事、解难题。

《红蜻蜓》 慈溪广播节目播出，播出频率：FM106.4；播出时间：每天15:00—16:00（周二机器检修停播），时长60分钟。面对全新的社会环境和媒介环境，少儿节目应担负起引导认知、寓教于乐的使命。该节目整合融媒体资源优势，开拓少儿市场电台平台，扩大市场影响力。节目设有《父母课堂》《涨知识小课堂》《青瓷娃娃听故事》等版块，不定期上线《传统节日我来说》《萌娃萌语》等版块。主创人员：燕子。

《Hi，快乐下班路》 慈溪广播节目播出，播出频率：FM106.4；播出时间：每周一至周五16:00—18:00，时长120分钟。这是一档集资讯、竞猜互动、话题、音乐、路况、美食等于一体的晚高峰娱乐节目，以娱乐大众、传递正能量为主线，每天下班路上陪伴听众。"路况武工队"带来一手的交通信息，"吃货粉丝团"带你吃遍大街小巷的各种美食。"热线抢拍菜""试吃品鉴会""吃货有话说"各个节目环节及活动带给听众好吃又好玩的娱乐节目。宣传口号：全城娱乐乐全程，这里是好吃又好玩的广播节目《Hi，快乐下班路》。主创人员：胡芷旖、吴尘。

《大医生来了》 慈溪广播节目播出，播出频率：FM106.4；播出时间：每周五20:00—21:00，时长60分钟。邀请上海仁济医院知名医疗专家来到节目中，全方位科普解读慢病防治、生活方式、营养健康等内容，提高全民健康意识，科普医学知识，为患者带来福音。主创人员：燕子。

《戏韵流芳》 慈溪电视节目播出，播出时间：周一至周日18:00—19:00（夏季除外）。《戏韵流芳》电视戏曲票友展演展播活动，扎根于本土文化土壤，贴近普通百姓群众生活，紧扣"草根明星"展示才艺的企盼心理，深受中老年观众及戏迷的欢迎。主要形式有镇村团队展示、优秀节目会演、本土名票沙龙、名家纪念活动等。主创人员：胡焕龙、徐施荻、陈艳艳、陈锋、胡幸佳等。

《美好生活》 慈溪电视节目播出，播出时间：每周五19:30首播，之后每天同一时间重播，时长20分钟左右。该节目是一档介绍慈溪旅游、美食、技能小贴士的生活类节目，设有微信公众号，配合电视播出发布推送文章和组织活动。节目同时通过公众号和"慈溪手机台"客户端上传网络，可在电脑及手机上收看，在观众中有良好的口碑。节目口号：美好生活，有你有我。节目宗旨：分享生活资讯，精美福利派送，免费试吃试玩。主创人员：朱松青、张天红。

《金黄道地》 慈溪电视节目播出，播出时间：每周一至周五19:00首播，21:00重播，次日12:00重播，时长30分钟。该节目是一档民生类方言节目，使用慈溪本土方言和角色化播报的形式为百姓说事说理，关注群众的喜怒哀乐和生存状态，以平民视角关注平民生活。节目设置的帮忙类、舆论监督类版块深受当地百姓欢迎，先后开辟的《走进社区》《文明红黑榜》《道地大舞台》等版块也获得了良好的反响。"夜饭吃好7点钟，金黄道地讲摊头"已成为慈溪百姓的口头禅。主创人员：吴奇林、孙如川、陈金华、徐施荻、胡君央、林津津、张青、陈琦、罗佳威、胡娜松、何敏、黄科锋等。

余姚市融媒体中心（余姚市广播电视台）

《姚剧大家唱》 余姚广播节目播出，播出频率：FM96.6；播出时间：每周六至周日9:00—11:00，时长120分钟。为宣传和传承姚剧文化，余姚市姚剧文化传承保护中心联合余姚人民广播电台推出《姚剧大家唱》节目。节目邀请姚剧代表性传承人讲授姚剧相关知识，教唱姚剧选段。同时配合姚剧的宣传，邀请主创人员走进966直播室进行直播访谈，和听众互动。根据姚剧演出实况，制作相关视频进行宣传报道。节目分为《姚剧教唱》《经典姚剧欣赏》《戏迷时间》等版块。主创人员：陈霞、吕晓。

《教子有方》 余姚广播节目播出，播出频率：FM96.6；播出时间：每周六至周日16:00—17:00，时长60分钟。该节目由余姚市妇女联合会和余姚人民广播电台联合推出，已成为一档名牌节目，深受家长的欢迎。节目不仅收听率高，而且参与性也很强，通过专家老师和家长的互动，使家庭教育的理念深入人心。节目通过当下热门的教育话题展开讨论，分为《拜托了，老师》（邀请老师和家长聊培养及学科方面的问题）、《拜托了，医生》（一起关注孩子的健康成长）、《双减大家谈》（和家长谈谈"双减"之下的家庭教育话题）等版块。每周制作成小插件在直播节目中播出，并在周末通过余姚人民广播电台微信公众号平台进行推送。节目自2003年开播以来，深受广大听众的喜爱。主创人员：陈霞、吕晓。

《966车生活》 余姚广播节目播出，播出频率：FM96.6；播出时间：每周一至周五11:00—12:00，时长60分钟。基于当今汽车保有量大幅提升的背景下，丰富大家的汽车生活。该节目在第一时间传递车市最新资讯，选择车友关注度高或者对业界影响较大的市场和行业信息，营造汽车文化氛围。主要有《缤纷车世界》《二手车估价咨询》《新车抢先听》等版块，整理并报道汽车市场时事，包括国家出台的政策法规、国内外汽车厂商动向、新车上市、大型车展、最新车价等消息，让听众了解汽车市场形势和发展趋势。并且，节目通过与各4S店经销商及二手车商家联动，邀请嘉宾定期做客直播室，用专业的视角、受众喜爱的形式，为消费者提供全面的汽车类产品服务。主创人员：陆晓珊、王锦。

《966幸福下午茶》 余姚广播节目播出，播出频率：FM96.6；播出时间：每周一至周五13:00—15:00，时长120分钟，其中周三因机器检修原因，播出时间为13:00—14:00，时长60分钟。音乐是生活的亮色，该节目借助广播的听觉优势，让听众在音乐中享受听觉的旅行、音乐的魅力。每期设置不同主题与听友互动，如从同一歌手或同一类型歌曲出发，通过音乐赏析的方式，分享创作者和歌曲背后的故事以及听者的心情感悟，从而使听众的审美情感与音乐作品产生共鸣，获得审美愉悦。同时可以让听众了解各地的文化和风情，传递积极向上的正能量，在午后为大家带来惬意又舒适的幸福感。自节目开播以来，参与度不断提升，积累了众多忠实粉丝，已然成为大家午后固定收听的节目。主创人员：陆晓珊。

《966房产时间》 余姚广播节目播出，播出频率：FM96.6；播出时间：每周一至周五15:00—16:00（周三机器检修停播），时长60分钟。该节目是余姚人民广播电台推出的一档商业地产咨询服务类节目，内容包括关注国家房产信息和本地楼市行情、解决市民在买房卖房中遇到的问题纠纷、评估分析二手房行情、交流家装建材咨询等，设置了《房产风向标》《我爱我家》《霄鹏看盘》等多个版块。节目从2018年9月开播至今，吸引了稳定的收视群体，成为余姚本土极具影响力的楼市房产节目之一。主创人员：徐霄鹏。

《幸福慢生活》 余姚广播节目播出，播出频率：FM96.6；播出时间：每周一至周五7:00—9:00，时长120分钟。基于余姚汽车保有量的不断提高，早晚高峰时期是路面通行压力最大的时间段。早上的路况又呈现出时间长、集中路段多、短时流量密集等特点，因此实时性和陪伴性是该节目最主要的把握方向。在此基础上，早高峰节目内容重点体现在集交通、新闻、服务于一体，紧扣听众的收听习惯，通过社会热点新闻提炼话题，并进行多方面、多角度的采访，调动听众参与积极性，宣传社会正能量。在媒体融合的背景下，每周一7:30—8:30开通了视频直播渠道，打造"看得见的电波"，拉近与听众的距离。版块设置有《头条早班车》《交警连线》《今晨读报》《新闻切克闹》《新闻奥斯卡》等。主创人员：娄智伟、王佳、潘梦思。

《潮流城风尚》 余姚广播节目播出，播出频率：FM96.6；播出时间：每周一至周五9:00—11:00，时长120分钟。该节目是一档生活服务类节目，以"吃喝玩乐行"带听众感受生活、体验潮流。节目通过邀请嘉宾进直播室进行互动，为节目增添可听性；邀请医生、旅行达人、美食店家、潮玩店家等走进直播室和听众分享生活；邀请余姚各大景区负责人，通过直播分享"家门口"的美丽风景。《医者仁心》是节目和余姚市人民医院共同合作的版块，通过邀请医生直播，为听众解答健康问题。主创人员：陈霞、王锦。

《余姚新闻》 余姚电视节目播出，播出时间：周一至周日19:40首播，23:00重播，次日8:15，12:00，16:45重播，时长15分钟。节目宗旨：紧密围绕市委、市政府中心工作，充分发挥喉舌功能和导向作用，以报道余姚时政新闻为主体，坚持正面报道，兼顾舆论监督，体现信息传播的权威性与贴近性。节目定位：传播主流声音，发布权威信息。近年来，该节目以做强重点主题报道为侧重点，以加大电视新闻节目信息量为抓手，以不断提升自身影响力为目标，受到了社会各界广大观众的肯定。主创人员：徐斌、郑杰锋、阮占君、陆小玲、马亚萍、傅淼。

《姚江桥头》 余姚电视节目播出。播出时间：每周一至周五18:40首播，当日22:50和次日8:35，11:30重播，时长22分钟。该节目是一档杂志类方言专题节目，说余姚事，评余姚人，以"百姓讲故事，讲百姓故事"为核心内容，做到新闻性与服务性相统一。内容侧重于民生新闻，主要反映群众关注的新闻性事件和社会热点，并进行新闻追踪和深度报道，对典型人物进行宣传，对不文明行为进行抨击。一篇篇短小精致的报道不但接地气，而且用方言讲述，亲切易懂，受到了观众的热捧。主创人员：黄茫、张蕾、宋芳芳、张晓炯、徐宇文、霍轶卿、郭越、唐蓓蕾、陶梦卿。

《姚江田野》 余姚电视节目播出，播出时间：每周六至周日18:40，每周日至周一11:30，时长12分钟。该节目是余姚市融媒体中心一档以农业、农村、农民为主线的农业类节目，目的是向广大农民传播中央对农政策和农业科技知识，推广农业实用技术，提高农民朋友的科技素质和生产技能；报道身边的致富经验和创新做法，带动农民朋友一起致富。节目创办至今已有20多年，是余姚电视台一档老牌的专题节目，深受农民朋友欢迎。主创人员：余凡、郑钊辉、杨亮。

《快乐碰碰车》 余姚电视节目播出，播出时间：以（周一到周五）日播版与（周六至周日）周末版形式播出，时长25分钟。该节目秉承健康阳光的正能量理念，根据小朋友不同年龄阶段的学习生活和心理成长特点，通过寓教于乐的节目内容呈现出来，让大家在观看节目的同时能在同龄人的成长经历中感同身受，并在得到启发之余通过努力成为更好的自己。节目推出实践版块《快乐体验》、学习版块《快乐分享》、科普知识版块《知识魔方》、校园故事系列《校园直通车》等，呈现的主题更加鲜明。主创人员：周亮、丁丹斌、杨亮。

宁海传媒集团（宁海县广播电视台）

《我们快出发》 宁海广播节目播出，播出频率：FM98.9；播出时间：每周一至周五 7:30—9:00。该节目包含各大门户网站的最新头条,时下关注的时事、新规以及具有借鉴意义的社会新闻。同时,开通微信互动,针对时下热点新闻,大家有话说。另外,每周五 8:00—8:30 设有健康科目栏目《医生来了》,邀请医护人员做客直播间,宣传健康知识。主创人员:林夕、鸿睿、寒江。

《我们下班了》 宁海广播节目播出,播出频率:FM98.9;播出时间:每周一至周五 16:30—18:30。该节目以快乐的方式说新闻,传递正能量,风格更趋向娱乐化、搞笑化。节目涵盖话题互动、本地民生新闻、即时路况插播、美食推介、旅游推介、娱乐生活指南等元素。主创人员:雷洋、珊珊。

《主播帮帮帮》 宁海电视节目播出,播出时间:每周六 19:30 首播,周六 21:45 和周日 8:15,12:00,21:40 重播,时长 15 分钟左右。作为《宁海新闻》的周末版块,该节目将为民解忧和舆论监督合二为一,围绕帮忙说理、帮忙办事、帮忙维权等各种百姓诉求,为百姓排忧解难,同时挖掘幕后故事,反映事件进展,力求结局圆满,真正成为群众和群众之间、群众和政府之间沟通的桥梁。主创人员:侯德勇、沈洁、童柄霖、娄文涌、俞樾、苍肖冉、张旭灿、赵士超等。

《全媒聚焦》 宁海电视节目播出,播出时间:隔周播出,周六 19:30 首播,周六 21:45 和周日 8:15,12:00,21:40 重播,时长 15 分钟左右。作为《宁海新闻》的周末版块,该节目以舆论监督为主,紧密配合县委、县政府的中心工作,聚焦政府各部门在日常工作中存在的突出问题,对群众普遍关注的典型性问题进行事中、事后监督,促进热点、难点问题的有效解决。主创人员:侯德勇、沈洁、张旭灿、潘怡帆、周震霄等。

《新农家》 宁海电视节目播出,播出时间:每周三、四、六、日 21:00,时长 15 分钟。该节目以"新农村、新农业、新农民、新变化、新风尚、新面貌、新生活"为报道内容,展示农村新貌,倡导文明新风,传播科技信息,搭建致富桥梁。设有《农家人农家事》《农事新前沿》《乡村共富在路上》等 10 个子栏目,是一档杂志型结构的电视对农节目。主创人员:侯德勇、储超、吴佳蓉、童佳莉、邬恒博、王雨卿等。

《锋领宁海》 宁海电视节目播出,播出时间:隔周播出,周二 21:00 首播，次周重播，时长12分钟。该节目设有《基层风采》《先锋故事》《组织生活》《党群同心圆》等版块。节目与宁海县委组织部联合创办，以宣传党建工作、教育党员干部、服务人民群众、推动科学发展为目标。节目设置突出党建宣传主题，实时播报最新的党建资讯，宣传先进基层党组织和优秀共产党员的典型事迹，为党员和群众提供政策解读。主创人员：侯德勇、刘慧娴、杨显峰、胡荣安、符巾等。

《法在身边》 宁海电视节目播出，播出时间：每月播出两期，周一20:10首播，次日重播，时长15分钟左右。该节目设有《普法信息》《执法看台》《普法风采》《法律课堂》《给你说法》《法治聚焦》等版块。节目由宁海县普法办牵头，组织宁海县法院、教育局、公安局、司法局、人社局、住建局、交通局、市场监管局、安监局、广播电视台及浙江海浩律师事务所等单位共同联办，集中报道全县普法动态，介绍典型普法案例，展示各普法教育领导小组成员单位的法治文化特色，扩大法治宣传教育效果和影响力，努力用法治文化引领全民守法。主创人员：侯德勇、华瑛、王晓丹、杨显峰、胡荣安等。

《乐游宁海》 宁海电视节目播出，播出时间：隔周播出，周二20:20首播，次周重播。该节目设有《旅游风向标》《旅食旅宿》《旅见最鲜》《旅人故事》等版块，以宁海的旅游景点、秀美乡村为着眼点，全力主推"静城·宁海"旅游形象，以乡村旅游、生态文明为主题，倡导新型生态旅游、智慧旅游模式，展示宁海乡村的生态之美、人文之美、生活之美。主创人员：侯德勇、杨眉、叶文彬等。

《太阳花开》 宁海广播电视台播出，播出时间：每周五18:30首播，周六12:00、周日12:00重播，时长不限。该节目是电视文艺部、电视专题部、旅游与对农节目部联合重磅打造的大型全媒体少儿节目，设有《嘚吧嘚说新闻》《秀Time》《你好老师》《一起读书吧》《小脚丫走宁海》《同手同脚》等版块，主要关注孩子们关心的话题，展示他们多姿多彩的生活以及可爱、搞怪、有趣、丰富的内心世界，为孩子们提供丰富的艺术养分，营造浓厚的少儿艺术发展营氛围。主创人员：李巧燕、华瑛、余婷婷、王晓丹、童泽之、葛倡等。

《主播看宁海》 "看宁海"客户端推出的一档融媒体节目，播出时间：每周一期，时长3分钟左右。主播及创作者走进宁海大街小巷，深入宁海田间地头，采用新媒体表达方式，给用户带来最新鲜、最有温度的新闻，多元化、多角度呈现百姓身边事。整档节目画面真实、冲击力强，新闻视角独特，表现形式新颖，具有新媒体的特色和属性，一经播出便受到了社会各界的关注及肯定，视频转发量、点赞量和评论量喜人，被评为2021年度宁波新闻奖新闻名专栏。主创人员：黄浓珍、吴帅、朱鲁瑶、杨凯程、罗孙志。

象山县传媒中心（象山县广播电视台）

《半岛音画诗》 象山广播节目播出，播出频率：FM107.3，FM103.9；播出时间：周一至周日6:20—6:30首播，当日11:20重播，时长10分钟。该节目是一档广播综艺节目，在诗歌和歌声里讲述半岛动人故事，赞美家乡、讴歌家乡，发现象山诗画之美。诗歌和歌曲源自文学和音乐工作者的原创作品，深受听众欢迎。主创人员：孙平华。

《向快乐出发》 象山广播节目播出，播出频率：FM107.3，FM103.9，播出时间：周一至周日9:30，时长60分钟。该节目下设《旅游风向标》《爱象山爱旅游》《头脑风暴》《吃喝玩乐大搜索》《听世界》《音乐旅行家》等版块，致力于搜罗本县好吃好玩的地方与旅游景点，让听众足不出户就能了解到全县吃喝玩乐与旅游景点相关资讯，加强与听众互动。商家也能通过电台的宣传，吸引消费者的兴趣，刺激消费。自开办以来先后组织了多场次听众旅游互动活动，成为象山旅游的一张名片，起到了介绍县内旅游资源、培育旅游市场、传递旅游动态、服务游客、促进消费的积极作用。主创人员：沈绚、何飞燕。

《奇奇怪怪知识局》 象山广播节目播出，播出频率：FM107.3，FM103.9；播出时间：周一至周日16:20首播，次日11:30重播，时长10—16分钟。该节目是一档面向全年龄段的广播节目，主持人在节目中以"知识局局长"的身份，用诙谐搞笑的方式传递知识内容，专注于研究奇奇怪怪的知识，非常有趣。旨在通过脱口秀、说段子这种当代人易接受和感兴趣的方式，让听众在行车路上听一听各个领域的知识和看点，内容涵盖古今历史、古人生活、古代人物、社会热点、网络热梗、生活常识、冷知识等。主创人员：石熹。

《嗨，下班啦》 象山广播节目播出，播出频率：FM107.3，FM103.9；播出时间：每周一至周五17点晚高峰时段，时长35—50分钟。该节目是一档面向全年龄段的广播录播节目，整体节目节奏欢快，风格轻松搞笑，主持人在节目中用愉快幽默的话语趣说新闻，陪伴下班路上的人们。节目中搜罗各种社会热点话题，传递较有时效性的实时资讯（以民生新闻为主）、生活常识、冷知识、节气知识等，同时依托微信公众平台以及"山海万象"客户端，对有趣、有共鸣的话题进行听友互动。旨在通过节目，让快节奏生活的人们可以利用下班回家路上的时间获取新闻热点并放松心情。主创人员：石熹。

《缤纷车世界》 象山广播节目播出，播出频率：FM107.3，FM103.9；播出时间：每周一至周五8:15—8:20。该节目是一档汽车节目，主要介绍汽车相关的资讯，结合最新的交通动态，带大家及时了解交通法规和汽车养护知识，令车主朋友们更加清楚地了解汽车。主创人员：张玲玲。

《夜到讲白搭》 象山电视节目播出，播出时间：每周一至周五18:10首播，当日22:20、次日12:20重播，时长15分钟。该节目是一档民生类方言新闻杂志节目，片头形式为曲艺节目象山走书，唱词是"塔山文化六千年，扯扯白水翻老底，大事小事新鲜事，聊聊天来聊聊地"，透出象山特有的韵味。内容主要关注百姓周边所发生的事情，下设《讲新闻》《生筋络》《扯白书》《翻老底》《出主意》《教两句》《三姊妹热线》等版块。自2009年播出以来，观众反响热烈，关注度较高，拥有一大批忠实的收视群体。主创人员：夏琪磊、吴晓青、董浩、汤水树、张薇。

《每周聚焦》 象山电视节目播出，播出时间：每周三18:45，时长5分钟。该节目打造"公众参与、媒体监督、干群互动"的问政平台，围绕"五水共治""三改一拆"等重点专项工作和群众关心关注的热点、难点问题，以记者调查为表现手段，探寻事实真相，用新闻的力量向政府问作风、问效能、问责任，通过媒体介入方式推动各级政府及部门抓紧整改存在问题，力促转型升级。主创人员：贺林汕、石保青。

《经典时段》 象山电视节目播出，播出时间：周一至周日18:00—20:00首播，次日重播。该节目旨在弘扬国学文化，集中传播社会主义核心价值观，打造文化品质节目。下设《塔山讲堂》《养生堂》《今日书简》《经典纪录》《经典动漫》等5个版块，主要内容包括中华传统故事、《弟子规》解读、《论语》三百讲、经典书籍介绍、纪录片等。主创人员：金宇。

《海娃娃星计划小主播》 象山电视节目播出，播出时间：每周六18:30，时长10分钟。内容以星计划小主持人介绍"历史上的今天""象山人文史记""生活小妙招"等为主，锻炼孩子们的胆量、自信心，同时学习历史知识，了解所生活城市的发展历史，传播正能量。主创人员：章以芳。

海曙区全媒体中心

《海曙新闻》（时政新闻类） 宁波电视台频道播出，播出时间：每周一至周五18:30首播，当日21:30重播，时长约15分钟。该节目紧扣区委、区政府中心工作和阶段性重点工作，担任核心的宣传任务，是传达党和政府方针政策的重要窗口，起到联络政府、沟通百姓的桥梁纽带作用。

《尚书街》 "海曙新闻"客户端品牌节目。"读书读城读世界"是该节目的定位，"读书"即读有字之书，"读城读世界"即读无字之书。该节目自2020年1月初开设以来，配合"书香海曙"建设，报道海曙市民的读书活动，推荐好书以及好的读书方法，记录宁波这座城市的点点滴滴，开设了《尚书人声》《每月荐学》《书送希望》等子栏目，推送优质的原创图文、视频作品。

江北区全媒体中心（江北区广播电视中心）

《江北新闻》（新闻资讯类） 江北新闻综合频道播出，播出时间：每周一至周五19:30，时长10分钟。2013年《今日江北》改版为《江北新闻》，从每周三期改为每周五期。作为舆论和宣传阵地，《江北新闻》始终坚持正确舆论导向，一方面围绕区委、区政府的政策方针、重大工作部署和工作要求，第一时间准确及时地向观众传递江北的时政消息，全面宣传区委、区政府的中心工作进展、各地各部门的工作落实情况以及各项特色工作，向受众提供权威、真实、及时、贴近的新闻资讯；另一方面将目光对准百姓身边的热点、焦点问题和突发事件，力求确保报道贴近社会生活，关注民生疾苦，既有高度又有温度。

《健康说》（养生类服务类） 江北新闻综合频道播出，播出时间：每月两期，周四20:00首播，时长10分钟。该节目是一档与区卫生健康局联办的健康养生类电视资讯节目，以关注大众身心保健、倡导健康生活为主旨，采用新闻资讯的方式，已成为群众了解医疗相关政策、获取科学健康知识的重要平台。

《第一现场》（舆论监督类） 江北新闻综合频道播出，播出时间：每周一、三、五19:40，时长5分钟。该节目是一档电视舆论监督类节目，坚持以问题为导向，重点围绕区委、区政府各类重点工作，通过"一事一评议"的形式，曝光群众关心的热点、难点、堵点问题，促使问题得到有效有序解决，从而推动区委、区政府决策部署的贯彻落实。

第五节　受众调查 *

一、2021年宁波广播收听情况

（一）2021年度宁波广播市场总体情况

1.宁波主要电台2021年市场竞争情况

2021年，宁波电台拥有宁波地区广播市场半数以上的市场份额，市场占有率达50.7%，领先第二名的浙江电台30.3%，优势明显。平均收听率为3.64%，高出浙江电台2.17%，同样表现出较大的领先优势。镇海电台和1008可乐台分别拥有12.2%和7.0%的市场份额，保持一定的市场竞争力。中央电台和其他电台在地区市场影响力方面相对较弱。

* 数据来源：赛立信媒介研究有限公司。

2. 2021年宁波广播收听率历史走势

（1）收听高峰

2021年，在宁波地区广播收听市场，广播收听率最高峰出现在7:00—10:00，其次在6:30—7:00、10:00—11:00、16:30—19:30时段形成收听次高峰。

（2）两期对比

与2020年相比，2021年宁波地区广播听众资源在清晨到早高峰6:00—9:00及傍晚到深夜19:00—23:30时段明显增长，仅在9:00—13:30、17:00—19:00以及少数零散时段收听率出现下滑。

3. 2021年宁波主要电台的时段收听率

（1）宁波电台收听情况

2021年，宁波电台在7:00—9:30时段形成收听最高峰，在16:30—20:00时段形成收听次高峰，电台在全天各时段的收听率均以较明显的优势领先地区其他电台。

（2）竞争电台收听情况

从竞争电台的时段收听情况来看，2021年，浙江电台的收听高峰出现在7:00—9:30，全天所有时段的收听率都处于地区次席。镇海电台在6:30—10:00和17:00—19:00时段形成收听高峰，其他时段收听率均排名地区第三。其余竞争电台的收听走势均较为平缓，在地区的市场影响力较弱。

4. 宁波2021年主要电台频率的时段收听情况

（1）宁波电台频率竞争情况

2021年，在宁波地区，宁波电台交通广播在8:00—10:20、10:30前后、11:00—12:25、12:45前后、13:00—13:10、18:00—18:20、18:30—19:05、22:05—22:35、23:15后时段位居所有频率之首。

宁波电台新闻综合广播在8:00前、16:05—16:30、16:45—17:55、18:25前后、21:50前后、22:00前后、22:45前后时段占据领先地位。

宁波电台音乐广播私家车986在10:25前后、10:40—10:55、19:10—21:25、22:35前后时段排名地区第一。

（2）主要竞争频率竞争情况

竞争频率中，FM104.7 Nice FM表现最好，频率全天在13:15—15:40、21:30—21:45、21:55前后、22:35前后、22:50—23:10时段能够进入地区之首。

浙江电台交通之声在12:30—12:40、12:50前后时段挺进地区各频率收听率排名首位。

（二）2021年度宁波电台系列频率收听情况

1. 宁波电台新闻综合广播在宁波地区的收听率历史走势

（1）时段收听率历史走势

2021年，宁波电台新闻综合广播全天在6:00—9:00和17:00—19:00形成收听最高峰，其次在9:00—11:00、16:00—17:00、19:00—19:40时段也有较好表现。

与2020年相比，2021年宁波电台新闻综合广播在全天大部分时段的收听率出现回升，尤其是在清晨到早高峰、下午到晚高峰时段出现明显上升，仅在8:15—14:55、19:40—20:25、23:00后及少数零散时段出现下滑。

（2）市场占有率历史走势

2021年，宁波电台新闻综合广播竞争力高峰出现在8:00前，市场占有率基本都在15%及以上。

对比2020年，2021年宁波电台新闻综合广播在全天大部分时段的市场占有率出现上升，尤其在清晨和下午到晚高峰时段出现大幅度上升。仅在7:00—10:00、11:10—12:40、13:15—15:00、19:30—21:30及部分零散时段出现下降。

2. 宁波电台经济广播在宁波地区的收听率历史走势

（1）时段收听率历史走势

2021年，宁波电台经济广播全天在7:30—9:30和17:00—18:00形成收听最高峰，其次在9:30—11:00、15:40—16:40、18:00—18:50时段形成次高峰。

相比2020年，宁波电台经济广播在全天大部分时段的收听率均出现上升，只在9:30—13:40的绝大部分时段、18:10—19:55、23:25后及少数零散时段出现下滑。

（2）市场占有率历史走势

2021年，宁波电台经济广播的竞争力高峰出现在7:45—9:10、15:50—18:05时段，上述时段的市场占有率均在10%以上。

与2020年相比，2021年宁波电台经济广播在7:00前、11:35—13:40的绝大部分时段、18:40—22:00绝大部分时段及少数零散时段的市场占有率均出现下滑，其余时段以上升为主。

3.宁波电台交通广播在宁波地区的收听率历史走势

（1）时段收听率历史走势

2021年，宁波电台交通广播全天在7:30—10:00形成收听最高峰，其次在6:15—7:25、10:05—10:40、17:15—19:10时段出现次高峰。

对比2020年，宁波电台交通广播在9:35—13:25、13:55—18:50、23:45后以及个别零散时段出现下滑，其他时段出现上升或持平。

（2）市场占有率历史走势

2021年，宁波电台交通广播的竞争力高峰出现在6:10前、8:30—9:55、18:15前后、18:30—18:40、18:55前后时段，上述时段的市场占有率都在18%以上。

与2020年相比，宁波电台交通广播在6:30—8:25、12:00—13:30、13:55—18:10、19:15—20:40、22:45—22:55及少数零散时段的市场占有率出现下滑，其余时段以上升为主。

4.宁波电台老年与少儿广播阳光904在宁波地区的收听率历史走势

（1）时段收听率历史走势

2021年，宁波电台老年与少儿广播阳光904全天在6:45—8:55形成收听最高峰，其次在18:25—20:25时段出现次高峰。

与2020年相比，2021年宁波电台老年与少儿广播阳光904在全天大多数时段出现下滑，仅在8:10前、19:55—20:15及少数零散时段出现上升，其他时段出现下滑或持平。

（2）市场占有率历史走势

2021年，宁波电台老年与少儿广播阳光904竞争力高峰出现在6:55前后、7:15—7:40时段，市场占有率基本在5%以上。

与2020年相比，2021年宁波电台老年与少儿广播阳光904在7:15—7:30、10:30—11:50、21:45—21:55及部分零散时段出现上升，其他时段出现下滑或持平。

5.宁波电台音乐广播私家车986在宁波地区的收听率历史走势

（1）时段收听率历史走势

2021年，宁波电台音乐广播私家车986全天在7:00—11:00和18:45—20:10形成两大收听高峰。

与2020年相比，宁波电台音乐广播私家车986仅在9:30—13:30、15:00—19:00、21:45后及少数零散时段出现下滑，其他时段出现上升或持平。

（2）市场占有率历史走势

2021年，宁波电台音乐广播私家车986的竞争力高峰出现在8:15—10:55、18:45—21:25时段，市场占有率基本在13%以上。

与2020年相比，2021年宁波电台音乐广播私家车986在6:40前、12:00—13:00、14:30—14:50、15:00—19:00、21:30后时段的市场占有率出现下滑，其他时段以上升为主。

二、2021年宁波电视收视情况

2021年，宁波市场收视表现前20位的新闻栏目中，宁波台频道组占据8席，民生新闻栏目保持传统优势。其他频道组收视成绩突出的新闻栏目中有8个来自总台央视中文国际亚洲频道，1个来自总台央视新闻频道，总台央视频道新闻栏目表现强势。

2021年，宁波市场收视表现前20位的栏目中，宁波台频道组仅占据1席（《开心大赢家》），较去年表现有明显下滑。在其他频道组中，收视成绩突出的栏目主要来自头部卫视频道的强档综艺，且较去年头部卫视频道的综艺收视表现日趋强势。

2021年，宁波市场收视表现前20位的电视剧中有3部来自宁波四套。其余17部均来自卫视频道组中的头部卫视频道，浙江卫视、湖南卫视、江苏卫视以及深圳卫视的电视剧在2021年电视剧收视上表现抢眼。

17:00—24:00时段，2021年宁波台频道组的总份额为20%，排名第三，市场份额最高的是其他卫视频道组，其次是其他宁波频道组。2021年头部卫视组对优质综艺以及电视剧资源的垄断日趋明显，收视份额占比也开始大幅领先。此外，其他宁波频道组份额依旧占据重要位置，时移收看已经成为重要收视构成。

17:00—24:00时段，宁波四套市场份额排名第一，为8.9%；宁波三套市场份额为4.7%，宁波二套市场份额为3.9%，分别位列第六和第七；宁波一套以2.2%的份额位列第十一，宁波五套收视份额为0.6%。相较去年，宁波台各频道收视份额均有下滑表现，其中宁波一套、二套和三套下降幅度较大，较为明显。卫视频道中表现较好的是湖南卫视、浙江卫视、江苏卫视和东方卫视，分别占据第二到第五位，上升势头强劲。央视频道组中，仅有总台央视中文国际亚洲频道进入前十位。

2021年收视率前50位排名中，体育类节目占据39个位次，东京奥运会收视表现十分强劲，2021年度收视率位列第一的是东京奥运会男子100米决赛，收视率达到了6.6%。其他11个进榜节目从类型上来看主要由卫视、央视的晚会演出和电视剧组成。宁波台频道组的节目在2021年度并未进入收视率前50位。

第六节　评奖与表彰

2021年，宁波广播电视播出机构获得国家级各类奖项14件。其中，中国广播电视大奖2019—2020年度广播电视节目奖1个（见表2-9），第三十一届中国新闻奖1个（见表2-10），2021年度第十四届中国电影电视技术学会科技进步奖1个（见表2-11），2021年"王选新闻科学技术奖"项目奖3个（见表2-12），2021年优秀新闻科技论文奖3个（见表2-13），2021年度第十四届中国电影电视技术学会科技进步奖4个（见表2-14），首届广播电视和网络视听人工智能应用创新大赛获奖1个（见表2-15）。

一、广播电视作品获奖

表2-9　中国广播电视大奖2019—2020年度广播电视节目奖一览表

序号	奖级	类别	题目	完成单位	完成人
1	广播电视大奖	广播剧类	《中国蛟龙》	宁波广播电视集团镇海区广播电视台	忆庄（吕卉）、金子（王锐）、于祥国、房大文、王敏、翟万臣、廖菁

表2-10　第三十一届中国新闻奖一览表

序号	奖级	类别	题目	完成单位	完成人
1	二等奖	电视新闻访谈节目	《丛志强：划火柴的人》	宁波广播电视集团	李可、徐明明、高红明、何星烨、丁杨明、蔡志飞、田丰、吴金城、金诚、张馨予

二、科学技术奖

表2-11　2021年度第十四届中国电影电视技术学会科技进步奖一览表

序号	奖级	类别	题目	完成单位	完成人
1	二等奖	科技进步奖	《基于GIS的智慧光网运营管理系统》	宁波华数广电网络有限公司	徐鸿乾、钟发松、龚琦峰、毛世俊、郑志宏、郑海杰

表2-12　2021年"王选新闻科学技术奖"项目奖一览表

序号	奖级	类别	题目	完成单位	完成人
1	二等奖	项目奖	《基于异构数据融合的发射安播智能化分析运维平台》	宁波广播电视集团	王伟、毛世俊、钟发松、郑凯辉、王实现、柴华、庄严、徐宁、李科
2	二等奖	项目奖	《宁波广电集团高清播出在线改造工程项目管理与实施规范》	宁波广播电视集团	王伟、吴石松、孙欣、黄银萍、吴晨海、毛迅成、戴宏斌、葛晓雷

续表

序号	奖级	类别	题目	完成单位	完成人
3	三等奖	项目奖	《基于多场景应用的广播融媒体演播系统》	宁波广播电视集团	陈起来、武开有、孙刚鸿、忻震、陈军、吴挺、张静怡、孙旻

表 2-13　2021 年优秀新闻科技论文奖一览表

序号	奖级	类别	题目	完成单位	完成人
1	一等奖	科技论文奖	《广播电视新媒体高并发实时互动的技术思考与实现》	宁波广播电视集团	黄培建
2	一等奖	科技论文奖	《基于卷积神经网络的监控图像智能分析系统》	宁波广播电视集团	郑凯辉、黄培建
3	三等奖	科技论文奖	《多功能光传输平台在广播信号传输系统中的应用研究》	宁波广播电视集团	武开有

表 2-14　2021 年度第十四届中国电影电视技术学会科技进步奖一览表

序号	奖级	类别	题目	完成单位	完成人
1	二等奖	科技进步奖	《基于异构数据融合的发射安播智能化分析运维平台》	宁波广播电视集团	王伟、黄培建、钟发松、庄严、徐宁、郑凯辉、王实现、李科
2	二等奖	优秀论文奖	《城市电视台广电云平台的实践与应用探析》	宁波广播电视集团	谢辉珍
3	三等奖	优秀论文奖	《基于 4G 网络的无人高山发射台信源备份系统设计》	宁波广播电视集团	庄严
4	三等奖	优秀论文奖	《多功能光传输平台在广播信号传输系统中的应用研究》	宁波广播电视集团	武开有

表 2-15　首届广播电视和网络视听人工智能应用创新大赛获奖一览表

序号	奖级	类别	题目	完成单位
1	三等奖	智能剪辑类	《宁波广播电视集团多形态智能剪辑系统》	宁波广播电视集团

第七节　广播电视从业人员

2021年，宁波广播电视行业从业人员共4240名。其中管理人员704名，专业人员2570名（编辑记者947名，播音员主持人190名，工程技术人员858名，艺术人员34名，经营人员394名），其他人员966名（见表2-16）。从事广播电视专业岗位的副高以上专业人员共301名（包括市广播电视监测中心1名），其中正高级27名，副高级274名（包括市广播电视监测中心1名）（见表2-17、表2-18、表2-19）。

表2-16　2021年宁波广播电视行业从业人员情况一览表（一）

	从业人员	长期职工	女	党员	管理人员	专业人员	编辑记者	播音员主持人	工程技术人员	艺术人员	经营人员	其他人员
宁波市合计	4240	3738	1727	1716	704	2570	947	190	858	34	394	966
地市级小计	1994	1988	766	761	309	1413	319	73	533	30	357	272
宁波广播电视集团	1072	1066	440	518	201	677	319	73	129	30	25	194
宁波华数广电网络有限公司	922	922	326	243	108	736	—	—	404	—	332	78
县级小计	2246	1750	961	955	395	1157	628	117	325	4	37	694
江北区	113	28	57	43	30	73	67	2	3	—	—	10
北仑区	195	195	82	95	39	113	82	12	19	—	—	43
镇海区	243	84	116	100	45	154	94	33	17	—	10	44
鄞州区	260	258	129	110	43	148	113	12	23	—	—	69

续表

	从业人员	长期职工	女	党员	管理人员	专业人员	编辑记者	播音员主持人	工程技术人员	艺术人员	经营人员	其他人员
奉化区	382	132	158	125	81	210	72	12	102	2	22	91
象山县	157	157	64	83	31	111	52	6	36	—	—	15
宁海县	172	172	69	125	19	139	65	9	65	—	—	14
余姚市	417	417	148	143	63	94	39	18	31	—	5	260
慈溪市	307	307	138	131	44	115	44	13	29	2	—	148

表 2-17　2021 年宁波广播电视行业从业人员情况一览表（二）

	从业人员	按学历分			按年龄分			按专业技术职务分			
		研究生及以上	本科及大专	高中及以下	35岁及以下	36岁至50岁	51岁及以上	正高级	副高级	中级	初级
宁波市合计	4240	122	3670	448	1457	1994	789	27	274	788	2109
地市级小计	1994	70	1710	214	763	908	323	26	164	392	1097
宁波广播电视集团	1072	54	936	82	290	547	235	25	137	330	501
宁波华数广电网络有限公司	922	16	774	132	473	361	88	1	27	62	596
县级小计	2246	52	1960	234	694	1086	466	1	108	396	1012
江北区	113	11	100	2	66	37	10	—	3	1	69
北仑区	195	3	182	10	72	88	35	—	5	30	145

续表

从业人员	按学历分			按年龄分			按专业技术职务分			
	研究生及以上	本科及大专	高中及以下	35岁及以下	36岁至50岁	51岁及以上	正高级	副高级	中级	初级
镇海区 243	6	228	9	100	117	26	—	6	50	65
鄞州区 260	6	232	22	67	135	58	1	10	49	184
奉化区 382	11	308	63	129	164	89	—	21	82	133
象山县 157	3	149	5	33	86	38	—	17	40	89
宁海县 172	5	161	6	36	99	37	—	16	62	77
余姚市 417	2	327	88	119	196	102	—	20	27	56
慈溪市 307	5	273	29	72	164	71	—	10	55	194

表2-18　2021年宁波广播电视正高级专业技术职务人员一览表

序号	姓名	专业职务	职称时间	单位部门职务
1	徐明明	高级编辑	2008.12	宁波广播电视集团保留管委会副职待遇
2	柴蕴华	高级编辑	2008.12	宁波广播电视集团妇工委主任、市记协秘书长
3	王玮	一级作曲	2008.12	宁波广播电视集团专题创研部主任
4	刘奋	高级编辑	2009.12	宁波广播电视集团报刊部部长、宁波电广文化传播有限公司总经理
5	叶秀少	高级编辑	2010.12	宁波广播电视集团副总编辑
6	周洋文	高级记者	2012.12	宁波广播电视集团编委会委员、新媒体研发服务中心主任、宁聚传媒科技有限公司总经理、宁波广电网总编辑
7	李飒	播音指导	2012.12	宁波广播电视集团多媒体新闻中心首席播音员
8	王伟	教授级高级工程师	2012.12	宁波广播电视集团副总裁
9	毛洲英	高级编辑	2013.12	宁波广播电视集团新闻综合频率总监
10	孟海英	高级编辑	2013.12	宁波广播电视集团审计室主任

续表

序号	姓名	专业职务	职称时间	单位部门职务
11	张倩奕	播音指导	2014.08	宁波广播电视集团新闻综合频率副总监
12	陶廷龙	高级编辑	2014.12	宁波广播电视集团媒资管理中心主任
13	朱定忠	一级摄像师	2014.12	宁波广播电视集团影视频道副总监、宁波影视艺术有限公司副总经理
14	丁杨明	高级记者	2015.12	宁波广播电视集团副总裁
15	姚 兰	一级录音师	2015.12	宁波广播电视集团经济频率副总监
16	陈起来	教授级高级工程师	2017.12	宁波广播电视集团融媒体技术中心主任
17	杨彦翀	高级记者	2017.12	宁波广播电视集团新媒体研发服务中心副主任、宁聚传媒科技有限公司副总经理
18	何 瑾	播音指导	2019.10	宁波广播电视集团音乐广播总监
19	吕 岸	高级记者	2019.12	宁波广播电视集团新闻综合频率副总监
20	戴洁敏	播音指导	2020.11	宁波广播电视集团老年与少儿广播总监、宁波广播电视广告公司广播分公司总经理
21	谢辉珍	教授级高级工程师	2020.12	宁波广播电视集团广播电视制作播出中心主任
22	张华明	高级记者	2020.12	宁波广播电视集团教育科技频道副总监
23	求剑锋	高级记者	2021.12	宁波广播电视集团多媒体新闻中心调查部主任
24	叶赵明	高级编辑	2021.12	宁波广播电视集团音乐广播正科级职员
25	黄培建	正高级工程师	2021.12	宁波广播电视集团广播电视发射中心主任
26	钟发松	正高级工程师	2021.12	宁波华数广电网络有限公司总经理
27	洪晓薇	高级编辑	2021.12	鄞州区融媒体中心副主任

表 2-19　2021 年宁波广播电视副高级专业技术职务人员一览表

序号	姓名	专业职务	职称时间	单位部门职务
1	严 玫	主任编辑	1997.11	宁波广播电视集团保留管委会副职待遇
2	严吉强	高级工程师	1997.12	宁波广播电视集团发射中心副主任
3	李鸿斌	高级工程师	2002.11	宁波广播电视集团电视技术中心
4	郭文军	高级工程师	1999.09	宁波广播电视集团科技管理部
5	阎 鹰	主任播音员	2000.11	宁波广播电视集团多媒体新闻中心
6	齐宁哲	高级工程师	2000.12	宁波广播电视集团电视技术中心安播管理部主任
7	黄征宇	主任记者	2002.10	宁波广播电视集团宁聚传媒科技有限公司
8	程 波	高级工程师	2002.11	宁波广播电视集团电视技术中心技术部主任
9	梁 勇	高级工程师	2002.12	宁波广播电视集团行政安保部享受部长级待遇
10	马青石	高级工程师	2003.07	宁波广播电视集团发射中心发射一台副台长
11	邵南宏	高级工程师	2003.12	宁波广播电视集团媒资管理中心一科科长
12	乐文燕	高级工程师	2003.12	宁波广播电视集团电视技术中心
13	吴石松	高级工程师	2003.12	宁波广播电视集团广播电视制作播出中心副主任
14	陈春玉	高级工程师	2004.12	宁波广播电视集团电视技术中心综合部主任
15	董万春	高级工程师	2004.12	宁波广播电视集团发射中心综合部主任
16	庄 严	高级工程师	2004.12	宁波广播电视集团发射中心技术运维部主任
17	葛晓雷	高级工程师	2004.12	宁波广播电视集团电视技术中心
18	沈天友	高级工程师	2004.12	宁波广播电视集团科技管理部一科科长
19	方荣尧	高级工程师	2005.11	宁波广播电视集团电视技术中心享受主任级待遇
20	毛世俊	高级工程师	2005.11	宁波广播电视集团发射中心副主任
21	朱红天	高级工程师	2005.11	宁波广播电视集团经营管理办公室主任
22	项亚萍	主任编辑	2005.12	宁波广播电视集团音乐广播享受总监级待遇
23	蒋 波	二级剪辑师	2006.11	宁波广播电视集团广播电视制作播出中心副主任
24	金永亮	主任记者	2006.12	宁波广播电视集团多媒体新闻中心
25	王秋萍	主任记者	2006.12	宁波广播电视集团新闻综合广播采访部主任

续表

序号	姓名	专业职务	职称时间	单位部门职务
26	郑士炎	主任编辑	2006.12	宁波广播电视集团办公室副主任
27	吴晨海	高级工程师	2006.12	宁波广播电视集团电视技术中心调度维护部主任
28	戴 羽	高级工程师	2006.12	宁波广播电视集团电视技术中心
29	陈列铭	高级工程师	2006.12	宁波广播电视集团电视技术中心后期包装部主任
30	孙刚鸿	高级工程师	2006.12	宁波广播电视集团广播电视制作播出中心副主任
31	贝红兵	高级工程师	2006.12	宁波广播电视集团科技管理部部长
32	曹滔滔	高级工程师	2006.12	宁波广播电视集团产业投资部副部长、宁波广慧传媒科技有限公司总经理
33	王觉红	高级政工师	2006.12	宁波广播电视集团组织人事部副部长
34	张 睿	主任播音员	2007.10	宁波广播电视集团音乐频率副总监
35	高红明	主任记者	2007.12	宁波广播电视集团多媒体新闻中心副主任
36	李建晟	主任编辑	2007.12	宁波广播电视集团总编室一科科长
37	姚培红	高级工程师	2007.12	宁波广播电视集团广播技术中心正科级职员
38	陈三俊	副教授	2008.11	宁波广播电视集团管委会委员、宁波影视艺术有限责任公司总经理
39	马旭文	高级工程师	2008.12	宁波广播电视集团融媒体技术中心网络信息部主任
40	姜 娴	主任播音员	2009.10	宁波广播电视集团社会生活频道总监
41	陈建方	高级经济师	2009.11	宁波广播电视集团享受管委会副职待遇
42	郑静峰	主任记者	2009.12	宁波广播电视集团总编室主任
43	王 磊	主任编辑	2009.12	宁波广播电视集团办公室二科科长
44	何 斌	主任编辑	2009.12	宁波广播电视集团多媒体新闻中心副主任
45	赵 兵	主任记者	2010.12	宁波广播电视集团多媒体新闻中心
46	闫 全	主任记者	2010.12	宁波广播电视集团多媒体新闻中心要闻部主任
47	杜颖聪	主任编辑	2010.12	宁波广播电视集团宁波影视艺术有限责任公司
48	俞 三	高级工程师	2010.12	宁波广播电视集团发射中心发射一台台长

续表

序号	姓名	专业职务	职称时间	单位部门职务
49	王起广	高级工程师	2010.12	宁波广播电视集团发射中心发射三台台长
50	齐亚坤	高级工程师	2010.12	宁波广播电视集团广播技术中心
51	华荣强	高级工程师	2010.12	宁波广播电视集团组织人事部副部长
52	盛雅清	高级经济师	2010.12	宁波广播电视集团产业投资部部长
53	徐净波	高级政工师	2010.12	宁波广播电视集团组织人事部
54	曾泽坤	主任舞台技师	2010.12	宁波广播电视集团电视技术中心
55	俞 峰	高级会计师	2011.04	宁波广播电视集团经营管理办公室一科科长
56	周彤宇	主任播音员	2011.09	宁波广播电视集团广播频率群
57	吴晓漪	高级工程师	2011.12	宁波广播电视集团电视技术中心
58	王 宇	高级工程师	2011.12	宁波广播电视集团发射中心工程部正科级科员
59	丁小敏	高级工程师	2011.12	宁波广播电视集团广播技术中心
60	陈 军	高级工程师	2011.12	宁波广播电视集团办公室主任
61	戴宏斌	高级工程师	2011.12	宁波广播电视集团电视技术中心
62	邓 婷	高级经济师	2011.12	宁波广播电视集团产业投资部正科级职员
63	徐永林	高级政工师	2011.12	宁波广播电视集团组织人事部副部长
64	陈徐波	高级政工师	2011.12	宁波广播电视集团直属机关党委
65	董建红	副研究馆员	2011.12	宁波广播电视集团组织人事部
66	蒋 萍	高级政工师	2012.10	宁波广播电视集团经营管理办公室
67	傅燕盛	高级会计师	2012.05	宁波广播电视集团财务管理部
68	郑 岗	主任记者	2012.12	宁波广播电视集团多媒体新闻中心
69	翁常春	主任记者	2012.12	宁波广播电视集团新闻综合频率正科级职员
70	沈建华	主任记者	2012.12	宁波广播电视集团新闻综合频率副总监
71	王伟波	主任编辑	2012.12	宁波广播电视集团经济广播节目部主任
72	郭洁黎	主任编辑	2012.12	宁波广播电视集团享受集团中层副职待遇

续表

序号	姓名	专业职务	职称时间	单位部门职务
73	忻 震	高级工程师	2012.12	宁波广播电视集团广播技术中心综合部主任
74	吴颖丹	高级工程师	2013.12	宁波广播电视集团电视技术中心
75	孙 欣	高级工程师	2013.12	宁波广播电视集团电视技术中心网络部主任
76	李文新	高级工程师	2013.12	宁波广播电视集团广播电视发射中心工程部主任
77	钱 英	高级政工师	2013.11	宁波广播电视集团组织人事部
78	罗建永	主任记者	2014.12	宁波广播电视集团多媒体新闻中心副主任
79	庄丽萍	主任记者	2014.12	宁波广播电视集团多媒体新闻中心
80	宓 锐	主任记者	2014.12	宁波广播电视集团少儿频道
81	张 健	主任记者	2014.12	宁波广播电视集团教育科技频道总监、宁波广播电视广告有限公司总经理
82	钱 铃	主任编辑	2014.12	宁波广播电视集团报刊部一科科长、宁波电广文化传播有限公司副总经理
83	陈雅峰	主任编辑	2013.12	宁波广播电视集团经济广播
84	胡旭霞	主任编辑	2013.12	宁波广播电视集团老少频率副总监
85	郭英杰	主任编辑	2013.12	宁波广播电视集团交通频率总监
86	陈 蕾	主任编辑	2014.12	宁波广播电视集团多媒体新闻中心
87	袁 霁	主任编辑	2014.12	宁波广播电视集团交通广播副总监
88	马 莎	主任编辑	2014.12	宁波广播电视集团音乐频率节目部主任
89	周竞敏	主任编辑	2014.12	宁波广播电视集团老少频率节目部主任
90	胡晓蓉	高级工程师	2014.12	宁波广播电视集团电视技术中心
91	李世杰	高级工程师	2014.12	宁波广播电视集团电视技术中心
92	陈 艳	主任播音员	2015.12	宁波广播电视集团电视频道群
93	胡红磊	主任编辑	2015.12	宁波广播电视集团多媒体新闻中心
94	孙 英	主任编辑	2015.12	宁波广播电视集团总编室
95	俞 敏	高级工程师	2015.12	宁波广播电视集团电视技术中心
96	王征新	高级工程师	2015.12	宁波广播电视集团电视技术中心

续表

序号	姓名	专业职务	职称时间	单位部门职务
97	沈福明	高级工程师	2015.12	宁波广播电视集团电视技术中心
98	金海燕	副研究馆员	2016.06	宁波广播电视集团媒资管理中心
99	王益宁	高级会计师	2016.07	宁波广播电视集团财务管理部
100	林 晶	主任编辑	2016.12	宁波广播电视集团组织人事部
101	汪 清	主任编辑	2016.12	宁波广播电视集团新闻综合频率节目二部主任
102	王 玮	主任记者	2016.12	宁波广播电视集团电视频道群
103	张箭锋	主任记者	2016.12	宁波广播电视集团总编室副主任
104	刘宏杰	高级工程师	2016.12	宁波广播电视集团发射中心发射三台副台长
105	俞 颖	高级工程师	2016.12	宁波广播电视集团发射中心转播二台副台长
106	武开有	高级工程师	2016.12	宁波广播电视集团广播技术中心
107	徐少勇	高级工程师	2017.11	宁波广播电视集团电视技术中心
108	徐夏丹	高级工程师	2017.11	宁波广播电视集团电视技术中心
109	孙文霞	主任编辑	2018.10	宁波广播电视集团总编室二科科长
110	汪 蓉	主任记者	2018.11	宁波广播电视集团经济广播
111	毛 欣	主任播音员	2018.11	宁波广播电视集团交通频率融媒体拓展部主任
112	缪 靖	主任播音员	2018.11	宁波广播电视集团宁聚传媒科技有限公司
113	孙大彬	主任播音员	2018.11	宁波广播电视集团多媒体新闻中心
114	周 健	高级政工师	2018.12	宁波广播电视集团媒资管理中心副主任
115	冯国荣	高级工程师	2018.12	宁波广播电视集团发射中心发射二台台长
116	岑学锋	主任记者	2019.11	宁波广播电视集团总编室副主任
117	刘 徽	主任编辑	2019.11	宁波广播电视集团多媒体新闻中心
118	沈弘磊	主任编辑	2019.11	宁波广播电视集团交通广播
119	陈 晔	二级录音师	2019.11	宁波广播电视集团融媒体技术中心综合部主任
120	林彬彬	高级工程师	2019.12	宁波广播电视集团广播技术中心
121	孙 旻	高级工程师	2019.12	宁波广播电视集团广播技术中心

续表

序号	姓名	专业职务	职称时间	单位部门职务
122	叶 敏	高级会计师	2019.12	宁波广播电视集团财务管理部
123	徐 宁	高级工程师	2019.12	宁波广播电视集团发射中心转播二台台长
124	任博晟	高级工程师	2019.12	宁波广播电视集团发射中心
125	吕 霞	主任记者	2020.12	宁波广播电视集团多媒体新闻中心
126	沈飞女	主任编辑	2020.12	宁波广播电视集团总编室
127	张国雁	高级工程师	2020.12	宁波广播电视集团电视技术中心
128	翁晴霄	高级工程师	2020.12	宁波广播电视集团电视技术中心
129	王实现	高级工程师	2020.12	宁波广播电视集团发射中心
130	吴仲芳	主任播音员	2021.08	宁波广播电视集团总编室
131	于宏伟	主任播音员	2021.08	宁波广播电视集团广播频率群
132	郑 萍	二级导演	2021.09	宁波广播电视集团专题创研部
133	金 敏	主任记者	2021.11	宁波广播电视集团多媒体新闻中心地方部主任
134	励 正	主任记者	2021.11	宁波广播电视集团多媒体新闻中心正科级职员
135	潘志军	主任编辑	2021.11	宁波广播电视集团新媒体研发服务中心三科科长
136	沈棠燕	主任编辑	2021.11	宁波广播电视集团交通广播
137	应 莹	高级经济师	2021.12	宁波广播电视集团组织人事部
138	胡定颉	高级工程师	2001.01	宁波华数广电网络有限公司（离岗创业）
139	方 斌	高级工程师	2001.12	宁波市鄞州华数广电网络有限公司市场部经理
140	吕志良	高级工程师	2003.11	宁波华数广电网络有限公司办公室（党委办公室）副主任
141	李军波	高级会计师	2004.12	宁波华数广电网络有限公司财务总监
142	朱光浩	高级工程师	2005.11	宁波华数广电网络有限公司网络部副总经理
143	陈泽华	高级工程师	2005.11	浙江广业软件科技有限公司（宁波华数下属子公司）
144	单智勇	高级工程师	2005.11	宁波市鄞州华数广电网络有限公司
145	徐鸿乾	高级工程师	2006.12	宁波华数广电网络有限公司副总经理

续表

序号	姓名	专业职务	职称时间	单位部门职务
146	徐　峰	高级工程师	2006.12	宁波华数广电网络有限公司（离岗创业）
147	张　峰	高级工程师	2008.12	宁波华数广电网络有限公司创新业务办公室副主任
148	林宏波	高级工程师	2008.12	宁波华数广电网络有限公司安全管理办公室主任
149	胡志鸿	高级工程师	2008.12	宁波华数广电网络有限公司纪检监察室主任
150	陈　成	高级工程师	2008.12	宁波市鄞州华数广电网络有限公司技术运维部经理
151	王永丽	高级工程师	2012.12	宁波华数广电网络有限公司
152	楼　昶	高级工程师	2014.12	宁波华数广电网络有限公司办公室（党委办公室）主任
153	龚琦峰	高级工程师	2014.12	宁波华数广电网络有限公司
154	王雷达	高级经济师	2014.12	宁波华数广电网络有限公司副总经理
155	董玲娜	高级会计师	2015.04	宁波华数广电网络有限公司审计部总经理
156	张远宁	高级工程师	2015.12	宁波华数广电网络有限公司
157	郑　军	高级网络规划设计师	2016.03	宁波华数广电网络有限公司
158	俞青亚	高级经济师	2017.12	宁波江北华数广电网络有限公司副总经理
159	孙丹萍	信息系统项目管理师	2019.05	宁波华数广电网络有限公司
160	董新明	信息系统项目管理师	2019.05	宁波华数广电网络有限公司
161	殷　伟	信息系统项目管理师	2019.11	浙江宁广有视网络工程有限公司
162	周晓燕	高级经济师	2019.12	宁波华数广电网络有限公司营业中心主任
163	李浩波	高级会计师	2019.12	宁波市鄞州华数广电网络有限公司财务总监
164	张志群	信息系统项目管理师	2020.11	宁波市鄞州华数广电网络有限公司

续表

序号	姓名	专业职务	职称时间	单位部门职务
165	马海荣	高级工程师	2012.12	宁波市广播电视监测中心副主任
166	韩计海	高级工程师	2021.12	宁波市广播电视监测中心
167	姜 琴	主任播音员	2007.01	鄞州区融媒体中心新媒体部
168	胡卫玲	高级会计师	2008.07	鄞州区融媒体中心总编室
169	朱红英	高级政工师	2015.12	鄞州区融媒体中心办公室
170	姚赛芬	高级工程师	2014.12	鄞州区融媒体中心技术中心
171	陈浩良	高级工程师	2014.04	鄞州区融媒体中心技术中心
172	周萍萍	主任编辑	2016.12	鄞州区融媒体中心广播节目部
173	俞朝辉	主任编辑	2018.12	鄞州区融媒体中心新媒体部
174	徐奇锋	主任记者	2019.12	鄞州区融媒体中心新媒体部
175	李 伟	主任记者	2020.12	鄞州区融媒体中心电视部
176	王海棠	主任播音员	2021.12	鄞州区融媒体中心广播节目部
177	许坚刚	高级工程师	2001.1	镇海区新闻中心技术信息部
178	鲍志刚	高级工程师	2001.1	镇海区新闻中心
179	吴华本	高级工程师	2002.01	镇海区新闻中心总编辑
180	严洪智	高级工程师	2007.12	镇海区新闻中心技术信息部
181	傅景涛	高级工程师	2011.12	镇海区新闻中心技术信息部
182	胡 嵘	主任播音员	2019.09	镇海区新闻中心视频编发部主任
183	陈晓明	主任编辑	2002.12	北仑区传媒中心总编室
184	缪春伦	高级网络规划师	2009.11	北仑区传媒中心技术部
185	姚新华	主任记者	2012.02	北仑区传媒中心总编室
186	赵前进	主任记者	2014.01	北仑区传媒中心编辑部
187	王 越	主任播音员	2019.01	北仑区传媒中心编辑部
188	胡亚佩	主任编辑	2008.12	奉化区融媒体中心保留副局级待遇

续表

序号	姓名	专业职务	职称时间	单位部门职务
189	王桃波	主任编辑	2008.12	奉化区融媒体中心活动运营部主任
190	杨永革	高级工程师	2008.12	奉化区融媒体中心副主任
191	刘 声	高级政工师	2009.12	奉化区融媒体中心办公室
192	范爱飞	高级经济师	2011.01	奉化区融媒体中心总编室
193	黄铭均	高级工程师	2012.01	奉化区融媒体中心广告经营部主任
194	沈旭辉	高级工程师	2012.01	奉化区融媒体中心计划财务部主任
195	范洪元	高级工程师	2012.12	奉化区融媒体中心信息产业部主任
196	汪杏意	高级工程师	2012.12	奉化区融媒体中心总编室
197	邢燕君	主任记者	2014.01	奉化区融媒体中心总编室
198	邢良军	主任记者	2014.01	奉化区融媒体中心采访部主任
199	林佩锋	主任记者	2014.01	奉化区融媒体中心总编室
200	陈 娜	主任播音员	2014.01	奉化区融媒体中心创意产品部主任
201	吕午飞	主任编辑	2016.12	奉化区融媒体中心办公室
202	杨成业	高级工程师	2016.12	奉化区融媒体中心技术部副主任
203	董玉立	高级工程师	2018.12	奉化区融媒体中心技术部主任
204	胡金霞	主任编辑	2019.11	奉化区融媒体中心总编室主任
205	朱晓冬	主任编辑	2020.12	奉化区融媒体中心融媒编发部主任
206	潘珊珠	主任播音员	2020.11	奉化区融媒体中心创意部副主任
207	陈璐娜	主任播音员	2020.11	奉化区融媒体中心采访部
208	郑晓先	高级工程师	2020.12	奉化区融媒体中心松岙广电站副站长
209	曾 斌	主任播音员	2009.01	慈溪市融媒体中心大数据部
210	陈萍萍	主任播音员	2009.01	慈溪市融媒体中心总编室
211	冯少敏	高级工程师	2003.12	慈溪市融媒体中心办公室
212	冯立中	高级工程师	2005.11	慈溪市融媒体中心党委委员、副主任
213	孙建军	高级工程师	2010.12	慈溪市融媒体中心信息技术部副主任

续表

序号	姓名	专业职务	职称时间	单位部门职务
214	张登尔	高级工程师	2012.12	慈溪市融媒体中心信息技术部
215	苏 瑛	高级工程师	2017.12	慈溪市融媒体中心机关党委
216	李 红	主任播音员	2018.12	慈溪市融媒体中心时政部
217	赵站站	高级工程师	2020.01	慈溪市融媒体中心数字电视部
218	孙高峰	高级工程师	2021.08	慈溪市融媒体中心信息技术部
219	钟孟君	高级工程师	2006.12	余姚市融媒体中心广联公司工程技术部部长
220	柯 伟	高级工程师	2007.12	余姚市融媒体中心网络公司经理
221	褚海燕	高级工程师	2008.12	余姚市融媒体中心组织人事部主任
222	徐 千	主任记者	2008.12	余姚市融媒体中心副主任、党委委员
223	徐渭明	主任编辑	2009.12	余姚市融媒体中心副（科）局级干部
224	叶逢春	高级工程师	2011.12	余姚市融媒体中心副主任、党委委员
225	姚 杰	高级工程师	2015.06	余姚市融媒体中心低塘分中心主任
226	颜文祥	主任编辑	2016.01	余姚市融媒体中心报刊编辑部主任
227	孙海苗	主任记者	2016.03	余姚市融媒体中心采访一部主任
228	陆连军	主任记者	2016.03	余姚市融媒体中心机关党委专职副书记
229	唐继民	高级工程师	2016.12	余姚市融媒体中心（传媒集团）网络公司技术服务部部长
230	吴高权	高级工程师	2017.04	余姚市融媒体中心（传媒集团）媒体技术部副主任
231	干鑫森	高级工程师	2017.01	余姚市融媒体中心基建办
232	徐 翔	高级工程师	2017.05	余姚市融媒体中心（传媒集团）网络公司经营管理部部长
233	陈朝晖	网络规划设计师	2018.11	余姚市融媒体中心（传媒集团）人力资源部部长
234	万振华	高级工程师	2018.12	余姚市融媒体中心（传媒集团）媒体技术部主任
235	刘文治	主任记者	2019.11	余姚市融媒体中心新媒体部主任

续表

序号	姓名	专业职务	职称时间	单位部门职务
236	胡文锋	信息系统项目管理师	2020.11	余姚市融媒体中心（传媒集团）网络公司技术服务部
237	陈斌荣	高级记者	2020.12	余姚市融媒体中心副主任、党委委员
238	杨 军	主任记者	2021.11	余姚市融媒体中心姚界公司经理
239	陈元俊	高级工程师	2012.12	宁海传媒集团督查内审室主任
240	叶月飞	高级会计师	2012.08	宁海传媒集团计划财务部主任
241	童国强	高级工程师	2013.12	宁海传媒集团办公室
242	陈泽华	高级工程师	2013.12	宁海传媒集团全媒体技术部
243	丁伟标	高级工程师	2014.12	宁海传媒集团工程技术部副主任
244	章敏秀	档案副研究馆员	2016.06	宁海传媒集团办公室
245	李炯炯	高级工程师	2017.11	宁海传媒集团新媒体部副主任
246	张旭灿	高级工程师	2017.11	宁海传媒集团全媒体采访部
247	潘晓娥	主任编辑	2019.11	宁海传媒集团总编室主任
248	俞立勋	高级工程师	2019.12	宁海传媒集团工程技术部主任
249	王海峰	高级工程师	2019.12	宁海传媒集团全媒体技术部主任
250	张 琼	文学创作二级	2014.05	宁海传媒集团专刊编辑部
251	赵鸿伟	文学创作二级	2020.06	宁海传媒集团专刊编辑部
252	陈 勇	高级工程师	2020.06	宁海传媒集团全媒体技术部副主任
253	黄浓珍	主任编辑	2020.12	宁海传媒集团新媒体部主任
254	陈 隽	主任播音员	2021.08	宁海传媒集团广播节目部主任
255	郑根土	高级工程师	2004.12	象山县传媒中心副主任
256	李仁德	高级工程师	2005.11	象山县传媒中心总工程师
257	靳树山	主任编辑	2009.12	象山县传媒中心总编室

续表

序号	姓名	专业职务	职称时间	单位部门职务
258	励江一	高级工程师	2009.12	象山县传媒中心技术部
259	方永东	高级工程师	2009.12	象山县传媒中心总编室副主任
260	金旭东	主任记者	2011.12	象山县传媒中心专题活动部主任
261	陈亚琴	主任编辑	2012.12	象山县传媒中心电视部
262	孙平华	主任播音员	2014.01	象山县传媒中心广播部副主任
263	邹艾玲	主任播音员	2014.11	象山县传媒中心广播部
264	徐树国	主任编辑	2014.12	象山县传媒中心机关支部专职副书记
265	龚 成	高级工程师	2014.12	象山县传媒中心技术部主任
266	曹建华	主任编辑	2001.12	象山县传媒中心报刊部
267	余志刚	主任编辑	2007.12	象山县传媒中心报刊部
268	谢振明	高级政工师	2017.12	象山县传媒中心副主任
269	鲍乔屹	高级工程师	2018.10	象山县传媒中心综合业务部
270	金 宇	主任编辑	2021.11	象山县传媒中心总编室主任
271	朱永杰	高级工程师	2021.12	象山县传媒中心技术部副主任
272	沈剑定	主任编辑	2007.12	江北区全媒体中心技术服务部
273	俞呈阳	高级工程师	2013.12	江北区全媒体中心副主任
274	张乐萍	主任播音员	2018.12	江北区全媒体中心广电新闻部

第八节 电影经营单位

一、电影公司

2021年，宁波电影公司共6家，其中市级1家，县级5家，承担着相关区域的电影发行和放映任务（见表2-20）。

表2-20 2021年宁波电影公司一览表

序号	经营机构	法定代表人（负责人）	单位地址	邮编
1	宁波市电影集团有限责任公司	郑开颜	鄞州区达升路289号文旅中心三层	315040
2	鄞州区电影发行放映公司	陈 捷	鄞州区百丈街道演武街8号	315040
3	奉化区电影有限责任公司	周良妃	奉化区中山路138号	315500
4	慈溪市电影发行放映公司	陆 敏	慈溪市浒山三北西大街15-17号	315300
5	余姚市电影发行有限责任公司	王建波	余姚市舜水南路108号	315400
6	象山县电影发行放映有限公司	郭继军	象山县丹东街道新华路12-5号	315700

二、院线公司

2021年，宁波电影院线公司共22家，全年为118家电影院供片，覆盖845块银幕、118291个座位，放映电影1300197场次（见表2-21）。

表2-21 2021年宁波电影院线公司一览表

序号	院线名称	影院数	银幕数	座位数	放映场次
1	浙江时代电影院线股份有限公司	26	174	21588	265113
2	上海联和电影院线有限责任公司	21	146	19747	212751
3	广东大地电影院线股份有限公司	10	62	7220	78372
4	霍尔果斯万达电影院线有限公司	6	55	8350	103529
5	博纳电影院线有限公司	6	57	8875	98302
6	中影星美电影院线有限公司	6	52	8602	84079
7	中影数字院线（北京）有限公司	6	41	5796	63409

续表

序号	院线名称	影院数	银幕数	座位数	放映场次
8	横店影视股份有限公司	5	32	4991	60318
9	重庆保利万和电影院线	5	35	6268	43832
10	浙江星光电影院线有限公司	5	32	3607	43644
11	深圳市中影南方电影新干线有限公司	4	30	4182	54398
12	江苏幸福蓝海院线有限责任公司	4	29	4358	27437
13	北京华夏联合电影院线	2	15	2175	27901
14	武汉天河影业有限公司	2	15	2721	27234
15	北京长城沃美电影院线有限公司	2	15	2612	17522
16	广州金逸珠江电影院线有限公司	2	14	2193	25164
17	上海华人文化电影院线有限公司	1	14	1510	26270
18	上海大光明院线有限公司	1	11	1016	17167
19	北京新影联影业有限责任公司	1	5	446	10992
20	北京红鲤鱼数字电影院线有限公司	1	5	630	8591
21	中广国际数字电影院线（北京）有限公司	1	2	231	3132
22	温州雁荡电影院线有限公司	1	4	1173	1040
	合　　计	118	845	118291	1300197

三、电影院

2021年，宁波电影院共118家（其中新开14家，关停10家），分布全市各区县（市）。其中海曙区18家，江北区8家，鄞州区25家，镇海区9家，北仑区8家，奉化区7家，慈溪市21家，余姚市9家，宁海县5家，象山县8家。全市共放映电影1300197场次（见表2-22）。

表 2-22 2021 年宁波电影院情况一览表

序号	区域	影院名称	银幕数	座位数	放映场次
1	海曙区	保利国际影城（亚细亚 CINITY 店）	9	1519	16174
2		UME 国际影城（天一店）	14	1510	15055
3		宁波影都（东门口店）	9	1376	16420
4		博纳国际影城（海曙印象城店）	8	1269	13113
5		保利国际影城（新天地店）	7	1235	115
6		大地影院（恒茂店）	7	1059	2632
7		环球时代影城	8	1046	14016
8		宁波时代电影大世界（东渡店）	11	994	18924
9		中影南方国际影城（宁波财经学院店）	7	950	13631
10		横店电影城（海曙店）	6	948	11986
11		汉鼎宇佑影城（翠柏里店）	10	918	12184
12		宁波上影国际影城（洞桥店）	6	871	9498
13		SAS 国际影城	7	789	14319
14		民光影城	7	706	13534
15		宁波影都（樱花里店）	6	535	31
16		至潮影城（天一广场东方商厦店）	5	412	9011
17		大地影院（高鑫广场）	6	344	8616
18		蝴蝶影业	3	55	3570
19	鄞州区	SFC 上影影城（宁波店）	8	2069	15610
20		博纳国际影城（宏泰店）	10	1915	13627
21		万达影城（鄞州万达广场店）	8	1833	17604
22		CGV 影城（文化广场 IMAX 店）	9	1728	15056
23		博纳国际影城（东银泰店）	9	1708	15335
24		CGV 影城（鄞州 IMAX 店）	9	1659	16699

续表

序号	区域	影院名称	银幕数	座位数	放映场次
25	鄞州区	宁波中影国际影城（联盛广场店）	8	1572	15348
26		宁波中影国际影城（海港城店）	8	1510	26270
27		宁波幸福蓝海国际影城（环宇城IMAX店）	8	1480	39
28		百老汇影城（印象城店）	7	1192	12795
29		德信影城（港隆广场店）	6	1167	11333
30		寰映影城（阪急店）	10	1160	9921
31		耀莱成龙影城（鄞州店）	8	1128	16135
32		宁波影都（天伦店）	8	1120	11662
33		金沙玺乐耀莱影城高新店	9	1069	10348
34		大地影院（培罗成店）	7	1043	10130
35		自由人影城（宝龙店）	9	1035	12547
36		大光明主题影院	11	1016	17167
37		德信影城（聚亿广场店）	10	977	17160
38		横店电影城（洛兹购物中心店）	6	820	12283
39		上影·宁波影都（128店）	5	806	9019
40		环球时代国际影城（滨江店）	6	707	12346
41		中影集禾国际影城（东钱湖店）	6	642	10112
42		幕语环球影城（宁波店）	6	634	8441
43		IDA影城（利时奥特莱斯店）	5	446	10992
44	江北区	万象影城（宁波万象城IMAX激光店）	11	1729	9828
45		万达影城（江北万达广场店）	10	1491	20764
46		宁波中影国际影城（来福士店）	7	1126	12322
47		博纳国际影城（宁波中体城）	8	1083	16900
48		德信影城（天水广场店）	10	989	16598

续表

序号	区域	影院名称	银幕数	座位数	放映场次
49	江北区	嘉宝国际影城	7	901	12706
50		横店电影城（江北店）	6	881	11954
51		时代雷亚影城（北岸星街坊店）	6	639	6600
52	奉化区	万达影城（奉化万达广场店）	10	1489	20574
53		博纳国际影城（奉化店）	9	1038	16118
54		耀莱成龙国际影城（奉化店）	6	863	11888
55		奉化时代电影大世界	6	629	12407
56		美伦影城（溪口店）	5	567	8831
57		华纳兄弟智慧影城	5	352	7034
58		幕语溪口影城	2	231	3132
59	镇海区	星轶IMAX影城（镇海吾悦广场旗舰店）	8	1518	13260
60		汉鼎宇佑影城（镇海银泰店）	8	1345	10478
61		UME影城（镇海店）	7	1308	10825
62		保利国际影城（镇海店）	6	1306	9833
63		中影国际影城（镇海开元广场店）	7	1225	6439
64		大地影院（明海南路店）	5	771	5439
65		蓝天国际影城（镇海店）	7	717	12005
66		镇海时代电影大世界	6	667	11960
67		红星电影世界（镇海爱琴海店）	6	644	8581
68	余姚市	CGV影城（宁波城东IMAX店）	8	1450	14753
69		万达影城（余姚万达广场店）	9	1448	18315
70		新幕激光巨幕影城（余姚银泰城店）	8	1386	13582
71		余姚影城	3	960	3408
72		大地影院（四明广场店）	8	876	13849

续表

序号	区域	影院名称	银幕数	座位数	放映场次
73	余姚市	宁波马渚嘉莱影城	5	711	5000
74		金时代影城	6	688	5384
75		新泗门时代影院	5	499	8200
76		SFC上影国际影城（余姚店）	4	460	8195
77	象山县	象山剧院	4	1173	1040
78		时代金球影城（象山店）	8	1071	12957
79		华影影城（象山店）	7	1007	11856
80		万达影城（象山万达广场店）	8	929	16351
81		宁波影都（石浦店）	7	910	13209
82		玺乐耀莱影城象山店	9	734	11469
83		耀莱成龙影城（象山店）	9	734	13
84		东漫影城（太平洋店）	5	466	10986
85	宁海县	金逸泰悦影城（宁海店）	8	1346	14205
86		中影集禾LUXE影城(桃源广场店)	10	1282	19830
87		宁海万象国际影城	8	1204	15986
88		宁海横店电影城（人民路店）	6	824	10835
89		时代影城（宁海西店店）	4	388	431
90	慈溪市	中影星美国际影城（慈溪保利店）	11	1774	13348
91		星轶STARX影城（慈溪吾悦广场旗舰店）	9	1557	14618
92		红星电影世界（慈溪爱琴海店）	8	1380	12238
93		保利国际影城（财富店）	6	1325	7090
94		沃美影城	7	1265	14291
95		慈溪时代电影大世界（新都汇店）	12	1145	16018
96		时代国际影城（利时店）	7	1093	10317

续表

序号	区域	影院名称	银幕数	座位数	放映场次
97	慈溪市	中影星美国际影城（慈溪银泰城店）	8	1010	12627
98		大剧院保利国际影城（慈溪大剧院）	7	883	10620
99		幸福蓝海国际影城（高新区爱琴海店）	7	854	6579
100		新世界国际影城	6	847	10959
101		欢乐小马电影城	8	794	11809
102		宁波慈溪杭州湾时代影城	7	762	463
103		嘉莱影城	5	724	7557
104		星象国际影城	6	705	6979
105		宁波影都（掌起店）	6	690	9686
106		慈溪大马力影城	5	630	8591
107		恒丰数码影院	5	526	2134
108		鑫亮影城	4	365	5753
109		奥克雷影城	3	326	1994
110		慈溪图书馆电影厅	1	265	580
111	北仑区	博纳国际影城（北仑IMAX店）	13	1862	23209
112		海盛博地国际影城	10	1610	15379
113		宁波沃美影城（北仑印象里店）	8	1347	3231
114		中影千玥影城	8	1295	11626
115		CGV影城（宁波北仑店）	6	993	12178
116		嘉麦数字影院（高塘店）	5	466	2484
117		影都大榭影城	5	414	8481
118		滨海时代影城	3	357	12220
		合　　计	845	118291	1300197

四、电影放映队

2021年，宁波流动放映队共110家，分布全市各区县（市）。其中海曙区8家，江北区4家，鄞州区15家，镇海区4家，北仑区6家，奉化区12家，慈溪市18家，余姚市17家，宁海县16家，象山县8家，东钱湖旅游度假区1家，宁波国家高新区1家（见表2-23）。全市流动放映队共放映电影25315场次。

表 2-23 2021 年宁波农村数字电影放映队一览表

序号	区域	负责人	单位名称	单位地址
1	海曙区	俞浩辉	海曙区栎社影剧院数字电影队	海曙区石碶街道
2		施月国	海曙区高桥电影队	海曙区高桥镇
3		童军儿	海曙区集士港影剧院	海曙区集士港镇
4		郭国伟	海曙区古林电影队	海曙区古林镇
5		童琴琪	海曙区横街电影队	海曙区横街镇
6		潘永远	海曙区洞桥数字电影队	海曙区洞桥镇
7		闻安元	海曙区章水数字电影队	海曙区章水镇
8		钱建茂	海曙区龙观乡数字电影队	海曙区龙观乡
9	江北区	方金龙	江北区慈城阿龙电影队	江北区慈城察院巷 16 号
10		方金龙	江北慈城阿龙数字电影放映队	江北区慈城察院巷 16 号
11		陈国飞	宁波市电影有限公司大众电影放映队	江北区慈城镇东镇桥街 54 号
12		陈国飞	宁波市电影有限公司大众电影放映队	江北区慈城镇东镇桥街 54 号
13	鄞州区	景文江	鄞州区会议中心电影队	鄞州区外潜龙街 51 号
14		景文江	鄞州区电影公司流动电影队	鄞州区外潜龙街 51 号
15		沙建勋	鄞州区邱隘镇数字电影队	鄞州区外潜龙街 51 号
16		吕益君	鄞州区电影公司流动电影队	鄞州区外潜龙街 51 号
17		吕益君	鄞州区电影公司流动电影队	鄞州区外潜龙街 51 号

续表

序号	区域	负责人	单位名称	单位地址
18	鄞州区	谬 云	鄞州区钟公庙电影队	鄞州区钟公庙街道
19		傅剑光	鄞州区五乡数字电影二队	鄞州区五乡镇
20		沙市娣	鄞州区塘溪镇华影电影队	鄞州区塘溪镇
21		张海德	鄞州区塘溪镇数字电影队	鄞州区塘溪镇
22		傅剑光	鄞州区电影公司五乡电影队	鄞州区五乡镇
23		郁洪祥	鄞州区云龙镇数字电影队	鄞州区云龙镇
24		任国庆	鄞州区云龙镇甲村数字电影队	鄞州区云龙镇甲村
25		李仁甫	鄞州区横溪文化中心放映队	鄞州区横溪镇
26		吴国兴	鄞州区姜山镇电影一队	鄞州区姜山镇
27		陈自浩	鄞州区姜山镇电影二队	鄞州区姜山镇
28	镇海区	张卫国	镇海区招宝山大众放映队	镇海区服装城 2-11
29		张国平	镇海区影星流动放映队	镇海区凤龙路 14 号
30		张 峰	镇海区招宝山为民放映队	镇海区环城北路 90 号
31		李建惠	镇海区火凤凰流动电影队	镇海区清泉花园 10 号
32	北仑区	曹定福	北仑区柴桥芦江流动放映队	北仑区柴桥环镇北路 49 号
33		俞兴岳	北仑区大矸阿岳电影队	北仑区大碶街道林头方村徐家 90 号
34		俞兴岳	北仑区大矸阿岳电影队二队	北仑区大碶街道林头方村徐家 90 号
35		袁志福	北仑区白峰志福电影队	北仑区白峰街道上阳村 186 号
36		陈文国	北仑影剧院流动电影队	北仑区劳动路
37		丁志浩	北仑影剧院流动放映队	北仑区劳动路
38	奉化区	梁超峰	奉化区旭峰电影队	奉化区锦屏街道广南商城二区 3 幢 3 号
39		田永仁	奉化区尚田电影队	奉化区尚田镇鸣雁村

续表

序号	区域	负责人	单位名称	单位地址
40	奉化区	邬嘉康	奉化区西坞电影队	奉化区西坞街道西街6号
41		王国成	奉化区锦屏电影队	奉化区勤丰村2幢6号
42		吴越鸿	奉化区岳林电影队	奉化区岳林街道后方新村
43		裴 杰	奉化区溪口电影队	奉化区溪口毛家弄152号
44		王金尧	奉化区江口电影队	奉化区江口街道江宁路57号
45		李文远	奉化区银光电影队	奉化区岳林街道小湖桥新村40幢-4号
46		韩定岳	奉化区萧王庙电影队	奉化区江口街道方桥家丁埭村
47		李根全	奉化区裘村电影队	奉化区裘村镇裘四村勤丰路13号
48		王孝良	奉化区莼湖电影队	奉化区莼湖西谢
49		王宗云	奉化区大堰电影队	奉化区大堰镇柏坑村
50	慈溪市	陆 敏	慈溪市电影发行放映公司逍林电影队	慈溪市逍林镇东大街韩家弄
51		陆 敏	慈溪市电影发行放映公司天元电影放映队	慈溪市天元文化宫
52		陆 敏	慈溪市电影发行放映公司横河流动电影队	慈溪市横河镇
53		胡建军	慈溪市电影发行放映公司直属流动电影队	慈溪市浒山街道三北大街15—17号
54		陆 敏	慈溪市电影发行放映公司周巷电影放映队	慈溪市周巷镇
55		陆 敏	慈溪市电影发行放映公司观城电影队	慈溪市观海卫镇东城边街
56		陆 敏	慈溪市电影发行放映公司庵东电影放映队	慈溪市庵东镇

续表

序号	区域	负责人	单位名称	单位地址
57	慈溪市	陆 敏	慈溪市电影发行放映公司范市电影队	慈溪市龙山镇淞浦村
58		陆 敏	慈溪市电影发行放映公司掌起电影队	慈溪市掌起镇掌起大街
59		陆 敏	慈溪市电影发行放映公司坎墩电影队	慈溪市坎墩街道三四灶村
60		陆 敏	慈溪市电影发行放映公司长河电影队	慈溪市长河镇中街
61		陆 敏	慈溪市电影发行放映公司新浦电影队	慈溪市新浦镇余家路
62		陆 敏	慈溪市电影发行放映公司宁波杭州湾新区电影放映队	宁波杭州湾新区商贸街
63		陆 敏	慈溪市逍林放映队	慈溪市逍林镇
64		陆 敏	慈溪市电影公司	慈溪市浒山街道
65		陆 敏	慈溪市电影公司	慈溪市浒山街道
66		陆 敏	慈溪市电影公司	慈溪市浒山街道
67		陆 敏	慈溪市电影公司	慈溪市浒山街道
68	余姚市	周炼宏	余姚市电影公司流动放映一队	余姚市阳明西路61弄8号
69		方 波	余姚市电影公司流动放映二队	余姚市阳明西路61弄8号
70		楼 刚	余姚市电影公司流动放映队三队	余姚市阳明西路61弄8号
71		茹国才	余姚市电影公司流动放映四队	余姚市阳明西路61弄8号
72		潘达鸣	余姚市电影公司流动放映五队	余姚市阳明西路61弄8号
73		任 帆	余姚市电影公司流动放映六队	余姚市阳明西路61弄8号

续表

序号	区域	负责人	单位名称	单位地址
74	余姚市	褚鹏力	余姚市电影公司流动放映七队	余姚市阳明西路61弄8号
75		沈申健	余姚市电影公司流动放映八队	余姚市阳明西路61弄8号
76		张勤聪	余姚市电影公司流动放映九队	余姚市阳明西路61弄8号
77		牛其苗	余姚市电影公司流动放映队十队	余姚市阳明西路61弄8号
78		张岳维	余姚市电影公司流动放映队十一队	余姚市阳明西路61弄8号
79		邹大龙	余姚市邹大龙电影流动放映队	余姚市阳明西路61弄8号
80		朱慧丹	余姚市电影公司流动放映队	余姚市阳明西路61弄8号
81		徐康安	余姚市电影公司流动放映队	余姚市阳明西路61弄8号
82		熊奎珏	余姚市电影公司流动放映队	余姚市阳明西路61弄8号
83		陈 诚	余姚市电影公司流动放映队	余姚市阳明西路61弄8号
84		毛婉娣	余姚市电影公司流动放映队	余姚市阳明西路61弄8号
85	宁海县	张光尧	宁海县家苗数字电影放映队	宁海县桃源街道江南名都2幢412室
86		周其贤	宁海县桥头胡数字电影放映队	宁海县桥头胡镇汶溪周村
87		葛民翼	宁海县岔路数字电影放映队	宁海县岔路镇兴中路132号
88		谢大章	宁海县力洋星柏电影队	宁海县力洋镇田交朱村
89		郑志远	宁海县西店致富影视厅	宁海县西店南路30号

续表

序号	区域	负责人	单位名称	单位地址
90	宁海县	高瑞平	宁海县西店瑞平数字电影放映队	宁海县西店镇樟树中路70弄18号
91		姜爱国	宁海县深圳爱国数字电影队	宁海县深圳镇大理姜家
92		褚孟海	宁海县大众流动电影放映队	宁海县一市镇东岙村
93		王雄飞	宁海县昊天数字电影放映队	宁海县华庭家园3幢208
94		褚孟海	宁海县东洲数字电影放映队	宁海县一市镇东岙村
95		阮兴芬	宁海县惠民流动电影放映队	宁海县长街影剧院电影服务中心
96		王瑞玲	宁海县黄坛镇瑞玲数字电影队	宁海县松竹新村15幢303
97		吴小钱	宁海县长街长河数字电影放映队	宁海县长街影剧院电影服务中心
98		褚孟海	宁海县菊强数字电影放映队	宁海县一市镇东岙村
99		褚孟海	宁海县湖海数字电影放映队	宁海县一市镇东岙村
100		吴小钱	宁海县长街便民电影队	宁海县长街影剧院电影服务中心
101	象山县	王文波	象山县电影公司放映队	象山县西周镇湖边村
102		王惠波	象山县电影公司放映队	象山县新桥镇山头王村
103		夏永如	象山县电影公司放映队	象山县贤庠镇东风村
104		韩时芳	象山县电影公司放映队	象山县新桥镇海台村
105		张岳辉	象山县电影公司放映队	象山县高塘乡江北村
106		郑明能	象山县电影公司放映队	象山县鹤浦镇小百丈村
107		应岳玉	象山县电影公司放映队	象山县黄避岙乡大斜桥村
108		何云明	象山县电影公司放映队	象山县丹东街道马乌岭
109	东钱湖旅游度假区	钱浴华	东钱湖旅游度假区文化中心	东钱湖旅游度假区清泉山庄189号

续表

序号	区域	负责人	单位名称	单位地址
110	宁波国家高新区	施 荣	宁波国家高新区梅墟明达电影队	宁波国家高新区梅墟路66号

五、电影公益放映基地

2021年，宁波电影公益放映基地共100个，分布全市区县（市）。其中海曙区12个，江北区6个，鄞州区25个，镇海区8个，北仑区5个，奉化区8个，慈溪市10个，余姚市5个，宁海县12个，象山县4个，宁波国家高新区3个，东钱湖旅游度假区1个，大榭开发区1个（见表2-24）。

表2-24　2021年度宁波市电影公益放映基地一览表

序号	区域	负责人	单位名称	单位地址
1	海曙区	沈武斌	宁波市公安局海曙分局巡特警大队	海曙区环城西路北端245弄29号
2		方 静	海曙区江厦街道天一党群服务中心	海曙区华楼巷15号
3		胡国方	宁波市东海集团	海曙区横街镇林村
4		王昱汀	海曙区望春街道办事处清风社区	海曙区青林湾西区6号
5		郑 艳	海曙区段塘街道南苑社区	海曙区南苑街229弄14号
6		张 辉	宁波市海曙区段塘街道居家养老服务中心	宁波市海曙区环城南路839号
7		俞浩辉	海曙区栎社影剧院	海曙区石矸街道栎社村
8		闻安元	海曙区鄞江镇文化广场	海曙区鄞江镇光溪村
9		钱建茂	海曙区龙观影剧院	海曙区龙观乡恒村
10		石俊伟	广博集团股份有限公司	海曙区石矸街道车何工业区
11		俞浩辉	雅戈尔集团股份有限公司	海曙区鄞县大道西段2号
12		吕继荣	宁波望春工业园区	海曙区云林中路255号

续表

序号	区域	负责人	单位名称	单位地址
13	江北区	李华仙	宁波英皇舞美文化传播有限公司	江北区扬善路 18-1 号 3 楼
14		陈剑云	江北区甬江街道文化发展服务中心	江北区环城北路 292 号
15		李华仙	宁波民光文化传媒发展有限公司	江北区白沙社区白沙公园东北侧
16		蒋巧云	江北区文化馆	江北区丽江西路 77 号
17		岳翠娟	江北区洪塘街道宁静社区	江北区洪塘街道宁静家园 15 幢 67 号
18		洪佳静	江北区慈城镇慈湖人家社区	江北区慈城镇慈湖人家 242 号
19	鄞州区	吴国兴	宁波奥克斯空调有限公司	鄞州区姜山明光北路 1166 号
20		陈章	鄞州工业园区	鄞州区姜山朝阳
21		许瑾	鄞州区经济开发区	鄞州区瞻镇合兴路 1 号
22		林宗首	博威集团有限公司	鄞州区鄞州大道东段 1777 号
23		景文江	利时集团股份有限公司	鄞州区潘火街道诚信路 518 号
24		傅卫明	鄞州区东吴镇文化中心	鄞州区东吴中路
25		傅剑光	五乡镇文化中心	鄞州区蟠龙村周家 5 号
26		胡弘毅	宁波集合文创园	鄞州区东胜街道徐戎路
27		沙建勋	鄞州区邱隘方庄广场	鄞州区邱隘镇方庄社区
28		吴兴国	鄞州区姜山镇文化广场	鄞州区姜山镇
29		陶海延	鄞州区文化馆	鄞州区丹凤四村 53 号
30		章君	鄞州区福明街道陆嘉社区	鄞州区曙光北路 2055 号综合楼二楼
31		张孝渊	鄞州区东郊街道宁丰社区	鄞州区金家一路 501 号舟宿云庭小区 22 幢社区服务中心 2 楼
32		周恩含	鄞州区百丈街道朱雀社区	鄞州区朱雀新村 83 号
33		陈泽峰	鄞州区东胜街道张斌社区	鄞州区东杏阳巷 12 号

续表

序号	区域	负责人	单位名称	单位地址
34	鄞州区	胡雪英	鄞州区东柳街道东柳坊社区	鄞州区东柳坊社区105-110号
35		李仁甫	鄞州区横溪文化中心	鄞州区横溪镇
36		陈迎红	鄞州区明楼街道庆丰社区	鄞州区曙光北路318弄惊驾明庭10幢23号二楼
37		王颖安	鄞州区东柳街道园丁社区	鄞州区园丁街88弄36号3楼
38		余冬捷	宁波文化广场投资发展有限公司	鄞州区宁穿路1800号
39		郁静磊	鄞州区云龙镇文化中心	鄞州区云龙镇
40		成 嵘	鄞州区创意滨江广场企业管理有限公司	鄞州区悦盛路359号
41		施莎璐	鄞州区明楼街道朝晖社区	鄞州区朝晖路181弄25号（明园小区）
42		张芸芸	鄞州区东胜街道樱花社区	鄞州区东郊路123弄9号樱花社区居委会
43		封林凯	宁波市阿拉伴养老文创研究院	鄞州区百宁街66号（嘉和养老院）
44	镇海区	金 星	镇海区澥浦镇汇源社区	镇海区澥浦镇兴建花园19幢
45		胡延松	中国石化镇海炼化分公司工会文化活动中心	镇海区蛟川街道镇海炼化公司
46		邹 军	宁波甬友电子有限公司	镇海区九龙湖长石何仙8号
47		陈 凡	镇海区招宝山街道海港社区	镇海区后大街170弄35号
48		沈觉森	宁波埃美柯铜阀门有限公司	镇海区骆驼通和东路68号
49		郭 燕	镇海区庄市街道兴庄路社区	镇海区庄市街道鑫隆花园二期17幢
50		竺勤燕	镇海区职工文化活动中心	镇海区骆驼街道慈海南路1230号
51		王丹月	镇海区图书馆	镇海区骆驼街道民和路802号

续表

序号	区域	负责人	单位名称	单位地址
52	北仑区	林丹琼	北仑区新碶街道银杏社区	北仑区进港西路55号
53		刘武育	浙江吉润春晓部件有限公司	北仑区春晓镇春晓大道188号
54		董天宁	北仑区大碶文化站	北仑区大碶镇人民北路2号
55		梁玲龙	宁波新桥化工有限公司	北仑区小港街道金鸡路98号
56		李 萍	北仑区霞浦街道文体站	北仑区霞浦街道霞浦路183号霞浦会堂
57	奉化区	舒玲君	奉化区岳林街道舒前村	奉化区岳林街道舒前金峰路203号
58		宋 鹏	奉化区图书馆	奉化区中山东路16号
59		胡旭明	宁波南海化学有限公司	奉化区莼湖镇下陈文昌阁
60		樊维波	宁波圣菲机械制造有限公司	奉化区溪口工业园区后旺南路1号
61		甘柯明	宁波协诚电动工具有限公司	奉化区莼湖镇桐蕉司村
62		戴莉琼	宁波麦博韦尔移动电话有限公司	奉化区大成东路999号A厂房1号门
63		毛祥杉	奉化区顺源物业有限公司	奉化区尚田镇镇北路
64		陈 辉	奉化区池鑫建材有限公司	奉化区裘村镇马头村
65	慈溪市	邬慈镇	慈溪市坎墩文体中心	慈溪市坎墩街道
66		黄 展	慈溪市横河文化中心	慈溪市横河镇中兴西路二号
67		胡 忠	慈溪市长和文体中心	慈溪市长和镇
68		姚圣君	慈溪市福山纸业橡塑有限公司	慈溪市龙山开发区
69		陈益琦	宁波太尔炊具有限公司	慈溪市崇寿镇崇寿大道228号
70		陆迪孟	宁波海歌电器有限公司	慈溪市崇寿镇工业开发区
71		孙国周	慈溪市联发机械有限公司	慈溪市坎墩工业园区大盛路299号
72		沈 旦	慈溪市金茂汽车零部件有限公司	慈溪市宗汉工业园区西区

续表

序号	区域	负责人	单位名称	单位地址
73	慈溪市	景惠珍	慈溪奥尔升不锈钢制品有限公司	慈溪市周巷镇周西
74		王军辉	宁波佳雯化纤纺织厂	慈溪市周巷镇西三
75	余姚市	村 官	梁弄文化广场	余姚市城东东环线金辉路1号
76		张立辉	余姚市黄家埠镇文化站	余姚市黄家埠镇高桥村
77		张岳维	河姆渡镇镇政府文化礼堂	余姚市河姆渡镇车厩大道
78		言语喜	余姚市湖堤村文化礼堂	余姚市湖堤村村委
79		陈俊宏	宁波江丰电子材料股份有限公司	余姚市名邦科技工业园区安山路198号
80	宁海县	葛宇翔	宁波峰亚电器有限公司	宁海县西店镇吉山村
81		周亚敏	宁波大公保安服务公司	宁海县兴工三路一号三楼
82		陈培强	宁波万安股份有限公司	宁海县外环路1号
83		胡众众	宁海县岔路镇顶峰村	宁海县岔路镇顶峰村
84		王其东	宁波华东旭丰纺织品有限公司	宁海县梅林街道塔山园区1号
85		石春坚	宁海县越溪乡敬老院	宁海县越溪乡越溪村
86		胡晓国	宁海树缠藤摄影工作室	宁海县北斗路110号7-8间
87		周菊强	宁海东岙村	宁海县一市镇东岙村
88		陈海球	宁海县新时代文明实践中心	宁海县人民大道
89		何时耀	宁海梅林河洪村	宁海县梅林街道河洪村
90		胡银华	宁海县图书馆	宁海县桃源北路9号
91		胡宁燕	宁海看守所	宁海县桃源街道堤树村
92	象山县	马伯骥	象山甬侨气动液压有限公司	象山县丹东街道后山路18号
93		郑 颖	浙江易锻精密机械有限公司	象山县黄避岙乡大林工业园
94		郑明能	石浦塘头港社区	象山县石浦镇
95		钱海瑛	象山丹西街道北路社区	象山县丹西街道桃园路4号

续表

序号	区域	负责人	单位名称	单位地址
96	宁波国家高新区	施荣	宁波国家高新区梅墟街道梅福社区便民服务中心	宁波国家高新区梅墟街道梅墟路66号
97		谢东方	宁波国家高新区梅墟街道福明文体中心	宁波国家高新区梅墟街道
98		黄洒丽	鄞州区宁波市阿拉伴养老文创研究院（高新区放映点）	宁波国家高新区科兴路17号嘉和阳光·新晖社区居家养老服务中心
99	东钱湖旅游度假区	胡国红	东钱湖旅游度假区东钱湖影剧院有限公司	鄞州区钱湖东路3号
100	大榭开发区	周能达	宁波大榭开发区文体产业有限公司	宁波大榭开发区海港路体育馆

第九节 广播电视节目制作经营机构

2021年，宁波广播电视制作经营机构共417家。其中海曙区14家，江北区18家，镇海区14家，北仑区24家，鄞州区40家，奉化区9家，余姚市2家，慈溪市3家，宁海县3家，象山县164家，象保合作区7家，宁波国家高新区94家，宁波保税区18家，大榭开发区2家，东钱湖旅游度假区4家，宁波杭州湾新区1家（见表2-25）。2021年比2020年增加3家，同比增加0.72%。

表2-25 2021年宁波广播电视制作经营机构一览表

序号	区域	许可证号	机构名称	法人代表	单位地址
1	海曙区	（浙）字第06064号	宁波典藏文化发展有限公司	葛文佳	海曙区公园路26弄112号（2-47）室
2		（浙）字第05215号	宁波鼎铭影业有限公司	裴立霞	海曙区丽园北路755号1676室

续表

序号	区域	许可证号	机构名称	法人代表	单位地址
3	海曙区	（浙）字第 03414 号	宁波风向文化传媒有限公司	赵野	海曙区柳庄巷 43 号 1011 室
4		（浙）字第 04761 号	宁波和润文化传媒有限公司	贺玉龙	海曙区高桥镇红心村
5		（浙）字第 04454 号	宁波果仁儿影视传媒有限公司	焦美英	海曙区灵桥路 229 号（3-258）室
6		（浙）字第 04322 号	宁波青禾文化传媒有限公司	梁红刚	海曙区布政巷 16 号（4-1）室
7		（浙）字第 04077 号	宁波思华年影视文化传媒有限公司	朱星光	海曙区气象路 827 号 5 号楼 215，217 室
8		（浙）字第 03766 号	宁波微库影视有限公司	蔡秀芳	海曙区启运路 86 号 5 幢（5-17）室
9		（浙）字第 02549 号	宁波大名艺诚影视文化有限公司	林祖实	海曙区中宪巷 8 号 5-2 室
10		（浙）字第 01482 号	宁波宏视广告传媒有限公司	杜刚	海曙区公园路 99 弄 15 号 4-5 室
11		（浙）字第 01362 号	宁波宁聚传媒科技有限公司	周洋文	海曙区和义路 109 号 2 楼
12		（浙）字第 01361 号	宁波教科文化传播有限公司	张传庆	海曙区前丰街 130 号(2-37)
13		（浙）字第 01090 号	宁波龙泰影视有限公司	夏成云	海曙区华楼街 8 号 1701 室（住宅）
14		（浙）字第 00936 号	宁波大慈文化传播有限公司	姚廉	海曙区布政巷 16 号科技创业大厦 4 楼 4-4 室
15	江北区	（浙）字第 06685 号	宁波巨作文化传媒有限公司	鞠文佳	江北区长兴路 618 号 42 幢 2057 室
16		（浙）字第 06654 号	兴宇影业（宁波）有限公司	吴兴宇	江北区慈城镇走马街广场 35 号 2-36，2-37 室

续表

序号	区域	许可证号	机构名称	法人代表	单位地址
17		（浙）字第 06564 号	宁波应大众创科技有限公司	应 挺	江北区江北大道 1228 号 5 幢 5 层
18		（浙）字第 06359 号	宁波星空畅享信息科技有限公司	冯旋魁	江北区人民路 645 弄 312 号 11-8
19		（浙）字第 06275 号	宁波格物致知文化创意发展有限公司	盘 燊	江北区茂悦商业中心 32 号、包家漕路 237 号、环城北路西段 207 弄 39 号 2-15（5）
20		（浙）字第 06263 号	宁波惠想金控科技有限公司	李希仙	江北区长兴路 715 号 4-1-18
21		（浙）字第 05690 号	宁波科逻数字科技有限公司	武 楠	江北区文教路 150 号 -71
22		（浙）字第 03518 号	宁波嘉纳影视文化有限公司	王永福	江北区徐江岸路 620 号（弘茂大厦）A 座 4-17 室
23	江北区	（浙）字第 05131 号	宁波巨赢影视文化有限公司	李 锋	江北区聚兴西路 338 号（弘茂大厦）A 幢 4-6 室
24		（浙）字第 05320 号	宁波三成慈孝游乐有限公司	程建华	江北区慈城镇随园街 9，31 号滨湖环路 275 号 2-20
25		（浙）字第 05093 号	宁波惊弦文化传媒有限公司	李国芬	江北区长兴路 618 号 42 幢 1057 室
26		（浙）字第 04631 号	天真无邪（宁波）传媒有限公司	孙 逸	江北区慈城镇慈湖人家 366 号 1008 室
27		（浙）字第 04467 号	宁波萌神文化传媒有限公司	韩晶晶	江北区慈城镇慈湖人家 339 号 1022 室
28		（浙）字第 04348 号	宁波空谷幽水影业有限公司	杨玉梅	江北区长兴路 715 号 11-1-34
29		（浙）字第 04256 号	宁波珊瑚海文化传播有限公司	王会苹	江北区长兴路 691 号 001 幢 3-5 室
30		（浙）字第 02473 号	宁波星亿东方影视文化有限公司	齐文君	江北区慈城镇慈湖人家 378 号 207 室

续表

序号	区域	许可证号	机构名称	法人代表	单位地址
31	江北区	（浙）字第 04660 号	宁波不一动漫有限公司	胡丕亚	江北区慈城镇慈湖人家 339 号 1033 室
32		（浙）字第 02266 号	宁波汉像文化传媒有限公司	吴　锐	江北区庄桥街道宁慈东路 699 号（创意 1956 园区）2 组团 055 工作室
33	镇海区	（浙）字第 04742 号	中视中少（宁波）文化传媒有限公司	王咨	镇海区骆驼街道锦业街 18 号
34		（浙）字第 06407 号	甬顺常昇影视文化传媒（宁波）有限公司	王林	镇海区骆驼街道永和西路 788 号 1-14 室
35		（浙）字第 01092 号	宁波市五千年文化产业发展有限公司	谢方勃	镇海区庄市街道中官路 777 号
36		（浙）字第 05127 号	宁波市广一文化传媒有限公司	徐俊杰	镇海区庄市街道明海南路 328 号 1-6 室
37		（浙）字第 05126 号	宁波幻海动漫科技有限公司	王书宇	镇海区庄市街道中官西路 777 号汇智大厦 8 楼 804、805 室
38		（浙）字第 03989 号	宁波萌动影视有限公司	陈猛	镇海区庄市街道中官路 777 号
39		（浙）字第 03170 号	宁波众诚文化传播有限公司	陈峰	镇海区庄市街道中官西路 777 号
40		（浙）字第 02391 号	宁波市大鱼文化传媒有限公司	崔鹏鸣	镇海区庄市街道中官西路 279 号
41		（浙）字第 01738 号	宁波镇艺文化娱乐股份有限公司	郑海治	镇海区招宝山街道沿江东路 306 室四楼
42		（浙）字第 01686 号	宁波涌逸影视传媒有限公司	陈燕萍	镇海区庄市街道中官西路 777 号
43		（浙）字第 01384 号	宁波心智文化传播有限公司	陈晓琴	镇海区九龙湖镇长胜村

续表

序号	区域	许可证号	机构名称	法人代表	单位地址
44	镇海区	（浙）字第 01136 号	宁波木木丁文化传媒有限公司	丁淑琴	镇海区庄市街道中官西路 777 号
45		（浙）字第 01132 号	宁波一坤数码科技有限公司	张新刚	镇海区庄市街道中官西路 777 号（一照多址）
46		（浙）字第 01020 号	宁波千懿文化传媒有限公司	马希巍	镇海区庄市街道中官西路 777 号
47	北仑区	（浙）字第 06791 号	宁波稻粒文化发展有限公司	俞巍伟	北仑区大碶街道宝山路 1298 号 12 层 1209-2 室
48		（浙）字第 06463 号	博地霄然（宁波）影业有限公司	刘 扬	北仑区大碶街道宝山路 1296 号 1 层 142 室
49		（浙）字第 06413 号	宁波逸趣文化传媒有限公司	崔思思	北仑区大碶街道宝山路 1296 号 5 层 504 室
50		（浙）字第 06262 号	宁波众观文化科技有限公司	王义之	北仑区大碶街道宝山路 1296 号 2 层 201 室
51		（浙）字第 06125 号	宁波嘉嘉文化传媒有限公司	张晓丹	北仑区大碶街道宝山路 1296 号 5 层 503 室
52		（浙）字第 06017 号	宁波小当文化有限公司	沈 洋	北仑区大碶街道宝山路 1298 号 11 层 1108 室
53		（浙）字第 04210 号	宁波东方周末广告传媒有限公司	张银山	北仑区大碶街道宝山路 1298 号 1503 室
54		（浙）字第 05779 号	宁波睿星喜达文化传媒有限公司	俞 杨	北仑区大碶街道宝山路 1229 号（中青文化广场）1 幢 C442 室（承诺申报）
55		（浙）字第 05643 号	宁波音浪文娱有限公司	翁 馨	北仑区大碶街道宝山路 1298 号 17 层 1702 室
56		（浙）字第 05546 号	宁波晗玥文化传媒有限公司	于 悦	北仑区大碶街道宝山路 1288 号 14 楼 1410 室（承诺申报）
57		（浙）字第 05414 号	宁波森阳文化传媒有限公司	童文太	北仑区大碶街道宝山路 1288 号 12 层 1202 室

续表

序号	区域	许可证号	机构名称	法人代表	单位地址
58	北仑区	（浙）字第 05360 号	宁波梅山保税港区芽茂数娱文化传媒有限公司	高 猛	北仑区梅山大道商务中心二十六号办公楼 859 室
59		（浙）字第 05216 号	宁波市西土影视文化传媒有限公司	甄煜飞	北仑区大碶街道宝山路 1288 号 10 层 1039 室
60		（浙）字第 05199 号	宁波金泽影视传媒有限公司	王旭东	北仑区大碶街道宝山路 1288 号 10 层 01 室
61		（浙）字第 05125 号	宁波爵美影视传媒有限公司	赵 扬	北仑区大碶街道宝山路 1288 号 10 层 1017 室
62		（浙）字第 05043 号	宁波莱禧影视文化有限公司	谢天帅	北仑区大碶街道宝山路 1288 号 11 层 1103 室
63		（浙）字第 04986 号	宁波匠元影视文化有限公司	毛文越	北仑区大碶街道宝山路 1288 号 10 层 16 室
64		（浙）字第 04850 号	宁波卓越影视制作有限公司	陶可金	北仑区大碶街道宝山路 1298 号 2 幢 6 层 636 室
65		（浙）字第 04693 号	宁波力马影视有限公司	赵 林	北仑区大碶街道人民北路 599 号 1 层 1-157 室
66		（浙）字第 04352 号	无二影业（宁波）有限公司	孙淑敏	北仑区大碶街道人民北路 599 号 2 层 102 室
67		（浙）字第 03407 号	宁波正觉文化传媒有限公司	宓 达	北仑区大碶街道人民北路 599 号 3 层 301 室
68		（浙）字第 03329 号	宁波梅山保税港区队长文化传媒有限公司	郑晓江	北仑区梅山保税港区成海路 6 号 1 幢 1 号 1703 室
69		（浙）字第 01104 号	博地（宁波）影视文化有限公司	林建清	北仑区大碶街道人民北路 599 号 3 层 302 室
70		（浙）字第 03571 号	青锐（宁波）影业有限公司	陈 锐	北仑区大碶街道宝山路 1298 号 6 层 625 室

续表

序号	区域	许可证号	机构名称	法人代表	单位地址
71	鄞州区	（浙）字第 06799 号	宁波品智网络科技有限公司	吴龙杰	鄞州区首南街道天童南路 639 号 1701-2
72		（浙）字第 01835 号	宁波蓝健广告传媒有限公司	郑 红	鄞州区中兴路 717 号（19-6）
73		（浙）字第 06622 号	凝艺（宁波）影视传媒有限公司	马远高	鄞州区首南街道泰康中路 500 号 1204-3 室
74		（浙）字第 06595 号	宁波巨星新媒体科技有限公司	高晋伟	鄞州区潘火街道童家村 217 室
75		（浙）字第 06480 号	宁波麦冬映画文化传播有限公司	梁世挺	鄞州区泰康中路 666 号 678 室
76		（浙）字第 06470 号	宁波铭暄文化传媒有限公司	张 伟	鄞州区东胜街道宁波书城文化广场 6 幢 1 号 3-1-1
77		（浙）字第 06426 号	宁波乐胖胖教育科技有限公司	李 锐	鄞州区首南街道天高巷 98 号 2006 室
78		（浙）字第 06291 号	宁波浮云文化传播有限公司	杨 峰	鄞州区潘火街道启明路 818 号 13 幢 100 号
79		（浙）字第 06243 号	宁波派星视频传播有限责任公司	俞 越	鄞州区姜山镇科技园区东一路
80		（浙）字第 06184 号	宁波月光宝盒文化传媒有限公司	娄宇标	鄞州区首南街道天达巷 416 号 1511 室
81		（浙）字第 06148 号	宁波轩晨文化创意有限公司	励 宏	鄞州区首南街道天童南路 568 号 1504-2 室
82		（浙）字第 06025 号	宁波鄞州至尚映画文化传播有限公司	陈 亮	鄞州区新天地东区 1 幢 1-3 号，民安路 1018 号（20-4）
83		（浙）字第 06012 号	观邦正业（宁波）影视传媒有限公司	王洪刚	鄞州区东方商务中心 2 幢 11 号〈12-13〉-1
84		（浙）字第 05980 号	成系学府（宁波）信息科技有限公司	张德武	鄞州区首南街道泰康中路 456 号 1004 室 -2

续表

序号	区域	许可证号	机构名称	法人代表	单位地址
85	鄞州区	（浙）字第 03224 号	宁波澜风文化传媒有限公司	陈志永	鄞州区德厚街 282 号、284 号，中山东路 2388 号 1802 室
86		（浙）字第 05961 号	宁波追光网络科技有限公司	罗铮	鄞州区邱隘镇中山东路 2622 号，善嘉路 216 弄 1 号楼 710-1 室
87		（浙）字第 05580 号	宁波市乐于影视文化传媒有限公司	张微微	鄞州区百丈街道彩虹北路 58 号 1409（承诺申报）
88		（浙）字第 05436 号	宁波汉影文化传播有限公司	孔金雨	鄞州区首南街道泰康中路 558 号 2101 室
89		（浙）字第 05426 号	宁波鱼人动漫制作有限公司	李康生	鄞州区东方商务中心 4 幢 26 号（11-6）
90		（浙）字第 05389 号	时光映画（宁波）影视有限公司	周鹏辉	鄞州区中河街道天童北路 1539 号 1503-5
91		（浙）字第 05076 号	宁波品杉电子商务有限公司	姚志明	鄞州区首南街道日丽中路 777 号 402-1 室
92		（浙）字第 05045 号	九州北鹿影业（宁波）有限公司	刘艳超	鄞州区中惠东路 816 号 706 室
93		（浙）字第 04656 号	宁波都市传媒有限公司	唐慧卿	鄞州区宁东路 901 号 A 座 4 层南楼、5 层南楼
94		（浙）字第 04097 号	宁波市智绘影视传媒有限公司	池建	鄞州区诚信路 959 号一号车间三楼
95		（浙）字第 03425 号	宁波中影太合文化传播有限公司	江志	鄞州区悦盛路 313-315 号 003 幢（2-4）
96		（浙）字第 03415 号	宁波荧火虫影视文化传媒有限公司	郑瀚	鄞州区天童南路 707 号明创大楼四楼 417 室
97		（浙）字第 03396 号	宁波成功多媒体通信有限公司	王桦	鄞州区东方商务中心 3 幢 20 号（4-2）

续表

序号	区域	许可证号	机构名称	法人代表	单位地址
98	鄞州区	（浙）字第 03376 号	宁波甬宸数字技术有限公司	王周愔	鄞州区首南街道学士路 298 号科技创业中心裙楼二楼 201
99		（浙）字第 03287 号	宁波一力影业有限公司	朱 迅	鄞州区首南街道天达巷 253 号 1210 室
100		（浙）字第 02811 号	宁波海悦文化创意有限公司	周大方	鄞州区塘溪镇管江村（塘溪镇商会大厦 506 室）
101		（浙）字第 02344 号	宁波纳豆文化传媒有限公司	彭颉颉	鄞州区首南街道日丽中路 757 号 1804 室（集中办公区）
102		（浙）字第 01515 号	宁波摩登视界文化传媒有限公司	杜 扬	鄞州区天童南路 707 号
103		（浙）字第 01233 号	宁波莱彼特动漫发展有限公司	宫美惠	鄞州区钟公庙街道贸城西路 157 号 1D05 室
104		（浙）字第 01115 号	工夫影业（宁波）有限公司	陶 昆	鄞州区惠风西路 115 号城南商务大厦 A 幢 1404-4 室
105		（浙）字第 00954 号	宁波艺舟影视有限公司	周正显	鄞州区钟公庙街道都市森林 1 幢 1 号 416 室
106		（浙）字第 00620 号	宁波市尚方影视动画有限公司	江海仁	鄞州区江东北路 317 号（临）
107		（浙）字第 00576 号	宁波卡酷动画制作有限公司	沈丹冶	鄞州区首南街道日丽中路 555 号 1005 室
108		（浙）字第 02484 号	宁波甬派传媒股份有限公司	邓少华	鄞州区姜山镇北大路 120 号
109		（浙）字第 06025 号	宁波鄞州至尚映画文化传播有限公司	陈 亮	鄞州区新天地东区 1 幢 1-3 号，民安路 1018 号（20-4）
110		（浙）字第 03504 号	宁波壹金文化传媒有限公司	葛基虎	鄞州区泰安中路 456 号（盈升大厦 12 楼东北面）

续表

序号	区域	许可证号	机构名称	法人代表	单位地址
111	奉化区	（浙）字第 06627 号	宁波市江权文化传媒有限公司	江 权	奉化区锦屏街道印象奉化城 15 幢 131-134 号（自主申报）
112		（浙）字第 06571 号	宁波高度映画传媒有限公司	林 昕	奉化区江口街道慧鼎创智园 16 幢 3A 层 3A09（自主申报）
113		（浙）字第 06458 号	大布袋影视文化（宁波）有限公司	王旭来	奉化区溪口镇新一路 518 号 -4-5
114		（浙）字第 05866 号	大布袋文化创意（宁波）有限公司	王旭来	奉化区溪口镇新一路 518 号 -1（自主申报）
115		（浙）字第 05791 号	宁波扩视文化传媒有限公司	柳海燕	奉化区西坞街道花厅路 2-4 号（自主申报）
116		（浙）字第 05754 号	宁波奉化莲渡影视文化传媒有限公司	张世珍	奉化区棋盘山路 15 号奉化佛教居士安养部
117		（浙）字第 05260 号	宁波后皇嘉树文化传媒有限公司	应奇诺	奉化区岳林东路 389 号 1218 室
118		（浙）字第 03508 号	宁波天妃文化发展有限公司	周一伦	奉化区裘村镇应家棚村
119		（浙）字第 04192 号	浙江和乐文化产业有限公司	陈清兰	奉化区溪口镇中兴东路 333 号
120	余姚市	（浙）字第 05420 号	宁波唐纳影视传媒有限公司	唐子骧	余姚市阳明街道阳明西路 188 号文化创意园（自主申报）
121		（浙）字第 04917 号	宁波陈风文化传媒有限公司	陈 风	余姚市梨洲街道谭家岭东路 800-67 号（自主申报）
122	慈溪市	（浙）字第 05849 号	云游（慈溪）传媒有限公司	戎凌航	慈溪市浒山街道新城大道 99 号

续表

序号	区域	许可证号	机构名称	法人代表	单位地址
123	慈溪市	（浙）字第 01850 号	慈溪市博达动漫有限公司	岑立群	慈溪市古塘街道开发大道 1277#（香格大厦）2511 室
124		（浙）字第 01477 号	宁波市暴风动漫有限公司	余森辉	慈溪市白沙路街道金帅大厦（15-3）室 01
125	宁海县	（浙）字第 04759 号	宁波上金福地影视传媒有限公司	张金斌	宁海县桃源街道时代大道 160 号 25-1（自主申报）
126		（浙）字第 02491 号	宁海县泓俊文化传媒有限公司	刁伟国	宁海县跃龙街道正学路 65 号二楼
127		（浙）字第 02301 号	宁海熊小米文化传播有限公司	于胜军	宁海县跃龙街道桃源中路 168 号西子国际 2 号写字楼 2204 室（自主申报）
128	象山县	（浙）字第 06734 号	宁波酥吉拉影业有限公司	邢 瑶	象山县新桥镇神雕侠侣城神雕路 7 号 112 室（自主申报）
129		（浙）字第 06676 号	宁波观剧影视文化有限公司	霸聪怡	象山县新桥镇神雕侠侣城神雕路 4 号，6 号，8 号 208 室（自主申报）
130		（浙）字第 06661 号	宁波天象影视有限公司	胡朝清	象山县新桥镇神雕侠侣城襄阳路 1 号，3 号，5 号（自主申报）
131		（浙）字第 06653 号	宁波虎啸龙吟文化传媒有限公司	张 维	象山县新桥镇象山影视城-民国城 A8-6-215 室（自主申报）
132		（浙）字第 06586 号	宁波渔乐不止影视制作有限公司	杨晓来	象山县新桥镇神雕侠侣城襄阳路 1 号，3 号，5 号 106 室（自主申报）
133		（浙）字第 06574 号	宁波火五影业有限公司	刘 欣	象山县新桥镇神雕侠侣城襄阳路 1 号，3 号，5 号 115 室（自主申报）

续表

序号	区域	许可证号	机构名称	法人代表	单位地址
134	象山县	（浙）字第06557号	宁波金色麦芒影视文化传媒有限公司	刘绪斌	象山县新桥镇神雕侠侣城襄阳路1号、3号、5号113室（自主申报）
135		（浙）字第06436号	宁波水月镜画影业有限公司	徐洋	象山县新桥镇神雕侠侣城神雕路7号211室（自主申报）
136		（浙）字第06386号	宁波佳翔影视文化有限公司	俞伟奇	象山县新桥镇神雕侠侣城神雕路4号、6号、8号217室（自主申报）
137		（浙）字第06385号	金石树影业（宁波）有限公司	王超全	象山县新桥镇神雕侠侣城神雕路7号203室（自主申报）
138		（浙）字第06256号	宁波澎瑞影业有限公司	谢晟泓	象山县新桥镇神雕侠侣城神雕路12号114室（自主申报）
139		（浙）字第06210号	麦钱影视文化（宁波）有限公司	高俊江	象山县新桥镇神雕侠侣城神雕路12号101室（自主申报）
140		（浙）字第06209号	宁波靠谱文化传媒有限公司	朱李军	象山县新桥镇象山影视城-民国城A9-5-116室（自主申报）
141		（浙）字第06162号	宁波蕉漾影视文化有限公司	韦翔东	象山县新桥镇神雕侠侣城神雕路4号、6号、8号117室（自主申报）
142		（浙）字第06136号	宁波龙队影视文化有限公司	刘小芳	象山县新桥镇象山影视城-民国城A8-4.5-116室（自主申报）
143		（浙）字第06135号	高兴光年文化传媒（宁波）有限公司	虞竣达	象山县新桥镇象山影视城-民国城A9-5-215室（自主申报）

续表

序号	区域	许可证号	机构名称	法人代表	单位地址
144	象山县	（浙）字第 06071 号	宁波蜜糖影业有限公司	王羿乔	象山县新桥镇象山影视城-民国城 A8-4.5-210 室（自主申报）
145		（浙）字第 06027 号	宁波渡渡鸟文化艺术有限公司	吴 罡	象山县新桥镇象山影视城-民国城 A8-3-217 室（自主申报）
146		（浙）字第 05430 号	宁波聚影星辰影业有限公司	吴 杰	象山县新桥镇象山影视城-民国城 A8-4.5-103 室（自主申报）
147		（浙）字第 05072 号	皮克影业（宁波）有限公司	荆武星	象山县新桥镇象山影视城-民国城 A4-5-204 室（自主申报）
148		（浙）字第 05408 号	宁波掌玩网络科技有限公司	赖迎港	象山县丹东街道天力大厦 812 室
149		（浙）字第 05939 号	宁波声东击西影业有限公司	姜海珍	象山县新桥镇神雕侠侣城襄阳路 4 号，6 号 106 室（自主申报）
150		（浙）字第 05937 号	橙像影业（宁波）有限公司	田 甜	象山县新桥镇神雕侠侣城襄阳路 4 号，6 号 109 室（自主申报）
151		（浙）字第 05906 号	宁波依汝影视文化有限公司	徐 伟	象山县新桥镇神雕侠侣城襄阳路 4 号，6 号 113 室（自主申报）
152		（浙）字第 05851 号	宁波天澄地阔影视文化有限公司	李海鹰	象山县新桥镇象山影视城-民国城 A8-4.5-216 室（自主申报）
153		（浙）字第 05822 号	宁波蓁鹿影视文化有限公司	夏广禧	象山县新桥镇神雕侠侣城神雕路 7 号 214 室（自主申报）

续表

序号	区域	许可证号	机构名称	法人代表	单位地址
154	象山县	（浙）字第05813号	宁波德本文化传媒有限公司	陈小兰	象山县新桥镇象山影视城-民国城A8-3-212室（自主申报）
155		（浙）字第05703号	宁波旭境文化传媒有限公司	张 迪	象山县新桥镇象山影视城-民国城A8-4.5-219室（自主申报）
156		（浙）字第05684号	一升玺（宁波）影视传媒有限公司	潘霜霜	象山县新桥镇象山影视城-民国城A8-4.5-202室（自主申报）
157		（浙）字第05664号	宁波锦瑞文化传媒有限公司	刘 波	象山县丹西街道滨海大道929号（主楼）702-306
158		（浙）字第05659号	星梦工场影业（宁波）有限公司	张红晔	象山县新桥镇象山影视城-民国城A8-3-114室（自主申报）
159		（浙）字第05355号	宁波润钧文化传媒有限公司	陈乔希	象山县新桥镇象山影视城-民国城A1-3-124室（自主申报）
160		（浙）字第05247号	宁波量子猫文化传媒有限公司	金 剑	象山县新桥镇象山影视城-民国城A8-7-117室（自主申报）
161		（浙）字第05246号	宁波小蛐蛐文化传媒有限公司	王小虎	象山县新桥镇象山影视城-民国城A8-6-208室（自主申报）
162		（浙）字第05154号	宁波美梦成真影视文化传媒有限公司	宗 册	象山县新桥镇象山影视城-民国城A6-3-202室（自主申报）
163		（浙）字第05099号	宁波华夏荣耀影视制作有限公司	宇 鹏	象山县新桥镇象山影视城-民国城A9-5-127室（自主申报）

续表

序号	区域	许可证号	机构名称	法人代表	单位地址
164	象山县	（浙）字第 05008 号	宁波夏晴文化传播有限公司	范译元	象山县新桥镇象山影视城-民国城 A9-5-114 室（自主申报）
165		（浙）字第 05000 号	麓茴影业（宁波）有限公司	黄 露	象山县新桥镇象山影视城-民国城 A9-5-104 室（自主申报）
166		（浙）字第 04984 号	宁波海天蛟龙传媒有限公司	唐 静	象山县新桥镇象山影视城-民国城 A9-4-219 室（自主申报）
167		（浙）字第 04829 号	博文春天（宁波）文化传播有限公司	吕俊英	象山县新桥镇象山影视城-民国城 A9-3-104 室
168		（浙）字第 04828 号	宁波寰胜影视传媒有限公司	李嘉宝	象山县新桥镇象山影视城-民国城 A9-2-213 室（自主申报）
169		（浙）字第 04822 号	宁波正轻松影视传媒有限公司	王 涛	象山县新桥镇象山影视城-民国城 A9-3-109 室（自主申报）
170		（浙）字第 04779 号	宁波欢宜时光影业有限公司	卓佐清	象山县新桥镇象山影视城-民国城 A9-2-205 室（自主申报）
171		（浙）字第 04775 号	宁波密荐影视传媒有限公司	王 博	象山县新桥镇象山影视城-民国城 A9-2-208 室（自主申报）
172		（浙）字第 04710 号	宁波早安文化传媒有限公司	刘 惠	象山县新桥镇象山影视城-民国城 A1-3-106 室（自主申报）
173		（浙）字第 04641 号	峰回还晴影视文化（宁波）有限公司	李 江	象山县新桥镇象山影视城-民国城 A9-2-108 室（自主申报）

续表

序号	区域	许可证号	机构名称	法人代表	单位地址
174	象山县	（浙）字第 04625 号	宁波林子大文化传媒有限公司	殷博	象山县新桥镇影视大道 16 号
175		（浙）字第 04531 号	宁波季风影视文化有限公司	吴耀宇	象山县新桥镇象山影视城-民国城 A9-1-101 室（自主申报）
176		（浙）字第 04450 号	宁波趣集传媒有限公司	樊泽程	象山县新桥镇象山影视城-民国城 A9-1-110 室（自主申报）
177		（浙）字第 04052 号	宁波懒阳阳影业有限公司	张丹阳	象山县新桥镇影视大道 16 号
178		（浙）字第 03730 号	宁波通大正亿传媒有限公司	张凤红	象山县新桥镇影视大道 16 号
179		（浙）字第 03402 号	宁波墨初影业有限责任公司	鲁通	象山县新桥镇影视大道 16 号
180		（浙）字第 01528 号	宁波市大行文化传播有限公司	张志平	象山县新桥镇影视大道 14 号
181		（浙）字第 01236 号	宁波天诚文化传媒有限公司	陈惜含	象山县新桥镇影视城内
182		（浙）字第 01512 号	宁波时光坐标影视传媒有限公司	姬海鹰	象山县新桥镇影视大道 14 号
183		（浙）字第 06813 号	艾绮珥（象山）影视文化有限公司	丁绮	象山县新桥镇神雕侠侣城鸳鸯二路 1 号，3 号，5 号-104 室（自主申报）
184		（浙）字第 06775 号	好景（象山）影视文化有限公司	张景思	象山县新桥镇神雕侠侣城襄阳路 1 号，3 号，5 号 207 室（自主申报）
185		（浙）字第 06771 号	象山卡采嘉影视传媒有限公司	王采	象山县新桥镇神雕侠侣城榕林路，归云路 8 号 210 室（自主申报）

续表

序号	区域	许可证号	机构名称	法人代表	单位地址
186	象山县	（浙）字第 06737 号	象山元贞影视文化有限公司	雷志强	象山县新桥镇神雕侠侣城榕林路，归云路 8 号 207 室（自主申报）
187		（浙）字第 06736 号	象山千熠星影业有限公司	王 菲	象山县新桥镇神雕侠侣城榕林路，归云路 8 号 204 室（自主申报）
188		（浙）字第 06677 号	象山合意影业有限公司	周婷羽	象山县新桥镇神雕侠侣城榕林路，归云路 8 号 102 室（自主申报）
189		（浙）字第 06659 号	象山斑斓文化传媒有限公司	刘俊辰	象山县新桥镇神雕侠侣城襄阳路 1 号，3 号，5 号（自主申报）
190		（浙）字第 06652 号	象山如歌影视文化有限公司	高 歌	象山县新桥镇神雕侠侣城襄阳路 1 号，3 号，5 号 116 室（自主申报）
191		（浙）字第 06638 号	象山龙幕影视文化有限公司	汪小龙	象山县新桥镇神雕侠侣城神雕路 7 号 210 室（自主申报）
192		（浙）字第 06623 号	粗花（象山）文化传媒有限公司	高 磊	象山县新桥镇神雕侠侣城襄阳路 1 号，3 号，5 号 211 室（自主申报）
193		（浙）字第 06587 号	象山简笔画文化传媒有限公司	丁敏香	象山县新桥镇神雕侠侣城襄阳路 1 号，3 号，5 号 203 室（自主申报）
194		（浙）字第 06506 号	象山跳跳糖影视文化有限公司	李 明	象山县新桥镇神雕侠侣城神雕路 7 号 219 室（自主申报）
195		（浙）字第 06496 号	星益力量（象山）文化传媒有限公司	刘 晨	象山县新桥镇神雕侠侣城神雕路 7 号 216 室（自主申报）

续表

序号	区域	许可证号	机构名称	法人代表	单位地址
196	象山县	（浙）字第06475号	象山知全影业有限公司	刘禾	象山县新桥镇神雕侠侣城神雕路7号221室
197		（浙）字第06471号	象山大胜影业有限公司	薛金旋	象山县新桥镇神雕侠侣城襄阳路4号,6号104室（自主申报）
198		（浙）字第06454号	象山龙林翔影业有限公司	杨晓光	象山县新桥镇神雕侠侣城襄阳路1号,3号,5号102室（自主申报）
199		（浙）字第06445号	象山德艺影业有限公司	吴际	象山县新桥镇象山影视城-民国城9-4-206室（自主申报）
200		（浙）字第06409号	金视飞扬（象山）影视文化传媒有限公司	周旭强	象山县新桥镇影视大道16号（自主申报）
201		（浙）字第06374号	象山兰心绘制影视文化有限公司	熊玉兰	象山县新桥镇神雕侠侣城襄阳路10号-314室（自主申报）
202		（浙）字第06314号	象山倚马可待文化传媒有限公司	张晶	象山县新桥镇神雕侠侣城神雕路12号111室（自主申报）
203		（浙）字第06267号	象山稻麻竹苇文化传媒有限公司	张俊杰	象山县新桥镇象山影视城-民国城A8-4.5-101室（自主申报）
204		（浙）字第06237号	象山木奉木奉影视文化有限公司	刘玮	象山县新桥镇神雕侠侣城神雕路4号,6号,8号209室（自主申报）
205		（浙）字第06236号	映乐影业（象山）有限公司	余峰	象山县新桥镇神雕侠侣城襄阳路4号,6号218室（自主申报）

续表

序号	区域	许可证号	机构名称	法人代表	单位地址
206	象山县	（浙）字第 06225 号	象山人参果影视文化有限公司	金宏宇	象山县新桥镇神雕侠侣城神雕路12号110室（自主申报）
207		（浙）字第 06206 号	浙江象山远帆影视文化有限公司	徐国庆	象山县新桥镇神雕侠侣城襄阳路4号,6号112室（自主申报）
208		（浙）字第 06198 号	象山万龟之上影视文化有限公司	马喆	象山县新桥镇神雕侠侣城襄阳路4号,6号201室
209		（浙）字第 06185 号	象山以南文化传媒有限公司	田馨茜	象山县新桥镇神雕侠侣城神雕路4号,6号,8号207室（自主申报）
210		（浙）字第 06182 号	象山峰嵘文化传媒有限公司	黄海丰	象山县新桥镇神雕侠侣城神雕路4号,6号,8号201室（自主申报）
211		（浙）字第 06163 号	象山灵龙文化传媒有限公司	何小欧	象山县新桥镇神雕侠侣城神雕路4号,6号,8号211室（自主申报）
212		（浙）字第 06161 号	象山云星棕叶影视文化有限公司	曹越栋	象山县新桥镇神雕侠侣城神雕路4号,6号,8号205室（自主申报）
213		（浙）字第 06128 号	象山腰果影业有限公司	侯岱宗	象山县新桥镇神雕侠侣城襄阳路4号,6号111室（自主申报）
214		（浙）字第 06127 号	象山小红花影业有限公司	张国栋	象山县新桥镇神雕侠侣城神雕路4号,6号,8号114室（自主申报）
215		（浙）字第 06083 号	自由自在影业（象山）有限公司	唐宁	象山县新桥镇神雕侠侣城神雕路4号,6号,8号111室（自主申报）

续表

序号	区域	许可证号	机构名称	法人代表	单位地址
216	象山县	（浙）字第 06051 号	皮夹克（象山）影视传媒有限公司	王 倩	象山县新桥镇神雕侠侣城襄阳路4号,6号116室（自主申报）
217		（浙）字第 06031 号	象山后翼影业有限公司	黄益淼	象山县新桥镇神雕侠侣城襄阳路4号,6号211室（自主申报）
218		（浙）字第 06014 号	象山牛魔中庸文化传媒有限公司	綦宗亮	象山县新桥镇神雕侠侣城襄阳路4号,6号212室（自主申报）
219		（浙）字第 04569 号	象山星月起航文化传媒有限公司	武亚伟	象山县新桥镇象山影视城-民国城A9-1-221室
220		（浙）字第 05429 号	象山一水影视文化有限公司	姜海珍	象山县新桥镇象山影视城-民国城A9-5-121室（自主申报）
221		（浙）字第 04991 号	青梅影业（象山）有限公司	李 越	象山县新桥镇象山影视城-民国城A9-3-118室（自主申报）
222		（浙）字第 05028 号	象山缔峰影视传媒有限公司	朱静斌	象山县新桥镇象山影视城-民国城A9-4-214室（自主申报）
223		（浙）字第 04621 号	象山仟亿时代影视文化有限公司	王帮国	象山县新桥镇影视大道16号（自主申报）
224		（浙）字第 04762 号	象山昌星影视文化有限公司	张丹露	象山县新桥镇象山影视城-民国城A9-3-102室（自主申报）
225		（浙）字第 03451 号	象山自由体信息咨询有限公司	周志训	象山县丹东街道丹峰东路2号6-07号
226		（浙）字第 05936 号	象山金鸣影业有限公司	张意法	象山县新桥镇神雕侠侣城襄阳路4号,6号202室（自主申报）

续表

序号	区域	许可证号	机构名称	法人代表	单位地址
227	象山县	（浙）字第 05935 号	象山臻媒文化传播有限公司	丁　宁	象山县新桥镇影视大道 16 号
228		（浙）字第 05934 号	旭影光视（象山）影视文化传媒有限公司	兰旭阳	象山县新桥镇神雕侠侣城襄阳路 4 号,6 号 110 室（自主申报）
229		（浙）字第 05905 号	象山灿美文化传媒有限公司	俞水艇	象山县新桥镇象山影视城-民国城 A8-3-210 室（自主申报）
230		（浙）字第 05838 号	象山耀玥影业有限公司	吴　青	象山县新桥镇神雕侠侣城襄阳路 4 号,6 号 102 室（自主申报）
231		（浙）字第 05836 号	象山久安影视文化有限公司	马　威	象山县新桥镇象山影视城-民国城 A9-3-112 室（自主申报）
232		（浙）字第 05804 号	吃个橘子（象山）文化传媒有限公司	季森方	象山县新桥镇象山影视城-民国城 A8-3-205 室（自主申报）
233		（浙）字第 05663 号	象山蹦跶影业有限公司	马瑞刚	象山县新桥镇象山影视城-民国城 A8-3-113 室（自主申报）
234		（浙）字第 05627 号	浙江象山上象星作影视文化有限公司	张佳洁	象山县新桥镇象山影视城-民国城 A8-4.5-115 室（自主申报）
235		（浙）字第 05532 号	玩转色彩（象山）影视制作有限公司	季森方	象山县新桥镇象山影视城-民国城 A8-4.5-204 室（自主申报）
236		（浙）字第 05526 号	象山铭耀影视文化有限公司	龚静红	象山县新桥镇象山影视城-民国城 A8-4.5-215 室（自主申报）

续表

序号	区域	许可证号	机构名称	法人代表	单位地址
237	象山县	（浙）字第05520号	星想视成（象山）影业有限公司	罗 铭	象山县新桥镇象山影视城-民国城A8-4.5-208室（自主申报）
238		（浙）字第05337号	象山利十影视文化有限公司	裴 培	象山县新桥镇影视大道16号
239		（浙）字第05267号	象山品合文化有限公司	娄 硕	象山县新桥镇象山影视城-民国城A9-5-216室（自主申报）
240		（浙）字第05264号	象山浩天久成影视文化有限责任公司	崔振东	象山县新桥镇象山影视城-民国城A9-1-207室（自主申报）
241		（浙）字第05244号	象山天玺璧合影视文化有限公司	苑双民	象山县新桥镇象山影视城-民国城A9-2-111室（自主申报）
242		（浙）字第05231号	象山熙合文化传媒有限公司	张俊杰	象山县新桥镇影视城-民国城A8-6-112室（自主申报）
243		（浙）字第05223号	象山泽艺文化传媒有限公司	张 洪	象山县新桥镇象山影视城-民国城A9-1-106室（自主申报）
244		（浙）字第05181号	众星时代（象山）文化传媒有限公司	徐军燕	象山县新桥镇象山影视城-民国城A1-3（自主申报）
245		（浙）字第05147号	象山匠隐文化传媒有限公司	张 鹏	象山县新桥镇象山影视城-民国城A8-7-116室（自主申报）
246		（浙）字第05120号	象山炉火映画影视文化有限公司	郭 健	象山县新桥镇象山影视城-民国城A9-5-204室（自主申报）

续表

序号	区域	许可证号	机构名称	法人代表	单位地址
247	象山县	（浙）字第 05116 号	象山奇喵文化传媒有限公司	施　楠	象山县新桥镇象山影视城-民国城 A9-5-209 室（自主申报）
248		（浙）字第 05107 号	象山梦威传媒有限公司	贾　浩	象山县新桥镇影视大道 16 号
249		（浙）字第 05088 号	象山米和花影业有限公司	窦黎黎	象山县新桥镇象山影视城-民国城 A9-5-125 室（自主申报）
250		（浙）字第 05086 号	活粒熊影视文化（象山）有限公司	杜　云	象山县新桥镇象山影视城-民国城 A9-5-126 室（自主申报）
251		（浙）字第 05079 号	大头（象山）影业有限公司	李　丰	象山县新桥镇象山影视城-民国城 A9-5-112 室（自主申报）
252		（浙）字第 05071 号	象山花开影视文化有限公司	叶东瀛	象山县新桥镇象山影视城-民国城 A9-5-119 室（自主申报）
253		（浙）字第 05030 号	极客尚视（象山）影业有限公司	徐聪利	象山县新桥镇象山影视城-民国城 A9-4-220 室
254		（浙）字第 05001 号	象山多米诺影视文化有限公司	张翠兰	象山县新桥镇象山影视城-民国城 A9-3-120 室（自主申报）
255		（浙）字第 04985 号	象山一心明德文化有限公司	郝史杰	象山县新桥镇象山影视城-民国城 A1-1.2（自主申报）
256		（浙）字第 04941 号	高弘影业（象山）有限公司	苏志尧	象山县新桥镇象山影视城-民国城 A9-4-203 室（自主申报）
257		（浙）字第 04918 号	象山艺酷影视文化有限公司	陆国强	象山县新桥镇影视大道 16 号（自主申报）

续表

序号	区域	许可证号	机构名称	法人代表	单位地址
258		（浙）字第 04902 号	象山至美影视文化传媒有限公司	范竞存	象山县新桥镇象山影视城-国民城 A9-3-115 号（自主申报）
259		（浙）字第 04864 号	象山一嘉影视传媒有限公司	陈雷	象山县新桥镇象山影视城-民国城 A9-2-102 室（自主申报）
260		（浙）字第 04781 号	象山猜火车影视文化有限公司	李思典	象山县新桥镇象山影视城-民国城 A1-3（自主申报）
261		（浙）字第 04778 号	象山泽十东文化传播有限公司	邓竹青	象山县新桥镇影视大道 16 号
262		（浙）字第 04768 号	象山诚成影业有限公司	刘宝金	象山县新桥镇象山影视城-民国城 A9-2-202 室（自主申报）
263	象山县	（浙）字第 04763 号	象山励合新蜂影视文化有限公司	林瑞如	象山县新桥镇象山影视城-民国城 A9-2-115 室（自主申报）
264		（浙）字第 04760 号	幻星兄弟（象山）文化传播有限公司	张琪	象山县新桥镇象山影视城-民国城 A9-1-203 室（自主申报）
265		（浙）字第 04715 号	象山小马新志文化传媒有限公司	马梓腾	象山县新桥镇象山影视城-民国城
266		（浙）字第 04653 号	象山果实影视文化有限公司	吴静	象山县新桥镇象山影视城-民国城 A9-2-110 室（自主申报）
267		（浙）字第 04648 号	象山映美文化传媒有限公司	吴延	象山县新桥镇象山影视城-民国城 A9-2-109 室（自主申报）
268		（浙）字第 04622 号	星唐（象山）文化传媒有限公司	葛萍	象山县新桥镇象山影视城-民国城 A9-1-204 室（自主申报）

续表

序号	区域	许可证号	机构名称	法人代表	单位地址
269	象山县	（浙）字第 04619 号	象山波云见日影视文化有限公司	于 波	象山县新桥镇象山影视城-民国城 A9-2-105 室（自主申报）
270		（浙）字第 04600 号	象山沐阳文化传媒有限公司	马焱洁	象山县新桥镇象山影视城-民国城 A9-1-224 室（自主申报）
271		（浙）字第 04562 号	飞凡星空影业（象山）有限公司	滕 飞	象山县新桥镇象山影视城-民国城 A9-1-215 室（自主申报）
272		（浙）字第 04554 号	象山鑫润天泽文化传媒有限公司	王清洋	象山县新桥镇象山影视城-民国城 A9-1-213 室（自主申报）
273		（浙）字第 04526 号	象山上博文化传媒有限公司	龚伟杰	象山县新桥镇象山影视城-民国城 A9-1-127 室（自主申报）
274		（浙）字第 04479 号	象山枫海传媒科技有限公司	李世显	象山县新桥镇影视大道 14 号
275		（浙）字第 04431 号	象山观金钰影视文化有限公司	史笑言	象山县新桥镇黄公岙村振新路农民会所内
276		（浙）字第 04380 号	象山乐芮影视文化有限公司	费菲菲	象山县新桥镇影视大道 16 号
277		（浙）字第 04325 号	象山大成天下文化发展有限公司	刘云杰	象山县丹东街道丹河东路 1338 号
278		（浙）字第 04273 号	象山旋转木马影业有限公司	刘 昶	象山县新桥镇影视大道 16 号
279		（浙）字第 04247 号	象山锁子影业有限公司	王锁民	象山县新桥镇影视大道 16 号（自主申报）
280		（浙）字第 04216 号	象山牛油果影视制作有限公司	航 盖	象山县新桥镇影视大道 16 号（自主申报）

续表

序号	区域	许可证号	机构名称	法人代表	单位地址
281	象山县	（浙）字第 04211 号	象山吾道南来文化传媒有限公司	刘朝晖	象山县新桥镇影视大道 16 号（自主申报）
282		（浙）字第 04179 号	象山长脖鹿影业有限公司	杨衍福	象山县新桥镇影视大道 16 号
283		（浙）字第 04133 号	象山汐盟影视文化传媒有限公司	盛 萌	象山县新桥镇影视大道 16 号
284		（浙）字第 04028 号	象山星寓乐文化传媒有限公司	崔海珍	象山县新桥镇影视大道 16 号
285		（浙）字第 03965 号	象山风生水起影业有限公司	余方芹	象山县新桥镇影视大道 16 号
286		（浙）字第 03964 号	象山追光影视有限公司	王 岩	象山县新桥镇影视大道 16 号
287		（浙）字第 03948 号	象山喜霖盛世影视文化有限公司	黄 健	象山县新桥镇影视大道 16 号
288		（浙）字第 03891 号	象山众宸奇天文化传播有限公司	艾虹列	象山县新桥镇影视大道 16 号
289		（浙）字第 02005 号	象山诗韵影视制作有限公司	王英德	象山县新桥镇影视大道 14 号
290		（浙）字第 01892 号	象山恩泽瑞玛影视文化传媒有限公司	李 军	象山县新桥镇影视大道 14 号象山影视城内
291		（浙）字第 04086 号	宁波诸神文化传媒有限公司	刘奕均	象山县新桥镇影视大道 16 号
292	象保合作区	（浙）字第 04004 号	宁波景檬影视传媒有限公司	姚 松	宁波象保合作区航天大道 99 号 12 幢 680 室
293		（浙）字第 04649 号	辰景文化传媒（宁波）有限公司	郑俊英	宁波象保合作区航天大道 99 号 12 幢 682 室
294		（浙）字第 05740 号	宁波泰锐格斯文化传播有限公司	巢婵英	宁波象保合作区航天大道 99 号 12 幢 495 室

续表

序号	区域	许可证号	机构名称	法人代表	单位地址
295	象保合作区	（浙）字第 04745 号	宁波云启时文化传媒有限公司	张启蒙	宁波象保合作区航天大道 99 号 12 幢 642 室
296		（浙）字第 03890 号	宁波合情合理影视文化传媒有限公司	徐平香	宁波象保合作区航天大道 99 号 12 幢 635 室
297		（浙）字第 03874 号	宁波琪铄影业有限公司	张盼盼	宁波象保合作区航天大道 99 号 12 幢 638 室
298		（浙）字第 03859 号	宁波麦可思映像文化传媒有限公司	佟 萌	宁波象保合作区航天大道 99 号 12 幢 487 室
299	宁波国家高新区	（浙）字第 00367 号	宁波新文三维股份有限公司	李 刚	宁波国家高新区科达路 82 号
300		（浙）字第 00007 号	宁波影视艺术有限责任公司	陈三俊	宁波国家高新区扬帆广场 8，20，32 号 10-1 至 10-8，10-27 至 10-35
301		（浙）字第 00702 号	宁波民和影视动画股份有限公司	张亚佩	宁波国家高新区梅墟街道扬帆广场 8，20，32 号 14-35-2
302		（浙）字第 00683 号	宁波声广传媒有限公司	黄 青	宁波国家高新区江南路 1558 号 3 楼 3-4 室
303		（浙）字第 02056 号	宁波联创视界文化传媒有限公司	曹海曙	宁波国家高新区扬帆广场 8，10，20，22，32，34 号 4-7-2
304		（浙）字第 02047 号	宁波胜利映画文化传媒股份有限公司	金锦华	宁波国家高新区创苑路 750 号 003 幢 2 楼 210-047 室
305		（浙）字第 01813 号	宁波天泓影视传媒有限公司	王晓岩	宁波国家高新区扬帆广场 2 号 3-1-117
306		（浙）字第 01795 号	宁波大运影视传媒有限公司	王彦华	宁波国家高新区扬帆广场 2 号 3-1-118
307		（浙）字第 01794 号	宁波伊登影视传媒有限公司	陈隆良	宁波国家高新区扬帆广场（院士路与扬帆路交叉口）1 幢 8-1-51

续表

序号	区域	许可证号	机构名称	法人代表	单位地址
308	宁波国家高新区	（浙）字第01661号	宁波合众睿客影视文化有限公司	应萝佳	宁波国家高新区扬帆广场8，10，20，22，32，34号4-33-2
309		（浙）字第01620号	宁波水东润文化传播有限公司	赵培沛	宁波国家高新区扬帆广场8，10，20，22，32，34号4-29-2
310		（浙）字第02451号	宁波华梦影视文化发展有限公司	阚立衡	宁波国家高新区扬帆广场2号2-1-63
311		（浙）字第02412号	宁波戏帮影视传媒有限公司	张殿卿	宁波国家高新区扬帆广场8，10，20，22，32，34号4-3-2
312		（浙）字第02320号	中传世纪传媒（宁波）有限公司	陶汀汀	宁波国家高新区星光路270号038幢2楼201室
313		（浙）字第02319号	宁波花儿朵朵影业有限公司	曹冬红	宁波国家高新区扬帆广场8，10，20，22，32，34号4-16-2
314		（浙）字第02254号	宁波润影文化传媒有限公司	李彦妙	宁波国家高新区扬帆广场8，10，20，22，32，34号4-29-1
315		（浙）字第03708号	容悦（宁波）影视文化传媒有限公司	周劲翔	宁波国家高新区扬帆广场2号3-1-253
316		（浙）字第03707号	宁波交子文化传媒有限公司	何捷	宁波国家高新区江南路1558号4楼4-2室
317		（浙）字第03645号	宁波熙盛文化传媒有限公司	巢帅	宁波国家高新区星光路270号A座4楼4-4室
318		（浙）字第03577号	宁波聚影加壹文化传媒有限公司	刘一	宁波国家高新区扬帆广场2号3-1-161
319		（浙）字第03568号	宁波离天动漫文化有限公司	龙伟林	宁波国家高新区星光路270号A座3楼3-18室

续表

序号	区域	许可证号	机构名称	法人代表	单位地址
320	宁波国家高新区	（浙）字第 03536 号	天飞昊（宁波）影业有限公司	陈 锐	宁波国家高新区星光路 270 号 A 座 3 楼 3-5 室
321		（浙）字第 03495 号	京道（宁波）影业有限公司	章丁生	宁波国家高新区江南路 1970 号 14-2-3
322		（浙）字第 03493 号	宁波佳茂文化传媒有限公司	孔令玉	宁波国家高新区星光路 270 号 038 幢 2 楼 2-7-3 室
323		（浙）字第 03492 号	宁波天幕影业有限公司	贾少俊	宁波国家高新区星光路 270 号 A 座 3 楼 3-11 室
324		（浙）字第 03470 号	宁波霄然影业有限公司	刘 扬	宁波国家高新区扬帆广场 2 号 3-1-173
325		（浙）字第 03442 号	宁波凤谊影视传媒有限公司	张玉辉	宁波国家高新区扬帆广场 2 号 2-1-54
326		（浙）字第 03413 号	宁波梓阳文化传媒有限公司	石 军	宁波国家高新区扬帆广场 2 号 3-1-35
327		（浙）字第 03372 号	酷鲸影视制作（宁波）有限公司	梁海东	宁波国家高新区扬帆广场 2 号 2-1-24
328		（浙）字第 03368 号	宁波汇兴旺影视有限公司	赵 伟	宁波国家高新区扬帆广场 8，20，32 号 14-30-1287
329		（浙）字第 03354 号	宁波将之影视有限公司	蒋昌林	宁波国家高新区扬帆路 999 弄 9 号 S102-2 室
330		（浙）字第 03346 号	雄霸天下（宁波）影视文化有限公司	任慕梓	宁波国家高新区扬帆广场 8，20，32 号 14-30-26
331		（浙）字第 03271 号	宁波泰格兄弟影视文化传媒有限公司	胡 凯	宁波国家高新区扬帆广场 2 号 2-1-5
332		（浙）字第 03267 号	宁波晋作家影视制作有限公司	赵建平	宁波国家高新区扬帆广场 8，20，32 号 14-30-47
333		（浙）字第 03223 号	宁波云梵文化传媒有限公司	丛苡潇	宁波国家高新区扬帆广场 2 号 2-1-77 室

续表

序号	区域	许可证号	机构名称	法人代表	单位地址
334	宁波国家高新区	（浙）字第 03222 号	宁波新爱喜文化传播有限公司	王浩	宁波国家高新区扬帆广场 8，20，32 号 14-30-623
335		（浙）字第 03209 号	吾上云起影业（宁波）有限公司	房琳琳	宁波国家高新区星光路 270 号 038 幢 2 楼 2-13-1
336		（浙）字第 03194 号	宁波花桐世纪影业有限公司	冯成龙	宁波国家高新区扬帆广场 2 号 2-1-59
337		（浙）字第 03121 号	宁波方向感影业有限公司	王立新	宁波国家高新区扬帆广场 2 号 3-1-9
338		（浙）字第 03111 号	百悦星光（宁波）文化传媒有限公司	杜文彪	宁波国家高新区扬帆广场 2 号 3-1-14
339		（浙）字第 03065 号	瓯越影视传媒（宁波）有限公司	林兵	宁波国家高新区扬帆广场 8，10，20，22，32，34 号 4-34-2
340		（浙）字第 02843 号	宁波高新区博润影视传媒有限公司	白先秀	宁波国家高新区扬帆广场 8，10，20，22，32，34 号 4-27-1
341		（浙）字第 03840 号	宁波华歌时代影视文化有限公司	孙文旭	宁波国家高新区扬帆广场 8，20，32 号 14-30-516
342		（浙）字第 03773 号	魔灯（宁波）影业有限公司	李丹萍	宁波国家高新区扬帆广场 2 号 3-1-188
343		（浙）字第 03868 号	宁波假如影业有限公司	孙宵	宁波国家高新区扬帆广场 8，10，20，22，32，34 号 4-15-1
344		（浙）字第 03886 号	宁波华鑫影视传媒有限公司	邱国湘	宁波国家高新区扬帆广场 8，10，20，22，32，34 号 4-13-1
345		（浙）字第 03919 号	宁波玖成天壹影视传媒有限公司	张建新	宁波国家高新区扬帆广场 8，20，32 号 14-28-2

续表

序号	区域	许可证号	机构名称	法人代表	单位地址
346	宁波国家高新区	（浙）字第 03991 号	宁波华盛天骄影视文化有限公司	崔向志	宁波国家高新区扬帆广场 8，10，20，22，32，34 号 4-28-1
347		（浙）字第 03990 号	宁波华夏飞梵影视文化有限公司	邵月盼	宁波国家高新区扬帆广场 8，10，20，22，32，34 号 4-14-1
348		（浙）字第 04045 号	宁波金优文化传媒有限公司	战爱玲	宁波国家高新区扬帆广场 2 号 3-1-139
349		（浙）字第 04056 号	华展影视文化传媒（宁波）有限公司	罗嘉勇	宁波国家高新区扬帆广场 2 号 3-1-103
350		（浙）字第 04055 号	宁波新好讯文化传播有限公司	黄卫红	宁波国家高新区扬帆广场 8，10，20，22，32，34 号 4-27-2
351		（浙）字第 04098 号	宁波云鲸影业有限公司	李泱	宁波国家高新区扬帆广场 2 号 3-1-326
352		（浙）字第 04136 号	宁波奇禹影视文化有限公司	童小英	宁波国家高新区扬帆广场 8，10，20，22，32，34 号 4-8-1
353		（浙）字第 04245 号	宁波造梦小机影视传媒有限公司	张鑫	宁波国家高新区扬帆广场 8，10，20，22，32，34 号 4-1-3
354		（浙）字第 04231 号	宁波功到影业有限公司	丁晟	宁波国家高新区扬帆广场 8，10，20，22，32，34 号 4-5-2
355		（浙）字第 04186 号	宁波原宁文化传媒有限公司	孟凡耀	宁波国家高新区扬帆广场 8，10，20，22，32，34 号 4-3-1
356		（浙）字第 04258 号	宁波永洲文化传媒有限公司	李荣荣	宁波国家高新区扬帆广场 8，10，20，22，32，34 号 4-6-2

续表

序号	区域	许可证号	机构名称	法人代表	单位地址
357	宁波国家高新区	（浙）字第 04379 号	宁波秀高影业有限公司	李远	宁波国家高新区广贤路 1035 号 10-2
358		（浙）字第 04599 号	宁波绿皮车文化传媒有限公司	郭逸鹭	宁波国家高新区扬帆广场 8，10，20，022，32，34 号 4-35-2
359		（浙）字第 04731 号	宁波秋香雅柏动画有限公司	陈文婷	宁波国家高新区扬帆广场 8，20，32 号 14-2-1
360		（浙）字第 05012 号	宁波添慈文化传媒有限公司	徐佳辉	宁波国家高新区扬帆广场 8，10，20，22，32，34 号 4-14-3
361		（浙）字第 04702 号	宁波冰橙影视文化传媒有限公司	夏冰	宁波国家高新区扬帆广场 8，10，20，22，32，34 号 4-11-1
362		（浙）字第 04699 号	宁波夏悦星辉文化传媒有限公司	吴廷飞	宁波国家高新区扬帆广场 2 号 3-1-109
363		（浙）字第 04697 号	宁波很不厉害影视制作有限公司	方敏志	宁波国家高新区前程智慧城 77 号 16-1
364		（浙）字第 04884 号	宁波夏星璀璨文化娱乐有限公司	吴廷飞	宁波国家高新区扬帆广场 8，20，32 号 14-30-1257
365		（浙）字第 04882 号	宁波纸兵影视传媒有限公司	吴廷飞	宁波国家高新区扬帆广场 8，20，32 号 14-30-1256
366		（浙）字第 05219 号	吉光电影（宁波）有限公司	江国平	宁波国家高新区扬帆广场 8，10，20，22，32，34 号 4-31-2
367		（浙）字第 05600 号	宁波青初影视有限公司	王炎	宁波国家高新区扬帆广场 8，10，20，22，32，34 号 4-37-2
368		（浙）字第 05582 号	宁波三只羊影视有限公司	张承阳	宁波国家高新区扬帆广场 8，20，32 号 14-27-2

续表

序号	区域	许可证号	机构名称	法人代表	单位地址
369	宁波国家高新区	（浙）字第 05655 号	宁波侵尘文化传媒有限公司	林　尘	宁波国家高新区创苑路 98 号 1 号楼 9-2-6
370		（浙）字第 05571 号	宁波童龄信息科技有限公司	林　赛	宁波国家高新区清水桥路 535 号新城大厦〈8-6〉
371		（浙）字第 05676 号	宁波云水方至文化传媒有限公司	张若骋	宁波国家高新区宁波新材料创新中心东区 2 幢 20 号 503-3
372		（浙）字第 05534 号	宁波新迈传媒有限公司	齐　宇	宁波国家高新区扬帆广场 8，20，32 号 14-2-2
373		（浙）字第 05512 号	宁波笔画文化有限责任公司	钱　铮	宁波国家高新区扬帆广场 8，20，32 号 10-12
374		（浙）字第 05506 号	宁波抹香鲸影业有限公司	黄　伟	宁波国家高新区扬帆广场 8，20，32 号 14-5-2
375		（浙）字第 05789 号	宁波市江岚影视文化传媒有限公司	孙　旦	宁波国家高新区菁华路 188 号（甬港现代铭楼）B 座 041 幢 501 室
376		（浙）字第 05876 号	宁波商盟海市供应链管理有限公司	曾大克	宁波国家高新区菁华路 108 号 024 幢 4 楼 4-2
377		（浙）字第 04046 号	宁波映海拾贝影视传媒有限公司	陈　馨	宁波国家高新区扬帆广场 8，20，32 号 14-30-664
378		（浙）字第 04016 号	宁波泥巴文化传媒有限公司	刘　响	宁波国家高新区扬帆广场 8，10，20，22，32，34 号 4-13-2
379		（浙）字第 03485 号	宁波合戏导映画文化传媒有限公司	廖芝田	宁波国家高新区扬帆广场 2 号 3-1-187
380		（浙）字第 05362 号	宁波合乐影纪文化传播有限公司	刘开珞	宁波国家高新区扬帆广场 8，10，20，22，32，34 号 4-6-1

续表

序号	区域	许可证号	机构名称	法人代表	单位地址
381	宁波国家高新区	（浙）字第 05987 号	宁波明颜影视有限公司	刘梦云	宁波国家高新区扬帆广场 8，10，20，22，32，34 号 4-8-3
382		（浙）字第 06134 号	影匠工坊（宁波）影视文化传媒有限公司	王淇旭	宁波国家高新区扬帆广场 8，10，20，22，32，34 号 4-12-2
383		（浙）字第 06170 号	宁波斯奇影视有限公司	胡 蝶	宁波国家高新区扬帆广场 8，20，32 号 6-31-1
384		（浙）字第 06216 号	宁波月粟影视传媒有限公司	俞亚凤	宁波国家高新区菁华路 188 号（甬港现代铭楼）B 座 041 幢 305 室
385		（浙）字第 06264 号	宁波凯星通教育科技有限公司	陈 涵	宁波国家高新区菁华路 188 号（甬港现代铭楼）B 座 505 室
386		（浙）字第 06333 号	宁波新画影业有限公司	王 杰	宁波国家高新区扬帆广场 8，20，32 号 14-6-2
387		（浙）字第 06477 号	时在科技（宁波）有限公司	胡一平	宁波国家高新区光华路 299 弄 10 幢 21，22，23 号 003 幢 701 室
388		（浙）字第 06773 号	宁波大器文化传播有限公司	徐 鼎	宁波国家高新区星海南路 8 号 33 幢 4-3-8
389		（浙）字第 06706 号	宁波精典文化传媒有限公司	吴红伟	宁波国家高新区江南路 598 号 14-30 室
390		（浙）字第 06699 号	宁波论策信息科技有限公司	颜建伟	宁波国家高新区扬帆广场 8，10，20，22，30，32，34 号 2-8-1
391		（浙）字第 04720 号	宁波九赢文化传媒有限公司	李云海	宁波国家高新区翔云路 100 号科贸中心西楼 16 幢 9-5-4
392		（浙）字第 06655 号	宁波乐信影视文化传媒有限公司	李德英	宁波国家高新区扬帆广场 8，20，32 号 7-9

续表

序号	区域	许可证号	机构名称	法人代表	单位地址
393	宁波保税区	（浙）字第 03898 号	宁波爱豆影视传媒有限公司	韩宏伟	宁波保税区国际发展大厦2507-3 室
394		（浙）字第 05778 号	宁波玖巢文化传媒有限公司	陈 铖	宁波保税区兴业大道 8 号5 号楼 223 室
395		（浙）字第 05488 号	宁波亿发展电子商务集团有限公司	郭 盼	宁波保税区兴业大道 8 号1 号楼 359 室
396		（浙）字第 05394 号	锋尚锐志（宁波）影业有限公司	姜 勇	宁波保税区兴业大道 8 号1 号楼 261 室
397		（浙）字第 05073 号	宁波中博影视文化有限公司	陈舒贤	宁波保税区兴业大道 8 号3 号楼 252 室
398		（浙）字第 04741 号	宁波华畅影视传媒有限公司	程 鹏	宁波保税区国际发展大厦101-1-39 室
399		（浙）字第 04676 号	宁波瞳画视界文化传媒有限公司	王 丹	宁波保税区兴业大道 8 号6 号楼 122 室
400		（浙）字第 04646 号	宁波叁点水文化传媒有限公司	张 旭	宁波保税区兴业大道 2 号4-1-111 室
401		（浙）字第 04563 号	指幻动漫（宁波）有限公司	曾 琦	宁波保税区鸿海商贸楼708-3 室
402		（浙）字第 04535 号	宁波墨羽动画有限公司	罗 蓉	宁波保税区兴业大道 8 号6 号楼 109 室
403		（浙）字第 04304 号	宁波艺元文化传媒有限公司	王正洋	宁波保税区国际发展大厦202-219 室
404		（浙）字第 04125 号	宁波三只喜鹊文化科技有限公司	吕艺真	宁波保税区鸿海商务楼411-5 室
405		（浙）字第 04117 号	宁波卡童文化传媒有限公司	金 泰	宁波保税区兴业大道 2 号3-1-52 室
406		（浙）字第 03770 号	宁波如月之恒影业有限公司	林 楠	宁波保税区银天大厦 409-9 室

续表

序号	区域	许可证号	机构名称	法人代表	单位地址
407	宁波保税区	（浙）字第03743号	宁波引爆者文化传媒有限公司	凤云龙	宁波保税区鸿海商贸楼405-6室
408		（浙）字第02223号	宁波原创动力动漫科技有限公司	李谦	宁波保税区国际发展大厦306-6室
409		（浙）字第01235号	宁波金蔚文化传媒有限公司	江海仁	宁波保税区兴业三路6号306室
410		（浙）字第02461号	宁波启童文化传播有限公司	左明华	宁波保税区国际发展大厦202-135室
411	大榭开发区	（浙）字第05630号	中文奇艺（宁波）文化科技有限公司	戴和忠	大榭开发区海光楼1幢401-7室（住所申报承诺试点区）
412		（浙）字第04185号	宁波瞪羚影视文化有限公司	王鹤霖	大榭开发区信拓路275号1幢1916室（住所申报承诺试点区）
413	东钱湖旅游度假区	（浙）字第06321号	宁波东钱湖文旅传媒有限公司	冯哲	东钱湖旅游度假区东钱湖大道176号
414		（浙）字第04661号	宁波锦泰文化传媒有限公司	崔铁龙	东钱湖旅游度假区东钱湖大道551号8-2（试点区）
415		（浙）字第04604号	宁波七妍八娱文化传媒有限公司	李万里	东钱湖旅游度假区东钱湖大道551号8-2（试点区）
416		（浙）字第04472号	宁波优毕舍文化传媒有限公司	文净	东钱湖旅游度假区东钱湖大道551号10-2（试点区）
417	宁波杭州湾新区	（浙）字第06280号	宁波方太营销有限公司	陈浩	宁波杭州湾新区滨海二路218号

第十节　社团组织

2021年，宁波广播电影电视社团组织共8个。其中，属于宁波市文化广电旅游局业务主管的6个（见表2-26序号1—6），属于宁波市文学艺术界联合会业务主管的2个（见表2-26序号7—8）。

表2-26　2021年宁波广播电影电视社团组织一览表

序号	单位名称	会长	单位地址	邮编
1	宁波市广播电视学会	张菊琴	鄞州区紫鹃新村148号	315040
2	宁波市影视产业协会	柯建设	海曙区机场路1988号	315012
3	宁波市航拍协会	吴　坚	海曙区新典路108号嘉和大酒店B座1107室	315012
4	宁波市动漫行业协会	江海仁	宁波国家高新区扬帆广场1幢8-1-19	315040
5	宁波市微电影协会	林　洪	海曙区南塘河街116号	315010
6	宁波市主持人协会	李　红（主持工作）	海曙区开明街4号	315010
7	宁波市电视艺术家协会	张松才	宁波国家高新区扬帆路扬帆广场2幢10楼	315000
8	宁波市电影家协会	郑开颜	鄞州区达升路289号文旅中心3层	315040

第十一节　书刊简目

2021年，宁波广播电影电视编辑书刊共3本，其中书籍1本，刊物2本（见表2-27）。

表 2-27　2021 年宁波广播电影电视编辑书刊一览表

序号	书刊名	主编	编著单位	出版（印刷）	日　期
1	《宁波广播电影电视发展报告（2021）》	张菊琴	宁波市广播电视学会 宁波市广播电视发展研究中心	中国国际广播出版社	2021.11
2	《浙东声屏》	张菊琴	宁波市广播电视学会	宁波鑫宇印务有限公司	季　刊
3	《宁波广播电视》	李　可	宁波广播电视集团	宁波羽丰印务公司	双月刊

第三章 专题研究报告

第一节 主旋律电影国庆热潮下的"宁波思考"

2021年国庆档内共有7部新片上映，以43.87亿元的总票房收尾，为整个2021年冷清的电影市场注入一针强心剂，一扫整个暑期档电影市场的冷清。

国庆档中两部主力电影《长津湖》和《我和我的父辈》均表现强势，截至2021年10月22日，《长津湖》累计票房51.04亿元，中国影史排名第三；《我和我的父辈》累计票房13.84亿元。值得注意的是，这两部电影均为商业化主旋律电影的代表作。随着《战狼Ⅱ》的大火，商业化主旋律电影一扫往日部分主旋律电影低制作成本、低质量的阴霾，逐渐占据国内影视市场"C位"。

一、回温中的国庆档电影市场

根据灯塔专业版数据显示，2021年国庆档总票房收入43.87亿元，对比2020年的39.67亿元票房，同比增长10.6%，相比2019年的44.66亿元票房也差距不大。但考虑到2019年国庆档占据新中国成立70周年献礼得天独厚的优势，而2021年的国庆档仍然处于疫情恢复时期，在部分城市的影院还没有开放的情况下取得如此成绩已难能可贵，对比暑期档的寒冬回温明显。

根据文旅部数据，2021年10月1日至7日，全国国内旅游出游5.15亿人次，按可比口径同比减少1.5%，按可比口径恢复至疫前同期的70.1%。实现国内旅游收入3890.61亿元，同比减少4.7%，恢复至疫前同期的59.9%。同为文旅产业，在旅游仍旧受疫情影响较大、未回复元气的背景下，电影市场已率先取得突破，在这一角度下，2021年国庆档也足够成功。

在观影人次上，整个2021年国庆档的观影人次超过9300万，《长津湖》的6500万人次独占鳌头，《我和我的父辈》突破2100万人次，而两部动画片《皮皮鲁与鲁西西之罐头小人》与《大耳朵图图之霸王龙在行动》仅仅超过100万人次，剩下的4部影片观影人次均不足100万。相比于2019年1.18亿的观影人次，档期票房冠军《我和我的祖国》观影人次在5100万以上，2020年国庆档总人次在9900万以上，档期票房冠军《我和我的家乡》超4700万观影人次，在总的观影人次上呈现出逐年下跌的趋势，而平均票价却从2019年的37.7元到2020年的39.6元再到2021年的46.9元。平均票价暴涨近20%，这也是2021年的国庆档票房能够实现再次增长的关键因素之一。

在北京、上海等十大热门城市中，有6个城市取得1亿元以上的票房，分别是北京、上海、广州、深圳、成都以及杭州。上海取得2.19亿元的票房成绩，观影人次也是最高，高达374.18万人次，而平均票价最高的城市是北京，高达59.02元，接近60元的价格，相应地，北京也以1.81亿元票房成为2021年国庆档十大城市票房排行的亚军。一线城市的电影消费依旧占据中国电影市场的半壁江山，高票价也是其票房收入高的核心要素。

在具体影片类型和票房分布上，2021年国庆档共有7部新片上映，其中战争片《长津湖》以32.04亿元票房的绝对优势领跑整个国庆档电影市场，获得票房冠军。延续《我和我的祖国》以及《我和我的家乡》系列的《我和我的父辈》则以9.65亿元票房成绩获得亚军。而其他影片如青春片《五个扑水的少年》、动画片《皮皮鲁与鲁西西之罐头小人》《大耳朵图图之霸王龙在行动》票房均不足5000万元（见表3-1）。具体票房分布上，《长津湖》一部电影的票房就占据了整个档期票房的70%以上，呈现出"一家独大"的格局，亚军《我和我的父辈》票房占比超20%，这两部主旋律电影就占据了整个档期票房的90%以上，其余6部影片中仅《皮皮鲁与鲁西西之罐头小人》票房占比达到1%，其余均未能突破1%。

表3-1　2021年国庆档电影票房榜

影片	档期票房（万元）	场次（万）	场次人均	平均票价（元）
《长津湖》	320400	116.7	56	48.8

续表

影片	档期票房（万元）	场次（万）	场次人均	平均票价（元）
《我和我的父辈》	96500	71.5	31	44.1
《皮皮鲁与鲁西西之罐头小人》	4195	8.8	12	38.6
《大耳朵图图之霸王龙在行动》	4164	10.7	11	33.8
《五个扑水的少年》	3550	10	9	37.3
《老鹰抓小鸡》	2845	8.5	10	34.2
《拯救甜甜圈：时空大营救》	2390	5.5	11	38.1

对比2020年国庆档上映的5部新片，票房分布是电影《我和我的家乡》占比47%，《姜子牙》占比34%，《夺冠》占比9.0%，《急先锋》占比4.1%，《一点就到家》占比2.5%；2019年国庆档上映的4部新片，票房分布是《我和我的祖国》占比43.8%；《中国机长》占比38.8%；《攀登者》占比13.8%；《雪人起源》占比2.1%。从43.8%到47%再到70%以上，可见档期票房越来越集中于头部影片上，这也与近几年沙漏型的电影票房分布不谋而合，10亿元至20亿元总票房的电影数量大幅降低，中小型电影的市场份额进一步被压缩。

而随着假日后《长津湖》企事业单位包场观影的逐步增加，国庆档电影的热度势必会维持很长一段时间。在国庆档之后，好莱坞进口大片《沙丘》和《007：无暇赴死》登陆内地院线，国产片方面搁置几年的《兰心大剧院》以及《第一炉香》等影片也陆续上映，2021年中国电影市场年末的冲刺值得期待。

二、蜕变的主旋律电影

中国主旋律电影这个概念是在1987年提出的。该年3月，在国家广电部电影局召开的全国故事片厂长会议上，首次提出了"突出主旋律，坚持多样化"的口号。在此之前，以革命历史题材为主题的电影也属于主旋律电影这个类别中。改革开放后提出"弘扬主旋律，提倡多样化"，主旋律电影开始逐步变得更加多元。1989年，时值新中国成立40周年，《开国大典》是当时主旋律电影的标志性作品。从《开国大典》到夺得2020年度票房冠军的《八佰》，在市场的影响下，主旋律电影在逐步走向商业化。进入20世纪八九十年代后，尤其是1994年之后进口大片的来袭，主旋律电影在市场上无力竞争，拍摄资金大都依靠政府支持，为了更好地生存，主旋律电影开始走向商业化。

短短几年，商业化主旋律电影逐渐在中国电影市场站稳脚跟，商业化成为主旋律电影发展的趋势。从2015年开始，主旋律电影逐渐收获了不菲的票房，在同年票房排名中也占据着较高的席位。截至2021年10月，《战狼Ⅱ》累计56.95亿元的票房仍占据着中国电影总票房第一的名次。主旋律电影票房在不断攀升的同时，也收获了不错的口碑，这更是近些年来主旋律电影的一大进步。

截至2021年10月，在中国电影票房总榜前二十位中共有8部主旋律电影，而在票房突破50亿元的4部电影中，《战狼Ⅱ》和《长津湖》分别占据第一、第三的名次（见表3-2），热映中的《长津湖》更是有望冲击中国影史票房冠军。商业主旋律电影的票房成绩已超越众多标准的商业大片，这其中除了影片本身素质过硬以外，影片的情怀加持、民族自豪感的驱使等都可能会对其票房产生不小的影响。相对于传统商业大片，这些都是商业主旋律电影得天独厚的优势。

表3-2 中国电影票房总榜前十位（截至2021年10月22日）

排名	片名	票房（万元）	平均票价（元）	场均人数
1	《战狼Ⅱ》	569454	35	37
2	《你好，李焕英》	541308	44	24
3	《长津湖》	510453	48	30
4	《哪吒之魔童降世》	503570	35	23
5	《流浪地球》	468645	44	29
6	《唐人街探案3》	452341	47	29
7	《复仇者联盟4：终局之战》	425013	48	23
8	《红海行动》	365163	39	33
9	《唐人街探案2》	339777	38	33
10	《美人鱼》	339120	36	43

三、主旋律电影的崛起之路

（一）2015—2016年小有所成

上映于2015年的《战狼》打开了主旋律电影的新道路。该部影片以当代战争为主线，打造出了一个"热血军人"的形象，上映之后获得了5.45亿元票房。《战狼》的上映为之后《战狼Ⅱ》的超高票房做出了铺垫。

同年也有其他主旋律电影取得了不错的成绩。由真实事件改编的缉毒电影《湄公河行动》上映时间虽然是9月30日，但是却凭借着影片过硬的竞争力在2016年中国电影票房总榜中占据第六的位置，取得了11.82亿元的优异成绩。这是中国首部票房超过10亿元的主旋律电影，在豆瓣网上也取得了8分的优良口碑。

《湄公河行动》的题材与2015年的《战狼》有异曲同工之妙，影片故事与其他国家有着很大的关系，没有走传统的革命战争题材路线，而是以缉毒为主题，给观众呈现了缉毒警察在工作中的凶险。

（二）2017—2018年爆款出现

2017年7月27日上映的《战狼Ⅱ》作为中国电影票房总榜的"神话"，也是主旋律电影票房的目前最高峰，于2017年狂揽56.95亿元票房，同年票房亚军《速度与激情8》为26.71亿元，季军《羞羞的铁拳》为22.14亿元，加起来都不及《战狼Ⅱ》。《战狼Ⅱ》的成功是多方面的，除了树立起一个独特的有骨气且性格坚强、意志力超强的个体英雄形象外，国家繁荣形象与国家强大威力下的爱国主义情怀的觉醒也是主要助力，而商业化的大制作，在演员、特效、剧本和宣发等多方面支撑起了影片的核心架构，也真正推动中国主旋律电影走向了一个高潮。同年冯小刚执导的《芳华》选取中国对越自卫反击战背景下成都文工团中几个青年男女的故事，采用倒叙手法，以电影角色的口吻讲述故事，推动电影情节的发展，这在主旋律电影的拍摄中独树一帜。该片最终票房为11.88亿元，在票房总榜排名第八。

2018年同样有巨作上线，由林超贤执导的《红海行动》是根据也门撤侨事件改编的电影，以36.51亿元的票房位居2018年中国电影票房总榜第一，在豆瓣网评分为8.3分。虽然题材、内容与《湄公河行动》《战狼Ⅱ》都有相似之处，但反响依旧良好。商业化主旋律电影在经历了几款爆款的上映后彻底激活了电影市场，也真正站稳脚跟。

（三）2019年蓬勃发展

2019年10月1日是中华人民共和国成立70周年纪念日。《我和我的祖国》《中国机长》《攀登者》等主旋律电影的上映使得整体票房在2018年的基础上增长了不少。而最为可喜的是，2019年主旋律电影在题材类型丰富性方面也取得了新的突破，《流浪地球》作为中国第一部科幻巨作收获46.81亿元票房，也成为主旋律电影商业化新的突破（见表3-3）。

表3-3 2019年中国电影票房总榜前十位

排名	片名	票房（万元）	平均票价（元）	场均人数
1	《哪吒之魔童降世》	500363	35	23
2	《流浪地球》	468110	44	29
3	《复仇者联盟4：终局之战》	424900	48	23
4	《我和我的祖国》	312332	37	35
5	《中国机长》	290375	37	26
6	《疯狂的外星人》	221177	41	30
7	《飞驰人生》	172624	41	25
8	《烈火英雄》	170333	35	19
9	《少年的你》	155611	36	16
10	《速度与激情：特别行动》	143454	35	15

2019年中国电影票房排行榜前十位中，在《攀登者》未达预期的情况下，商业化主旋律电影仍旧占据四席。《流浪地球》以其科幻、冒险的题材，讲述了未来中国人拯救地球的故事，潜移默化地传达出"人类命运共同体"的

理念主张。这不仅是商业化主旋律电影在科幻题材上的全新尝试，而且实现了中国科幻电影零的突破，以7.9分的豆瓣网评分迈好了中国科幻电影的第一步，向世界展现了中国人也有能力拍好科幻片。《我和我的祖国》是在过去主旋律电影严肃化政治叙事的基础上继续创新，不再将主要镜头聚焦在大人物的宏大政治叙事上，而是更接地气、更亲民地将视角放在了处在重大历史背景下的小人物身上，以平民化的叙事呈现出主旋律的新面貌。

在经过2019年主旋律电影的现象级爆发后，人们对2020年主旋律电影的质量与数量寄予厚望。于是各方摩拳擦掌，推出影片，渴望在主旋律电影市场上分一杯羹。可刚进入2020年不久，新冠肺炎疫情暴发，各大电影院暂停营业。原定上映的一些电影也都推迟了日期。正所谓好饭不怕晚，虽说电影院暂停营业了半年之久，可观众的热情并没有因为影院的暂停营业而消减。2020年下半年，电影院恢复营业之后，各类影片纷纷上映，观众也纷纷进场观影。就2020年上映的影片票房表现来说，可以说还不错。其中主旋律电影表现不俗，在目前所统计的2020年度排行榜前十名中占有四席，并均位列前四。

（四）2020—2021年跨越式发展

受疫情影响，影院歇业，影片制作停止，2020年的中国电影市场可谓惨淡。在整体下行的市场环境中，商业化主旋律电影交出了一份令人非常满意的答卷，承担了电影救市的重要使命。所选取的题材更加丰富，标签也不像以往那样明显，以"寓教于乐"的方式代替了传统主旋律电影的叙事方式，让观众从影片中去体会，国产商业化主旋律电影也走向了成熟之路。

2020年中国电影票房总榜中，商业化主旋律电影占据前十位中的五席。《八佰》一片取材于1937年淞沪会战，放映虽几经周折，推迟了数次，但在影院经营困难的背景下，受疫情影响而刚刚重启的电影市场对其寄予众望，被期待成为"救市"之作，观众对于该影片的期待值也非常高，据猫眼平台统计，该片有518898人想看。最终《八佰》也未让人失望，首日综合票房1.41亿元，首周综合票房6.38亿元，累计综合票房达到31.11亿元。而同为管虎参与导演的电影,同年上映的另一部影片《金刚川》则未达预期,收获票房11.23亿元,豆瓣网评分6.5分。献礼三部曲的第二部《我和我的家乡》定档国庆,延续了《我和我的祖国》集体创作的方式,由张艺谋担当总监制,宁浩担任总导演,张一白担任总策划,该片最终收获了28.30亿元票房,豆瓣网评分7.4分。该片作为主旋律电影,并不是强行"上价值",而是让观众在笑中感悟。影片中的五个故事也体现了时代的变化,由家乡以小见大到整个国家,让人们在笑着看完影片之后,不自觉地产生一种自豪感和民族认同感。《夺冠》原定春节档上映,由于疫情推迟到9月25日上映,最终获得了8.36亿元的票房,豆瓣网评分7.4分(见表3-4)。

表3-4 2020年中国电影票房总榜前十位

排名	片名	票房(万元)	平均票价(元)	场均人数
1	《八佰》	311076	38	20
2	《我和我的家乡》	282973	38	19
3	《姜子牙》	160296	39	19
4	《金刚川》	112254	37	8
5	《夺冠》	83648	38	11
6	《拆弹专家2》	60215	38	17
7	《除暴》	53803	37	8
8	《宠爱》	51014	34	7
9	《我在时间尽头等你》	50513	35	16
10	《误杀》	50132	31	8

结　语

商业化主旋律电影的大势已不可阻挡,国家强盛、人民爱国情怀高昂也不断助推这一趋势,使其成为国内电影市场的中流砥柱。电影不是只供娱乐消遣的道具,而是传达价值观的重要媒介。主旋律电影有了商业化的市场资本支撑,在题材类型上越来越丰富,越发表现出了真实、接地气的特点,迎合了受众不同的观影需求；表现形式不断丰富，不再拘泥于一条故事主线的表达；更具国际化视野，打造出了适合国际传播的电影。这些都是其成功的重要因素。

国际、国内双循环下的新时代格局下，商业化主旋律电影必将承担更重要的价值观传递使命，也是"影视宁波2020"建设中电影产业振兴的重要抓手。期待商业化主旋律电影回归人的内心需求，迎合时代，不断突破，为中国影视发展现代化进程写下浓墨重彩的一笔。

第二节　主流价值传播的网络建构
——以"'NB轰红'短视频大赛"为例

近年来，国内外学者的研究表明，幸福感和媒介建构与传播密切相关，是主流价值传播的主要内容和发展方向。媒介可以通过内容生产与传播，建构和加深受众的幸福感。[①]媒介也是公众表达幸福感的渠道之一。在宁波举办的"'NB轰红'短视频大赛"诞生于2019年初，力图以网络为媒，以流量作引，以短视频为突破口，开启"网红城市"形象塑造的新模式。经历两年的发展，"'NB轰红'短视频大赛"收到来自全国的作品共3869条，总时长1200余分钟，各个平台播放量达到近10亿人次。

作为政府部门主导的依托互联网媒介的网络传播活动，"'NB轰红'短视频大赛"成功地运用短视频形式，开展本土化的幸福城市网络建构与主流价值传播。

一、主流价值的网络传播特征

（一）传统文化特色进一步彰显

网红传播幸福城市，文化正越来越成为"'NB轰红'短视频大赛"的主

---

① 袁爱清.媒介幸福论：幸福心灵的媒介引导与构建［M］.北京：中国社会科学出版社，2017.

要内容，特别是以非物质文化遗产（简称"非遗"）为代表的地方文化。以最终进入年度决赛的作品为例，就有《余姚土布制作技艺》等多部关于非遗的作品入围。"非遗""历史""传统""古风"等一批参赛作品关键词，体现了大赛对于传统文化的重视。月赛获奖作品《竹子魔法师》讲述传统竹编工艺的魅力，《爱侬杨梅》表现宁波特色水果杨梅的历史与现状，这些以传统地域文化为主题的作品，将中华文化以合理的短视频手法生动呈现，运用互联网传播方式，彰显了传统文化特色。

（二）"幸福"主题深入人心

幸福感可以分为三个层次：物质方面的幸福感、情感方面的幸福感、精神方面的幸福感。"'NB轰红'短视频大赛"2020年有28%的作品与美食相关，可以将以美食为代表的幸福感列入物质方面的幸福感。在情感方面的幸福感层面，以"好""打卡""来"等表达情感的关键词为主题的作品占24%，此类作品体现了作者对宁波城市发展的自豪感和满足感，尽情展示和抒发自己的情感，欢迎全国乃至世界各地的朋友来宁波共同体验。此类作品往往带有异乡视角乃至国际视野，跳出宁波看宁波。还有17%的作品以"最"为题，如"最美""最令人感动""最喜欢"等，这就是精神方面的幸福感的网络短视频表达。《最美慈溪》《稻田画致敬最美"逆行者"》等作品都已经超越了简单的物质层面，将宁波人的精神面貌和时代精神展现在短视频中，取得了良好的传播效果。

（三）议程设置进一步加强

媒体的报道内容和报道方式决定了受众的感知。"'NB轰红'短视频大赛"对宁波的"幸福"设定，就是以潜移默化的网络传播方式，通过抖音、B站（哔哩哔哩）、微信、微博等网络平台，增强宁波乃至全国网民对"宁波幸福"的感知和认知，从感性的物质层面的幸福感，到理性的精神层面的幸福感，都得到较大程度的提升。宁波蝉联最具幸福感城市称号，既是短视频大赛的传播效果之一，又是短视频大赛成功的原因之一。短视频大赛成功地把宁波多层面的幸福感展现在互联网上，吸引大量网民参与创作，作品传播力强、覆盖面广，成功地设置了网络议程，提升了宁波的城市品牌形象和城市幸福感。

二、主流价值传播的"大赛"经验

（一）主题先行：坚持弘扬主流价值观

把主流意识形态拍活、拍生动、拍新鲜，是此次短视频大赛的重要经验。"'NB轰红'短视频大赛"在选题上始终鼓励围绕时代主题。2020年年赛冠军作品《龙抬头》，在时机上选择农历二月二龙抬头，内容展现的是宁波在新冠肺炎疫情背景下城市解封之后，经济、社会、文化的全面复苏。作品以小见大，访谈了宁波城市和农村街头巷尾的普通群众，结合欢快朴实的背景音乐，展现了宁波在抗击新冠肺炎疫情中全民团结、众志成城的乐观与大无畏精神。在大量参赛作品中，"不忘初心、牢记使命"于视频中随处可见，一类是城市和乡村随处可见的标语，作为背景展现，生动而自然，另一类则是通过动画等手段，突出核心信息。"'NB轰红'短视频大赛"月赛和季赛的获奖作品，同样以主题鲜明作为选拔标准。如2020年6月季军作品《环保你我他》、2020年9月冠军作品《宁波街头"爱心接力"》等，或围绕垃圾分类，或关注精准扶贫，在大赛的引导下，越来越多的网民和创作团队聚焦时代主题，以短视频的形式奉献精品力作，实现主流价值传播。

（二）双管齐下：兼顾新闻性和娱乐性的主流价值传播

主流价值传播需要进行公众喜闻乐见的有效传播。包括网红城市网络传播在内的主流价值传播，需要兼顾新闻性和娱乐性。2020年4月冠军作品《长街蛏子》以蒙太奇手法加上数码特效，将宁海长街蛏子拟人化，以幽默诙谐、充满娱乐性的镜头语言，将地方传统美食与现代城市文化相结合，发挥娱乐性元素的传播优势。2020年5月冠军作品《宁波掠影》则以剪纸、剪影等传统文化元素，将宁波的特色展现得淋漓尽致，同时还结合了疫情之后宁波复苏的旅游热点新闻。这两则作品传播覆盖面广、点赞量高，还得到了宁波市以外网民的热捧，纷纷留言表示要来宁波实地体验美食和美景，营造了宁波活泼、美好、幸福的城市形象，实现了城市"幸福"营销。

（三）跨平台传播：主流价值的多元呈现与影响力扩展

"'NB轰红'短视频大赛"的参赛作品不仅在短视频网络平台得到广泛传播，而且对主流媒体产生了一定影响，实现了良好的跨平台传播效果。"'NB轰红'短视频大赛"及其参赛作品，产生相关新闻报道6万多篇。作品《宁波街头"爱心接力"》等从"'NB轰红'短视频大赛"进入央视，《雪菜牛肉年糕汤：宁波人的乡愁》等进入"学习强国"学习平台，《春晓老味道》等在"浙江新闻"客户端传播，成为主流新闻阵地重要的内容供应源。

（四）以人为本：主流价值传播可持续发展的动力

"'NB轰红'短视频大赛"的主流价值传播始终围绕"人"来展开，同时通过活动培养了一批坚持主流价值观的短视频制作人才和团队，也锻炼出一批"得奖专业户"。如作者崔丽君就曾连续获得2020年4月亚军、6月冠军、7月亚军、10月季军，并获得一次季赛冠军和年度季军。不仅创作者个人在"'NB轰红'短视频大赛"中得到锻炼，"最慈溪吃货团""余姚故事""象山短视频联盟"等一批与大赛共同成长的机构和团队，也从中找到了施展才华的空间。"'NB轰红'短视频大赛"不仅在创作端培养了人才，还在持续的努力下逐渐形成专业敬业、相对稳定的专家评审团队。大赛的日常运营维护由宁波广播电视集团"宁聚"平台承担，在大赛运营方面也培养了应用型人才。

三、短视频助力主流价值传播的发展对策

（一）继续加强主流舆论引导和建构

"'NB轰红'短视频大赛"的成功经验首先在于主流意识形态的成功建构，主流价值传播的优势在大赛的持续举办过程中要继续秉承和发扬。2021年是中国共产党成立100周年、宁波建城1200周年等大事喜事集中的年份，应继续高举旗帜，团结网民，发挥主流舆论阵地优势，持续以宁波人民的

"幸福感""获得感""成就感"为创作主旨，坚持社会主义核心价值观的主流价值观传播，将以城市品牌形象为核心的短视频传播活动进一步做大做强。"'NB轰红'短视频大赛"助力宁波成为明星网红城市，已经取得了阶段性的成果，特别是在短视频营造"幸福感"方面，取得了理想的硕果。但是距离国内顶尖的网红城市目标尚有一定的差距，在内容的生动性、活泼性和时效性上都有追赶的空间。特别是在国际传播方面，通过对TikTok（抖音国际版）等国际短视频平台的观察，宁波的作品虽然已经引起了一定的反响，但依然需要短视频作品的持续发力。

（二）提高主流价值传播的专业水平

目前，公众以观看"'NB轰红'短视频大赛"为主，投稿的数量和覆盖面依然有限。虽然已经培养了一支有创作力和战斗力的短视频原创队伍，但是从公众参与度来看仍比较有限。发动更多宁波市民参与到"'NB轰红'短视频大赛"中来，是下一阶段的任务之一。举办了两年的"'NB轰红'短视频大赛"也暴露出一些作品技术上的共性问题，这也是短视频助力主流价值传播中普遍存在的问题：剧本创作力量薄弱、镜头语言风格飘忽、叙事逻辑混乱不清、剪辑和音乐脱节等，这些技术瓶颈影响了作品的质量和传播。为解决这一问题，活动主办方可举办线上线下的培训活动，提升"幸福城市"的网络表达水平，邀请国内外一流专家指导，高校团队协助弥补作者基本功的不足，网络平台提供意见建议，获奖作者分享创作心得等，全方位的培训活动有助于提高创作者水平，令他们贡献更多佳作。

（三）形式多样的主流价值传播内容生产

主流价值传播的创新尤为重要，在内容生产方面，可以采取自由创作和集中采风相结合的短视频创作模式。目前的大赛以作者自由选题和创作为主，容易出现作品主题相对散乱的现象。由此，月赛可确定一个或几个相对有指导性的主题，围绕主题展开创作。大赛也可以分为"主题单元"和"主创单元"，分门别类进行评选，既提供了选题指导意见，又能保证参赛者的创作自由。在具体活动开展中，以"幸福城市"为主旨，鼓励地方乡镇街道和企事业单位通过大赛组织采风活动，实现开门办大赛，吸纳更多社会力量，形成百花齐放的短视频创作繁荣景象。

多次传播让优秀作品生命力持续焕发。短视频生产完成，是主流价值传播的开始。优秀的主流价值短视频，需要通过主流媒体平台进行多次推送和传播。"'NB轰红'短视频大赛"和相关短视频平台要进一步合作，加大作品征集力度，更大范围地征集精品力作，采取"请进来，走出去"的方法，提升优秀作品的成功率和影响力。通过获奖作品展播的方式，形成获奖作品和主流价值的二次传播，甚至三次传播。搭建获奖作者的商业性竞争平台，借鉴成熟的商业做法，推荐"'NB轰红'短视频大赛"的获奖选手优先承接、制作、导演由相关部门主导的公益视频，让网红城市宁波的"幸福城市"标签持续发挥品牌影响力，让"'NB轰红'短视频大赛"中脱颖而出的人才持续服务大赛，使优秀短视频作品持续焕发生命力，让主流价值传播更加深入人心。

第三节　连接、对抗、在场："云传播"时代的主播话语体系解构

媒介即讯息，随着不同的技术媒介对日常生活的全方位介入，云会议、云演出、云直播等一系列云活动背后，是媒介生态环境的新变革。2018年12月出版的《云传播时代：人类传播与治理的云端化、平台化、泛在化、社交化和智慧化革命》一书中，作者华中科技大学新闻与信息传播学院李卫东教授认为"云传播"是以"云服务"为媒介，以"共享"和"开放"为传播机制，传播过程主要在云端完成的新型人类信息传播模式。[1]

超越技术角度解读"云传播"时代，不难发现传播者与受众的关系产生了奇妙的化学变化：无论电视还是广播，在"云传播"时代一律有变为小屏的倾向，大家各守一端，在"云"上实现融合。与其说这形成了某种场域错位，不如说是一次打破次元壁的试水——人们参与传播活动的形式有了质的

---

[1] 张昆.拥抱人类传播史上的新时代：兼评《云传播时代》一书[J].新闻与写作，2019（6）：69-73.

改变，也随之给媒体从业者尤其是主持人提出了新的课题。连接、对抗、在场，这三个关键词可以提炼出主播们在"云传播"背景下的话语策略方向。

一、研究缘起："云传播"的产生

各种形式的云活动取代了面对面的会议、一对众的演唱会、现场反馈的吆喝卖货，现实原因是突如其来的新冠肺炎疫情的不可抗力使得大家宅在家里，减少出门次数。而早在两三年前，就已零星出现各类"云活动"的雏形。

英国社会学家齐格蒙特·鲍曼（Zygmunt Bauman）的"液态现代性"概念形象地通过"液化"揭示了"云传播"产生的深层原因之一，互联网的飞速发展使不确定性渗入生活的多个维度，受众接受信息的方式也产生了翻天覆地的变化。新型的富有吸引力的或世界性的大都会将是静态的、图像性的、无所不包的。[1] 渠道取代了过滤器，传统媒体的优势渐渐被移动端蚕食，随之产生的介质的迁移一点一点改变着信息互动方式，直到"催化剂"的到来，云活动逐渐被大家接受。

传播模式的调整带来全新的互动体验。云活动借由互联网的无限触角，将外延延展到近乎无限大，受众不再局限于原有活动场地出席的观众，转而通过社交圈的信息转发、平台资讯来获取，相互联结，积聚力量，由幕后走向台前，成为传播活动的重要组成部分。

二、云活动的呈现特点及主播话语结构优化策略

借由互联网技术的发展，各种形式的云活动重新定义了传播者与受众的对话场景，使受众可以更好地实现"嵌入"，同时也对传播者提出了全新的要求。针对云活动呈现出的特点，主播需对传播模式进行深入了解，对受众接收信息的过程进行模拟还原，特别是深度交互场景下的有效信息传播、快节奏生活背景下多任务背景板前的高效处理等，这些都是主播素质提升所面对

---

[1] 麦克卢汉.理解媒介：论人的延伸[M].何道宽，译.上海：译林出版社，2019：54.

的挑战。

（一）连接：深度交互前提下的场景建构

"因为平台算法，我才会出现在你的面前。之前我们已经产生一些隐秘的联系。"这是从受众角度进行的话语模拟，恰恰显示了"云传播"时代主播与受众建立了一种崭新的连接。

连接是网络的特殊性，可能也是它最突出的特征。[①] 对于广播主播而言，坐在直播间的首要任务是在一对零的环境里，产生一对多的效果，而"云传播"活动的要求则是"在一对零的环境里，让受众有一对一的感受"。

移动端背后的商业逻辑替代了原有的行业规则，一方面是海量的资讯，另一方面则是受众面对信息超载之下的选择。在更加扁平的传播世界里，主播与受众的交互场景已经重构，这需要主播在播音主持、心理研究、副语言等业务方面加强自我提升，以更符合云活动传播规律，进而增加受众黏性。

比如，2020年6月8日至14日，在常态化疫情防控的特殊情况下，2020宁波投资贸易云洽会暨中东欧商品云上展、第22届中国浙江投资贸易洽谈会直接采用了线上"云传播"的形式。这是非常之时的一次非常之举，对媒体的记者、编辑、主播来说，也是一次小小的"出圈"探险。活动聚合了云会议、云展览、云对接、云签约、云直播等新方式、新模式，宁波广电新媒体客户端"宁聚"开辟《云甬全球 点亮未来》专栏，其中的"云访谈"系列报道与中东欧客商、跨境电商负责人等展开云端对话，解密宁波如何借云端危中寻机。在对电商拼多多战略部高级总监吴山的访谈中可以看到，画面采用了时下流行的竖屏，拍摄背景较为生活化，以嘉宾讲述为主，主播话语多为引导性内容，且未出现主播直接于镜头前占据主画面的场景。截至2020年6月12日，"宁聚"推出的26篇报道多采用此种形式，小视频点缀其中，点击率也较为不错。

"云传播"时代，主播与受众需要建立连接，实现深度交互前提下的场景

[①] 米尔佐夫.幽灵写作：视觉文化构想[M]//拉康，等.视觉文化的奇观：视觉文化总论.北京：中国人民大学出版社，2005：246.

建构。以客户端（App）为例，智媒平台通过算法将受众感兴趣的信息推送到其眼前，这是与传统媒体传播形式较为明显的一处区别。在这一过程中，受众不再只是单一的、被动的接受者，而具有了自主性。主播与受众的连接也天然地实现了事先"卷入"——新瓶里装的是什么酒？一定是能够与受众产生共鸣的液体，观感如何、气味如何、口感如何皆作为附属，只是形式而非内核。比利时法律修辞学家查伊姆·佩雷尔曼（Chaim Perelman）指出了一个有趣的事实，即每个说话人都可能"通过某种虚构，把他的那一听众嵌进一系列不同的听众当中"，这不啻"听众"定义的一个缩影，也是对它的一个仿拟。[①]对云活动进行传播的时候，主播以过硬的业务技巧作为打底（无论传播形式怎样革新，话语的清晰度、准确度等依然占据重要地位），外在辅以适合互联网传播及媒体融合规律的新形式，内在则需要深度加强播音主持艺术中的"广义备稿"，不仅仅是提前与嘉宾沟通、熟悉相关行业资料、对专业知识进行补课等，更要有意识地进一步完成与受众的深度交互，主动伸出臂膀，完成场景建构，真正实现话语场的连接。

（二）对抗：多任务背景板前的高效处理

很难想象传播媒介的飞速发展给我们的生活带来便利之余，还生发了许多新的挑战，比如专注力的缺失、注意力的分散等。德国哲学家吕迪格尔·萨弗兰斯基（Rüdiger Safranski）指出："不管当下的时段有多长，它必须是一段，不仅仅是一点，否则时间的感知会变得不可能。"[②]碎片化的时间逐渐占据了生活的各个角落，在上下班的地铁上，既要听歌又要刷朋友圈，时不时再来个语音通话——这似乎已成为现代人的日常写照。

尽管"云传播"将时空的距离缩短到无限小，却也对受众的注意力提出了更高的要求，换言之，主播对受众注意力的获取成为亟待关注的话题。以广播主播为例，随着主播们走出直播间，开设个人的新媒体号，广播主持人的神秘性被消解，受众对其的想象空间逐渐稀释，那么他们与众多网络主播

---

① 查特曼.故事与话语：小说和电影的叙事结构[M].徐强，译.北京：中国人民大学出版社，2013：247.

② 萨弗兰斯基.时间：它对我们做什么和我们用它做什么[M].卫茂平，译.北京：社会科学文献出版社，2018：139.

比拼时如何找到自身的优势支点呢？

对于技术与时间问题的结合，很多学者也提出了担忧，比如媒介多任务所带来的紧张感、时空分割所带来的孤独感等。[①]疫情期间，囿于场地及人员的限制，云演出作为云活动传播形式吸引了歌手们进行尝试。2020年3月，宁波经济广播主播与房产商合作，推出了"与宁波，共春来"云音乐节，在移动端进行转发传播，得到了受众的认可。云演出，主播并非主角，但承担着非常重要的作用。主播既要有活跃"云现场"气氛的能力，又要把活动的初衷阐释清楚，把每个环节串联起来，使之行云流水、浑然一体。

这里所说的"对抗"，代表了主播公共身份的一种表达，它所对抗的是快节奏生活状态下停不下来的脚步，是消弭于日常信息爆炸中的分散的注意力。通过"云传播"的形式，尝试与受众实现连接，提供人文关怀与心灵的交流沟通，以共同对抗电子化的生活状态，使受众避免淹没于"沉默的螺旋"之中，逃离有限度的会话结构。

（三）在场：主播与受众实现"能动的在场"

在传统媒体人的认知当中，最好的交流即现场交流，对于广播电视主播来说，在做足节目前的狭义备稿之外，直播时对现场细节的关注往往会产生意想不到的效果。德国哲学家海因里希·冯·克莱斯特（Heinrich von Kleist）认为，最好的思想在出现时几乎晦涩难辨，最重要的是有风险的、惊心动魄的对话，它们是发现的熔炉，"有发现的谈话往往会包含很长的沉默"，在媒体传播的视域下，则可以替换为"有发现的直播往往会包含现场的捕捉"。"云传播"则给媒体人出了一个难题：面对小小的屏幕，主播如何完成加分项？

2020年全国两会会期缩短，以东方卫视和"看看新闻Knews"网端为主阵地的上海广播电视台融媒体中心派出的记者团队由往年的50多人缩减为6人，这6人的职责分工呈现交叉重叠，原本的记者、编辑、主播界限开始模

[①] 杨雅，喻国明.计时器与背景板：媒介多任务在场的影响研究[J].国际新闻界，2019，41（2）：75-91.

糊，可以说本次报道是一次媒体的"出圈之旅"。

在两会报道中，受众看到的是编辑记者发回的小视频、云直播、主播连线等，而在"云"之外，媒体人还是代表委员们的小助手，讲解拍摄技术；大量"云采访"持续储备中，呈现给受众的仅仅是其中的一小部分。在这个过程中，主播虽然失去了直播时临场挖掘的机会，但取而代之的是，在前期借助各种"云手段"已经实现了对信息的补充与完善，主播实现了能动的"在场"，实际传播效果更能被受众所认可。

"正因为你们在场，我们才对你们说话。如果没有你们的在场，我们就像是对着空气说话。你们的在场并不是以保持缄默为前提的。"[1]主播所做的种种努力需要受众的配合，才能使"云传播"的效果达到最佳。如果说通过技术手段实现的各种云活动的传播最终使叙事时空达到了镜像化的效果，那么受众则接收到了镜子式的反射，并对此产生反应。人并不是本质的、固定的存在，而是在时间与历史之中生成的，历史不是朝着人的目的线性发展的，而是在斗争中生成的。[2]所以在"云传播"的过程中，受众不再是以往"沉默的大多数"，他们可以通过弹幕、留言等互动手段刷出自身存在感。面对崭新的受众，主播需要做的，就是聆听这些声音，用心去关注并回应。

结　语

"风起于青萍之末，浪成于微澜之间。"媒体融合时代，多种力量跑步进入传媒行业，边界的消融成为主旋律。一系列云活动开启了"云传播"时代的序章，摆在媒体从业者面前的是危也是机。德国哲学家尤尔根·哈贝马斯（Jürgen Habermas）说，"理想的公共领域构成条件为平等、高质、互惠"，云传播赋予受众更多的发声机会，拉近了主播与受众的距离，为对话场注入了新的活力。与以往"先知识后能力"不同的是，"云传播"使以能力聚合知识成为可能，为主播在"云"时代的业务发展带来更多的展望与机遇。

---

[1] 汉德克.骂观众［M］.梁锡江，付天海，顾牧，译.上海：上海人民出版社，2013：47.

[2] 福柯.福柯说权力与话语［M］.陈怡含，编译.武汉：华中科技大学出版社，2017：247.

第四节　关于主流媒体参与基层社会治理的探讨

——以宁波广播电视集团新闻综合频道《看点》栏目为例

治国安邦重在基层，基层社会治理是国家治理的基础和支撑，提升基层社会治理水平是实现国家治理体系和治理能力现代化的重要环节。主流媒体在参与基层社会治理的过程中，需要明确自身角色定位，疏导社会矛盾，推广成功经验，发现漏洞隐患；通过多部门的合作以及融合传播的手段，探索行之有效的途径和方法；把握正确舆论导向，避免一系列问题的产生。

党的十九大报告中指出："打造共建共治共享的社会治理格局。"主流媒体作为党和人民的喉舌，代表了党和国家的权威声音，应当在社会治理中发挥积极作用。地市级主流媒体更要立足本地、着眼民生，为基层社会治理贡献媒体力量。

一、主流媒体在基层社会治理中的角色定位

主流媒体参与社会基层治理，应当扮演什么样的角色？这是首先要探讨的问题。2016年10月9日，习近平总书记在主持中共中央政治局第三十六次集体学习时指出："随着互联网特别是移动互联网发展，社会治理模式正在从单向管理转向双向互动，从线下转向线上线下融合，从单纯的政府监管向更加注重社会协同治理转变。"在媒体融合不断推进的当下，主流媒体因其传播的互动性、快捷性和多元性，正在成为基层社会治理体系的有机组成部分和重要载体。

（一）社会矛盾的疏导者

疏导缓解社会矛盾，助力构建和谐社会，这是主流媒体参与基层社会治理所承担的重要任务之一。以《看点》播出的《通道无人管理　乱停车成常态》这则报道为例，市民反映海曙区镇明路旁镇明小区和月湖盛园之间，有

一块区域经常出现乱停车的现象，不但对居民出行造成不便，而且导致邮政车辆、救护车等进出困难，居民与临停车辆的车主争吵的事情时有发生。记者联系相关部门后了解到，由于建筑红线范围模糊不清，导致这块区域的归属和管理单位不能确定，交警、城管、属地街道长期没有开展相关的管理工作，乱停车现象存在了好几年，附近居民怨声载道。新闻播出后，属地月湖街道办事处表示，将牵头联系多个职能部门，商讨该区域的管理问题，开展联合整治工作。

在这则新闻报道的采编过程中，记者发现了乱停车问题的原因以及相关部门管理缺位的现状。为了帮助化解这一民生痛点，记者走访多个部门了解该问题的解决办法，促成了多部门的联合整治并对周边停车资源进行优化调整，有效疏导了基层社会矛盾。

（二）成功经验的推广者

在基层社会治理的过程中，推广好的做法和经验能够提升治理效能，更好地为百姓排忧解难。老旧小区加装电梯是民生热点问题，加装电梯能让居民出行更加便捷，但是这一做法落实起来是有难度的，其中最大的难点在于低层住户由于收益甚微，甚至担心电梯装好以后对采光和通风产生影响，所以不同意加装电梯。《看点》曾播出《开放空间消顾虑　居民圆了电梯梦》《复制好经验　白云街道电梯加装提速》两篇报道，通过解析加装电梯的优秀案例，提供老旧小区加装电梯的"宁波模板"。

2018年5月，海曙区白云街道玫瑰苑小区组织居民和电梯公司进行协商，决定加装的电梯采用"建廊桥"的模式，在每层新修通道并与每户居民家直接相通。新建的通道还成为"共享空间"，居民们在新建的"廊桥"上养花种草、聚会聚餐，这样的电梯安装布局让居民们都很满意。2018年底，玫瑰苑小区成功完成宁波首部24户多层住宅电梯的加装，白云街道"趁热打铁"，组织编写了《白云街道加装电梯专刊》，供辖区内其他小区借鉴。截至2021年初，白云街道加装电梯15部，完成数量排宁波全市第一。这一优秀经验经记者报道后，宁波各地的小区纷纷向白云街道取经，多个老旧小区加装电梯项目加速推进。

（三）漏洞隐患的发现者

善于发现问题，是主流媒体参与基层社会治理的优势之一。2021年8月，《高层民用建筑消防安全管理规定》开始施行，其中明确规定："禁止在高层民用建筑公共门厅、疏散走道、楼梯间、安全出口停放电动自行车或者为电动自行车充电。"在宁波，高层民用建筑的电动自行车管理规范吗？《看点》栏目的记者走访了多个小区，发现电动自行车违规停放、充电的行为较为普遍，而且小区物业等相关管理单位缺乏有效管理，导致这一现象存在严重的消防安全隐患。相关报道播出后，被曝光的小区物业迅速开展整治，消防部门也针对典型案例，开展了全市范围的主题宣传活动。

此外，记者在曝光电动自行车停放不规范现象的同时，还发现了导致这一问题的原因主要是居民电动车充电不方便，这才有了楼道内拉线充电等违规行为的出现。为此，电力部门借助《看点》栏目宣传了小区新建电动自行车集中充电桩的相关政策，从源头上提供了解决电动自行车乱停放的好办法。

二、主流媒体参与基层社会治理的路径

在参与基层社会治理的过程中，主流媒体有哪些具体的形式和做法呢？笔者认为，结合《看点》栏目的实际操作，以下几点可供参考。

（一）常态化议题设置

我们在拟定新闻节目串联单的时候，总会策划几个主题，这些主题可以是社会热点、新闻焦点，还可以是典型人物、暖心事件。在参与基层社会治理中，媒体同样可以通过常态化的议题设置，来做到有问题可以反映、有主题可以剖析、有难题可以解决。

举个例子，宁波正奋力打造全国文明典范城市，而让一个城市更加文明，基层社会治理能力的提升就举足轻重。《看点》长期开设了《与文明同行》版块，其中不乏许多与基层社会治理相关的议题。比如《共建共治共享 小区荒

地变乐园》，报道了鄞州区首南街道环球城小区通过社区、物业、居民三方共建共治，在小区中庭建造了一座共享乐园，让居民休闲健身更加便捷。这样的报道为全市各村社新建便民健身设施提供了可推广、可复制的经验。又如《不文明现象抬头　社区管理需细化》这篇报道，记者走访宁波市区的多个小区，发现了楼道内小广告泛滥、居民垃圾乱扔、共享单车乱放等不文明行为。如何劝导、治理这些不文明行为，是对当地基层治理能力的一次检验，也是媒体在报道中关注的焦点。最终，相关部门多措并举，对这些乱象进行了整治，主流媒体参与基层社会治理的效果得到了显现。

（二）多部门协同合作

国内主流媒体有一个天然的优势，那就是与各个职能部门的交流较为频繁，与这些部门进行合作，可以更好地发挥主流媒体在参与基层社会治理时的作用。

2021年，《看点》与宁波市委依法治市办、宁波市司法局进行合作，推出了《法治宁波》专栏，在舆论监督类报道中引入宁波市法治督察员的普法宣传、诉讼建议等。比如在《店铺天花板漏水　商户经营受影响》报道中，法治督察员提供了居民房屋漏水问题的解决办法；在《消火栓不出水　居民担心存安全隐患》报道中，针对老旧小区常见的消防设施缺损状况，提供了通过依法合规使用小区专项维修基金进行消防设施更新的建议；在《业主遭遇装修"烂尾"　装修公司人去楼空》报道中，为消费者解答了遇到房屋装修纠纷时如何利用相关法律法规维护自身合法权益。这些案例展现了主流媒体与职能部门合作，从而让媒体在参与基层社会治理中有了更强的权威性和公信力，并能提供更加有效的解决问题的方法。

（三）全媒体融合传播

在媒体融合日趋完善的当下，主流媒体的全媒体矩阵传播为其参与基层社会治理提供了更便捷的传播途径和更广泛的影响力。就拿《看点》来说，它的新闻报道可以在新浪微博账号"NBTV新闻中心"和微信公众号"NBTV新闻"上进行呈现，前者的粉丝量有23.9万，后者则长期位居由宁波市新媒体研究中心发布的宁波市微信公众号影响力排行榜前列。从电视端到手机端，主流媒体的传播效能得到不断提升。

来看一则具体案例，《看点》中播出的《邻居楼道装门锁 居民生活受影响》报道在微信公众号"NBTV新闻"上被推送，该条推文的阅读量破万人次，相关评论有70多条，网友们对于这起邻里纠纷发表了自己的看法：有谴责在公共楼道里装铁门的不文明行为的；有质疑相关部门为何迟迟没有进行处理的；有建议当事人通过法律途径维权的；也有希望媒体跟进报道的。这起事件虽小，但通过多平台的传播，引发了舆论对于如何处理此类基层矛盾的探讨，让相关部门更加重视消除基层社会治理中的盲点，让相关法律法规执行更加完善。

三、主流媒体参与基层社会治理中应避免的问题

基层社会矛盾错综复杂，媒体参与治理的过程中不免会遇到许多问题，如何让自身不犯错误，是每一个媒体采编人员的必修课。作为主流媒体，坚守客观公正的立场，牢牢把握正确政治方向、舆论导向、价值取向，是必须遵循的基本原则。

（一）避免权威性和公信力缺失

只有保持权威性和公信力，主流媒体才有生命力。在参与基层社会治理中，想让百姓相信媒体，媒体自身必须坚守客观公正的立场，对相关信息进行求证。2021年7月，不少自媒体上有这样一条消息：以人贩子李某某为首的团伙在宁波的几个小区出没，自称免费清洗油烟机挨家敲门，实则拐卖孩子。这则消息在微信群和朋友圈内被大量转发，一时人心惶惶。《看点》栏目的记者第一时间联系宁波公安机关，了解到宁波警方尚未发现有此类型的拐卖孩童的作案方法在当地出现，也未接到过相关警情，警方对此条消息进行了辟谣。辟谣信息在微信公众号"NBTV新闻"上发布，遏制了谣言的传播，体现了主流媒体的权威性和公信力。

（二）避免舆论导向偏差

舆论场瞬息万变，主流媒体在新闻报道中要把握正确的舆论导向，尤其是政治导向。10多年前，时任郑州市城市规划局副局长逯军说出了"你是准备替党说话，还是准备替老百姓说话？"这句新闻圈内的"知名语录"。当时，中国之声记者在调查一起疑似违法用地事件中，向该副局长了解情况，不料对方说了这么一句质问记者的话。众所周知，媒体是党和人民的喉舌，而党和政府的宗旨是为人民服务，党和人民的利益从根本上讲是一致的，绝不是对立的。同样的道理，主流媒体在参与基层社会治理的过程中，不存在"替党说话，还是替老百姓说话"的问题，而是应该号召广大人民群众与党同心同德、同向同行。

此外，主流媒体还应把握道德导向，弘扬真善美；把握审美导向，抵制庸俗、低俗、媚俗的"三俗"之风。

（三）避免光监督无建议

主流媒体参与基层社会治理，除了发现问题、分析问题外，更要助力解决问题，这就需要媒体的相关报道更富有建设性，"帮忙而不添乱"，促进社会和谐。

《看点》有过一篇报道，标题叫作《"进得来出不去"的停车位》。镇海交警大队蛟川中队为了减少交通安全隐患，对中官路和金丰路路口进行改造，改造过后该路口的事故率大幅降低，但是车辆驶离附近停车位后，就被隔离栏挡住了去路，只能轧着斑马线开上机动车道。记者联系了交警部门，对方表示的确是当初改造路口时想得不够周全，导致了新问题的产生，他们会对附近停车位的选址进行调整，方便市民出行。对于这一类前期调研不充分、计划不严谨的城市治理案例，栏目还配发了特约评论员的评论，提出要以"绣花针"功夫做好城市精细化治理，提升市民的幸福感和获得感。这则新闻报道不但起到了舆论监督的作用，而且为政府职能部门提供了改进自身工作的建议，是主流媒体参与基层社会治理的成功案例。

总而言之，主流媒体在参与基层社会治理中正发挥着越来越重要的积极作用，媒体人要学会把握新时代主流媒体发展的特点，为基层社会治理贡献智慧和力量。与此同时，我们也应明确，媒体只是社会治理的参与者，并非决策者、裁定者以及执行者。媒体人所要做的，是以自己的良知和责任，加上过硬的职业能力，来推动政府行政水平的提高，维护法治社会的公平正义。

第四章 个案分析报告

第一节　以建设性新闻舆论监督助推清廉机关建设
——《阳光热线——清廉机关·你我同行》特别节目的实践

新闻舆论监督需要胸怀大局，结合中心工作，紧扣群众关心的热点、难点问题。这样的舆论监督既能反映问题，促成有关部门解决问题，还能提升媒体的影响力和公信力。宁波广播电视集团新闻综合广播联合宁波市直机关工委持续推出的《阳光热线——清廉机关·你我同行》特别节目，充分发挥广播媒体的新闻舆论监督功能和清廉机关建设的表率引领作用，邀请宁波市直单位主要负责人走进广播直播间，带头宣传政策措施、接受咨询投诉、协调排忧解难，助力改进宁波市直机关作风形象，为共同推进清廉机关建设提供了有力的舆论支撑。

一、精心策划，注重针对性

舆论监督工作是党的新闻舆论工作的重要组成部分，需讲究新闻敏感性、新闻价值和新闻时效。新闻媒体进行舆论监督的新闻敏感性是指发现舆论监督素材、评估事件是否有舆论监督价值的能力。《阳光热线——清廉机关·你我同行》特别节目自2021年3月8日在新闻综合广播推出，每周一12:00—13:00播出，设有《聚焦热点》《民情直播间》《92深一度》等版块，至2021年12月2日共邀请了34家宁波市直单位主要负责人上线。节目除了在广播频率直播外，还同步开展视频直播，并将每期节目的音频和图文报道都在"在宁波"客户端、"甬派"客户端、"清廉宁波"PC端、"宁波机关党建"客户端以及上线的机关部门所属微信公众号推出，形成传播矩阵，进一步扩大节目的传播力和影响力。节目突出为民务实、清廉主题，以机关作风效能为切入点，集舆论监督、群众监督和专门机关监督于一体，找准当前最新热点和市民群众需求的契合点，精心策划、精心选择播出选题，确保内容的针对性和时效性。

节目首播日2021年3月8日，恰逢国际劳动妇女节，节目邀请了宁波市妇联主席做客直播间，以"文明家庭、清廉家风"等为主题，通过直播访谈的方式与主持人、听众互动，讲述了"家风"建设中的女性力量、宁波家风馆的建设、如何进一步引导清廉文明"家风"等话题，向社会弘扬正能量。3月15日是国际消费者权益日，节目邀请了宁波市市场监督管理局局长走进直播间，现场帮助市民解决网购退货难题。8月9日，东京奥运会刚闭幕，节目邀请了宁波市体育局局长畅谈体育强市建设，并现场连线奥运冠军汪顺分享获得奥运金牌的喜悦心情和心路历程。10月11日，在重阳节到来之际，节目邀请了中共宁波市委老干部局局长走进直播间，围绕老有所养、老有所学、老有所乐、老有所为等话题与听众展开讨论。可见，搞好舆论监督，首要的是确定好选题，从大局着眼，踩准时间节点，深挖具有典型意义的话题，使题材更具现实性和针对性。

二、搭建平台，增强服务性

新闻舆论监督的本质是为人民服务、为社会发展和进步服务。增强舆论监督的服务性，强调服务大局与服务民生的有机统一。《阳光热线——清廉机关·你我同行》特别节目邀请宁波市直机关单位主要负责人走进直播间，与听众面对面交流，重点解读新出台的有关政策，宣传清廉宁波和清廉机关建设情况，传递落实"最多跑一次"，开展服务基层、服务企业、服务群众等各项政策措施，介绍民主评议机关意见建议的整改落实情况，听取市民群众对机关单位落实为民、务实、清廉要求方面的心声。如2021年3月22日，节目邀请宁波市水利局局长走进直播间，围绕"构建大水网、抗旱惠民生"这一话题与听众进行讨论。宁波当时正值严重干旱时期，节目还连线水库管理中心负责人实时介绍宁波市各大水库的蓄水情况，向广大听众宣讲宁波市原水库存情况及节水、控水措施，以权威声音及时解答群众疑虑。3月29日，节目邀请宁波市农业农村局局长走进直播间，介绍宁波市农业农村建设情况，并连线外场嘉宾外漕村党支部书记，向广大听众讲述曾被戏称为"老鸭生蛋村"的外漕村是如何迈向幸福小康路的，为后进村实现乡村振兴提供了可借鉴的样本。10月25日，节目邀请宁波市医疗保障局局长交流探讨如何完善大病保险、医疗救助等制度，以及做好在甬外地务工者参保、失能老人长期护理保险、医保就医购药"无卡化"等方面的工作，为宁波市民昂首阔步奔向共同富裕路提供了医疗保障服务。媒体要有主动为党和政府分忧的心态、为百姓办实事的善意，通过舆论监督，在党和人民之间架起沟通和理解的桥梁，才能真正体现舆论监督的价值，起到凝心聚力的作用。

三、舆论监督，推动实效性

舆论监督从本质上说是人民群众通过新闻媒体对社会公共事务进行监督，目的是有利于化解矛盾、促进工作、团结鼓劲，推动社会进步。《阳光热线——清廉机关·你我同行》特别节目除直播对话方式外，还采用热线电话、网上互动、街头海采等方式，架起互动沟通的渠道，以新闻舆论监督回应社会关切、解决群众诉求。节目开播以来，已上线的宁波市直机关单位帮助数十位求助听众解决了急难愁盼的问题。如4月26日，节目邀请宁波市总工会党组书记、副主席朱学峰走进直播间，有听众反映其在一家汽车4S店做销售被拖欠工资，欲寻求职能部门帮忙，朱学峰在节目中当即给出了专业的处理建议，并在节目结束后立即帮助听众依法维权。5月10日，节目邀请宁波市交通运输局负责人走进直播间，有听众反映高桥镇的秀水路很破旧而且没有路灯，开车盲区大，很不安全，得到了现场答复："将尽快组织人员现场查看，如果属于交通部门负责管养的公路，现场评估后排定计划组织实施，如果属于其他部门负责管养的道路，也将及时转告。"宁波市交通局之后复电节目组，8月份秀水路已正式进入施工阶段。

《阳光热线——清廉机关·你我同行》每期节目中还安排了街头海采内容，让宁波市直机关部门直面市民群众诉求。如7月5日，针对宁波市教育工作的街头海采中，市民提出教育资源不平衡以及校外培训不规范等问题，职能部门均一一回应，并表示在后续工作中将根据实际情况做出相应调整。8月16日，针对宁波市应急管理工作的街头海采中，市民提到危化车辆安全运输以及台风后巨灾赔偿等问题，职能部门在节目中也一一做了解答，消除了广大市民心中的困惑。舆论监督要形成发现问题、分析问题、解决问题的闭环，让政府部门及公职人员通过舆论监督进一步端正态度、改进作风、完善制度，让人民群众看到党委、政府对问题的鲜明态度、积极举措和实际成果，才能进一步增强群众对政府的信任。

四、问题导向，提升权威性

建设性的新闻舆论监督，既要贴近中心工作，又要反映群众诉求；既直面问题、揭露问题，又解决问题、推动进步。提升舆论监督权威性，关键是要坚持问题导向，在群众普遍关注的热点问题和党委、政府正在推进的重点工作中找到结合点。《阳光热线——清廉机关·你我同行》特别节目通过问题设置引导宁波市直机关部门自纠自查，特别是对同类城市先进做法进行横向对比，找差距、查不足，力促部门和行业风气及机关作风的转变，提升机关干部干事创业、创先争优的精气神，助推宁波模范机关、清廉机关、文明机关建设。如8月30日，宁波市统计局负责人走进直播间，以统计数据为着眼点，分析了宁波与杭州、青岛、深圳等国内同类城市之间的差距，直面问题、分析原因。9月6日，针对目前宁波的城市管理和综合执法工作中存在的不足，宁波市综合行政执法局局长走进直播间时说："在今后的工作中要着眼细微之处，让绿色成为发展最动人的色彩，让干净、整洁、有序成为宁波最直观的形象。"

每期节目还邀请广播特约评论员对线上的宁波市直机关部门的工作进行点评，指出具体问题，提出具体建议，为下一步工作提供思路。如4月19日，宁波大学法学院何跃军教授在节目点评中提出了优化政务服务环境实际上就是在解放生产力、提升竞争力的观点，并提出了今后进一步优化政务环境要从对标对表找准路径、问企问民优化路径、加快推进政务服务向基层服务延伸并规范基层服务体系等三方面着力的建议。9月6日，宁波市人大代表吴宗良在节目点评中直指城市管理中的痛点、难点，并给出了在城市精细化管理过程中要加大信息化、数字化、智能化应用，构建"全过程、全天候、全覆盖"的城市治理智能网络等方面的建议。节目吸纳了一批政府部门发言人、人大代表、政协委员、高校专家、法律界以及专业领域的权威人士充实到广播评论员队伍中来，与节目形成良性互动机制，提升了舆论监督的权威性和精准度。

新闻舆论监督是媒体价值和媒体力量之所在。媒体借行政之力有效开展舆论监督，不断提升自身影响力和公信力；政府借媒体之力进行舆论监督，不断改进机关作风形象，推进清廉机关建设。

第二节 锤炼"四力"创作"网感"短视频 讲好乡村振兴故事

——以甬派团队创作短视频专题《小裤脚教授》为例

在2020年度浙江新闻奖评选中，由宁波日报报业集团甬派团队创作的《小裤脚教授》获短视频专题类一等奖。该作品讲述了中国人民大学艺术系副教授丛志强团队在宁海县葛家村、鄞州区城杨村和贵州省晴隆县定汪村进行"艺术振兴乡村"的实践故事，展现了大学师生"把论文写在大地上"的新时代知识分子楷模形象。

2020年是决胜全面建成小康社会、决战脱贫攻坚之年。做好这一重大主题报道，是党的各级新闻媒体义不容辞的职责使命，也是党媒彰显权威性和影响力的优势所在。

一、短视频专题《小裤脚教授》的灵感来源

在《小裤脚教授》短视频策划之前，甬派团队已对丛志强团队在浙江、

贵州三村进行"艺术振兴乡村"的实践进行了一年多的跟踪报道，在这期间推出的多组融合创新报道都收到了不错的社会反响。

为了在此基础上进行提炼，进而创作出影响力更广泛的"重磅"之作，我们决定采用更易于传播、适于传播的短视频这一形式——通过丛志强现身说法，讲述以艺术设计为纽带，村民从不理解到接受再到主动参与的变化过程。从"唤醒村民荒废多年的老手艺"到"就地取材花最少的钱""艺术有用，能赚钱"的现实案例，从东部沿海发达地区到西部刚刚脱贫地区同样管用的成功探索，呈现出一位真心为民、用心解难、贴心服务并且具有深厚情怀的大学教授的形象，进而绘出一条"艺术振兴乡村"行之有效的实践之路。

在短短7分半钟的视频里，故事要保持一定的完整性，并且展现矛盾冲突，富有感染力，带有"网感"。我们的目标，就是让这一短视频成为整个系列报道的代表之作，这既是人物的典型报道，也是乡村振兴的探路之作。

二、短视频专题《小裤脚教授》的题目探索过程

为了制作好这部短视频，甬派团队数月间反复修改脚本。一遍遍地对海量原始拍摄素材进行梳理、精选，利用3D建模、MG动画等与实景结合，力图在正序的逻辑叙事中用网友喜闻乐见、轻松易懂且能够引起共鸣的语言，配上有节奏感的音乐、趣味性弹幕，使得画面入脑入心。

《小裤脚教授》一经触网，便引来高度关注。仅"甬派"客户端上的阅读量就超百万人次，跟评与点赞上万条，有效实现了二次传播，"小裤脚教授"也被更广泛的人群知晓。

值得一提的是，"小裤脚教授"这个名号并不是一开始就有的。翻阅此前的报道，我们可以发现，当提到丛志强时，多用"人大副教授""网红教授"等称号。这些称号比较普通，没有很好地展现丛志强的特点。对比看来，无论是获得第29届中国新闻奖短视频新闻一等奖的《躁子书记》，还是有关"挡刀女孩"崔译文的报道，均因典型人物的独特icon（图标）、叫得响的名号，才实现了更好的传播效果。

因此我们提出了"到底什么样的名号，才能传神地概括丛志强的特点而

区别于他人"这个问题。

经过长期的观察，我们发现他常年穿裤口束紧的裤子。问及原因，他称"方便干活"。这不就是一个"把论文写在大地上"的知识分子形象！就这样，经过多次头脑风暴之后，才有了"小裤脚教授"这个称号。

三、短视频专题《小裤脚教授》的创作总结

7分半钟的短视频背后，是长达16个月的跟踪和前期180余篇报道，这也是甬派团队践行"四力"的充分体现。纵观整组系列报道，每一篇都用真实生动的故事、引人入胜的情节、丰富饱满的细节、细腻鲜活的表达方式，从而实现"用见微知著的'小'唱响时代主旋律"的目标。"小切口，正能量，大情怀"，这也是宁波日报报网端在进行重大主题报道时的一贯做法。

鲜活的小故事从哪里来？要到现场去，并且沉下心来多和新闻事件的人与事打交道。

比如，创作团队成员沈之蓥每次到鄞州区城杨村，都会留意村子里发生的新变化，找驻村干部、村民聊天。在一次次聊天中，他挖掘到了有关编织超级竹帽的篾匠、会做木塔的木匠、造水车的村民等重新拾起老手艺的匠人的故事。而在一次次聊天中，腼腆的村民向他敞开心扉，之后甚至主动"爆料"。创作团队成员成良田在宁海县葛家村蹲点时，挖掘到了60多岁的村妇亲历丛志强给村里带来巨变而一笔一画书写入党申请书的故事。

而在黔西南定汪村采访时，团队也是在一次次入户走访、餐叙间，以及在一起劳作中，和村民热络起来的，鲜活的人、事便很自然地跳到面前。其中，丛志强教村民做盆景、引导村民自己发挥创意的小事，令人印象深刻。丛志强告诉村民："做盆景，一要讲规矩，二要讲创意。"他指着一位村民说："为啥你的帽子歪着戴？有意思，对吧？盆景也一样，石块不能摆得太正，大小、高低得有搭配……"他还会边和村民喝酒唠嗑边启发他们，给自家的酒坊、织布坊取名字，从而激发村民内在的动力。这样通过一桩桩小事的叙述，一个非常"社会"，并且脚踩大地的大学老师形象就跃然纸面了。

创作好的作品，需要有新思维，需要传播正能量。就乡村振兴题材来说，

媒体不但有责任讲乡村振兴故事，宣传典型人物，而且还要让它成为乡村振兴的载体，更要着力推动乡村振兴收到实效。宁海县葛家村、鄞州区城杨村、贵州省晴隆县定汪村的乡村振兴故事，在经过宁波日报报网端报道后，影响力扩散到全国，成了全国网红村，这也让我们特别自豪。

第三节　创新节目形态 丰富报道手段 拓宽传播渠道
——《第一发布》特别节目《决战决胜全面小康区县（市）长访谈》新突破

2020年是高水平全面建成小康社会和"十三五"规划收官之年，2021年是"十四五"开局之年。在这个继往开来的重要节点，由宁波市政府新闻办主办、宁波广播电视集团新闻综合频道承办的《第一发布》特别节目《决战决胜全面小康区县（市）长访谈》于2020年12月14日强势推出，时间持续两周，由10位区县（市）政府一把手走进演播室，畅谈各地高水平全面建成小康社会的丰硕成果，描绘"十四五"规划的发展蓝图。

特别节目创新节目形态，丰富报道手段，拓宽传播渠道，并且亮点纷呈、重点突出、特点鲜明，在社会上引起强烈反响，取得了引人瞩目的报道效果。

一、打破常规，突出主题，创新节目形态

（一）内容选择

在内容选择上，坚持删繁就简、突出亮点，避免泛泛而谈、千篇一律，给人耳目一新的感觉。

北仑篇从加快打造"三个北仑"，全面推进"双城"战略中提炼出"青年北仑"这一访谈主题，全力突出这一重要亮点，介绍北仑在吸引、扶持、留住青年人才上推出的一系列新举措，包括事业发展、安居乐业、生活服务等多方面，为青年人搭建"足够大、足够高、足够宽的舞台"，号召天下有志青年来北仑共创美好未来。宁海篇抓住该县着力打造"全域旅游"的"宁海样

板"这一发展主题,深度挖掘,步步推进,层层深入,具有引人入胜的收视效果。慈溪篇则主打促进和呵护民营经济发展壮大这张"王牌",服务全面,措施有力,成果丰硕,前景喜人。

10篇访谈,都从当地"十三五"期间取得的诸多成绩中选取最大亮点作为访谈主题和重点,删繁就简、主题鲜明,成为节目的一大特色。

(二)结构安排

在结构安排上,大胆突破、刻意求新,避免单调刻板、琐碎冗长,营造节奏明快的效果。

节目打破主持人与访谈嘉宾一聊到底的老套路,精心设计了"主持人导引""权威发布""权威访谈""百姓自述""展示蓝图"五个基本环节。

"主持人导引"是每期节目的导语;"权威发布"扼要概述"十三五"规划取得的主要成就;"权威访谈"围绕主题展示举措与成果;"百姓自述"讲述百姓切身感受;最后"展示蓝图"环节用最精练的语言描述"十四五"规划的奋斗目标与美好未来。其中长达10余分钟的"权威访谈"是节目的主体部分,中间又以"秒读"短视频的方式加以分隔与提示,既层次分明,又强化主题。每期十五六分钟的访谈节目以总—分—总的结构呈现,内容紧凑、逻辑严密、节奏明快,具有良好的观看体验。

节目很好地体现了"避免面面俱到,凸显各地亮点、重点、特点"的策划思路,重点突出、亮点纷呈、铿锵有力,体现了强烈的创新意识,符合新时代媒体传播的基本特点。

二、精心构思,形式多样,丰富报道手段

作为传统主流电视媒体,各地党政领导人的系列访谈节目一做再做,如何在报道手法上有所创新,让人印象深刻呢?节目巧用道具,变换视角,效果十分显著。

(一)巧用道具,丰富细节,加深印象

在"权威访谈"这个主体环节,为了加深观众对高水平全面建成小康社

会的直观印象，巧妙运用了多种道具，在访谈现场中展示，有力印证了访谈内容，丰富了访谈细节，成为节目的一大精彩亮点。

在余姚篇中，代市长徐云先后展示了梁弄大糕、机器人、领克车模和王阳明《传习录》四件道具。他用梁弄大糕讲述这款农家小吃变身"浙东红村"网红伴手礼的生动故事，习近平总书记的回信让村民们干劲十足，在奔小康的道路上做出了一件件创新之举。机器人和领克车模都是余姚打造高能级平台、发展高端产业的优秀成果。最后他从车模下面拿出了一代大儒王阳明的《传习录》，说："为什么我把这个产品搁在这个书上？因为我认为，任何产品的创新、发展和生产都是由人才来决定的，这就是我们余姚一位先贤王阳明先生（说过的），（也是我们在）招才引智的过程当中，始终坚持知行合一的理念（的原因）。"这四件富有特色的道具，巧妙串联起整场访谈，有血有肉，细节丰满，使节目亮点纷呈、精彩生动，让观众看得趣味盎然、惊喜不断。

10场访谈，多数都运用了颇具地域特色的道具。小小道具的恰当运用，既消解了受访者的拘束感，也成为画龙点睛的妙笔，给人留下难以忘怀的印象。

（二）插入自拍，传递感受，丰富视角

习近平总书记指出："小康不小康，关键看老乡。"高水平全面建成小康社会的根本目的正是让人民过上幸福生活。因此在每期节目"权威访谈"之后，都会插入一组当地百姓用手机自拍的短视频，让新老宁波人讲述亲身经历，表达切身感受，具体展现人民群众的获得感与幸福感。

在北仑篇中，我们看到中国女排主教练郎平对北仑人民的深情致谢；在海曙篇中，我们看到老海曙人对旧小区改造的由衷赞美；在象山篇中，我们看到员工对影视城飞速发展的自豪；在江北篇中，我们看到慈城新城居民对家门口建起大医院的欣喜；在慈溪篇中，我们看到新慈溪人解决了子女就学问题后的欣慰……这是访谈节目的一大创意，也真实表达了人民群众的心意，质朴自然，亲切感人。

这些画面虽然不够专业，语言也未必精美华丽，却质朴生动地反映出小康生活带给他们的幸福感与自豪感，成为节目有力的补充。

三、多屏互通，媒体联动，扩大传播途径

在传播方式、媒体融合和传播渠道上，特别节目也进行了许多有益的探索，取得了良好的效果。

（一）双视窗合一，大小屏融合

"权威访谈"部分，画面比较单一，节目采用了双视窗画面，做到声画对位，互为印证。如奉化区委书记胡永光介绍撤市建区后主城区发生"蝶变"时，画面切成双视窗，一一出现新增的文化中心、体育中心等公共文体设施，既有空中航拍，又有地面镜头，漂亮的画面自带冲击力和说服力。象山县委书记包朝阳谈到"把美丽经济富民工程进行到底"时，右侧视窗就展示了民宿、古镇、渔文化等精彩画面，凸显象山通过农旅融合、文旅融合、体旅融合、康旅融合等举措，推动自然人文资源向美丽经济转化，打造北纬30度最美海岸线。这种做法增强了发布的权威性、画面的可看性和节目的吸引力。

百姓手机自拍短视频的插入，让大屏与小屏互相打通，把嘉宾访谈与百姓自述同屏合一，使小康建设成果与民众获得感彼此印证，言简意赅，说服力很强。

（二）多媒体联动，多形式发布

每期特别节目播出前，"宁波发布"微信公众号、"宁聚"客户端等新媒体都会采用"短视频+图文"的形式进行预热。节目播出时，"宁聚"客户端和宁波广电网同步直播，部分区县（市）台同步转播，社会反响强烈，好评如潮。

（三）融媒体传播，多渠道到达

"宁聚"客户端统筹策划，通过直播、综合、海报、短文、分割整档视频等方式，生产出更多融媒体产品，进行二次传播。10期直播、10篇综合稿、48篇拆分稿和短视频总观看量达到了400余万人次，转发量达120万人次，充分彰显了融媒体传播的力量。如北仑篇拆分稿《郎平：感谢北仑！》短时间

单条阅读量近20万人次。镇海区区长何黎斌在访谈中首次发布镇海中学校友将捐资200多亿元创办一所理工类新型研究型大学的消息，被全国无数家媒体广为转载，成为新闻爆款。《关于鼓楼，海曙区委副书记、区长徐强有他的解读》等一系列短文和短视频，在朋友圈广为转发，扩大了节目的影响力。

除了上述优点之外，节目还存在一些明显的不足。例如，10期访谈节目水平参差不齐。海曙、北仑、镇海、余姚、奉化等5期质量较高，江北、鄞州、宁海则比较一般，慈溪和象山相对较差。又如在"权威访谈"环节，部分访谈嘉宾有念稿子的痕迹，有些嘉宾低头看稿过多，交流上有一定的生硬感与紧张感。主持人的水准也有一定落差，个别主持人偶尔出现不在线状态，忽视镜头与嘉宾的存在，成为较大败笔。在道具的运用上，有些区县（市）要么放了道具没能用上，要么没有道具。上述不足瑕不掩瑜，有待今后改进完善。事实证明，只要大胆突破、敢于创新，坚持走媒体融合之路，传统主流媒体也可以在激烈的媒体竞争中勇立潮头，让新闻更有力量。

第四节　台风报道的策略与实践

——以宁波电视台新闻综合频道5G直播连线为例

2021年7月23日起，宁波电视台新闻综合频道推出抗击台风"烟花"的特别节目，派出多路记者，前往抗台一线进行报道。记者首次通过5G直播连线，第一时间将受台风影响地区的画面和声音传递给受众，起到了先声夺人的传播效果。

一、5G直播连线的优势

5G相对于4G而言，传输速率快8—10倍，传输速度从理论上讲可快数百倍，可以为受众提供超高清画面。5G直播连线就与打电话视频一样，画面流畅，几乎感觉不到延时的存在。

在外拍摄的新闻团队，只需要一台摄像机、LiveU 传输设备，即一套信号接收和发射装置，一名摄像记者和一名出镜记者，就能实现记者与演播室的实时连线。这与过去的光缆连线、卫星连线相比，更加灵活和方便，而且成本更低。5G 直播连线的优势显而易见：传输速度快、操作简便、成本低。这使得电视新闻真正从 TNT（Today News Today），越来越接近 NNN（Now News Now），台风报道在时间的同步性上也越来越强。

5G 直播连线契合了台风同步报道的要求。在本次特别节目中，记者采取现场出镜报道的方式，向受众口头报道了正在发生的新闻事实，省去了配音的时间，实时将台风相关地区的内容传递给受众，使报道兼具冲击力、说服力和现场感，提高主流媒体传播力、影响力，进一步满足受众对权威信息的高品质要求。

二、5G 直播连线对记者的要求

（一）找题材的能力

在台风期间做新闻报道，首先要考虑报道什么。在短时间内，抗台一线的记者要及时判断题材，及时捕捉典型的场景和细节。

在象山县蹲点期间，记者一方面时刻关注媒体微信群的信息，另一方面与象山台积极沟通，获取新闻线索，选择有意义的内容和特殊的点位进行现场连线。由于台风"烟花"移动速度慢，平均时速在每小时 5—10 公里，所以直到 7 月 24 日上午，象山县上空仍风力较弱，甚至伴随着阳光。在一线的记者十分着急，因为没有现场的电视新闻就没有新闻的生命力。那么，到底要怎么报道台风，才能让受众不轻视台风"烟花"？于是，经过讨论，记者决定下午跟随台风"烟花"的脚步，一路向北"追风"，前往象山县的东北面——涂茨镇的竹湾船闸。抵达现场后，发现当时海面风力已达 8—10 级，台风的威力逐渐体现。在这样的环境下，涂茨镇的党员干部仍然冒着生命危险奔赴码头、登上礁石等地巡逻检查，并向渔民宣传台风的危险，耐心劝退渔民。虽然当时连线还没有开始，但对于一线记者而言，心里已经有底了。在当天

15:00 档的 5G 直播连线时，摄像记者将机子架在了海塘边，出镜记者根据实时的现场画面，以及早前看到和拍摄的插片内容，向受众介绍了连线的地理位置，讲述了当地如何做到"船回港、人上岸"，怎样筑牢渔业安全防线的故事。

利用 5G 技术，通过出镜记者现场报道，找对新闻点，能让新闻更加丰满，增加可看性，也能在第一时间将流畅的画面传输给受众，满足受众对信息的需求，增强主流媒体的声音。

（二）现场观察和组织能力

5G 直播连线，对出镜记者最大的考验，不仅是要有发现题材的能力，更重要的是当出镜记者来到摄像机前，向观众介绍周边情况时，还得言之有物。

在抵达现场后，出镜记者需要想尽办法，从多个方面了解现场动态。如果周边有村民或者村镇两级工作人员，那么在连线前要先进行沟通。通过聊天的方式，与采访对象打交道。7月25日下午，在慈溪市横河镇的直播连线，就是一次宝贵的经验。当时，横河镇龙泉村受灾比较严重，积水较多，记者的车子无法抵达现场，因此需要蹚水进入村庄，这就使得路上花费的时间大大超过了记者的预期。一方面，直播连线的时间迫在眉睫，可是连线地点的信号尚未测试；另一方面，原本说好接受采访的龙泉村党支部书记，因为着急去别的地方救灾，无法出现在记者前期沟通的连线点位。现场复杂多变的情况，对直播连线的出镜记者和摄像记者来说，都是一种考验。当时，记者第一时间做出判断，信号边走边测试，至少能确保这一带是有信号的。抵达现场后，记者用眼睛观察，搜集新闻事实材料，看到什么说什么，记住其中的关键信息，确保现场报道的准确性。比如，记者看到了多块挡水板，水位与河堤的距离，以及一直在运作的强排泵等，这都是可以向受众介绍的内容。为了让看到的信息在表述上更准确，或者说在报道中更精确，记者利用仅有的一点时间，找到了住在附近的村民，跟他们聊天，获取关键信息。比如受台风"烟花"影响，河水是怎么涨上来的？村里的党员干部是怎样加固河堤的？村民们又是如何开展自救的？等等。通过现场沟通，获取有用的信息，并选择一到两位表达能力强、了解事实的村民接受记者的采访。

事实上，在5G直播连线中，出镜记者和电视机前的"你"，构成一种"面对面"的交流状态。与此同时，出镜记者与同步出镜的村民或村镇工作人员，也构成一种面对面的交流状态。在直播连线中，三方同处一个时间点内，记者通过观察和交流，增强新闻报道的可信度和现场新闻的亲切感。

（三）临场应变能力

应对突发事件，出镜记者要有较强的临场应变能力，沉着应对各种突发情况，这直接关系着5G直播连线的质量和效果。

针对不同的采访对象，记者要调整问话的方式，确保直播连线高效、不冷场。在7月25日9:00档的5G直播连线中，记者报道了象山县石浦镇东门渔村村民抵御台风"烟花"的故事。连线前，记者在村子里先了解了大概的情况，然后在心里选定了其中一位表达能力较好的村民作为采访对象。但是，当直播连线开始后，记者询问这位村民："当时海水倒灌时，您和家人是怎么开展自救的？"原本很简单的问题，因为紧张，村民一下子答不出来，场面非常尴尬。这时候，记者随机应变，根据现场情况调整采访问题，询问采访对象："是不是用了什么工具，把水尽快地排出去？"这第二个问题瞬间让村民放下了心理包袱，他马上拿起旁边的簸箕，向记者比画起自救的场景，旁边的村民也替他用语言回答了问题，这一故事性的细节，让直播连线真实而生动。

5G直播连线的采访，往往不是规规矩矩的站立式、等候式的采访。在连线过程中，随时都可能发生各种意外情况。同样是这一天的连线，随着潮水的退去，东门渔村已经有不少村民开始清淤，记者通过移动式采访，进入一位村民的家中了解相关情况。此时，有位村民对着镜头问了一句："你们在直播啊？"记者紧接着村民的话："是的，我们能看一下您家的情况吗？"顺势转换了连线的场景，并拍摄下村民家里受灾的情况，以及村民们打扫家园的画面。这种临场应变的能力，让直播连线更有活力，也增强了直播连线的灵活性。

直播连线过程受到多种因素的影响，除了新闻现场会出现状况外，连线的另一端也会发生意外。7月24日，在象山县涂茨镇，记者正在向受众介绍其所在的位置时，电话另一端突然中断了，记者耳边是"嘟、嘟、嘟"的声音。这时候是停下来处理故障,还是继续说下去?在2秒的时间内,出镜记者沉着应对,在原地快速调整状态,选择继续说,摄像也没有放弃拍摄,继续往下拍。直到把内容说完,该拍的画面拍完,才回拨了电视台导播的电话。了解到虽然电话中断了,但是5G直播信号没有断,继续连线是正确的选择。正是现场记者敏锐的判断能力和应变能力,才有效提升了现场新闻的质量。

(四)具备良好的心理素质

具备良好的心理素质,才能完成复杂的直播连线任务。事实上,记者听到的题材和现场看到的题材有时候会出现偏差,现场会遇到各种不可预知的阻力,需要一线记者调整好状态,凭借着工作经验和最佳的心理素质,确保直播连线能顺利进行。

7月23日,记者前往象山县爵溪街道白沙湾村,因为听说有一批外来务工人员要进行转移,午后就将前往安置点。在获取信息后,记者马上从鹤浦镇开往爵溪街道,然而当记者抵达时,发现安置点内人很少,与早前获取的信息并不匹配。一方面,离直播连线的时间越来越近;另一方面,记者手里还有一条新闻要回传。如何解决?两个字:"冷静。"先保证直播连线,记者马上对接现场的工作人员,了解到这批外来务工人员的具体位置,何时抵达,以及抵达后这里会有哪些准备。在确定直播连线的时间点内能够连线后,再利用仅有的一点时间,把中午拍的新闻写完,摄像把画面编好,一起回传至台里。当记者正想着能安安心心做连线时,现场突然又出现了一个状况:连线的内容有变。原本想晚上6点多拍摄安置点内外来务工人员用晚餐的场景,可是谁承想,直播还未开始,工友们已经快把晚饭吃完了,怎么办?只能快速应对,摄像赶紧把工友们吃饭的画面拍好,作为连线的插片使用。出镜记者在安置点内继续找其他内容,比如观察到工友们在安置点内看电视、看手机和休闲娱乐,现场有充足的物资等,以便在直播连线中向受众详细地述说现场的情况。最后,在大家的通力合作下,顺利地完成了5G直播连线——避灾安置点工作有序进行的报道。

因此,在5G直播连线前后,作为一线记者遇事不要怕,有的放矢地进行心理调节,多沟通,多掌握一线信息,总能找到解决的办法。

三、不足和缺点

传统媒体唯有拥抱变化，利用新技术服务于电视媒体的新闻直播，才能贴近受众。但是新技术在使用过程中，还是存在一些缺陷的。比如在象山县的一所学校里，记者准备做连线时，发现校内的信号被屏蔽，导致连线失败。又如，7月27日，记者进入海曙区洞桥镇做报道时，发现当地信号薄弱，这是由于当时受灾严重，积水最深处有1.8米，因此这一带的基站均已暂停运作，同样不能直播连线，最后只能把素材拍摄回来后播出。这也是5G直播连线目前存在的一些不可避免的问题。因此，如果能提早了解到现场的情况，做直播连线时，记者或许能事半功倍。

如今，尽管进入了"处处是新闻，人人是记者"的时代，但是主流媒体在突发事件中仍然占有优势，无论是在信息的筛选还是在报道的专业程度方面，都发挥着主流媒体的价值。因此，利用好5G技术以及未来的新技术，通过有效的嫁接、大小屏的互动，能进一步锁定受众，也能让台风报道更有价值。

第五节　记录小生活　映照大时代
——纪录片《三公里的担心》创作心得

处于新发展阶段的中国，经历着太多事件和变化。如何运用纪录片手法，将前进中的故事发掘出来，展现中国人的精神，向世界分享我们真实的生活，是新时代赋予创作者的深邃命题。现实题材纪录片往往较历史人文题材更难操控，人物真情实感更难抓取，投入的精力也更大，对于地方台来说，采取何种策略创作是个值得探究的话题。本节以创作纪录片《三公里的担心》为例，说明创作者可以以平视、新颖的视角，以及深入人心的小叙事，寻求真实的典型记录和恰当的表达，讲好每一个时代故事。

2020年夏天，宁波市天水社区的皓子妈"星宝"工作室举办了一个全国首创的"友好社区自主生活协作营"，6名自闭症儿童和7名普通青少年志愿者在一起生活3天时间，这对于自闭症儿童来说是从未有过的尝试，而对普通青少年志愿者来说，更是一次难忘的经历。这个协作营背后究竟有着怎样的深意？应如何表现其新闻价值？笔者在前后期的创作全程中，总结为：剖析背景、深入观照、象征构建、以小见大。

一、认识独特的新闻价值

在接到该报道任务之初，笔者先做的是剖析该活动的背景和意义。根据协作营组织者宁波市星宝中心主任助理傅雪芳所做的市场调研，自闭症儿童小时候由家长送入幼儿园、普通学校极力融合，而一旦离开学校，如果没有支持性就业无法踏入工作岗位，就意味着回到家里提前养老。父母希望能找一个地方把孩子安置了，因为大多数自闭症儿童无法独立生活，就算一直在家养着，父母也总有老去的那一天，到那时候，缺少了贴身养护支持的自闭症儿童该怎么办？对此，家长们发出灵魂之问："我的孩子可以去哪里？"以及日夜难以排遣的担心："等我们年纪大了，我的孩子怎么办？"这的确是一个很绝望的问题。自闭症儿童家长日复一日殚精竭虑、痛苦无奈，关注的只有一件事：有没有办法让这些"宅家"的孩子们，也同样可以过上有品质、有尊严、有价值的美好生活呢？

（一）加深对新闻背景的理解

面对问题，没有一个人是孤岛，可以自全。在初步了解之后，笔者意识到这不仅是一个小圈子的问题，更是具有时代背景的发展命题。在复兴中国梦的进程中，中国特色社会主义走进新时代，努力全面建成小康社会，意味着经济高质量发展、人民生活水平和质量普遍提高、国民素质和社会文明程度显著提高、各方面制度更加成熟和定型。作为2018年GDP（国内生产总值）跨万亿元的宁波市，自然有越来越多聚焦群众民生的工作不断涌现和推动，有些工作尽管不起眼，却具备一定的开创和启示意义。笔者认为"友好社区自主生活协作营"便是其中的一朵小浪花。

（二）剖析新闻事实的特殊性

在宁波市残联、区民政局以及宁波广电少儿频道、经广频率的共同支持下，傅雪芳设计了为期三天的"友好社区自主生活协作营"，她让自闭症儿童在青少年志愿者一对一的协助下，在社区3公里范围内进行食物采购、聚餐、邀约出行、锻炼等日常习训。记者了解到，这个协作营目的就是打造自闭症儿童的社区融入样板，它的特殊性在于：从过去自闭症儿童家庭单向性的练习变成同龄人互动融合，促进自闭症儿童与社区健全青少年更好地在社区融合，期待为自闭症儿童家庭带来更多的希望。这是以前从没有尝试过的。

（三）从新闻价值到认识价值

这个活动具备了新鲜性、接近性、趣味性等新闻价值要素，同时笔者也认识到，这个小小的协作营折射出的意义并不小。习近平总书记曾指出："我们人民的美好生活，一个民族、一个家庭、一个人都不能少。"2019年习近平总书记更对民政工作做出重要指示，要求各级民政部门聚焦脱贫攻坚、聚焦特殊群体、聚焦群众关切，更好履行基本民生保障、基层社会治理、基本社会服务等职责。的确，在全面实现小康社会的道路上，对于中国的超1000万名自闭症患者、超200万名自闭症儿童来说，他们的民生福祉同样是沉甸甸的"一个都不能少"。

因此创作者认为，傅雪芳在做的这件事，不论是否成功，本身无疑具有较强的超前性和重要指导意义，这与纪录片的社会功能不谋而合，也是创作者设想以纪录片手段表现协作营的原因。

二、提升审美观照层次

纪录片传递信息和对社会问题揭示的超前性，决定着它对社会的指导性，这一点构成了纪录片审美的价值体现，即纪录片应当使观众感到信息获知的满足感和醒悟感。满足感基于对事件的表层反映而产生，是一种先睹为快的愉悦。在这个自主生活协作营里，我们首先感知的是它的新鲜独特性，另外一个重要的"先"，就是青少年志愿者在纪录片中代表的年轻"先行"力量。那么对于青少年志愿者的角色应该如何定位和审美观照呢？创作者进行了如下思考。

（一）目标层面理解定位

为特殊群体创造美好生活并不容易，需要人们付出持续的耐心，走更长远的路程。青少年是构建心智障碍者自主生活支持系统的未来力量。协作营组织者有意将普通青少年和自闭症儿童安排在一起生活，除了希望通过媒体的传播，让自闭症儿童生存现状得到更多关注之外，更大目的是呼吁青少年走出书房和课堂，认识到身边还有这样一群特殊的同龄人需要他们的帮助，让青少年感知人世间的苦痛，懂得一个好的社会需要更多的尊重、接纳和包容，培养起内心的利他意识。

成长中的青少年要从小培养责任担当和理想信念。他们现在10岁，到了2035年时，正是国家现代化的主力军，他们代表的是我们国家和社会的未来；也正是着眼于未来，让青少年在成长过程中，更多去了解心智障碍者实际的困难，有助于加强全社会维护特殊人群权益的意愿和力量。这也许是组织者举办这个协作营的良苦用心。

（二）观照命题深入核心

只有提高审美境界，才能促进审美主体的情感升华，创作者在组织者的思考层面上，需要进一步深入观照。创作者意识到协作营也是一次测试，在记录的同时，将观照重点转向青少年志愿者面对自闭症儿童群体时，会持怎样的态度。"一个看似边缘的群体命运，折射的是这个社会每个人的处境，一个好的世界不会凭空而来"，从这个意义来说，故事主角的设定、内容核心的思考，有别于单纯讲述特殊人群的节目，应该说，已将观照层面上升为人与社会、世界的人类情怀命题。

创作者认识到，要让纪录片能够被不同国家、不同语言、不同政治背景的人接受，最大的缘由应为人类情怀。人类情怀说起来大，实际上很小，创作者只有带着真情实感去表现人物，片子才会有灵魂，才能打动观众。同时，创作者新闻审美境界的提升，目的也是通过激发人们高尚的精神吁求，以精神的力量去积极地反作用于外在环境，影响全社会的精神风貌。

因此创作者认为，协作营主要关注的并不仅仅是自闭症儿童，应该说青少年志愿者才是真正的主角。

三、建构人物象征含义

采访的根本目的是认识社会、认识人，人物是节目的灵魂。在协作营当中，主角为青少年志愿者，记者能够在人物上赋予怎样的含义，是凸显纪录片价值的创作重点。

（一）挖掘隐喻信息

活动中组织者是成年人，参与者是青少年，组织者这次放手让孩子主导协作营，其实隐喻的是一种社会力量和组织的代际传承。协作营组织者说："让孩子走出来，家长聚起来，社会动起来，才可能有这个群体的美好生活。"许多人说现在的青少年在富足优渥的成长环境里长大，缺乏责任担当的意识，不太愿意站在他人角度着想，现实是否真的是这样？

在协作营初期，青少年志愿者的确在自闭症儿童面前表现出各种惊讶、排斥和嫌弃，也有自闭症儿童打青少年志愿者、两类孩子之间不合作等冲突；之后对协作营的持续跟拍中，创作者又抓住了孩子们心理、行为上的变化，青少年志愿者和自闭症儿童勾肩搭背，自闭症儿童走散后青少年志愿者的无奈和关切的眼神……这些都体现出青少年志愿者从起初的好奇、冲突到宽容，继而理解、同情、接纳，最后也跟自闭症儿童的父母们一样，有了让他们"担心"的事情。三天的协作营时间不长，但是孩子身上的爱心、责任心和进取心逐渐显现了出来。

（二）捕捉典型细节

在内容中真正打动人的往往不是意义，不是采访对象遥不可及的理想，而是"TA"的一举一动、一颦一笑。这些细节元素之间的组接对观众心灵的撞击和观念启迪，便是真实的力量和故事讲述相结合所显现的纪录片魅力——醒悟感。满足感是醒悟感的基础，醒悟感是满足感的升华。

比如在青少年志愿者转变的过程中，最后一天突发的细节起到了推波助澜的作用。青少年志愿者带着自闭症儿童坐公交车，自己没有戴好口罩，也没有意识到要让自己协助的自闭症儿童戴口罩，公交车司机现场再三提醒，没有得到他们的回应，司机不客气地将自闭症儿童以及青少年志愿者从座位上拽起来。整个过程中，自闭症儿童始终是毫无感知的，长镜头如实记录了这典型一幕，有力刻画了青少年志愿者的窘迫，以及知错就改的内心自觉。

创作者的现场主要工作是捕捉各种突发事件，同时，在不间断地真实记录、随机访问、总结思考中发现真实细节之间的内在联系，如此才可能"有所准备"——这是创作者不错过关键性镜头的保证。

（三）创新叙事形态

创作者为使纪录片叙事更为符合当下传播语境，也运用多种手段让纪录片变得更贴近、有温度。

首先是叙事视角生活化。尽管纪录片力图反映的是当下时代进程，但不拘泥于宏大叙事手法；尽管协作营组成是群体人物，但创作者设法将群体叙事转向个人视角叙事，从全知视角转为限知视角，以求把故事讲得童趣、温暖、有悬念。在当下的现实语境中，大叙事转换成小叙事，是让内容贴近大众的好办法。我们要做有思想、有趣味同时又有价值的纪录片，可尝试做基层的、世俗的、个人的小叙事，或者"大叙事"中的小细节、横截面，从中挖掘潜在价值。

其次是强化叙事节奏。纪录片创作者在后期叙事中，力求对"爆点"细节的呈现，追求戏剧化的兴奋点以强化节奏。在长镜头之外，注重段落化叙述，使全片故事细节层层递进，节奏得当。避免落入传统的中国纪录片在叙事节奏上略显平淡的说教式语境。

最后是叙事语言年轻化。创作者为使本片更具平视、限知视角讲述的特点，运用第一人称的童声配音作为旁白。事实证明，第一人称的童声解说更为符合主题。在当下传播即时性、移动性、互动性和全民化趋势下，纪录片适时调整语言风格不失为自我创新之举。

从典型素材的捕捉，到人物形象的构建，创作者用纪录片手法呈现了一个成功举办的协作营，可以看出，只要一起努力，让社区成为社会化的学校，自闭症儿童未来在支持体系下独立生活，不会是梦想。

记录生活瞬间，映照时代背景，这个自主生活协作营里的青少年志愿者以及组织者，都是宁波市民的一分子，也是城市模范生的代表。宁波十一次荣获幸福城市，文明城市六连冠，不是无缘无故得来的，宁波人知书达礼、知行合一，富有爱心、责任心和进取心的风貌，从这个小小的协作营里即可窥一斑而知全豹。根据这个协作营摄制而成的纪录片《三公里的担心》除了获得2020年度浙江省青少电视专题一等奖外，也上送到央视少儿频道2020年7月29日《新闻袋袋裤》播出，通过这个自主生活协作营的报道，也把该自闭症儿童训练模式以及宁波建设先行市的良好形象，较好地传播了出去，同时也为自闭症儿童家庭争取了更多的支持和帮助。有位观众不禁赞叹："弱势孩子，他们就像一面镜子，折射我们社会的文明程度，怎么对待他们，也是怎么对待自己。"可见，纪录片在传播过程中收到了应有的良好社会效果。

对创作者来说，这是他们运用眼力、脚力、脑力，尝试了一次以小见大讲述宁波故事的创作实践，提升了讲故事的能力，继而争取在以后的工作中能够产出更好的作品。讲好宁波故事，就是讲好浙江故事、讲好中国故事，我们有责任在采编岗位上传播好中国声音，展示真实、立体、全面的中国。

第六节　浅谈如何办好少儿广播节目

——以《小星星乐园》获奖为例

宁波广播电视集团老年与少儿广播少儿节目《小星星乐园》荣获2020年度浙江省广播电视少儿节目奖二等奖。这是老年与少儿广播又一次获得省级奖项，值得欣慰也值得回顾。

一、宁波老年与少儿广播总体情况介绍

宁波老年与少儿广播以"阳光904　爱家爱生活"为定位口号，主要以青少年、中老年、亲子家庭成员听众为主，开办有《潮爸辣妈》《小星星乐园》《爱晚亭》等多档具有较好社会影响力和知名度的品牌节目，着力打造"宁波潮爸辣妈"微信公众号、抖音号、小程序商城等多媒体矩阵，深耕亲子和老

年垂直板块内容生产和圈层建设，并着力打造"寻找最美童声""寻找最美老人"等系列品牌活动，将"最美"的声音传递到千家万户。

在宁波地区，2020年上半年宁波老年与少儿广播到达率达15.0%，与去年同期相比升幅达12.2%，听众规模超过100万人，频率在宁波地区的收听人数呈稳步增长的态势（见表4-1）。

表4-1 宁波老年与少儿广播在宁波地区的收听表现

	平均收听率（%）	市场占有率（%）	到达率（%）	到达率同比上升幅度（%）
宁波地区	0.27	3.8	15.0	12.2

数据来源：赛立信媒介研究2020年上半年。

宁波老年与少儿广播在35—44岁和55岁及以上中老年人群、个体工商户、职业司机、退休人员和月收入在4000—4999元的中等收入人群中市场占有率均远高于频率整体水平，可见频率在中老年目标听众群体中竞争力较强（见表4-2）。

表4-2 宁波老年与少儿广播重点节目收听表现

节目名称	播放时间	平均收听率（%）	市场占有率（%）
《潮爸辣妈》	周一至周五 17:00—18:00	0.35	3.9
《爱晚亭》	周一至周五 10:00—11:00	0.24	2.0
《小星星乐园》	周一至周五 19:00—20:00，周六、周日 16:00—17:00	0.24	3.8

数据来源：赛立信媒介研究2020年上半年。

（一）《潮爸辣妈》

一档面向年轻父母的亲子广播节目，风格轻松幽默，寓教于乐。2020年上半年，节目听众规模达到近50万人，在宁波地区有着一批忠实的节目听众。

（二）《爱晚亭》

一档面向退休的中老年人的广播节目。节目主要有《祝您健康》《社区电台》《阿拉同龄人》《我们有约》等多个版块。2020年上半年，《爱晚亭》在35—44岁和55岁及以上中老年群体以及退休人员听众群中均有着较高的市场份额，节目在上述听众群中极具影响力。

（三）《小星星乐园》

一档面向少年儿童的品牌节目，同时也是宁波唯一一档日播少儿广播节目。2020年上半年，节目在青少年、白领、社科文教卫专业人员等听众群体中均有着较高的市场份额，市场影响力突出。

在国内广电传媒里，少儿广播节目是起步较早、收听对象最为明确的一类对象性节目，为3亿多少年儿童了解世界、认识世界打开了一扇窗户。比如，新中国成立后的第一个学龄前儿童广播节目——《小喇叭》，曾经让亿万少年儿童为之倾倒，教育和影响了几代人成长。然而，由于电视、网络的不断冲击，对象局限性以及经济创收压力等原因，数十年间，全国少儿广播跌入低谷，多数电台停办少儿节目。所幸的是，宁波人民广播电台少儿节目，克服重重困难，坚持办了下来，受到许多小朋友的欢迎，取得了一些可喜成绩。最近几年，少儿节目先后获得浙江省广电新闻奖和宁波市广电新闻奖。少儿节目《小星星乐园》成为宁波市乃至浙江省的一档名牌节目，曾获得全省优秀社教栏目。

对于《小星星乐园》节目来说，通过工作实践，我们清醒地看到，尽管目前少儿广播节目面临的困难很多，但是办好少儿广播节目还是有着许多有利条件的。从政策层面上看，国家广播电视总局对少儿广播节目在政策上和理论上大力支持，明确规定全国所有省级广播电台和副省级城市广播电台都必须开办少儿节目，少儿节目要符合少年儿童的欣赏情趣，适应不同年龄层次少年儿童的欣赏需求，做到知识性、娱乐性、趣味性、教育性相统一，制作播出健康向上、情趣高雅、生动活泼的广播节目；从收听对象来说，少儿广播节目是孩子们娱乐和获取知识的一种非常重要的方式。因此，只要立志做好，少儿广播节目是大有可为的。

二、少儿广播节目的定位要准确

随着互联网络等竞争日益激烈，大众化少儿广播节目已越来越不适应时代发展，节目定位越来越需要细分化、小众化。《小星星乐园》明确收听对象，针对0—18岁的少年儿童和他们独特的兴趣而定位，把"用少年儿童的眼光和思维去认识社会、了解大自然、学习知识"作为办节目的理念，以"贴近少儿生活，符合少儿欣赏情趣，以丰富健康的节目内容、朴实无华的节目品质、富有童真童趣的节目形态，抓住孩子们的心，给孩子们以人生的启迪，做到知识性、娱乐性、趣味性、教育性相统一"作为节目的宗旨。

在节目设置上，我们采取小版块的形式，设置了不同类型子栏目：《校园直通车》《小记者大比拼》《小人讲大话》等，多方面为小朋友和同学们提供了展示自我、锻炼自我的舞台，也都是参与性很强的子栏目；《叮叮当当故事树》《知心吧》《我想知道》《快乐阅读》等多角度引导孩子增长知识、开发智力，形成良好的生活习惯和高尚的道德品质。这些子栏目的设置充分体现了少儿特点，特色非常鲜明。

三、注重倾听孩子的声音，从少儿视角创作节目

宁波广播电台少儿广播节目创办初期，因为对少儿认知规律和心理特点等方面缺乏认识，也曾犯了做少儿节目的通病——少儿节目成人化，用成人的社会视角和思维方式来编排节目内容，把节目当成孩子的第二课堂，总是让孩子们念为他们写好的"台词"。最终自然使得节目中的孩子们失去了他们应有的天真和童趣，表现呆板、僵硬。以至于节目播出很长一段时间，还得不到少儿听众的认可。

痛定思痛，后来我们认识到，应注重倾听孩子的声音，从少儿视角来创作节目。还要加大节目的互动性，给少儿充分的发言权，展现他们的内心世界。只有真正从少儿视角去创作节目，将孩子看作是平等合作的伙伴，摒弃

单纯的说教方式，才能让节目真正贴近少儿，满足少儿的需求，为少年儿童的成长服务。

在日常节目中，我们除了让孩子们参与节目的创作，就选题进行自由讨论，尽情发表自己的看法外，还特别注重创造一些机会和途径使他们能积极发挥自己的主观能动性。比如，每年夏季，我们会组织小主持人、小记者一同走进军事夏令营、一起饱览家乡的风景名胜等。通过这些活动，把社会实践与增长知识以及培养他们的审美能力有机地结合起来，节目内容也因此更加鲜活生动。

四、熟练掌握和运用采制音响的能力，以此增强节目的感染力

广播是听觉的艺术。少儿广播节目创作除了要充分发挥音乐的优势外，还要充分注入丰富的音响信息，给孩子们带来诱人的情境和空间。

孩子说话的音响是展示孩子思想、揭示主题的一个重要内容，但是采访中经常会遇到孩子面对话筒时紧张、语无伦次的现象。这时，作为主持人，需要蹲下身来和孩子说话，用最有亲和力的语气与孩子交流。不仅如此，采访时还要注意一些小技巧。比如，有一年教师节前夕，我们节目组到宁波市几所小学中采访，当话筒举到孩子们面前，请他们说说最想对老师说的话时，不少孩子纷纷跑开，没跑的也是一声不吭。在这种情况下，我们主持人悄悄地把话筒别在自己握着他们小手的那只手的袖口上，和他们讲自己上学时的情景，孩子们终于渐渐放松下来，开始你一句我一句地发言，节目组也如愿获得了许多看似不经意却很精彩的对话，非常真挚，富有感染力。

现场环境音响也是少儿广播节目中不可或缺的一部分。环境音响运用得好，自然可以起到渲染气氛、拓展想象空间、烘托主题等作用。在采录中要求我们把握好分寸、有的放矢地进行。比如，我们在采制孩子给妈妈做饭的情景时，把录音音量调到中间甚至偏小的位置，这样录出的水声、锅碗瓢盆相碰声、切菜声、搅拌鸡蛋声、炒菜时嗞嗞的油声，就清晰而自然。

五、以多种形式加大节目影响力，打造节目品牌

广播需要品牌，品牌需要推广。《小星星乐园》节目采取积极与团市委、市教育局等联办、合办的方式，与广泛的社会力量相配合，加强节目的影响力和号召力；举办大型有影响力的社会活动，如举办"甬城杯"少儿卡拉OK大赛、"走进市区小学"文艺会演、"小主持人、小记者普通话培训"等，力争让更多的孩子知道这个属于自己的节目。活动结束后，把部分优秀节目上传到网上；节目播出后，自费买来空白磁带和光盘翻录下节目内容，送给参与节目的孩子、老师、家长留作纪念。

通过这些措施，《小星星乐园》节目已经在孩子们心中形成良好的品牌形象。一些学校会组织学生定时收听，一些老师和家长还主动要求我们帮他们把节目翻录成磁带和光盘保存下来。

当然，办好少儿节目仅仅拥有这些还远远不够，还需要我们不断积累经验，总结教训，丰富自己的知识储备，提高自身素质，培养创新意识，精心制作每期节目，只有这样，少儿广播节目才能真正走向更加广阔的天地！

第七节 电视健康服务类节目须讲"新闻性"
——以宁波广播电视集团自办节目《健康有1套》为例

没有全民健康，就没有全面小康。习近平总书记在十九大报告中指出，实施健康中国战略，要完善国民健康政策，为人民群众提供全方位全周期健康服务。近年来，各大电视媒体推出了形式多样的健康服务类节目。由此看来，电视设置健康服务类节目，既是贯彻落实国家的政策方针，同时也为广大人民群众提供着实实在在的健康服务。

尽管就全国而言，目前电视健康服务类节目存在鱼龙混杂的客观事实，个别节目借着访谈形式由所谓专家大做医疗广告，还有请明星代言的山寨养生节目，甚至有些节目直接赤裸裸地推销产品，严重破坏了健康服务类节目

所应有的公信力与服务性。但我们更应该看到更多的好节目从不同的角度、以不同的形式为广大观众提供着优质的医疗健康服务，像央视科教频道的《健康之路》、北京卫视的《养生堂》和《我是大医生》、东方卫视的《名医话养生》等，都是很好的健康服务类电视节目。

2020年，面对突如其来的新冠肺炎疫情，在疫情防控最吃紧的关键时刻，这些优质电视健康服务类节目，包括宁波广播电视集团新闻综合频道自办的《健康有1套》，都及时发声，通过创新节目形式和调整节目编排，推出了一系列以抗击疫情为主题的节目。不管是从这些节目的受关注程度、服务效果还是从节目收视率的角度，我们都发现了健康服务类节目在今后的发展过程中所必须坚持的制胜法宝——新闻性。

因此，本节将结合宁波广播电视集团自办电视健康服务类节目——《健康有1套》在2020年疫情期间所策划制作的以抗击疫情为主题的特别节目，通过复盘特别节目的创作过程与实际宣传效果，从节目选题、制作流程等方面入手，分析阐述新闻性对于电视健康服务类节目的必要性与可行性。

一、《健康有1套》的"疫情答卷"

以往电视健康服务类节目在选题时，容易"为健康而健康"。例如，今天讲高血压，明天讲中风，后天再关注下颈椎病，把关注点就放在各种具体的健康知识上。这样的选题看似极具服务性，但事实上浑然不顾外面的世界到底在发生着什么，老百姓现在真正需要的是什么。久而久之，节目容易陷入编导"无米下炊"，内容越做越"死"，又或者是观众看着没劲的困境。

与其对比之下，在这次疫情期间，许多健康服务类节目就以新闻性为切入点，跳出了小健康范畴，以更宽阔的视野关注着更大的健康。如《养生堂》推出了"新型冠状病毒防控指引十八讲"；《名医话健康》连续10天在线直播，请来专家为观众具体讲解科学防疫重点；而《健康有1套》则有史以来第一次正式参与频道的特别节目报道，成为疫情期间每天4档"万众一心 共同战'疫'"特别报道中的一分子。

促使节目组做出这一决定的根本原因就在于新冠肺炎疫情本身属于公

共卫生事件范畴。新闻节目的关注重点主要在于疫情动态以及相关防控举措和社会反映等。至于不同的人群到底该怎么预防等非常具体的健康知识，一般新闻节目中都是点到为止，不会具体展开。这些恰恰是疫情期间普通人所急于了解并掌握的，这也正是《健康有1套》作为健康服务类节目所关注和擅长的。在此背景之下，《健康有1套》参与特别报道的策划已成为势在必行。

2020年1月30日，《健康有1套》正式推出"万众一心 共同战'疫'"特别访谈。截至2月20日，共采访疾控、呼吸科、心理、医护等专家30人次，播出特别节目20期。其中的选题包括"口罩酒精的正确使用方法""家庭消毒工作到底该怎么做""小区出现确诊病例其他居民该怎么办""孕妇该如何做好预防""长时间待在家情绪出了问题怎么办""慢性病患者在特殊时期如何居家治疗"等。通过这些主题，节目实现了及时宣传普及与新冠肺炎相关的健康知识与预防措施，澄清不实谣言与预防误区，帮助市民正确、理性认识新冠肺炎，增强防范意识和防护能力，做到科学理性防疫等目的，充分为宁波安全有序复工复产，赢得疫情防控和经济社会发展双胜利贡献了主流媒体所应有的积极作用。可以说，这些选题内容无一不体现了健康服务类节目的新闻性，也正是新闻性让《健康有1套》这样一档健康服务类节目能够在新闻频道的特别节目中脱颖而出，成为整档特别节目的抢眼亮点。

二、健康服务类节目的新闻性

健康服务类节目所需要的新闻性到底指的是什么？概括来说，就是时效性、真实性、准确性与针对性。

在这里，先以《好心情 更健康》这期节目为例。这期节目主要表达的是"调节情绪防止抑郁"这个话题，虽然放在平时也可以做，但是由于疫情期间各居民区实行的封闭式管理对居民情绪的影响，赋予了这个"四季歌"式选题以新的价值。疫情期间，一方面大家因为封闭式管理，无法像过去那样自由出入；另一方面通过媒体、网络每天接收到大量有关疫情的信息，当中还不乏耸人听闻的各色谣言。节目正是由此切入，请来心理专家分析疫情期间长期居家的状态之下，人们的情绪可能产生的问题以及正确应对方式。除此之外，节目还通过视频连线几位市民，分享各自的居家小故事，让普通人讲述自己的真实感受与经历。

再如"孩子的视力受损"这一老生常谈的问题。疫情期间，孩子们需要上网课进行在线学习，又不能和过去一样多做户外运动。在这种情况下家长要怎么保护孩子的视力？正是与新闻背景相结合，使得这个老选题又有了新话题、新看点。同时也引导大家正确看待孩子上网课这件事，不狭隘地把孩子的视力问题归结于网课上，真正帮助家长一起保护好孩子的视力。

可以说这些节目的新闻性，就体现在疫情这一特殊的新闻事件背景之下。针对人们迫切的需求，以事实说理，传递科学、准确的健康知识与信息，而这样极具新闻性的节目，才算是真正把健康服务做到了点子上，自然能够得到观众的关注与好评。

三、双管齐下 实现电视健康服务类节目的新闻性

电视健康服务类节目要想做到新闻性，也并非易事，还需要从两方面下功夫。

一是要让编导具备新闻眼和新闻脑，学会从众多的新闻资讯中，快速甄别、筛选出适合的新闻事件来作为选题的引子、由头、切入点。比如得到全国关注与点赞的《宁波街头按下暂停键 只为等老人过马路》，从新闻角度来看，这是展现一个城市文明程度的好典型，而对于健康服务类节目来说，这同样是呼吁关注老年人健康的好切入点：哪些情况和疾病会导致老人行动不便？老人在日常生活和出行过程中应该注意些什么？如果在街上遇到行动不便的老人有突发状况我们要怎样进行应急处理？而在《健康有1套》这档节目中，则体现在它抓住了"宁波夏季容易受台风影响"这一特点，围绕台风季需要重点关注的健康安全话题，录制了特别节目，宣传台风季节的疾病预防、安全防护、饮食安全等方面的知识，帮助市民提高在台风季节的自我保护能力等。编导用新闻的思维来选题，打开了思路，选题不再困难，在解析新闻背后的健康问题的同时，还增加了节目本身的可看性、贴近性与关注度，应

时应景，提供大家真正关注的、需要的健康知识。

二是制作流程也要跟上新闻节奏。再以《健康有1套》为例。这个节目采取的是录播形式，整个制作周期，包括选题策划、专家对接、演播室录制到后期制作合成，至少在一周以上。这一次参与特别报道，播出频次直接从原来的一周三期新节目变成了日播，虽然形式上还是录播，但整个制作周期大幅缩减，几乎就是当天录制、当天播出。当时受疫情影响，《健康有1套》节目组仅有4名核心编导、1名主持人到岗。而当时在决定参与战"疫"特别报道之前，由《健康有1套》分管副总监、部门主任及骨干组成的特别节目策划小组就定下一条原则：节目内容必须突出新闻性，紧跟疫情发展，紧贴市民实际需求，确保把健康宣传服务做及时、做到位。

习惯了"慢生活"的《健康有1套》能达到"新闻速度"吗？

答案是：能，必须能，真的能。

特别节目策划小组根据实际人手与节目需要，将现有编导组成特别节目制作组。每天由特别节目策划小组根据最新疫情对后续选题进行研判、策划、调整，做到节目选题与编导排班一日一排，及时通过工作群落实任务到人，具体节目由特别节目制作组根据排班完成录制播出。

像《小区有人确诊，别慌！》这期特别节目，就是策划小组根据其他省市的相关新闻信息，结合宁波的实际情况进行预判，提前布题策划、安排录制。在宁波发布确诊病例小区的当天，立即补充相关小区居民电话录音材料，当天送播。不少观众在看到节目后，给节目组发来信息，表扬节目做得太及时，给大家尤其是与确诊病例同个小区的居民吃了一颗定心丸，避免了不必要的恐慌。这期节目能够顺利播出，一方面是得益于新的运作流程，根据疫情发展与市民实际需求分析预判，提前布题，抢在关键节点及时播出；另一方面与特别节目策划小组有关，小组成员基本都是新闻记者出身，《健康有1套》正是凭借着多年来所积累的新闻从业经验，在牢牢把握正确舆论导向的前提下，抢出了"新闻速度"。

在媒体融合持续深入的大背景下，真正能赢得受众的依然是优质的节目内容。提供健康服务的电视健康服务类节目也必须讲新闻性，在保持内容的专业性、信息解读的权威性、形式的多样性的传统优势基础上，以"新闻+

健康"为原则,增强选题的新闻性,必将助推电视健康服务类节目在未来闯出一片更为广阔的天地。

第八节　在共性中展现个性 挖掘好"共同富裕"这座"富矿"

自2021年6月10日《中共中央 国务院关于支持浙江高质量发展建设共同富裕示范区的意见》发布以来,各级媒体掀起了"共同富裕"重大主题宣传的热潮。经过余姚市融媒体中心的精心策划和组织实施,广播、电视、报纸和新媒体发挥各自特色和优势,在"共同富裕"的宣传中实现全媒体联动,通过立体报道、融媒传播,获得了较好反响。

一、在全媒体联动中追求创新,实现出新出彩

围绕共同富裕这个主题,《余姚日报》在做好常规宣传的同时,从6月开始推出新闻漫画专栏《阿拉村的"共富路"》。

《阿拉村的"共富路"》定为每周一期,注重策划的整体性和刊出的连续性。系列漫画以村民为第一视角,以方言对话的形式进行表现,从小主题、小切口来展现农民兄弟对共同富裕的不懈追求和村庄的新发展、新变化,因而也使得漫画更有说服力和感染力。在谋篇布局上,文字与漫画相得益彰,通俗易懂,有利于主题表达,而且充满了个性化,既不失趣味也富有深刻含义,从而让此次的漫画传播出新出彩。

其中主要内容包括:

"我是党员我带头"——学好技术,带领村民一起富;

"圆梦在家乡"——返乡青年创业开办民宿;

"艺术牵手乡村"——专家出手,环境确实不一样了;

"幸福是奋斗出来的"——村里的奋斗者上榜,激励更多后来者;

"帮扶帮出新思路"——送给结对村的茶树成了"发财树",茶叶做成月饼馅以延长产业链。

二、在报道中讲好故事，让新闻更接地气

电视报道在表现环境、现场、细节、渲染气氛等方面，都具有独特的优势。自2021年以来，余姚市四明山镇在高质量发展进程中扎实推进共同富裕，聚焦基础设施建设，打造美丽乡村和"低八度"特色产业等重点工作，以推动乡村振兴取得新成效。

余姚电视台推出的系列报道《四明山镇着力绘好"四明山居图"》，三篇报道分别以《环境更优美了》《"低八度"产业更壮大了》《共富之路更宽广了》为题，并配发《本台短评：共富探索从未停止》，营造了一定的舆论声势。优美的画面，精练的同期声，主持人的现场出镜，以及大量特写和航拍镜头的加持，为这组报道增添了亮色。春蕾农家乐老板娘在灶头加工招牌菜"椒盐猪头"的现场声；唐田村试种经济作物车厘子几乎颗粒无收带来的教训；屏风山村村民朱林娟在讲到经济合作社发展白茶产业，每年年底给股民分红时的绘声绘色；在余姚城区一家企业打拼的女青年肖柳丹，三年前毅然返乡创办"悠然居"农家乐……这些都值得观众细细品味，也给观众留下了深刻印象。对于细节处生动形象的刻画和描写，就是电视报道的优势和特色所在。如今通过新媒体的二次传播，使得这组报道获得了较好的效果。

再对比其他传播方式来看，"姚界"客户端和余姚新闻网都开设了"共同富裕"板块，在关注余姚本地报道的同时，还集纳了其他媒体关于"共同富裕"的报道和评论。这样看来则有点"他山之石"的意味，给电视报道在未来的发展过程提供了一些参考和建议。

三、在共性中展现个性，追求报道的生动性、典型性

关于共同富裕的报道题材丰富多样，并且突出了"勤劳致富""创新致富""先富带后富、帮后富""共建共享共富的奋斗局面"等主题。例如，"中国茭白之乡"河姆渡镇坚持培育壮大"茭白+甲鱼""茭白+龙虾""田藕+龙虾"等立体生态种养新业态，促进农民增产增收；泗门镇上新屋村发展剃须刀产业福泽村民，全村人均年收入超过7万元；临山镇味香园葡萄专业合作社

发挥示范引领作用，小葡萄成就产值2.2亿元的大产业，成为当地2000多户农民的"致富果"；泗门镇谢家路村坚持发展村级集体经济，带领村民共同致富，最近入选第二批全国乡村治理示范村和浙江省农业农村领域共同富裕典型案例等。这些主题报道题材广泛、重点突出、生动鲜活，重在解码"致富秘钥"，引人入胜。

对于梁弄镇横坎头村这个共同富裕的新闻"宝库"，坚持两条腿走路，内外宣并重。一方面，余姚市融媒体中心自己精做、深做、细做，全媒体联动，推出了一批精品力作。如文字通讯《横坎头：奏响共同富裕最强音》，从堡垒强、初心坚、樱桃红、农家乐四个方面，全景式、多角度地反映了这个村以新时代农村党建引领推动乡村振兴和区域共同富裕的探索实践。另一方面，通过中心全体采编人员的努力和央媒采访团的聚焦，有关余姚市的共同富裕报道，特别是梁弄镇横坎头村的内容，在《人民日报》、新华社、中央广播电视总台、《光明日报》、中国新闻社等央媒和省内各级媒体全面开花，既传达了信息和经验，又鼓舞了信心和干劲。

四、做好"共同富裕"报道的思考与启示

（一）正确认识和理解共同富裕的内涵

共同富裕不是搞平均主义"大锅饭"，不是"劫富济贫"，也不是同时富裕、同步富裕、同等富裕。共同富裕不能"等靠要"，靠的是共建、共享、共富。恰到好处地传播和诠释共同富裕的内涵，这是各级新闻媒体的使命和职责所在。用评论引导舆论，这是县级融媒体中心的短板，建议通过有针对性、有说服力的事例和接地气的短评，占领舆论制高点。当然，这些评论不需要长篇大论，应言简意赅、切合实际，因为我们的报道触达的对象是基层民众。

（二）共同富裕并不仅仅局限于"三农"领域

建设共同富裕的美好社会，就是在满足人民日益增长的美好生活需要的高质量发展中促进共同富裕。加快缩小城乡发展差距，推进公共服务优质共享，城乡携手并肩同行，是我们追求的最终目标和现实任务。高质量描绘城

乡共富新画卷，报道题材和范围要不断拓宽。

（三）不仅要报道好高质量发展，更要关注精神富有的高品质生活

突出地域优势和产业特色，解密更多"共富密码"，将更多看得见、摸得着、真实可感的火热实践发现并报道出来。建设共同富裕示范区，需要发挥文化铸魂塑形赋能的强大力量和功能，助推产业发展和乡村振兴，加快打造新时代精神文明高地，为浙江省高质量发展建设共同富裕示范区夯实文化根基。

（四）注重短视频引流

特别是一些重点题材，通过短视频的预热和推送，能激起受众收听、收看、阅读的兴趣和意愿。生动、鲜活、接地气，这样的短视频才有传播力和影响力。

（五）生产更多个性化新闻产品

不论是广播、电视、报纸还是新媒体，在发挥各自优势和特色的同时，要千方百计挖掘"这一个""独一家"典型案例和精彩故事，在呈现方式上突出个性化。

（六）共同富裕是一个新闻"富矿"

通过深入基层蹲点和走访调研，我们实实在在感觉到，高质量发展建设共同富裕示范区这个国家战略，其实并不遥远，就在我们身边，关键是如何发现好的题材，运用合适的载体，把它报道好、传播好。

第九节　助推鄞州"出圈"的媒体力量
——简析融媒体情境下城市形象宣传的创新

在传统意义中，城市形象是一个物理概念。然而在媒体环境下，城市形

象是公众对外部形象、内在素质、发展水平、文明程度的完整感受。作为城市形象的官方塑造者和传播者，我们身处新媒体时代，应该对城市形象的传播特点具有深刻的认知，并保持长久的创作激情。鉴于此，本节将通过对宁波市鄞州区融媒体中心城市形象传播案例的分析，试图从中总结并探索出一条在新媒体环境下，基层媒体讲好城市故事、提升城市形象的路径。在此基础上形成有益经验，以期对媒体融合环境下的城市形象提升工程有所助力。

如果将城市比作"艺人"，那么致力于讲好这个城市的故事，为城市形象传播出谋划策的基层官方媒体，无异于这个城市的"经纪人"。在一定程度上，"经纪人"的水平决定着"艺人"的形象和星途，而媒体的"造星能力"，则事关城市形象的塑造和传播效果。在信息爆炸和传媒技术飞速更迭的如今，更多城市拥有了登上"秀场"的机会。然而，有的城市瞬间星光璀璨，成功突破小圈层，进入大众视野；有的则匆匆登场，转瞬就淹没在信息洪流之中。这其中撇除一些机会因素，必定存在媒体"造星"能力的差别。媒体在变革，城市在奋进，我们如何在新形势下，讲好城市故事，抓住机遇将城市推向"顶流"？以下是笔者作为基层媒体人的一点思考和拙见。

一、拥抱改变——让城市形象"出圈"的基础准备

2020年，一个叫丁真的20岁牧民，以他带有特殊"甜野"气质的笑容，引发了一连串蝴蝶效应，让名不见经传的川西小城理塘意外地走到了聚光灯下，吸引了顶级的"流量"，瞬间走红。这样看似意外的城市"出圈"事件，在新媒体产业发展边界不断拓宽的现在，其实并不少见。我们看到随着菠萝住进"热搜"的徐闻；在喜剧和脱口秀里出镜率居高不下的"世界尽头"铁岭；因为螺蛳粉而"臭名远扬"的柳州；因为一部网剧《隐秘的角落》而走红的湛江……小城市的走红似乎变得更加随机，但细究之下，其中的规律很值得地方媒体借鉴。

小城市的突围走红无疑建立在网络媒体极速发展的基础上。显见的是，以传统的广播、电视、报纸为主要传播途径的模式已经发生了质的改变，顺应潮流的传统媒体开始拥抱互联网。媒介融合如火如荼，城市形象宣传的渠

道发生了转移，随之发生连锁反应的是传播内容、传播基调、传播主体、传播形式上的一系列改变。

（一）媒体技术赋权拓展城市宣传片创作范围

随着抖音、快手、微视等短视频平台的走红，大众视频创作空前繁荣。在数字媒体空间，任何人都能参与城市影像的记录和创造，网络大众提供了更为丰富、更为新颖的城市故事展现视角。城市故事的讲述主体不再局限于官方，城市宣传的主创范围不断扩大。

（二）碎片化传播特征改变城市宣传片形态

信息爆炸使受众吸纳信息的方式无限趋于碎片化，以往动辄十几分钟的城市形象宣传片显然已经无法适应当下的传媒环境，篇幅更为精简、形态更为丰富的短视频形式已经成为城市形象宣传的主流方式。

（三）受众多样化需求拓展城市宣传片主题

新媒体的发展极大地开发了受众需求的多样化，以往泛泛而谈、类似旅游推荐或者工作汇报式的宣传视频已经无法吸引大众驻足，而一些"细枝末节"的城市片段，有时更能达到群体共鸣的效果，从而助推城市符号从一个故事迅速传播成每个人共同的故事，在人们的自觉参与和共情中，完成城市形象的塑造和宣传。

二、"造星"探索——让城市形象"出圈"的鄞州解法

媒体融合变革和新媒体的迅猛发展，让不少地方基层媒体的发展因为制度、技术、人员水平等的限制，处于天然劣势地位，但也为小城市的"出圈"创造了有利的机会。能否把握稍纵即逝的"造星"时机，考验的是地方媒体讲好城市故事的能力。

鄞州区融媒体中心自2019年成立以来，身处数字洪流和媒体融合的风口浪尖，同样面临着前所未有的冲击和挑战。从越来越多"不经意间"就斩获高点击量的"网红"片段中可以窥见，作为基层地方媒体，鄞州区融媒体中

心让城市宣传跳出了"宣传片"的固定格式，对城市故事讲法进行了创新和实践，有勇气，也有底气。

（一）"微距"——拉满城市形象的情感内核

2021年东京奥运会，鄞州姑娘杨倩在10米气步枪决赛中，获得本届奥运会首金。几乎和东京赛况同步，发生在杨倩老家姜山镇杨家弄村的紧张、屏息、欢呼、眼泪、拥抱……所有瞬间都在第一时间得到了传播。正是这样的传播速度和声画效果，让斩获奥运首金的激动和荣耀与全国网友的情绪产生了激烈的化学反应。杨倩赢了，杨家弄村"火"了，鄞州区"红"了，这是鄞州区融媒体中心用"微距"讲好鄞州故事的一次探索。

因近距离产生的真实感是基层媒体可以把握的竞争"宝典"。早在2020年3月杨倩顺利拿到东京奥运会"门票"时，鄞州区融媒体中心就对杨倩相关选题进行了跟进策划。7月14日东京奥运会开幕前夕，"鄞响"客户端《宁波姑娘即将亮相东京奥运赛场！10岁进体校，如今考上清华！中途曾哭着要放弃的她，如何成功走到今天？》一文从探访杨家弄村杨倩老家切入，细数她10年来的成长之路，为鄞州小将的东京奥运之旅造势呐喊，引发了受众的首轮"情感共鸣"；从7月20日开始，"鄞响"客户端开始频频端出图、文、视频、H5等内容丰富、角度多样的宣传"套餐"，在近距离、高频次的信息接收中，激发了受众的奥运激情和家乡骄傲；而7月24日杨倩冲击奥运首金的10米气步枪决赛，鄞州区融媒体中心更是早早将直播摄像头架到了杨家弄村，同步呈现奥运赛场的屏息赛况，以及杨倩老家的亲友为她加油的真实现场。通过分层分众式的矩阵传播，鄞州女孩杨倩的影响力迅速传播，家乡民众为之骄傲动容。与此同时，杨倩夺冠后的融媒体推送，将展现角度无限延伸至生动活泼的"微观"细节。从杨倩最喜欢吃的油焖大虾到邻居口中杨倩小时候打气球的趣事，甚至杨妈妈说要喝一杯以示庆祝的表达，这些鲜活有趣又质朴接地气的内容，将冠军的日常和我们普通人都曾经历的生活片段进行了巧妙融合，瞬间拉近了冠军家庭、冠军城市和受众的距离，烘托出了最具烟火气的鄞州城市形象。事实证明，做好"微距"探索，讲好鲜活的本地故事，让"冠军城市"这个鄞州城市的新符号，以最立体的方式在受众的情感共振中得到了迅速传播。

实际上，"精耕细作"讲好身边事，已经成为鄞州塑造城市形象的重要手段。2021年上半年，"鄞响"客户端提前留意题材并及时跟进策划，着力于"暖新闻"这种浸润着浓厚人情味的宣传方式，《特别策划　宁波妈妈的劳动节》《遇上车祸现场　3名专业人士出手相救："你还好吗？我们学过急救！"》等短视频在网络平台获得万人次以上的点击和转发量，成为"爆款"；新开设的《鄞州正当潮》《走遍鄞州》等原创视频栏目，更进一步加大了客户端的原创品牌栏目开发力度，融合"真人秀"、Vlog这种"轻传播"方式，对重大主题报道进行二次创作，对传统时政报道的现场感和体验感进行了有效补充，在受众"沉浸式"体验中完成内容输出和形象塑造，达到了让人耳目一新的传播效果。

（二）"长焦"——拓宽城市形象的精神内核

一方地域的社会印象总和构成了城市形象，城市的文化内核和情感归属是城市故事的核心，也是创作的起点。有一句话叫走出去观世界，才有世界观。这句话对于城市故事的讲述同样适用：走出去讲这个城市的故事，城市的故事才能走出去。

鄞州区融媒体中心推出的《天南海北鄞州人》栏目，就是"架起长焦"，将城市形象和城市文化进行有效构建，拉近散落在远方的鄞州精神，从而奠定鄞州故事的精神内核，增加鄞州故事的传播力。

《天南海北鄞州人》栏目于2018年改革开放40周年之际开设，由当时的鄞州区新闻媒体联合开展采访。聚焦于天南海北的鄞州杰出人士催人奋进的创业创新故事，记录他们满腔赤诚的爱乡、爱家情怀，反映他们身上"求实、奋进、担当"的新时代鄞州精神。其中涵括石钟慈、徐志磊、柴之芳等院士，郑永刚、蒋良德、乐八一、楼军龙、朱留锋、王林国、傅旭敏、忻元甫、徐鸣翔、应炳囡等企业家，均是各自领域的佼佼者。

媒体融合之后，特别是新媒体渠道的打通，让"天南海北鄞州人"的故事以更具象的方式开始了新一轮的讲述。目前，在"鄞响"客户端的《天南海北鄞州人》栏目中，已经连载115期专题节目，115位人物侧写丰润了鄞州这个城市的精英形象，为鄞州故事奠定了扎实的人文基础，用"人"的高度描绘出了一座"城"的高度。

这些鄞州故事的背后，是鄞州区融媒体中心报道团队远赴上海、成都、广州、北京、杭州等地，前后数万公里路程的奔走采访。此外，利用"鄞响"客户端平台，鄞州区融媒体中心正在同步向全社会征集鄞州籍杰出人物线索。这种新媒体技术手段与主题报道的"联姻"方式，在潜移默化中有效提高了传播效果与影响力。而对重大主题报道的采写传播方式的融合和拓展，也体现出在泛娱乐化的信息浪潮中，官方媒体的公信力、强大的策划统筹能力和专业的团队水平依然是一些自媒体无法企及的传播优势。

（三）"广角"——丰富城市形象的创作内核

网络环境的一大特征就是"网络赋权"。新媒体创作的繁荣，也反映着普通大众对社会事件的表达心理与参与心理的踊跃。而事实证明，"无穷的网友智慧"已然是一股不容忽视、无比强大的传播力量。西安、重庆、成都等"网红"城市，无一例外都是被网友们制作的虽然粗糙但充满新奇视角和节奏的短视频热捧"出圈"的。所谓"高手在民间"，城市故事的讲法，是时候打开"广角"，从传统的"官宣"模式转向新形态的"民创"模式，让城市形象的宣传思路更丰富，更具备传播性和接纳性。

在以往的电视媒体中，只有少数的社会新闻中才会出现非记者拍摄的"民间"素材。比如抗洪救灾现场视频、执法机关的执法记录仪及用于补充事实叙述的监控视频等。媒体融合之后，更多的"民间"素材得以在官方媒体平台获得展播的机会。

从2021年开始，"鄞响"客户端加大了与特约通讯员等民间创作力量的深度合作。邀请优秀的影像创作者或者"草根"网友加入城市影像的创作中，结合资源整合后的融媒体采编制作力量，实现了从早6点至晚9点，每隔1小时推送一个原创作品的"鄞响"节奏，汇集了全民参与的视频、组图等呈现内容，展现出新媒体灵活又盎然的传播特色。如2021年上半年"鄞响"客户端推出的《锦绣鄞州·每日一景》栏目，一半以上的供图来自特约通讯员；"早安，鄞州"系列专题中的鄞州风光，也有大半选自民间通讯员的供稿。来自不同视角的景物呈现，塑造出鄞州独特而丰富的城市气质，也激活了小众视角下的鄞州特色宣传元素，让城市形象传播更显自然轻松。

由此可见，在新媒体语境下的城市形象传播活动中，地方官媒应该主动适应从讲述人到策划人、引导人的转变，但是如何利用和管理如此纷繁无序的传播资源，对地方官媒来说也是一门艰难的功课。在这方面，"鄞响"客户端的探索和总结或许值得借鉴。在发挥自身地方媒体优势、面向普通群众征集素材后，"鄞响"客户端利用强大的专业优势，通过后期剪辑和系列成形的编辑思维，创造出质优情切、符合传播方向的作品，这种方式既鼓励了创作者，又在关键时刻树立了官方媒体的权威性和影响力。

以科学整合原有的媒体资源为基础，以推进媒体融合纵向发展为突破。2021年上半年，鄞州成功突围网媒外宣瓶颈，让鄞州元素常见诸各大平台。在浙江日报报业集团公布的2021年第二季度浙报·融媒共享联盟合作传播力全省排行榜上，鄞州区融媒体中心位列宁波市第一，全省第七。这也是鄞州区融媒体中心在半年内再次排名宁波市第一。同时，第二季度中鄞州在全省排名最高位次达到第二，为历史最好排名，创造了半年内逆袭省级排行榜的"鄞响"现象。鄞州新闻在2021年第二季度浙报·融媒共享联盟县级融媒体报道前十位次的报道中，有4篇单体报道入围；在学习强国平台，在筛选全区各镇街、局口上送平台稿件的基础上，鄞州区融媒体中心上送录用稿件数量连续3个月实现全市第一，全省第三。此外，鄞州区融媒体中心将"鄞响"客户端上的鄞州新闻对全量网站和客户端实现报送，使得本地新闻时常在新华网、人民日报客户端、央视新闻、浙江新闻客户端等中央、省市网媒进行呈现，有效扩大了鄞州影响力。在这个过程中，鄞州城市形象自然春风化雨，深入人心。

三、多维共创——增强塑造城市形象的续航力

城市形象塑造和传播无疑是一个"老"话题，但是在这种前所未有的新传播环境中如何避免老调重弹，这又是一个基层官方媒体需要面对的全新课题。鄞州区融媒体中心正在探索一条讲好鄞州故事、塑造鄞州新形象的城市

宣传道路，斩获瞩目成绩的同时，也为下一步拓出了宽阔的发展空间。在这个空间里，作为基层媒体工作者的笔者提出几点粗浅的建议。

（一）进一步利用"网红"视频平台，加强传播渠道的开拓

如今，抖音、快手等短视频平台用户基数巨大，"病毒式""爆炸式"传播效果屡见不鲜。我们要在把好政治关的基础上，加强策划符合这些平台传播规律的内容，找准切口，放大城市传播的效果。如可以策划定期举行"超级网红鄞州行"这样的活动，邀请各大平台具有正面形象的"网红"深入鄞州的街头巷尾进行节目录制，全面展现鄞州的风土人情，利用他们的巨大流量将鄞州形象推送至全网。

（二）从线上延伸至线下，增强受众的互动体验

每一个动人的城市故事背后，都是有血有肉的城市实体，受众的参与感和互动感的获得，是稳固城市宣传气质的有效手段。城市形象的塑造和传播应该具备更系统的策划和运营，达到"落地生根"的效果。

2021年以来，鄞州把"精特亮"创建作为推动区域高质量发展、建设共同富裕标杆区的关键抓手，与未来小城市集成开发、工业土地全域治理、城中村改造和生态综合治理一同纵深推进。先后打造了已经吸引游客超8万人次的国际艺术村——城杨村，引爆"夜经济"的"海丝之源 拾里江丰"特色街区，"鄞州之夜"品牌夜市，吸引市民竞相打卡的咸祥航空飞行营地，瞻岐镇向日葵花海等新晋"网红打卡地"。这些"网红打卡地"的作用不仅仅是带动相关产业的发展，更应该承载更多的城市文化内涵，这样"网红"才能变成"长红"。另外，可以在官方平台打造鄞州特色农产品的直播销售窗口，这些措施都能让稍纵即逝的城市共鸣感得到现实呼应，"造星"效果便能随之"变现"，获得多赢的效果。

（三）坚守"喉舌"阵地，做好舆情危机应对

在如今各类信息极速传播的新媒体环境下，默默无闻的城市可能因为一个"爆点"而走红，而长久以来积累的良好城市形象也可能因为一次舆论事

件而毁于一旦。因此，建立系统的舆情处置预案尤为重要。官方宣传部门应该加强网络舆情监测，及时发现有损城市形象的传播内容，并启动突发事件和重大事件的应急处理程序，根据传播情况进行分类处置，避免负面舆情扩散，影响城市的正面形象。

2021年宁波广播电影电视发展大事记

附录一

一月

1月1日　镇海区新闻中心镇海新闻网新版首页正式启用,标志着新媒体三大平台改版升级任务圆满完成。新版镇海新闻网与"镇灵通"客户端后台互通、内容同步、数据共享。此次改版升级,实现了网站与客户端后台统一,内容一键双发,栏目频道共建,新媒体平台运营维护更加集约高效。

1月1日　奉化区融媒体中心"掌上奉化"Plus版上线。调整了界面,添加了头条新闻实时向上翻动、专题区块展示等功能;优化统计、投票、报名、报料、积分、评论等运营交互应用;建立起一个涵盖内容生产、管理、流转、发布、营销、运维等多方面的运营体系。

1月4日　第五届宁波微电影节颁奖典礼在宁波市北仑区博地影秀城以线上直播形式举行。本届宁波微电影节由国际短片联盟(Short Film Conference,简称SFC)担任指导单位,中共宁波市委宣传部、宁波市文化广电旅游局、宁波市人民政府外事办公室、宁波广播电视集团、宁波市微电影协会主办,宁波教科文化传播有限公司承办。本届宁波微电影节设短片、短视频和剧本杀三个单元,共34个奖项,其中短片单元共设最佳短片金螺奖、最佳导演奖、最佳编剧奖等9个奖项。

1月7日　宁波广播电视集团多媒体新闻中心外宣团队获得2020年度市直机关"身边的感动"先进典型之最佳处室团队。

1月7日　曹盾大师工作室揭牌仪式在象山影视城同心苑举行,中共宁波市委宣传部常务副部长魏祖民出席揭牌仪式。

1月8日　宁波广播电视集团新闻综合广播2020年向中央广播电视总台中国之声发稿123篇，荣获全国城市台"十强"称号。

1月12日　镇海区新闻中心被中央精神文明建设指导委员会评为第六届全国文明单位。

1月12日　浙江广电集团党委副书记、总编辑华宣飞一行赴宁波广播电视发射中心调研并开展新春慰问。华宣飞对发射中心克服困难服务大局，全力保障省广播电视集团节目在宁波的安全播出表示肯定，对宁波广播电视集团的一贯支持表示感谢。宁波广播电视集团副总裁、党委副书记、总编辑李可，副总裁王伟陪同慰问。

1月15日　宁波市新农村数字电影院线有限公司第十七次股东会议在宁波市新舟宾馆召开。

1月18日　宁波市影视文化产业区入选中共浙江省委宣传部评选的2019—2020年度浙江省重点文化产业园区。

1月20日　宁波广播电视集团"宁聚"传媒创作的《我们如此热爱宁波》城市形象短视频创新项目，获得2021年度宁波市宣传思想文化工作创新大奖。

1月21日　《浙江省广播电视局关于同意宁波市奉化区融媒体中心从事互联网视听节目服务的批复》（浙广电发〔2021〕69号），同意宁波市奉化区融媒体中心通过"奉化新闻网"网站和"掌上奉化"移动客户端软件从事互联网视听节目服务，许可证号：111420015。

1月21日　《浙江省广播电视局关于公布2020年度浙江省广播电视安全播出工作考核结果和表扬在浙江省广播电视安全保障工作中成绩突出集体的通报》（浙广电发〔2021〕30号），宁波市文化广电旅游局广播电视处、宁波广播电视集团广播电视播出中心、宁波华数广电网络有限公司技术播控部三家单位（部门）获浙江省广播电视安全保障工作中成绩突出集体荣誉。

1月22日　根据《宁波市文化广电旅游局　宁波市新闻工作者协会　宁波市广播电视学会关于开展2020年度宁波新闻奖（广播电视部分）和宁波市广播电视新闻奖评选工作的通知》（甬文广旅发〔2021〕15号）精神，2020年度宁波新闻奖（广播电视部分）和宁波市广播电视新闻奖评选工作正式启动。

1月22日　江北区全媒体中心取得《信息网络传播视听节目许可证》。

1月25日　根据《宁波市文化广电旅游局　宁波市广播电视学会关于开展2020年度宁波市广播电视节目奖评选工作的通知》（甬文广旅发〔2021〕16号）精神，2020年度宁波市广播电视节目奖评选工作正式启动。

1月28日　浙江前洋经济开发区、宁波移动电视、杭州平定投资打造的宁波（前洋）直播中心开始试运营。直播中心由宁波广播电视集团联合市商务局、江北区政府发起。

1月29日　中共宁波市奉化区委机构编制委员会办公室下发《关于同意调整奉化区融媒体中心内设机构设置的批复》（奉编办〔2021〕9号），同意调整单位部分内设机构设置和科级领导职数。具体如下：①有7个内设机构更名：新媒体部更名为用户运维部，电视部更名为数据服务部，报刊部更名为融媒编发部，广播部更名为创意产品部，制作部更名为社区事业部，外宣部更名为项目拓展部，出版发行部更名为综合屏媒部。②将广告经营部和活动运营部合并为品牌运营部。③调整后区融媒体中心设置内设机构18个，内设机构科级领导职数总量不变，其中正科级由19名调整为18名，副科级由10名调整为11名。

二月

2月5日　江北区全媒体中心办公场地整体搬迁至江北区庄桥街道深悦商业广场7幢，实现集中办公。

2月5日　镇海区新闻中心创作的作品"走街串巷看小康话幸福"系列直播在浙江省区县（市）媒体"走向我们的小康生活"融媒体作品大赛中获得一等奖；"你好，小康"系列获得二等奖。

2月18日　宁波华数广电网络有限公司BOSS新账务系统正式启用。

2月20日　奉化区融媒体中心庆祝中国共产党成立100周年，组织党的"奋斗百年路　启航新征程"大型主题采访活动启动仪式在松岙镇裘古怀纪念馆举行。

三月

3月4日　宁波华数广电网络有限公司属地资源普查工作正式启动。

3月5日　宁波广播电视集团联合宁波市文明办、宁波市民政局、共青团宁波市委等单位主办，宁波广播电视集团广播频率群承办的"万朵鲜花送雷锋——我为党旗添光彩"大型全媒体公益直播活动启动。

3月5日　中共海南省委常委、宣传部部长肖莺子一行赴宁波市影视文化产业区考察调研。中共浙江省委宣传部副部长、省电影局局长葛学斌，中共宁波市委常委、宣传部部长李军陪同调研。

3月6日　由中共宁波市委宣传部指导、宁波广播电视集团主办、宁波广播电视集团交通广播承办的全新英语广播栏目 Hearing Ningbo 上线试播。

3月8日　由宁波市直机关工委与宁波广播电视集团协作开办的首期《阳光热线——清廉机关·你我同行》特别节目在新闻综合广播正式开播。

3月9日　余姚市融媒体中心"百年交响 激荡姚江"全媒体主题采访活动启动仪式在余姚市龙山文化广场举行。全媒体主题采访活动是庆祝中国共产党成立100周年的一项重要活动，也是开展党史学习教育的一项重要活动载体。

3月13日　宁波广播电视集团新闻综合频道电视英语栏目 Ningbo Focus 改版后全新开播。

3月16日　浙江广播电视集团"蓝媒学院"第二期培训班在浙江永嘉举行。开班仪式上，全省首批11家"蓝精灵"视频工作室挂牌成立，北仑区传媒中心携手其他"蓝媒联盟"成员单位，成为全省首批、全市首个"蓝精灵"视频工作室代表。

3月16日　宁波市广播电视学会组织召开宁波广电蓝皮书编纂工作会议。《宁波广播电影电视发展报告（2021）》（广电蓝皮书）编纂任务正式启动。

3月17日　中共宁波市委宣传部副部长、市委网信办主任林大吉考察指导宁波（前洋）直播中心。宁波广播电视集团副总裁王海寅陪同考察。

3月26日　宁波市朗读联合会第一次会员大会举行。来自广播电视、专业院团、机关高校、社会人士等各行各业的170多位朗诵爱好者参加了成立大会。宁波市政协副主席叶正波、市委宣传部副部长任学军、宁波广播电视集团纪委书记潘贤军等领导出席会议。大会审议通过了《宁波市朗读联合会章程》等管理制度，选举产生了第一届理事、常务理事。大会还审议通过了朗读联合会艺术顾问团和专家委员会成员名单，并为首批朗读基地、朗读之家授牌。浙江省朗诵协会会长刘忠虎、副会长宋迎秋、副会长兼秘书长谢贝妮到会祝贺。

3月31日　奉化区融媒体中心在"掌上奉化"开通数字化社区服务综合平台"家门口"。聚合政府部门、社会组织、市场主体等便民服务资源，建立社区信息平台、智慧服务平台和合作互助平台，实现打通社区最后一公里服务目标。

3月　宁波华数广电网络有限公司取得质量管理体系认证证书（ISO9001）、环境管理体系认证证书（ISO14001）、职业健康安全管理体系认证证书（ISO45001）。

四月

4月1日　宁海传媒集团启动高清演播室提升改造项目。

4月2日　由中共宁波市委宣传部、市委直属机关工作委员会、市委党史研究室、市文学艺术界联合会主办，宁波市文化旅游投资集团、宁波市电影家协会、宁波市电影集团有限责任公司、宁波市新农村数字电影院线有限公司承办的"喜迎建党百年　跟着电影学党史"2021我的电影党课主题活动启动仪式在宁波影都百花厅举行。

4月8日　宁波市首家"党建主题影厅"在北仑影剧院正式启动。

4月14日　余姚市融媒体中心开展以"聚焦短板、拉高标杆，全国文明城市建设再出发再提升"为主题的电视问政活动，聚焦服务保障民生的城市精细化管理问题。

4月15日　浙江省《关于公布"2020年度优秀视听评议稿件"评选结果的通知》（浙广监评〔2021〕8号），宁波市广播电视监测中心报送的稿件

《扶贫报道也要有"攻坚"意识——象山台、余姚台近期电视扶贫报道评析》获一等奖。

4月17日　中宣部宣传舆情研究中心副主任、中宣部思想政治工作研究所副所长杜大力来宁海传媒集团考察调研。

4月19日　宁波市广播电视学会举办广播电视对农节目创优业务骨干培训班。全市广播电视对农节目创优业务骨干及有关领导等68人参加了培训。

4月21日　象山影视城获评"2020浙江十大数智景区"。"2020浙江文化和旅游总评榜"由浙江省文化和旅游厅、浙江省旅游协会、浙江日报报业集团指导，《浙江日报》《钱江晚报》、浙江在线、"天目新闻"客户端和"江南游报"主办。

4月23日　宁波市微电影协会组织第四届宁波微电影节最佳短片金螺奖和"宁波微电影节—博地影业青年导演计划"的获得者李臻，到宁波诺丁汉大学巡展并与学生分享从短片迈向长片的创作经验。

4月27日，宁波市微电影协会二届二次理事会在城南书院召开。选举增补了新增理事，审核通过了新的会员，就协会主要工作进行探讨，并表决通过了会费调整方案。

4月28日　宁波市新农村数字电影院线有限公司组织的"宁波市庆祝中国共产党成立100周年农村公益电影主题放映活动"全面启动。主题活动历时6个月，计划在全市农村公益电影放映点展映5500场。

4月29日　宁波市广播电视学会、宁波市主持人协会联合组织举办宁波市主持人素养提升主题分享会。目的是进一步加强全媒体时代主持人队伍建设，促进广播电视主持人节目创新创优。

4月　浙江广业软件科技有限公司（宁波华数下属公司）成功入选由宁波市经济和信息化局组织编制的《宁波市支撑数字化改革的软件企业推荐名单（第一批）》。

五月

5月5日　由中共浙江省委宣传部、浙江省文化和旅游厅、宁波市人民政府共同主办，宁波广播电视集团运营、电视频道群全案策划执行的2021中国（宁波）大运河国际钢琴艺术节暨郎朗杯钢琴大赛在宁波大剧院亲水广场拉开帷幕。中共浙江省委常委、宣传部部长朱国贤，中共宁波市委副书记、市长裘东耀，中共浙江省委宣传部常务副部长来颖杰，浙江省文化和旅游厅党组书记、厅长褚子育，中共宁波市委常委、宣传部部长李军等省市领导和国际钢琴大师郎朗等共同参加了开幕式。

5月10日　鄞州区融媒体中心与区残疾人联合会续签联合开办手语节目协议。

5月10日　慈溪市人民广播电台推出新版节目并试运行。改版后新节目包括《朝慈·溪闻》《新闻最头条》《汽车当道》《拜托了！姐妹》《红蜻蜓》《Hi，快乐下班路》《大医生来了》等。

5月10日　奉化区融媒体中心分别推出《记者视点》《记者观察》两档舆论监督专栏，每周一、周四播出。

5月11日　根据《宁波市文化广电旅游局　宁波市广播电视学会关于公布2020年度宁波市广播电视节目奖获奖作品名单的通知》（甬文广旅发〔2021〕52号）精神，全市共有268件作品获广播电视节目奖。其中一等奖59件，二等奖89件，三等奖120件。

5月13日　宁波市政府副市长李关定赴宁波广播电视集团旗下企业宁波（前洋）直播中心考察调研直播经济。江北区区长杨正平，宁波广播电视集团副总裁、党委副书记、总编辑李可，宁波市商务局副局长缪永法，江北区委常委、前洋经济开发区管委会主任宋达军等陪同调研。

5月23日　由宁波市人民政府主办、宁波市人力资源和社会保障局承办的"甬上乐业"——2021宁波就业创业服务交流大会启动仪式在宁波市人力资源大厦隆重举行。中共浙江省委常委、宁波市委书记彭佳学出席启动仪式并致辞。

5月27日　浙江传媒学院媒体工程学院副院长章化冰等一行到象山县传媒中心调研。双方就人才需求、融媒体中心建设与应用最新发展、新媒体客户端建设发展、校企合作等问题进行了交流。

5月29日　由宁波广播电视集团联合宁波市文明办、市教育局、团市委、市慈善总会、市少工委等单位主办，宁波广播电视集团少儿频道执行的2021"请让我来帮助你"公益品牌活动在宏泰广场南广场举行。

5月31日　宁波华数广电网络有限公司职工代表荣获市文卫系统职工演讲比赛三等奖。

六月

6月4日　宁波市文化广电旅游局党组成员、副局长马荧波赴宁波市广播电视监测中心调研。局广播电视处处长李仲祥陪同调研。

6月7日　宁波市文化广电旅游局党组成员、副局长马荧波赴宁波华数广电网络有限公司调研。局广播电视处处长李仲祥陪同调研。

6月8日　余姚市传媒集团有限公司完成注册登记。

6月9日　宁波财经学院与象山县传媒中心"大学生教学实践基地"在象山县传媒中心举行揭牌仪式。象山影视学院党委书记、执行院长叶阳在揭牌仪式上介绍象山影视学院的建设情况，象山县传媒中心党组书记、主任陈兴达为大学生教学实践基地的建立致辞。

6月10日　宁波市文化广电旅游局召开全市非法卫星电视接收设施整治和境外卫星电视管理推进工作会议。宣传推广典型经验，查找纠正存在问题，部署推动整治工作。

6月10日至11日　宁波市文化广电旅游局举办了宁波市广播电视安全播出业务培训班。来自宁波广播电视集团、宁波华数广电网络有限公司负责技术工作的人员，各区县（市）文化和广电旅游体育局负责广播电视安全播出工作的领导及职能科室负责人，各县（市）区广播电视台（中心）、宁波华数广电网络有限公司的分管领导和安全播出主管部门负责人，共70多人参加了培训学习。

6月18日　宁波微电影节组委会、宁波市微电影协会和浙大宁波理工学院主办，传媒与法学院影视部、金佳恒微单之家、适马联合承办，邀请纪录片独立制片人、导演徐尧鹏，在浙大宁波理工学院举行了"用电影技巧拍摄高质量 Vlog"技能分享课。

6月22日　为庆祝中国共产党成立100周年，镇海区新闻中心主创的镇海百年党史宣传片《浹江风云》在九龙湖红色历史陈列馆内正式发布。

6月26日　由浙江省电影家协会指导，杭州市文联、宁波广播电视集团主办，杭州市电影电视家协会、宁波微电影节组委会、宁波市电影家协会、宁波市微电影协会承办的杭州·宁波电影短片双城联展在杭州启动。浙江艺术职业学院院长、党委副书记，浙江省电影家协会副主席黄杭娟，杭州市文联副主席唐龙尧，浙江省电影家协会秘书长吴晨等领导和嘉宾共同为活动按下了启动键。

6月26日　宁波市微电影协会与宁波诺丁汉大学正式签订合作协议，在微电影创作、培训、推广、保存等领域全面合作。

6月29日　在中国共产党成立100周年之际，宁波广播电视集团举行庄重简朴的仪式，为党龄超过50年的29位老党员颁发"光荣在党50年"纪念章。

6月30日　由宁海传媒集团承建的宁海智慧停车二期项目开工建设。

6月30日　在庆祝中国共产党成立100周年之际，宁波广播电视集团新闻综合广播、老年与少儿广播频率群党支部被授予"宁波市先进基层党组织"称号。

6月30日　宁波市广播电视监测中心党支部被市文化广电旅游局直属机关党委表彰为先进基层党组织，马海荣为优秀党务工作者，陈方晖为优秀共产党员。

七月

7月1日　宁波市文化广电旅游局党组成员、副局长马荧波在市广播电视监测中心按照全天候重保期要求直播全程检查并带班。

7月1日　余姚市融媒体中心办公室主任、高级记者陈斌荣在浙江省庆祝中国共产党成立100周年大会上，被中共浙江省委授予"浙江省优秀共产党员"称号（证书号：2021041）。

7月1日　由中共宁波市海曙区委宣传部、海曙区文化和广电旅游体育局与宁波广播电视集团经济广播策划制作的庆祝中国共产党成立100周年主题广播剧《梅园往事》，在宁波广播电视集团经济广播首播。

7月2日　宁波广播电视集团在中国共产党成立100周年大庆期间，推出全新改版提升的宁波电视（一套）精品频道。推出全新VI创意设计及栏目包装，形成一整套特色鲜明的识别系统，完成了精品频道Logo及ID创作、频道导视系统和《宁波新闻》《第一聚焦》《看点》等节目的整体包装。以全面改版的《宁波新闻》、全面改版的《第一聚焦》、全新推出的精品民生新闻栏目《看点》，叠加全新推出的原创人物类新闻专访节目《第一访谈》以及全新改版的《第一发布》、Ningbo Focus，组成精品新闻节目带。以全新推出的周播高雅艺术赏析类节目《经典甬流传》、全新推出的周播美食寻访体验类节目《寻味明州》、全新改版的日播健康养生互动类节目《健康有1套》，组成精品原创节目带。同时全新优化精品节目，如对电视品牌节目《宁波新闻》从形式到内容进行了创新提升。此外还全新构建融合模式，大小屏产品实现电视屏幕和宁聚移动端的互动融合传播。

7月5日　宁波市航拍协会受天一阁月湖景区管委会委托创作的庆祝中国共产党成立100周年《唱支山歌给党听》小提琴独奏MV登上"学习强国"学习平台。

7月7日至8日　由中共宁波市委宣传部、市教育局、市语言文字工作委员会办公室、宁波广播电视集团主办，宁波市朗读联合会承办，各区县（市）朗诵协会、宁波图书馆协办的宁波市第一届课文朗诵大赛决赛在宁波图书馆举行。

7月13日　宁波市委副书记、市长裘东耀率队前往宁波（前洋）直播中心考察数字化改革工作。宁波市政府秘书长朱金茂，宁波广播电视集团副总裁、党委副书记、总编辑李可，宁波广播电视集团副总裁王海寅以及市政府办公厅、市委改革办、市经信局、市商务局和江北区委、区政府主要负责人等领导陪同考察。

7月14日　宁波华数广电网络有限公司荣获"第四届全国广电集客业务峰会""智慧政务开拓奖""智慧城市之星奖""应急广播创新奖""政务创意之星奖"。

7月14日至16日　浙江省广播电视局党组书记、局长张伟斌一行来宁波围绕广播电视和网络视听高质量发展，建设共同富裕示范区这一主题进行实地调研。先后考察了宁波广播电视集团电视高清演播室、播控中心以及智慧社区项目。中共宁波市委常委、宣传部部长李军陪同调研。

7月15日　浙江省省长郑栅洁在新华社智库报告《影旅融合差异化发展　象山影都竞争力提升显著》一文中批示肯定象山影视城有关工作。

7月16日　浙江省广播电视局局长张伟斌一行来宁海传媒集团考察调研。

7月16日　由中共宁波市委宣传部、北仑区委宣传部牵头组织创作，宁波广播电视集团、上海电影集团、安徽电影集团、江西电影制片厂、宁波文旅集团联合出品，宁波影视艺术有限责任公司摄制，汪天云担纲总编剧，国家一级导演宁瀛执导的电影《力量密码》在宁波北仑霞浦张人亚党章学堂举行启动仪式。

7月16日　经宁波市招标办对2021年农村电影影片供应和发行项目揭标，宁波市新农村数字电影院线有限公司为承接主体。

7月19日　中共浙江省委常委、宣传部部长朱国贤在新华社智库报告《影旅融合差异化发展　象山影都竞争力提升显著》一文中批示肯定象山影视城有关工作。

7月19日　宁波广播电视集团在宁波电视台800平方米演播厅举行庆祝中国共产党成立100周年"奋进新时代　奋斗新征程"主题诗会。整台主题诗会呈现的15个节目，主题鲜明、内容丰富、形式多样，基本上由宁波广电人自创，并全部由集团干部职工自导自演。

7月20日　中共浙江省委常委、宣传部部长朱国贤一行赴宁波市影视文化产业区调研文化建设工作。中共宁波市委常委、宣传部部长李军陪同调研。

7月22日　中共浙江省委常委、宁波市委书记彭佳学到宁波（前洋）直播中心考察调研数字经济发展和直播经济公共服务平台建设，了解直播经济赋能本地制造业等情况。宁波市委常委、市委秘书长施惠芳，副市长李关定，市有关部门和江北区委、区政府主要负责人，以及宁波广播电视集团副总裁、党委副书记、总编辑李可，宁波广播电视集团副总裁王海寅等陪同考察。

7月23日　在浙江省新闻工作者协会县级融媒体工作年会上，慈溪市融媒体中心、鄞州区融媒体中心、宁海传媒集团被评为"年度融媒中心20强";"看宁海"客户端、"鄞响"客户端被评为"年度十佳APP";FM106.4慈溪人民广播电台、鄞州区广播电视台(一套)被评为"年度十佳广播频率/电视频道";赵科(慈溪市融媒体中心)被评为"年度十佳领军人物/年度人物特别奖";李伟(鄞州区融媒体中心)、侯德勇(宁海传媒集团)被评为"年度十佳创新人物"。

7月23日　江北区全媒体中心"新江北"客户端在抗击台风"烟花"期间首次开启慢直播。

7月24日　中共宁波市委常委、宣传部部长李军带队到宁波广播电视集团检查集团防御台风"烟花"工作。宁波市委宣传部副部长、市新闻办主任李贵军,市新闻办副主任胡文飞,宁波广播电视集团副总裁、党委副书记、总编辑李可,宁波广播电视集团副总裁王海寅、王伟、丁杨明等陪同检查。

7月28日　宁波市广播电视学会征集2021年度学术年会论文活动正式启动。学术年会征文的主题:建设先行市,争当模范生,广播电视讲好宁波故事。

7月30日　由中共宁波市委宣传部、宁波军分区政治工作处、宁波市退役军人事务局联合举办,宁波广播电视集团新闻综合频道承办的宁波市2021年度"最美退役军人""最美拥军人物""最美退役军人工作者""最美退役军人工作团队"发布仪式在宁波电视台800平方米演播厅举行。部队首长李新科少将,宁波市委常委、统战部部长卞吉安,市人大常委会副主任印黎晴,市政协副主席张明华,以及全市社会各界和退役军人代表共200余人参加发布仪式。

7月30日　宁波市文化广电旅游局、宁波市广播电视学会联合举行宁波市广播电视技术能手选拔赛。

八月

8月4日　北仑区人大常委会副主任刘文科带队到北仑区传媒中心调研媒体融合建设情况。北仑区传媒中心党委书记、主任郑志雄做工作汇报。

8月6日　根据《宁波市文化广电旅游局 宁波市广播电视学会关于开展2021年宁波市广播电视节目技术质量奖（金鼎奖）评选活动的通知》（甬文广旅发〔2021〕84号）精神，2021年宁波市广播电视节目技术质量奖（金鼎奖）评选活动正式启动。

8月12日至13日　中共浙江省委常委、常务副省长陈金彪，副省长高兴夫对象山县传媒中心上报的政务信息《我县以数字化改革引领"智慧停车"产业生态走向全国》做了批示肯定。

8月16日　余姚市融媒体中心首次推出《早晚高峰》节目的视频直播。同时开通了电台微信视频号，尝试建立融媒矩阵，打造可听、可看的电台新形象。电台服务类节目《小潘说气象》，第一期短视频版《小潘说气象》开播。市民只要打开手机就可以观看，并可转发进行二次传播，从以往的"我播你听"升级为可看、可互动，增强了趣味性，拉近了媒体与听众、观众的距离。

8月16日　中共慈溪市委与浙江广播电视集团在浙江广播电视集团融媒体新闻中心举行合作签约仪式。双方在融媒体指挥平台运营、新闻推广、活动节目、新媒体运营推广、人才队伍建设等方面建立长期、稳定、紧密的合作伙伴关系，更好推动慈溪与省媒协同作战、互促互进。浙江广播电视集团党委书记、总裁吕建楚，浙江广播电视集团党委委员、副总编辑郭庆，宁波杭州湾新区管委会主任、党工委书记，中共慈溪市委书记杨勇，中共慈溪市委常委、宣传部部长江再国，慈溪市融媒体中心党委书记、主任赵科参加签约仪式。

8月26日　"金融助力影视产业新发展"主题交流活动暨北京银行宁波分行与宁波市影视产业协会战略签约仪式在北京银行宁波分行会议室举行。宁波市文化金融服务中心、北京银行宁波分行、宁波市金融研究院、金融机构代表、影视产业协会相关负责人及企业代表参加了活动。

8月　宁波市广播电视监测中心组织技术人员对各区县（市）广播电视机构前端部分监测设备进行更换。同时对广播电视监测系统参数、指标进行优化，确保监测系统的优质运行，保障广播电视安全播出。

8月　宁海传媒集团新闻综合频道全新改版上线。

九月

9月6日 宁波广播电视集团在712台建台50周年之际，举行了以"学党史、忆台史"为主题的纪念活动。宁波广播电视集团副总裁、党委副书记、总编辑李可，集团党委委员、副总裁王伟以及原宁波电视台副台长孙棣德、原宁波电视台总工程师胡信楚、屠用励等部分在712发射台工作过的干部职工代表参加活动。

9月8日 镇海区新闻中心安装完成播出中心视音频信号智能监测报警系统的调试工作。报警系统可实时对CCTV、浙江卫视、镇海一套和镇海二套等4路信号进行24小时不间断监控，提升电视播出安全性。

9月9日 中共奉化区委组织部部长唐军华一行赴奉化区融媒体中心召开会议，通报了奉化区融媒体中心主要领导的任免文件。任命周女芬为奉化区融媒体中心党委书记、主任；免去徐海刚的奉化区融媒体中心党委书记、主任职务。

9月9日 北仑区传媒中心"仑传"客户端正式运营暨粉丝突破20万庆祝活动举行。"仑传"客户端以"新闻+政务+服务"为特点，及时发布热点资讯、权威信息，提供便捷的在线服务，传递北仑声音，服务北仑群众。

9月11日至12日 由北仑区传媒中心、北仑区老龄办主办，北仑摄影家协会、北仑区广播影视协会承办的"不忘初心，守望幸福"——2021记录金婚大型党建公益活动举行。

9月13日 宁波华数广电网络有限公司客服代表获得"2021年全省广播电视职业技能竞赛客服代表类别线下决赛"二等奖。

9月24日 中共浙江省委常委、宁波市委书记彭佳学一行赴宁波市影视文化产业区调研考察。对象山影视城下步发展做出"找准象山影视城在全市文化产业发展中的定位、功能、角色，进一步研究提出与之相匹配的组织和管理架构建议方案，积极向上对接汇报，争取市级最大支持。深化数字技术应用，拓展影视服务范围，打造具有国际视野和海洋特色的高品质影视基地"的指示。

9月28日 宁波广播电视集团电视频道群承办第七届宁波市道德模范颁

奖典礼。

9月29日　根据《宁波市文化广电旅游局　宁波市广播电视学会关于申报2021年宁波市广播电视科技创新项目金潮奖的通知》（甬文广旅发〔2021〕104号）精神，2021年宁波市广播电视科技创新项目金潮奖申报工作正式启动。

9月29日　宁波市广播电视学会举办广播电视节目精品创优专题培训班。目的是推动广播电视节目创新、扶持创作和多出精品，交流分享精品创优经验和体会。

十月

10月1日　象山影视城正式推出大型实景特效演艺秀《速度与激情》。

10月8日　余姚市融媒体中心《小云来帮忙》节目（服务类）在抖音上线。

10月8日　余姚市融媒体中心"姚界"客户端新版上线。余姚市融媒体中心确立"移动优先"战略，整合了各个新媒体平台，明确了以"姚界"客户端为龙头的融媒体中心旗下七大新媒体平台，并推行优先向新媒体供稿机制，创新推出"姚视频""慢直播"等姚界视频主打品牌。

10月9日　象山数字电视有限公司与海康威视合资成立的宁波海康停车运营有限公司，更名为浙江海康城市服务有限公司。

10月13日　由余姚市融媒体中心选送的公益广告《信息时代拉上老人的手》荣获国家广电总局广播电视公益广告扶持项目广播类优秀作品三等奖。

10月14日　中共浙江省委常委、宁波市委书记彭佳学到宁波广播电视集团专题调研文化工作。宁波市委常委、宣传部部长李军，市委常委、秘书长施惠芳，宁波广播电视集团副总裁、党委副书记、总编辑李可等陪同调研。宁波广播电视集团管委会委员、宁波影视艺术有限责任公司董事长陈三俊向彭佳学书记一行介绍了公司发展历程、经典作品及正在创作的影视项目。彭佳学书记对公司经典作品电视剧《向东是大海》印象深刻，对改制后出品并在央视综合频道、央视电视剧频道播出的电视剧《我和我的儿女们》兴趣浓厚，勉励影视公司继续努力，要把传统文化以及宁波帮、宁波港等题材创作好，形成系列。

10月14日　根据《宁波市文化广电旅游局　宁波市广播电视学会关于公布2021年宁波市广播电视节目技术质量奖（金鼎奖）获奖作品名单的通知》（甬文广旅发〔2021〕107号）精神，全市共有45件作品获奖。其中一等奖9件，二等奖15件，三等奖21件。

10月15日　宁波华数广电网络有限公司荣获2021世界数字经济大会暨第十一届中国智慧城市与智能经济博览会"特别贡献奖"。

10月21日　浙江省服务业发展工作领导小组印发《关于公布首批浙江省现代服务业创新发展区名单的通知》（浙服业办〔2021〕8号）。宁波市影视文化产业区入选首批浙江省现代服务业创新发展区名单（数字文旅方向）。

10月25日　"宁波市广播电视监测中心广电监测前端系统升级改造项目"验收会在市广播电视监测中心举行。项目验收小组成员对该项目进行了功能审核，并对该项目所涉及的设备、材料和资料进行了认真的检查验收，一致认为：该项目符合设计要求和合同约定，系统运行稳定，同意通过验收。

10月28日　余姚市融媒体中心新大楼各项主体工程的招标工作完成。投资1.4亿元的大楼装修以及数字化信息化高清化（5G）升级改造工程进入全面施工阶段。

10月30日　由宁波影视艺术有限责任公司联合浙江省文化产业投资集团、杭州佳平影业有限公司、余姚开投蓝城投资开发有限公司等投拍的电视剧《阳明传》在余姚市王阳明故居瑞云楼举行启动仪式。中共浙江省委宣传部副部长、省电影局局长葛学斌，宁波广播电视集团副总裁、党委副书记、总编辑李可等领导和嘉宾出席仪式。

10月31日　由余姚市融媒体中心承办的以"阳明故里　明理力行"为主题的2021宁波（余姚）阳明文化周活动在余姚市开幕。中宣部原常务副部长龚心瀚宣布开幕。浙江省委宣传部副部长、省社科联主席盛世豪，浙江省委统战部原副部长、浙江中华文化海外传播促进会会长蒋学基，宁波市副市长许亚南，浙江省社会科学院研究员、浙江省儒学学会会长吴光等有关领导专家，宁波市宣传文化系统有关部门领导，阳明学专家学者，江西、贵州、福建、湖南、广东、广西、安徽、河南等王阳明史迹地的领导嘉宾等出席开幕式。

十一月

11月1日　宁波广播电视集团召开领导干部会议，宁波市委宣传部常务副部长徐方宣读市委任命文件，李可同志担任宁波广播电视集团管委会总裁、党委书记。中共宁波市委常委、组织部部长郑敏强出席会议并讲话。

11月3日　根据《宁波市文化广电旅游局　宁波市广播电视学会关于公布2021年宁波市广播电视科技创新项目金潮奖获奖名单的通知》（甬文广旅发〔2021〕111号）精神，全市共有23件作品获奖。其中特别奖1件，一等奖5件，二等奖7件，三等奖10件。

11月5日　象山星光影视小镇在浙江省创建特色小镇2020年度考核中获优秀等级。

11月7日　宁波广播电视集团创作播出的电视新闻访谈节目《丛志强：划火柴的人》荣获第三十一届中国新闻奖二等奖。

11月8日　宁波广播电视集团新闻综合广播总监、高级编辑毛洲英荣获第十四届浙江飘萍奖。

11月8日　宁海传媒集团融媒体高清演播中心建成并正式启用。

11月20日　镇海区新闻中心新媒体团队与金阳县融媒中心联动开展了融媒体暖心新闻行动——两地联动直播别样彝族年。

11月22日　第六届宁波微电影节启动。第六届微电影节由中共宁波市委宣传部、宁波市文化广电旅游局、宁波市人民政府外事办公室、宁波广播电视集团、宁波市微电影协会主办，宁波教科文化传播有限公司承办，宁波市电视艺术家协会、宁波市电影家协会、南塘老街、博地影业协办。本届微电影节三大竞赛单元共设置21个奖项。短视频单元关注中国共产党成立100周年、抗疫等红色主题，设立5个奖项。短片主竞赛单元不限主题，设立最佳短片金螺奖、最佳导演奖、最佳外语片奖等10个奖项。首次推出的剧本杀单元设有推理类、情感类、机制类、故事类、欢乐类、文艺类剧本等6个奖项。

11月26日　由宁波广播电视集团与镇海区广播电视台联合制作的广播剧《中国蛟龙》获国家广播电视总局中国广播电视大奖2019—2020年度广播电视

节目奖广播剧类广播节目大奖。

11月26日　宁波市影视产业协会协助象山影视学院举办宁波影视文化产教联盟成立大会暨产教融合赋能影视人才发展高峰论坛。

11月28日　宁波广播电视集团联合央视新闻客户端，现场直播"探访'宁波制造'看制造业单项冠军之城如何炼成"。在一个半小时的直播过程中，央视记者走进制造业单项冠军之城宁波，寻找甬城"冠军成林"背后的基因密码。直播活动通过各大平台转发。

十二月

12月3日　由中共宁波市委全面依法治市委员会办公室主办，宁波市司法局、宁波广播电视集团宁聚传媒承办的法治宁波建设"十佳创新案例"颁奖礼在宁波电视台800平方米演播厅举行。

12月3日　余姚市融媒体中心开通"余姚融媒"人民号。在原有"姚界"客户端、余姚新闻网、"余姚新闻网"微博、"余姚日报"微信公众号、"余姚新闻"微信公众号、"余姚新闻"视频号、"阿拉余姚"抖音号等7个平台的基础上，再次拓展新的平台，新媒体矩阵更加完善。

12月4日　"宁波新闻界百名记者互动讲六中全会精神——广播记者走进滕头"宣讲活动在奉化区滕头村举行。宁波广播电视集团新闻综合广播多路记者深入基层通过融媒访谈的形式，与滕头村的干部群众交流互动，一起忆往昔、看今朝、话未来。宁波广播电视集团副总编辑叶秀少参加活动。

12月10日　由"学习强国"浙江学习平台、钱江晚报（瞄电影平台）、浙江电影放映协会、浙江新农村数字电影院线有限公司评选的"百年百部千村万场"公益电影展映活动先进放映及组织单位评选结果揭晓。宁波市新农村数字电影院线有限公司被评为先进组织单位，慈溪市电影发行放映公司被评为先进放映单位。

12月16日　"宁波市广播电视广告智能监测系统"项目验收会在宁波市广播电视监测中心组织召开。项目验收小组成员对该项目进行了功能审核，并对该项目所涉及的设备、材料和资料进行了认真的检查验收，一致认为：该项目符合设计要求和合同约定，系统运行稳定，同意通过验收。

12月17日　由中共余姚市委宣传部、余姚市融媒体中心联合出品的广播剧《嘱托》在中央广播电视总台新媒体"云听"客户端全网首播。广播剧《嘱托》以习近平总书记两次给余姚市四明山革命老区梁弄镇横坎头村的回信为时间节点，通过讲述该村党委书记带领全村人转变观念、开拓创新、努力奋斗，把一个封闭落后的小山村建设成为美丽富饶、共同富裕示范村的故事，生动体现了老区人民不忘总书记"要把梁弄镇建设成为全国革命老区全面奔小康样板镇"的谆谆嘱托，忠实践行党的方针政策，实现全面奔小康的精神风貌。

12月17日　宁波市文化广电旅游局完成2021年度第二批通用性广播电视对农节目库的征集工作。共征集通用性广播电视对农节目90个。

12月20日　中共宁波市奉化区委机构编制委员会办公室下发《关于同意区融媒体中心内设机构设置及职责调整的函》（奉编办函〔2021〕49号）。同意调整更改7个内设机构科室名称：基层管理部更名为基层事业部，信息产业部更名为产业规划部，创意产品部更名为广播部，用户运维部更名为新媒体部，项目拓展部更名为节目部，社区事业部更名为社区服务部，经管办更名为经营管理部。撤销2个科室：数据服务部和综合屏媒部。新设2个科室：建设管理部和大活动部。

12月20日　鄞州区融媒体中心建成新的融媒生产系统。主要包括中国蓝云接入系统、本地制作系统、智能集中控制管理系统、机房基础建设、非编制作中心基础建设。总投资900万元。

12月21日　镇海区新闻中心通过融媒体联动制作了一档长达6小时的"情暖镇海　梦圆冬至"特别直播节目。通过音视频跨平台及视频多平台直播的首度尝试，实现电台、抖音号、微信视频号、客户端四大视频平台同步直播。

12月30日　浙江省广播电视局"宁波市影视文化产业区网络影视剧审查中心"在象山揭牌。宁波市影视文化产业区管委会正式承接省广播电视局下放的网络影视剧规划备案初审权及上线备案审查权，将进一步提高网络影视剧审查效率，降低剧组创作风险和时间成本，有效推进影视全产业链产业区建设。

12月31日　2021年度浙江省农村公益电影放映服务社会满意度报告发布，宁波市位居总体满意度第二，并获得影片满意度和场均观影人次两项第一。

2021年宁波广播电影电视事业产业发展亮点一览表

附录二

单位	发展亮点
宁波广播电视集团	2021年是宁波广播电视集团上下应对广电行业普遍持续下滑、新冠肺炎疫情严重冲击和全力抓好各项工作的重要一年。集团坚持政治为魂、内容为王、改革为重、转型为要、人才为基,进一步提升党建引领力、舆论引导力、融合生产力、产业竞争力、队伍战斗力,攻坚克难,革新图强,着力打造具有长三角区域影响力和竞争力的新型传媒集团。 一、坚持政治为魂,提升党建引领力。严格落实"第一议题"制度,对习近平总书记发表的系列重要讲话和中央、省市委的重大决策部署,集团党委会、党委中心组学习会都安排第一时间学习传达,全年共组织了34次集中学习。把开展党史学习教育作为贯穿全年的一项重大政治任务,在精心做好规定动作的同时,组织开展了"奋进新时代 奋斗新征程"主题诗会等富有广电特色的自选动作,广泛开展以"广电记者互动讲"等为载体的"六讲六做"宣讲活动,高标准高质量完成了党史学习教育各项任务。坚持党管媒体、党管意识形态不动摇,把意识形态工作责任制严格落实到新闻舆论、融合改革、阵地管理、安全播出、队伍建设、保密管理等各个环节。严格落实领导班子内部运行机制,制定完成集团"十四五"规划。 二、坚持内容为王,提升舆论引导力。抓好重大主题宣传,精心策划和组织做好"中国共产党成立100周年""党史学习教育""加快建设现代化滨海大都市""高质量发展建设共同富裕先行市"等重大主题宣传,有力有效做好宁波市镇海、北仑疫情防控,台风"烟花""灿都"防御等突发事件的应急报道和舆论引导。抓好内容质量提升,谋划推出以"精品节目+精品活动+精品直播+精品影视剧"为框架的宁波电视精品频道,全面改版《宁波新闻》《看点》等品牌节目,研发推出《第一访谈》、《寻味明州》、Ningbo Focus 等新节目。策划承办了中国共产党成立100周年灯光秀、2021中国(宁波)大运河国际钢琴艺术节暨郎朗杯钢琴大赛等品牌活动。抓好主流对外宣传,电视外宣在总台央视发稿368条,其中《新闻联播》74条,在浙江卫视发稿792条,其中《浙江新闻联播》发稿395条,发稿总分和总条数继续保持全省城市台第一方阵。广播外宣在总台中国之声发稿252条,

续表

单位	发展亮点
宁波广播电视集团	其中《新闻和报纸摘要》发稿 32 条，再次获全国城市台"十强"称号。由宁聚新媒体中心运维的"学习强国"宁波学习平台，被全国学习平台录用 472 条。抓好广电精品创优，电视新闻访谈节目《丛志强：划火柴的人》获第三十一届中国新闻奖二等奖，广播剧《中国蛟龙》获中国广播电视大奖 2019—2020 年度广播电视节目奖广播剧类广播电视大奖，另有 13 件内容类作品获 2020 年度省广播电视政府奖和浙江新闻奖一等奖，40 个科技类项目获 2020 年度省级一等奖以上科技创新或录制技术质量奖，1 项获国家发明专利。影视剧方面，影视公司主投主控的电视剧《一枝一叶总关情》已获得发行许可证，由影视公司等单位共同创作的电视剧《阳明传》、电影《力量密码》正在紧张筹备中。 三、坚持改革为重，提升融合生产力。重视融合传播，打造以"宁聚"客户端为龙头、广播电视新媒体组成的融媒体传播矩阵，全年"宁聚"共推出直播 440 余场，创作推出的"城市形象短视频"项目荣获 2021 年度宁波市宣传思想文化工作创新大奖。重视科技支撑，宁波广电融媒体科技创新大厦工程项目已进入机电安装、幕墙施工和工艺设计编制阶段。完成宁聚云二期（中国蓝云宁波分中心）资源扩容项目和宁波分中心互联项目的验收、云平台送播备份通道调试，启动电视 5G+4K+AI 实验室项目建设。重视先行先试，广播传媒版块精办频率、节目，优化宣传、经营人员配置，已进行实质性运作。 四、坚持转型为要，提升产业竞争力。面对行业营收整体性大幅下滑和疫情严重冲击，按照"目标不能变、任务不能减"的总要求，着力推进产业拓展转型，严控成本费用支出，加快存量资产盘活。因产业投资战略有所调整，全年营收 3.65 亿元，同比减少 3311 万元；因成本费用支出大幅压缩、资产处置收益等，净利润 3031.49 万元，实现扭亏为盈，同比增加 5423.58 万元。到 2021 年底，集团资产总额 33.86 亿元，净资产 29.92 亿元。积极稳住广告创收大盘，全年广播电视广告创收 2.48 亿元，同口径同比增长 2.48%。积极推进多元拓展，以专项基金形式，投资"杭州城云科技"和"上海爱数"这两个数字经济项目，之前集团投资的浙江出版传媒在上海证券交易所主板上市。主动介入智慧广电"社区大脑"、直播电商产业等新兴项目，由广电集团等单位共同投资的宁波（前洋）直播中心运营较好，已形成直播园区的集群效应。2021 年集团下属经营性企业实现经营收入 1.025 亿元、利润 742 万元，与 2020 年同口径相比基本持平。 五、坚持人才为基，提升队伍战斗力。重视干部队伍建设和管理，配合做好集团领导班子和领导干部届末考察，完成 39 名干部试用期满考核工作。全年推荐了一批优秀专业人才参加国家、省、市等高层次人才评选，其中 1 人获评国务院特殊津贴，1 人获评浙江飘萍奖。重视基层党组织建设，完成集团机关党委、机关纪委和集团基层党组织的换届选举，新闻综合广播、老年与少儿广播频率群党支部获宁波市"先进基层党组织"称号，1 人获市直

续表

单位	发展亮点
宁波广播电视集团	机关优秀共产党员。积极做好党员发展转正工作，发展新党员12名，9名预备党员转正。重视抓好审计工作，持续跟踪对新大楼基建工程的第三方审计。重视抓好疫情防控和安全生产，全面落实市疫情防控各项措施，守好自己的门，管好自己的人，抓好广电的宣传报道和舆论引导，严格落实安全工作责任制，全年无安全责任事故、无刑事案件、无治安灾害事故、无职工犯罪等不稳定事件发生。
鄞州区融媒体中心（鄞州区广播电视台）	一、移动优先，加快媒体融合。整合技术力量，开发软件功能，打造以"鄞响"客户端为龙头的新媒体矩阵，开设《鄞州正当潮》《走遍鄞州》等原创视频栏目，推出"学党史 知使命全区党员说心声"系列H5产品，连续推出三批党员推送，覆盖全区各个领域，转发次数达11424次，成为爆款产品。在应对台风"烟花"和"灿都"的报道中，新媒体注重第一时间抢发，慢直播"直击三江口抢险""鄞州这些地方有积水，请避让"等产品受到广泛关注。鄞响客户端的总用户数近60万。 二、打响问政品牌，助推社会全域治理。在2021年的问政环节中穿插全区优秀经验做法，与同类问题点位进行对比，提出建设性意见，共商解决办法。首次采用"云点评"的方式，邀请中央级、省级媒体代表、专家作为线上点评嘉宾，丰富问政内容。中国社会科学院新闻与传播研究所、中国社会科学院大学新闻传播学院认为建设性新闻报道特色鲜明、效果明显，有效促进了社区治理和社会发展。 三、坚持舆论引导，传播好正能量。做好庆祝中国共产党成立100周年、学习贯彻党的六中全会精神、宣传弘扬新时代鄞州"四先"精神、全面推进数字化改革、创建全国文明典范城市、全面加强疫情防控、防御台风"烟花"和"灿都"、杨倩勇夺东京奥运会首金、打造"精特亮"、艺术振兴村社、东西协作结对支援、打造宋韵文化金名片等方面的报道。2020年度共有109件作品获奖，包括各类一等奖26件，二等奖29件，三等奖46件，集体等其他类奖项8件。其中有7件作品获浙江新闻奖，二等奖3件，三等奖4件。 四、"借梯登高"见成效，外宣工作新突破。全年累计有近1000条次新闻在中央、省市级媒体播出，其中，中央级媒体204条，东京奥运"双冠王"、鄞州姑娘杨倩更是成为最亮点，关于她的新闻累计有100条次在央视播出。《新闻联播》播出条数再创新高，实现了"新闻联播月月有"的目标。"道德模范周秀芳上春晚""第二故乡花式留人过年"等一大批重点题材也在央视顺利播出。《传奇中国节》实现四连播。继《"龙"腾"马"跃 留"鄞"过年》登上央视中文国际频道《传奇中国节》后，《踏青赏樱过清明 甜糯麻糍记乡愁》《龙舟竞渡勇争先 多彩美食闹端午》《鱼虾满仓庆丰收 聚享团圆品乡情》相继登上央视中文国际频道《传奇中国节》栏目，实现四大中国节习俗的四

续表

单位	发展亮点
鄞州区融媒体中心（鄞州区广播电视台）	连播，这在全国县市（区）台乃至地市台中亦属唯一。2021年鄞州的外宣新闻还实现了省级频道全覆盖。同时，鄞州好故事再度创新高，一批具有视觉冲击力和新闻趣味性的特色新闻在省市广电媒体播出，探索出了一条"央视做引领、卫视为核心、省级频道和宁波台两翼齐飞"的区外媒体宣传格局。
镇海区新闻中心（镇海区广播电视台）	一、抗击疫情守阵地。一是融媒聚焦"疫线"。疫情就是命令，整合中心采编力量，实时聚焦战"疫"最新动态。组织宁波市疫情防控新闻发布会11场，浙江省疫情防控工作发布会5场。组织多位记者奔赴战"疫"前线，用镜头和笔传播"疫线"信息，20天发布文字、图片、短视频等新闻300余条，及时传播战"疫"最新消息。二是正向舆论引导。针对疫情期间特殊的舆论环境，立足区委、区政府最新要求，及时发布权威信息，这期间各媒体日均更新各类权威信息200余条，辟谣科普100余条。三是讲好战"疫"故事。积极做好外宣上送，塑造了镇海上下同欲、干群同心、科学防控、共克时艰的形象。其间，《核酸检测方舱入驻 提高检测效率》《蛟川街道开展第五轮全员核酸检测》等80余条报道被央媒录用，《宁波镇海封控区迎来新生命》等180余条报道被省、市级媒录用。 二、全媒矩阵话党史。一是奏响党史强音。围绕百年党史，启动"奋斗百年路 启航新征程"主题宣传活动，推出"寻访镇海红色印记"系列融媒体报道，《美丽宁波行——红色记忆》音画专栏，以及《镇红先锋在身边》等专栏和14个建党百年特刊，各平台刊播相关稿件735篇，先后有50余条次报道被上级媒体刊播。二是深耕党史沃土。以镇海籍革命烈士林勃写给恋人余也萍的书信为载体，推出"红色浪漫 革命情书"系列报道，受到广泛关注。推出"寻访镇海红色印记"系列融媒体报道，派出多路记者实地探访党史遗址遗迹，累计刊播10余篇新闻报道。三是讲好党史故事。由6名青年采编职工组成海螺党史宣讲小分队，宣讲百年党史先进故事，为各基层单位开展专题宣讲30余场。自编自演的情景诗朗诵《觉醒·启航》获镇海区庆祝中国共产党成立100周年文艺比赛金奖。 三、融媒改革展新景。一是重构融媒矩阵。紧抓"用户思维"，整合文字及音视频采制、编发、技术保障等各类部门，建立"融媒体统筹、新媒体首发、全媒体跟进"运行模式，实现"一次采集、多元生成、多渠道传播"的工作格局，构筑传递党的声音、反映群众心声、解决民生问题的一体化传统新闻舆论阵地。该平台获评2020年度浙江省广播电视科技创新奖金潮奖一等奖。二是重塑生产流程。以"移动"传播为先，综合运用互联网、大数据等技术，健全全媒体生产传播、协同高效的新型采编发网络架构，释放融媒新闻生产

续表

单位	发展亮点
镇海区新闻中心（镇海区广播电视台）	力。通过融合改革和大力发展新媒体，目前镇灵通"两微一端"注册及关注用户达40余万，美食抖音号"三夏五除二"累计发布作品177个，其中《驴馆》单条播放量近70万人次，点赞数破万人次。三是锻造融媒铁军。以打造"一专多技"人才为目标，通过"青苗工程""蓝青工程"等形式，不断提高采编队伍综合业务能力。在2021年底的战"疫"中，马旭峰等多位记者奔赴前线，20天发布图文、音视频等新闻300余条，其中《镇海，欢迎回来！》《我们如此热爱这里》2条短视频浏览量均超百万人次。卢奕林获得"浙江省融媒体中心十佳主播"称号。
北仑区传媒中心（北仑区广播电视台）	一、融合创新提质增效。夯实"报、网、端、微、屏"新闻核心圈层基础，加快构建以新媒体部为重点平台的常态化报道和多部门融合传播指挥调度机制。融合传播初见成效，重大主题报道在集纳型分发、立体化传播上取得较好效果，微信公众号"看北仑"年均WCI数值超过1000；"仑直播"平台组织网络直播144场，每周四播出的"吃喝玩乐GO"成地方特色品牌；"仑传"客户端正式运营，总装机数突破27万，独家开设《疫苗接种信息》专栏，最高日活跃用户近2万人次，活跃用户数位居全省前列。 二、宣传策划多点联动。围绕重大主题，全景式报道出新出彩，在习近平总书记考察浙江一周年之际，推出《向总书记报告》7篇专题报道，介绍这一年间北仑的亮点工作和喜人成绩；结合"中国共产党成立100周年"和"共同富裕"重大主题，启动并完成"寻访北仑'红色印记'""沿着高速看北仑"重点主题策划报道。做全重点工作典型宣传，把握自贸区建设重要机遇，累计刊发近百条新闻，内容涵盖政务服务、人才引进、项目投产等。紧扣全区中心工作，持续开展"三个北仑""'双城'战略""疫情防控""儿童友好城区建设"等宣传报道，有声势、有力度、有氛围。精心策划首个专题类新闻舆论监督栏目《聚焦》，选题围绕各类民生问题，已完成17期，有效推动各类问题解决。外宣工作增长明显，由中心采制上送的电视新闻107次登上央视，是2020年的2.5倍，数量和质量大幅提升。 三、产业经营稳中向好。深化推进"平台、价格、服务、创收"四位一体广告营销体系，升级营销手段，多维开掘市场。加强对接政府资源，2021年承办6场政府大型活动和数场小型活动，完成各类宣传片、汇报片10余部；持续推进社会化合作，向市场提供日常短视频服务、大型活动直播服务、新媒体策划运营服务和网上平台代维服务，推出各类收费直播项目。《花儿少年》等栏目首次与政府部门合作，盘活存量资源，提升栏目深度和广度；打造自有优质内容、"网红"队伍，形成"仑美食""仑知识"等个性化品牌集群，中心产业经营格局进一步优化。调整优化下属公司组织结构，完成下属四家公司的股权变更、工商登记变更；对三家合署办公的公司人员进行了整合。

续表

单位	发展亮点
北仑区传媒中心（北仑区广播电视台）	四、公共服务以民为本。惠民政策落到实处，自2020年起推行实施"北仑区60周岁及以上居民用户免缴数字电视基本收视维护费"惠民政策，老年免缴用户5.8万户，每年减免费用1400万元。从2022年起，对全区行政村、社区老年协会活动室的数字电视基本收视维护实行减免，费用共计10余万元。公益活动更接地气，策划"万朵鲜花送雷锋"大型公益活动，共为63位"北仑好人"送去鲜花和敬意，并在广播电视同步开设《弘扬雷锋精神 书写新时代雷锋故事》专栏。与浙广联合开展"一杯水"公益行动，联合北仑区域近80户爱心商家、单位、企业等为市民提供免费饮水服务。选取全区100多个农村、社区拍摄点，连续8年举办"记录金婚"大型公益活动，已经为4000多对金婚老人拍摄纪念照，该项目入围党建公益项目全区十强。
奉化区融媒体中心（奉化区广播电视台）	一、舆论宣传守正创新。切实发挥新闻舆论主阵地作用，围绕"中国共产党成立100周年""高质量发展建设共同富裕特色区"等主题，在全媒体平台开设"奋斗百年路 启航新征程""奋进的五年 辉煌的成就"等20多个专栏专题，刊播稿件2500余篇次，主流声音持续唱响。倾听人民心声，做好《中外师生留校过年 入乡村感受传统年俗》等市外务工人员留奉过年相关报道（其中有7篇在央视各个频道播出）及两次防御台风特别报道，新闻传播更有温度。3月，《奉化日报》开设《记者视点》专栏，全年共推出70期；5月，在《奉视新闻》栏目里开设舆论监督类节目《记者观察》，全年共推出56期，在这两档新闻舆论监督专栏和节目中的舆论监督报道，有效解决了部分社会治理难题。坚持移动优先，"掌上奉化"客户端创新推出"奉化慢直播"、《奉show》栏目，均取得良好社会反响，"奉化发布"微信公众号发布的《热烈祝贺！奉化小伙汪顺喜获金牌》等文章点击量超10万人次，《紧急通告！今天上午8时30分起，奉化将在溪口镇、大堰镇部分村组织开展核酸检测》点击量达12.9万人次，"视听奉化"视频号制作发布的《奉化·正青春》等多条短视频，单条点击量超过5万人次。"FM994资讯音乐台"微博账号推送《宁波地铁部分线路停运》等信息阅读量超30万人次。2021年在中央、省级媒体累计刊播稿件198余篇，其中58篇新闻在央视各频道播出，30余篇在总台中国之声和央广网播出，80余篇在浙江卫视播出，30余篇在浙江之声及新媒体播出，外宣工作稳步向前。实现了荣誉"大丰收"，共有65件新闻作品获奖。 二、体制改革革故鼎新。引进专业团队，制订内部改革方案，确立了改革设计、机构调整、流程再造、平台建设、绩效考核、经营机制、配套制度等七大支撑体系，夯实了改革基石。启动双向选择（不包括广电网络公司），推出双向选择岗位161个，207名人员参与竞岗，2人落选待岗，此次双选使中层干部结构更趋合理，队伍活力得到有效提升。研究调整KPI（关键绩

续表

单位	发展亮点
奉化区融媒体中心（奉化区广播电视台）	效指标）系数，使"优绩优酬"绩效导向更加鲜明。制订新绩效考核标准，实施中，同岗位职工最多获得6000多元月度考核奖，最少只有500元，极大调动职工干事创业积极性。优化内设机构，调整和完善6个科室，新成立大活动部和建设管理部，推动科室职能精准化。创新实施项目制，确立短视频、新闻外宣、重大主题、摄影摄像、信息技术、产业经营等16个学科项目，团队合作、业务骨干领衔，推动整体业务能力再上新台阶。 三、产业发展推陈出新。2020年11月和2021年8月，获得"区政府批复对政府宣传合作项目和农村视频监控项目实施单一来源采购"和"数字灯杆项目的特许经营权"，中心新业务创收1800万元，其中全区7个镇（街道）及医保局2571路"视频监控"创收300余万元，区教育系统平安校园智慧项目创收1500万元。积极筹建成立国有控股合资公司，实施数字灯杆投资、建设、运营一体化工程，实现产业新的增长点。借梯登高，加强与宁波广播电视集团合作，联优联强，进军未来社区信息化项目建设。2021年实现产业经营总创收7830万元（税后）。 四、融媒平台与日俱新。全面打造新型传播平台，实现"一端四微多平台"融媒矩阵，推动信息内容、技术应用、平台终端、管理手段互融互通。坚持迭代升级，全面梳理"掌上奉化"技术短板，依靠技术驱动，全力破解信息物理隔离不到位、模块设置不够新颖等问题。探索解决指挥中心系统集成和跨部门联动迭代问题，力争实现信息增量和及时共享，提升全流程各环节运行效率，保障海量优质信息精准推送。打造多跨场景应用，成立全市首个县级数字化社区综合服务平台"家门口"，整合锦屏、岳林、江口、莼湖等四个街道和溪口镇共29个社区的资源，开设30项多跨场景应用，涉及居民日常衣食住行及就医、养老、择业、缴费等项目，实现供给多元化、服务广覆盖、资源共分享。已服务居民7万余人次，总浏览量超10万人次。
海曙区全媒体中心	海曙区全媒体中心获评2021年度浙江省县级融媒体中心"优秀天目号"，被浙江日报报业集团授予"先进报道组"称号。中心新闻作品《我的侨乡·我的家》获评"人民日报海外版2021年度报道特别奖"，"走遍海曙"大型融媒体行动项目获评2021年度全区宣传思想文化工作创新奖。 一、坚持"学践合一、以知促行"，党史学习教育入脑入心。知行合一，赓续红色血脉。一是组建"红途·宏途"党建观察团，走入海曙革命旧址、党建品牌基地等，学党史、看发展。二是在"海曙新闻"客户端开辟《声动诵党史》专栏，刊播党员职工优秀诵读音频。三是开展"勤宣讲、优氛围"活动。开设"党员论坛"，每次由1—2名党员骨干领学，用身边人的经验分享教育、引导身边人。践行"四力"，记录海曙美好。2021年初推出"走遍海曙"大型融媒体行动，以2016年区划调整后海曙260余个村（社）为记述对象，深入挖掘背后故事，重温"红色记忆"，描绘"十四五"发展蓝图。

续表

单位	发展亮点
海曙区全媒体中心	二、坚持"党媒姓党、主动发声",打造海曙美好形象。重大主题报道浓墨重彩。紧紧围绕高水平全面建成小康社会这条主线,精心策划共同富裕、数字经济、东西部协作等重大主题报道,广泛宣传学习贯彻上级各项重大决策部署的海曙实践,大力宣传高水平全面建成小康社会的海曙成就,生动展现推进城乡统筹发展、迈向共同富裕的海曙经验,2021年全年在市级以上主流媒体发稿2500余篇,其中,在央媒发稿550余篇(《人民日报》35篇,央视92条),在省级媒体发稿220余篇(《浙江日报》头版20篇),在市级媒体发稿1200余篇(《宁波日报》头版80余篇,宁波电视台280条)。媒体融合红利持续释放。创新实施每周"融·策划"会商机制,进一步深化"融·采访"机制,深入开展"走遍海曙"大型融媒体行动,积极探索"新闻+政务+服务"的传播模式,重点打造和提升"海曙新闻"客户端,不断健全"一次采集、多次生成、多元发布、多渠道融合、多平台互动"的全媒体工作格局。新闻工作机制不断完善。建立健全新闻宣传"融策划"、新闻产品"融采访"、新闻推送"融发布"等工作机制,优化资源配置、提升创新策划,推动媒体融合工作向纵深推进,初步实现从"物理捆绑"转向"化学反应"。深化落实《海曙区新闻发布制度》,制定印发《关于进一步加强和改进新闻发布工作的实施意见》,全面实施党委新闻发布制度,全年共举行新闻发布会12场,参与市级新闻发布会3场,为海曙区发展营造良好舆论环境。固化"新闻学堂"和"新闻沙龙"等平台学习制度,定期邀请资深媒体专家授课指导,提升全区媒体采编骨干人员的政治站位和业务素养,加快推进海曙新闻全媒型人才队伍建设。 三、坚持"服务中心、三为争先",打造卓越新闻铁军队伍。一是完善绩效制度,重点稿、主题稿的数量和质量明显提升,进一步树立了"外宣高效引导内宣,内宣全面服务外宣"的思路。二是完善等级制度,让有才能的人提前晋级、增加收入,既给予了后进人员努力方向,又增强了编外人员获得感。
江北区全媒体中心(江北区广播电视中心)	一、立足改革趋势,推进媒体深度融合。2021年,江北区全媒体中心完成新办公场地搬迁入驻工作,实现合署办公、统一管理。按照"1+1+N"模式,联动N个新媒体平台,融合形成大宣传矩阵,打造媒体融合运维体系。全面深化媒体融合改革工作,优化新媒体策划传播模式,强化抖音号、视频号、客户端等平台短视频运维力量。会同各级各部门,利用"新闻+政务+服务"功能盘活粉丝、增加人气。"新江北"客户端累计注册用户数8.4万,刊发稿件1.9万余篇,开设专题62个;"江北发布"微信公众号,粉丝超18万,每月平均累计阅读量约60万人次。 二、坚持舆论引导,提升内外宣传成效。围绕党和政府中心工作,开设

续表

单位	发展亮点
江北区全媒体中心（江北区广播电视中心）	了《牢记"窗口使命" 全力争创"实践样板"》《以江北之干创建"精特亮"》《"以江北之干"助力精特亮》等专栏，在市级以上媒体刊播相关稿件80余篇。9月9日刊发的《"精品线路""特色街区""亮点工程"串珠成链 魅力宁波焕发新光》稿件，经《人民日报》海外版报道后，引起了包括美国《侨报》及《欧洲侨报》、意大利侨网、《非洲时报》等在内的多家境内外媒体的纷纷转载。央视农业农村频道《我的美丽乡村》栏目选取了江北区"精特亮"线路上3个各具特色的村庄：鞍山村、毛岙村、达人村，特别策划了3期专题，其中以江北区鞍山村和毛岙村为题的《鞍山村的民宿经济》《山清水秀毛岙村》已在2021年9月4日、9月10日播出。 三、强化队伍建设，实施"四力"提升工程。围绕"外宣量质提升工程"目标，强化组织领导，通过科学调整记者分线、制订业务考核细则，进一步调动全体采编人员积极性。深入一线挖线索、找题材，2021年全年共下沉一线321次，策划选题459个，刊发稿件3200余篇，逐步形成纵横互通的"大宣传"格局，强化提升"走一线，强四力"大型采访行动能级。截至2021年12月31日，各平台在中央、省及各媒体刊播稿件1290余篇，相较2020年同期增长了800余篇，增幅达220%。大运河国际钢琴艺术节、中东欧博览会、端午习俗等内容多次登上央级媒体平台。为快培育培养全媒型人才，策划打造"融我说"夜学品牌课堂。围绕全员参与、业务交流、实战操作等讲课宗旨，策划推出《大咖开讲啦》《好坏一锅端》《业务我在行》《融我来选课》等四大版块。截至目前，"融我说"课堂已开展19期，通过这一平台畅谈短板不足，分享工作心得体会，逐渐形成了互促互学、比学赶超的学习氛围。
慈溪市融媒体中心（慈溪市广播电视台）	2021年荣获由浙江省新闻工作者协会县级融媒体工作委员会、浙江省报协县（市、区）传媒工作委员会共同评选的"年度融媒中心20强"（排名第四）、"年度十佳广播频率/电视频道"称号（排名第一），赵科同志斩获浙江省"年度十佳领军人物"称号（排名第一）。 一是全力推进县级融媒体改革。牵头制订并逐步完善《市传媒集团组建方案》《融媒体中心建设技术方案》《融媒体演播室系统建设方案》等六大方案，完成了对下属两家公司的改制，确定了绩效考核办法和"三定"方案。同时，按照《慈溪市融媒体中心建设实施方案》要求，从深化内部体制机制改革、拓宽传播平台载体、强化人才支撑、争取政策保障等方面入手，推动改革工作从"相加"到"相融"。 二是抓好新闻传播流程再造。按照"一次采集、多种生成、多元传播、全方位覆盖"的传播模式，抓好"一报两台、一网一屏、三微一端"等媒体平台的建设。依托现代传播技术，紧紧围绕市委、市政府中心工作重点和老百姓关心的热点，深化主题主线宣传，强化热点性新闻策划，推出了一大批有

续表

单位	发展亮点
慈溪市融媒体中心（慈溪市广播电视台）	深度、有力度、有影响的新闻报道，新媒体与传统媒体互联互动，全方位、立体式呈现，有效提升舆论引导能力。 三是立足转型拓展产业项目。着力推进传媒集团的组建，主动对接市重大项目，积极拓展媒体经济产业，创新推广"应急宣传屏"，研发数字电视收看客户端，参与"雪亮工程"，策划中国慈溪首届网红大赛，组织举办金融服务节、家装节、房博会、经济风云榜等活动，通过提供丰富的市场化服务，在取得较好社会效益的同时，也获得了良好的经济效益。 通过体制机制不断创新，慈溪市融媒体中心内部已经形成了"抢新闻、争市场、拼业绩"的生动局面，在新闻生产力和传播力、融媒体影响力和公信力、外宣稿件数量和质量、产业经营效益、员工的积极性和向心力等五个方面得以大幅提升，为慈溪市在建设"重要窗口"中走前列、当标兵，在全国树立县级融媒体中心建设的"慈溪样板"付出了巨大努力。
余姚市融媒体中心（余姚市广播电视台）	一是在主题宣传上，着力打好党史学习教育和庆祝中国共产党成立100周年宣传两场主动仗。坚守"喉舌"主阵地，精心做好党的十九大，党的十九届五中、六中全会精神和习近平新时代中国特色社会主义思想等宣传报道，运用全媒体手段，持续报道市委、市政府中心工作和重大决策部署，体现高水平建设现代化创新型生态城市，打造全国乡村振兴示范区在各地各级的生动实践。同时，全平台联动，全过程报道，推出党史学习教育主题报道，累计刊播报道900多篇。推出庆祝中国共产党成立100周年"百年交响 激荡姚江"主题报道，累计刊播报道60多篇。 二是在新闻名品建设上，着力做好建设性舆论监督栏目和民生帮扶栏目建设。做好以舆论监督栏目《电视问政面对面》和《四明聚焦》为代表的建设性舆论监督栏目，出台相关内部运作机制。《电视问政面对面》聚焦文明城市创建短板，剖析原因、提出对策、解决问题，为全国文明城市建设再出发、再提升拔钉破难、加油鼓劲。2021年播出《电视问政面对面》节目两期，收到了较好的效果。《四明聚焦》已累计发稿100篇，为社会治理、城市管理、民生保障、生态环保、安全生产等巡诊把脉、建言献策、助力破难。新开设、扶持的民生服务栏目《小云来帮忙》自10月8日上线以来，已初具影响力。 三是在提升全媒体传播水平上，"中央厨房"建设有序推进，新媒体平台建设不断加强。确立一周新闻例会及每天一次编前会制度。策、采、编、播（发）、评一体化，形成"一体策划、一次采集、多种生成、全媒传播"的全媒体采编播发流程。确立"移动优先"战略，整合了各个新媒体平台，明确了以"姚界"客户端为龙头的中心旗下七大新媒体平台，投入50多万元升级了"姚界"客户端并推行优先向新媒体供稿机制。按照新媒体供稿

续表

单位	发展亮点
余姚市融媒体中心（余姚市广播电视台）	规范化要求，设立视觉创意部，加大短视频、H5等新媒体产品的创作力度。同时，加快公共服务平台建设，利用中国新闻摄影学会县市传媒分会会长单位的优势，投入70多万元改造中国县市图片网，建设中国县市（区）融媒体中心视觉产品共享平台，在视觉产品资源共享和版权维护上迈出了重要步伐。加快大楼装修工程建设，完成新大楼各项主体工程的招标工作。投资1.4亿元的大楼装修以及数字化信息化高清化（5G）升级改造工程进入全面施工阶段，预计整体项目于2023年10月前完成。 　　四是在对外宣传上，着力加强通联上送和新闻创优两项工作。深入挖掘余姚全市经济社会发展的亮点，组织记者深入基层一线，从余姚的经济社会发展成就、历史文化、风土人情中挖掘新闻线索，好中选优确定对外报道主题。紧盯中央、省和宁波等上级重点媒体，把"余姚经验""余姚实践"推向全国，不断提高余姚在上级媒体的发稿率。2021年全年在宁波市级及以上新闻媒体录用刊播1000多条次。在创优培优上，加强策划提升和奖励力度。共有90多件作品在各类新闻奖评选中获得奖项，其中一等奖20件。有7件作品获得浙江新闻奖（浙江省广播电视节目奖），其中二等奖3件，三等奖4件，获得浙江新闻奖数量创近年来新高。 　　五是在产业经营上，着力拓展文化传媒和信息工程两大优势业务。依托《牌轩下茶馆》《爱尚家装》等自办栏目资源，成功举办"走进红日看养老""匠心筑梦——家装设计尊享会"等线下活动，助推创收。发挥优势开展青少年素质拓展训练项目，举办的国学开蒙礼、百名小记者观红色电影活动等小记者专属实践活动吸引近2000人报名。创作拍摄了保密宣传片，录制了宁波市红色教育微党课，受到相关单位的高度好评。在做强演艺活动和提高宣传片制作上下功夫，承办的第七届中国机器人峰会暨智能经济人才峰会开幕式、第九届"感动余姚"新闻人物暨第三届余姚市道德模范颁奖典礼等赢得好评。全年共承办各类会展、演艺传播活动40多场次。 　　六是在融合改革上，着力推进机构整合和干部调整两项工作的深化和完善。根据《关于推进市融媒体中心改革实施方案》和《余姚市传媒集团有限公司组建方案》，完成集团公司注册，对下属公司进行全面整合，原广播电视台和原余姚日报社关联公司和部门进行撤并，设立了三大公司：姚界公司、广联公司和网络公司。完成中层干部集中调整聘任，共任命了60位中层干部（包含传媒集团），缩减10人；人员总数517人，比合并前缩减40人，在宁波市各县市（区）率先实施全员企业化管理模式，走出实质性融合步伐。完成机关党委、工会、妇委会选举工作，为推进中心建设奠定了基础。

续表

单位	发展亮点
宁海传媒集团（宁海县广播电视台）	一、"全媒+全面"，筑牢舆论宣传主阵地。围绕中国共产党成立100周年，聚集"十四五"开局之年，推出相关专题专栏40余个，做到重大主题策划及时主动，中国共产党成立100周年报道声势浩大。进一步整合《全媒聚焦·全民问政》《主播帮帮帮》《百姓事马上办》等品牌栏目，重点推出《全媒聚焦·全民问政》栏目，并举办"百姓事马上办·民生热线"现场活动11期，媒体舆论监督持续深化。做亮外宣和创优，电视新闻被央视录用123条，浙江卫视录用81条，宁波电视台录用近300条。网络直播实现新突破，登上新华社、人民网等央媒4次；"学习强国"平台录用500多条，位居全省前四，被评为2021年度"学习强国"浙江学习平台优秀供稿单位；"浙江新闻"客户端录用稿件120余篇；"中国蓝新闻"客户端录用稿件200余条，位居全市第二，全省前十五；"天目号"用稿量排名全市第一，全省前七，10月被评为天目新闻"十佳融媒体中心"。2021年全年有64件作品获奖，其中一等奖12件，省级获奖5件。 二、"创新+优化"，做深媒体融合大文章。坚持移动优先，不断壮大网络平台，"看宁海"客户端注册用户达到21万，"两微一抖"粉丝量达到62万，新开通"宁海新闻"视频号，各网络平台"10万+"爆款作品达到70多个。加大栏目融合创新发布，实现"大屏""小屏"联动，传统媒体与新媒体同频共振，《太阳花开》《芳姐在现场》《遇见宁海》等节目传播力、影响力进一步扩大。优化升级融媒技术，建成融媒体高清演播中心，实现多种信源采集接入、多景别互动、多景区空间共享、多系统配合联动播出、多平台传输分发等功能。集团荣获全省县（市、区）"融媒中心20强""十佳报纸""十佳APP"等荣誉称号。 三、"项目+服务"，激发产业拓展新动能。借着数字化改革的东风，全面推进"智慧广电+公共服务"，承接完成智慧停车项目一期、二期工程建设，集团承接智慧城市建设的能力初步显现。积极探索数字经济创新模式，与城市建设投资公司、住房和城乡建设局等合作，谋划未来社区建设等项目，不断延伸广电网络应用领域。充分发挥文化公司龙头带动作用，持续巩固全媒体宣传、活动策划执行、视频制作、户外旗幔广告、职业技能培训等多元化经营模式，传统媒体宣传广告努力推进，户外旗幔广告走向利好，教育培训步入正轨，基本完成年初确定的经营目标任务。 四、"规培+调配"，锻造融媒队伍向心力。深化绩效改革，进一步激发员工的积极性和能动性。全面推行青年干部"导师帮带制"，继续实施"融媒体人才四季培养计划"，通过内部锻炼、轮岗交流、外部引进、师徒结对等多项措施，促进全媒体人才队伍建设。完善用人制度，严格按照德才、实绩用好干部，打破论资排辈，为优秀人才、年轻人才脱颖而出、施展才华创造环境、提供舞台。

附录二　2021年宁波广播电影电视事业产业发展亮点一览表

续表

单位	发展亮点
象山县传媒中心（象山县广播电视台）	一、主题宣传声势强劲。围绕党的十九届六中全会、中国共产党成立100周年、"十四五"规划、数字化改革、海洋经济、共同富裕等重大主题，开展"丈量最美海岸线"大型新闻行动，推出"聚力一二五　走好共富路""奋斗百年路　启航新征程"等主题报道、典型和系列报道40余组。 二、外宣网络扩容进阶。入驻"人民号""新华号""央视频"等国家级新媒体平台。每天在新媒体推送专栏信息和短视频50余条，累计在中央、省、市级广电媒体播发报道2180条，其中央媒播发102条（电视86条，新闻联播8条）；累计在中央、省、市级新媒体推送播发稿件4338条，"学习强国"平台发布300余条，在推特、脸书等海外媒体上建立"Insight Xiangshan"认证媒体账号，自2021年10月底开设账号以来，累计发帖3200余条，粉丝7000余人，发帖量及粉丝量占全省县市（区）媒体首位。精品创优实现突破。累计获得全国省市各类新闻奖项68件、省广播电视节目技术质量奖（金鼎奖）6件，其中《乡村众筹赋能乡村集体创业》和《创新的力量——宁波象山乡村振兴十大经典案例》分获华夏高科技产业创新奖一等奖、三等奖；24集海洋人文地理纪录类栏目《品读象山》分集《乡见》获第二届中国长三角微电影大赛最佳纪录片奖，《翩跹》获浙江省纪录片丹桂奖。6件对农节目获省级录用，居全市第一，2021年全省电视对农节目服务工程建设考核获鼓励奖。 三、优化公共服务与安全保障。对最低生活保障家庭、最低生活保障边缘家庭和特困人员分散供养对象等8447户实行免收终端基本收视维护费政策，对优抚对象和视言听残疾对象1858户实行免收基本维护费政策，累计减免费用225万余元。启动广播直播室改造工程，建设全新电台融媒体直播系统。对全县应急广播系统平台和端点进行检测维护，推进省市县应急广播相连相通。夯实基础扩展业务。减缓有线电视用户下降趋势，夯实固定收入项目，有线电视用户13.2万户。完善广告和经营性部室岗位创业奖考核办法，进一步提升造血功能。推进智慧城市建设，累计监控点位链路租用1万余个。下属国企联合合资公司，承建浙江乌镇等七省十城"智慧停车"项目，累计注册用户超过110万，年产值达5000万元。"智慧停车"荣获县全面深化改革（数字化改革）十佳案例，列入全省数字化改革重大应用"一本账S1"，纳入全省交通数字社会系统"浙里畅行"综合集成应用。
宁波市电影集团有限责任公司	一、固根本，树清廉，强化党建引领力。在中国共产党成立100周年之际，坚持把党史学习教育作为一项重大政治任务，注重形式开展多样学习教育，注重结合工作开展学习调研，注重以问题为导向开展研讨，努力推动主题教育真抓实做。开展"喜迎建党百年　跟着电影学党史"——2021我的电影党课主题活动。截至2021年10月底，活动整体覆盖了全市各区县（市），

续表

单位	发展亮点
宁波市电影集团有限责任公司	共放映场次 10342 场，观影人次达 1414765 人次。抗击台风"烟花"中，在避灾点开辟红色电影党史教育新课堂。组建 34 支电影放映志愿者队伍，第一时间奔赴全市各避灾安置点。7 月 24 日至 27 日期间共播放党史教育红色影片 304 场次，累计观看群众达 5.89 万人次，放映面覆盖全市 11 个区县（市）49 个避灾放映点。 二、勇攻坚，敢担当，精准发力谋长远。顺利完成曙光电影院地块项目房屋拆迁工作。积极发挥"东方1910"影视平台功能，当好"话务员"，做好"服务生"，推进影视文化发展的前端服务，推动影视企业、项目落户宁波。累计服务接待剧组 470 个，落地拍摄剧组 294 个，引进影视企业几十家。 三、抓机遇，强品牌，拓展产业新格局。发挥"宁波影都"品牌影响力，通过"精准投资，战略合作，核心布点，融合发展"构建市、县、镇三级覆盖全市的电影放映网络。融入长三角，加强区域合作交流。一是建立了长三角影视联盟，加速推动电影行业深度合作。同时促成宁波第一次作为上海国际电影节的分会场，以及"一带一路"电影周在宁波举办，大大提高了宁波城市影响力。二是与上海艺术电影联盟和杭州亚洲青年影展合作，引进艺术影展，打造了"眸视 I SEE"艺术品牌，做到季季有影展，奏响双城互游互通的序曲，谱写"双城记"文旅新篇章。以"创作为本，产业为基"的发展理念，布局实施"1+X"创作新思路。成功申报重大题材电影《谁持彩练当空舞》，已获得国家电影局备案重点影片（影重备字〔2021〕第 4 号）立项。在商业影片方面，与恒业影视、宸铭影业等头部影视企业通过参投或合拍组成多元化生产格局，已合作《涉过愤怒的海》《误杀 2》《彷徨之刃》《扑通扑通的水球少年》等影片。与宁波市演艺集团有限公司、宁波开发投资集团有限公司等共同成立宁波市开演文化发展有限公司，打破产业壁垒，解锁异业整合新思路。 四、深改革，优机制，激发企业新活力。深化改革，建立电影集团。实现以深化体制机制改革为突破的管理目标，扩大企业规模，增强企业活力。构建创作拍摄、投资融资、产业集聚、文化交流、发行放映等"五大体系"战略布局，成为"影视之城"建设中的领军企业。 五、强服务，搭平台，提升公共服务力。扎实推进农村电影发行放映优化升级，实现公共文化服务提质增效。面对新冠肺炎疫情和台风"烟花"，负重加压，努力拼搏，顺利实现农村公益电影放映目标任务。2021 年，宁波市共放映农村公益电影 31746 场，占年度放映任务的 113%，受众达 3663557 人次；放映庆祝中国共产党成立 100 周年农村公益电影 9226 场，占全年放映总场次的 42%，受众达 1370077 人次。

续表

单位	发展亮点
宁波市影视文化产业区	2021年，宁波市影视文化产业区全年实现营业收入73.13亿元，同比增长53.89%；实现税收3.56亿元，同比增长40.71%；接待勘景、拍摄剧组306个，其中入驻拍摄剧组230个，同比增长17.95%。获批中国电影家协会影视基地工作委员会理事单位、首批浙江省现代服务业创新发展区、浙江省重点文化产业园区、浙江省示范级文化和旅游IP、浙江十大数智景区、宁波市科普教育基地等，星光影视小镇在浙江省创建特色小镇中考核优秀。 一、坚持招大招强、提质增效，招商引资开创新局面。聚焦企业精准招引与服务要素保障，通过"网络推介+云端签约"等形式，为落户企业提供企业注册"跑零次"服务。2021年共引进落户影视企业1799家，同比增长50.29%，累计在册落户影视企业达4646家，落户影视企业实现营业收入73.13亿元、上缴税收3.56亿元，同比分别增长53.89%和40.71%。积极协助落户企业争取县内外扶持政策及资金配套支持，实现县内财政奖励5987.96万元，惠企2807家。进一步深化"最多跑一次"改革，协助落户影视企业完成广播电视节目制作证办理及更新共188起。12月底正式挂牌成立宁波市影视文化产业区网络影视剧审查中心，承接省广电网融处下放的网络影视剧规划备案初审权及上线备案审查权。 二、坚持完善配套、优化服务，剧组拍摄再获新突破。根据目前网络剧、自制剧、精品微短剧盛行发展趋势，加大与爱奇艺、优酷、腾讯、芒果TV等四大网络视频平台合作力度，成功引流60余部平台定制剧及自制剧来象山拍摄。多次赴北京、上海等影视资源丰富的城市，开展推广活动，在政策加持和优质服务下，剧组引进再创新高。2021年相继接待230个剧组入驻拍摄，同比增长17.95%，其中投资过亿的影视剧超10部，在影视行业普遍下行趋势的大环境下较好地保持了抗下行的压力。《和平之舟》《误杀2》《雪中悍刀行》等多部在象山影视城取景拍摄的影视剧在各大平台热播。 三、坚持抢抓进度、完善配套，园区品质展现新风采。2021年，象山星光影视小镇完成投资额4.18亿元，宁波市重点工程浙江广电象山影视基地三期项目完成投资额1.2亿元，累计完成投资额12.75亿元；海影颐墅酒店处于室内装修及外广场铺装阶段，君澜度假酒店完成设计建造一体化招标，正有序推进项目建设前期工作；主题乐园核心区规划设计方案完成评审并推进施工场地土地平整。占地210亩（约14万平方米）的产业区停车场及游客服务中心完成土地政策处理及塘渣填平工作。象山影视城5A级景区创建项目，水帘洞广场一期及瓮城广场提升改造工程完工，剧组出入门楼投入使用。 四、坚持内容为王、扩大影响，宣传报道实现新拓展。践行"大宣传"理念思路，整合现有300余家合作媒体资源和剧组宣传资源，集中宣传数字产业发展突破、文旅活动提档升级、招商引剧稳步提升等内容。2021年象山影视城被央视《新闻联播》《朝闻天下》《中国电影报道》等栏目报道36次。

续表

单位	发展亮点
宁波市影视文化产业区	"学习强国"、"人民日报"客户端、新华网、《中国文化报》、《浙江日报》、《宁波日报》、《影视独舌》等300多家中央、省、市级媒体及行业权威媒体密集报道象山影视城相关内容4826篇次，象山影视城成为象山乃至宁波对外宣传的新高地。 五、坚持丰富产品、拓宽渠道，影视文旅彰显新融合。不断探索"景点+游乐+演艺+互动"的文旅新模式，打造大型实景特效演艺秀《速度与激情》，使其成为景区游客接待量新增长点，"十一"期间场均观演游客超1500人次。开发沉浸式动力手环和Vlog打卡，集景区消费、地图导览、NPC互动、视频打卡等功能于一体，为游客提供全新交互式游览体验。紧抓企业团建、学校研学等团队市场开展重点营销，推出泼水团建、党建活动、千人国学、百人旗袍、军事国防研学等产品。在疫情多次反复的情况下，景区接待游客量及门票收入分别同比增长32.70%和45.19%，恢复性增长势头良好。 六、坚持科技创新、数智赋能，技术支撑迈上新台阶。推进"智治影城"改革项目，建立"智治影城"云平台，形成景区管理、影视服务、智慧旅游、综合治理四大应用场景，初步实现智慧化的共享共治。成立象山影视城数字科技有限公司，引进加拿大专业虚拟拍摄团队、设备及数字资产库，打造电影级LED数字虚拟摄影棚。开发"象影智管"客户端为数字影视综合服务前端，为剧组提供人员车辆出入证件办理、影视烟火枪支使用报备、群众演员选角、场景及摄影棚预约等线上办理服务，以及在线工作分配、食宿安排、物资管理、财务管理、拍摄进度管控等线上管理服务，大幅提高剧组拍摄管理效率。搭建"线上堪景"平台，有效解决疫情阻碍剧组前期实地勘景的难题。
宁波华数广电网络有限公司	一、坚持党建统领，提升基层党建水平。公司坚持把加强党的政治建设摆在首要位置，强化理论武装，不断增强政治意识、保持政治定力、把握政治方向、承担政治责任、提高政治能力。 二、多措并举推进"乡村振兴"战略，加快推动基层广电站的潜在优势转化为现实优势。制定了宁波华数的"乡村振兴"战略，确立了"基层广电站站长成为村民委员会数字化顾问"的战略目标，并作为公司"一号工程"进行推进，努力将基层广电站的潜在优势转化为现实优势。2021年，27个下属基层广电站（分公司）累计签订合同350余份，合同金额共计2200万余元。 一是围绕"三村"建设，夯实基层广电站发展基础。在"千兆村"方面，共计完成了120个行政村的光改和40个"千兆村"的发展，通过网络改造，全面提升农村网络品质和用户使用体验，进一步夯实了农村网络基础，为长远的业务发展打下扎实基础。在"团购村"方面，成功签约"团购村"81个，在充分发挥出站长良好客情关系的优势基础上，持续将"智慧乡村"等产品和应用集成到电视屏上，不断提升用户黏度，夯实用户基础。在"数字化样

续表

单位	发展亮点
宁波华数广电网络有限公司	板村"方面，推进了海曙区山下庄村、鄞州区李家洋村、江北区外漕村的发展建设，通过数字化产品和场景的展示，打造了可复制、可推广、可借鉴的样板村标杆，并在推动集客大众联动发展方面产生积极影响。 　　二是建立"奖金池"考核机制，选树典型培养"乡村振兴"生力军。一年来，开展了"乡村振兴"竞赛活动，设置了"奖金池"模式的考核激励机制，围绕商企、大众、集客、工程、可持续五大业务板块，累计竞赛积分进行月度、季度与年度排名，分别评选出月度之星，季度金、银、铜奖与年度明星站长等荣誉奖项，不断激励基层广电站站长奋勇争先，形成"你追我赶、比学赶超"的良好氛围。 　　三是积极构建"蓄内融外"的站长能力提升机制，推动尽早实现"村民委员会数字化顾问"战略目标。为重点提升广电站站长的专业素质和市场敏锐度，相继开展了第一期、第二期"乡村振兴"站长能力提升研修班，并邀请宁波市农业农村局分管乡村振兴工作的领导做专题培训，指导公司"乡村振兴"相关工作。通过"周二夜学"平台及兄弟公司、合作单位交流学习，常态化提升站长能力水平，为村一级业务的拓展提供有效助力，推动尽早实现"村民委员会数字化顾问"目标。 　　三、统筹推进疫情防控与经营生产"双线作战"，奋力夺取疫情防控和经营发展的双胜双赢。面对依然严峻复杂的疫情防控形势，公司统筹推进疫情防控与经营生产"双线作战"，毫不松懈地持续抓好常态化疫情防控工作，特别在春节、"五一"、"十一"等节假日期间和在全国范围内发生点状疫情时，通过持续提高思想认识、加强管控措施等方式，牢牢守住疫情防控安全防线，坚决巩固疫情防控成果。并按照"应接尽接、应接必接"的原则发动员工积极进行疫苗接种，主动履行社会责任，彰显国企担当。 　　四、强化人才队伍建设，推动公司高质量发展。通过内部选拔、竞争上岗等干部选任方式，组织实施了 6 名中层管理岗位的选拔、任用工作，完成 14 名市公司管理干部任期届满和 23 名市公司管理干部的试用期转正工作。同时，构建了以人才队伍能力建设为核心的培训体系，组织开展了中层干部"聚星计划"、内训师选拔"星火计划"、新员工入司培训"雏鹰训练营"等 40 余场培训，覆盖员工近 2000 人次，为推动公司高质量发展提供了强有力的人才保障和智力支持。
宁波市广播电视监测中心	一、适应新情况，新办法、新举措保障工作质量。做好"顶层设计"。把握行业发展大势，强调整体设计，进一步调整完善设备建设计划，做到协调推进、各有侧重、关联实用。深挖人机潜力。在积极争取经费的同时，组织自有力量加强研究、加班工作，力求尽可能保障工作质量。进一步提升资源利用率，避免重复浪费。线上线下结合。运用环控分析报警系统、远程交流手段等，满足疫情等期间远程处置要求。

续表

单位	发展亮点
宁波市广播电视监测中心	二、提升全能力，强德能、强绩效提升综合素质。学党史，强思想。全年以党史学习教育为主线，开展好党建和单位文化建设。本着为基层办实事的态度，对于在巡检巡查中发现的一些技术问题，主动汇报市局并帮助解决。抓队伍，重实践。年内开展各类交流学习和内部研讨，最终落脚在工作实践上，保证全天候24小时值班不间断、标准不下降。抓计划，重落实。2021年初在充分讨论的基础上制订了年度工作、分月工作、重要工作、经费使用等10余项计划。各项计划在"抓铁有痕"的努力下，均圆满落实，多年来经费执行率均在98%以上。 三、聚焦大安全，多方位、多层次确保底线不失。做好安播保障，迎接中国共产党成立100周年。3月初即制订、明确了专项工作方案，强化落实。组织专人对历年、近年监测大数据进行分析。制定落实安全播出事故现场调研机制，提升处置效率。连年来全市安播形势总体向好。抓好安全生产，保障人财物平安。开展形式多样的安全生产宣教、演练等。做实常态化防疫工作。进一步明晰职责、规范工作，以公开促公正，以公正促廉洁、保安全。抓好网络安全，兼顾数字化与安全性。进一步加强日常工作中的数字化使用；加强宣传培训相关系统和功能的使用，提升全员数字化办公能力；进一步用好内部二维码管理系统，结合每半月一次的内部巡查及时发现隐患。

2021年宁波广播电视行业实际创收收入构成情况图

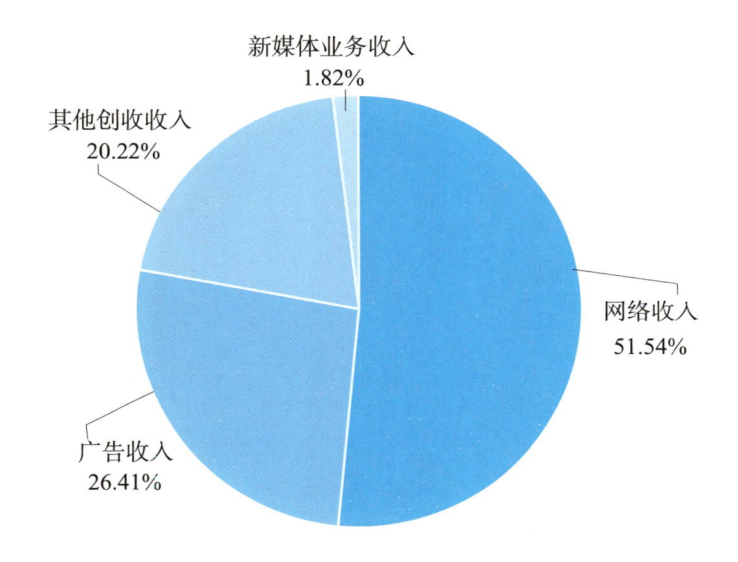

附录四

新媒体业务收入 1.82%
其他创收收入 20.22%
网络收入 51.54%
广告收入 26.41%

2021年宁波广播电视行业实际创收收入分类构成情况

类别	收入（万元）	占全市广播电视行业实际创收收入比重（%）
网络收入	65127.63	51.54
广告收入	33368.67	26.41
新媒体业务收入	2304.99	1.82
其他创收收入	25552.75	20.22
合计	126354.04	100.00

附录五 2021年宁波有线电视网络收入构成情况图

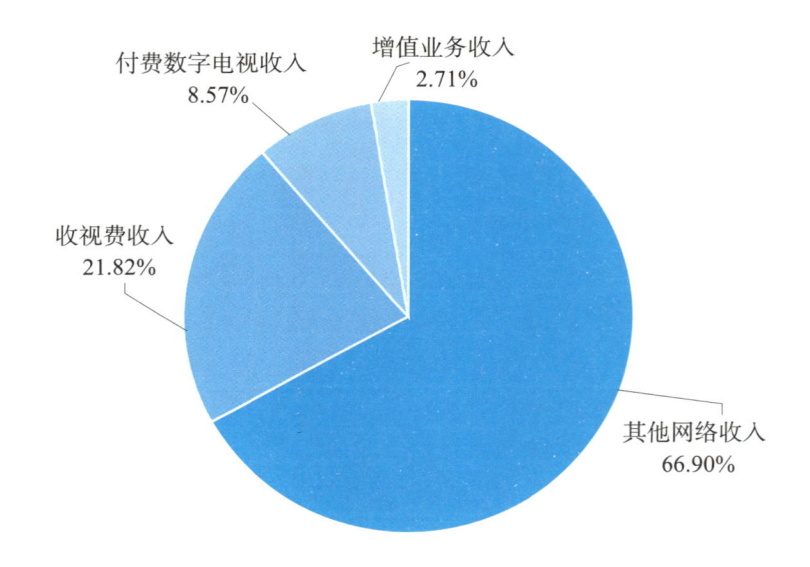

2021年宁波有线电视网络收入分类构成情况

类别	收入（万元）	占全市有线电视网络收入比重（%）
收视费收入	14209.06	21.82
付费数字电视收入	5582.85	8.57
增值业务收入	1763.93	2.71
其他网络收入	43571.79	66.90
合计	65127.63	100.00

2021年宁波广播电视广告收入分布情况图

附录六

网络媒体广告收入 5.22%
其他广告收入 10.22%
广播广告收入 30.62%
电视广告收入 53.94%

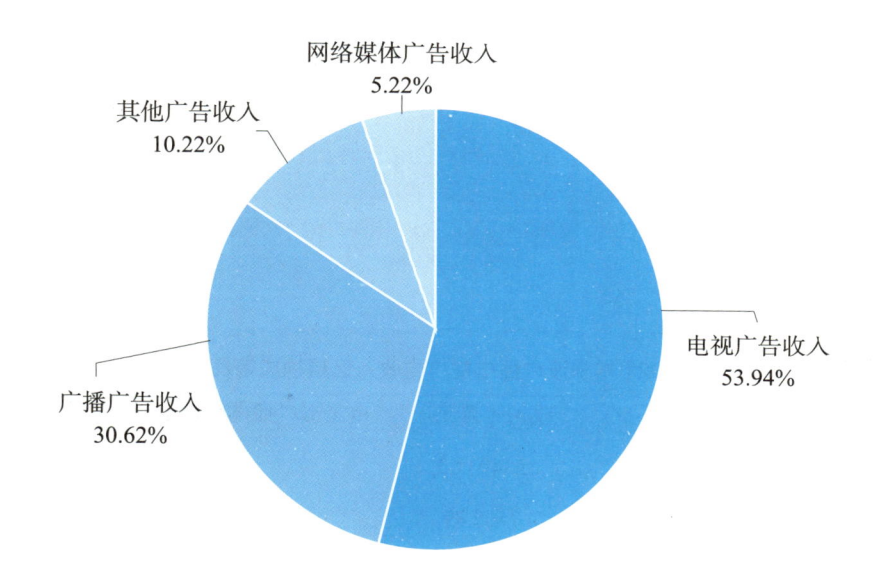

2021年宁波广播电视广告收入分类构成情况

类别	收入（万元）	占全市广播电视广告收入比重（%）
广播广告收入	10218.04	30.62
电视广告收入	17998.94	53.94
网络媒体广告收入	1742.17	5.22
其他广告收入	3409.52	10.22
合计	33368.67	100.00

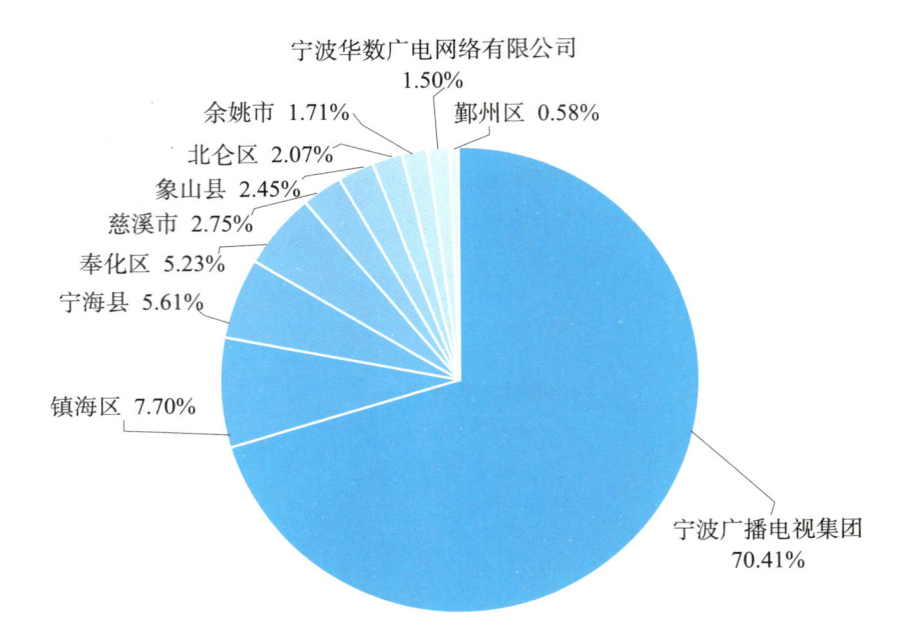

宁波广电蓝皮书
宁波广播电影电视发展报告（2022）

宁波华数广电网络有限公司 1.50%
鄞州区 0.58%
余姚市 1.71%
北仑区 2.07%
象山县 2.45%
慈溪市 2.75%
奉化区 5.23%
宁海县 5.61%
镇海区 7.70%
宁波广播电视集团 70.41%

2021年宁波广播电视广告收入区域构成情况

区域	收入（万元）	占全市广播电视广告收入比重（%）
宁波广播电视集团	23493.62	70.41
镇海区	2569.89	7.70
宁海县	1870.75	5.61
奉化区	1745.53	5.23
慈溪市	918.65	2.75
象山县	816.00	2.45
北仑区	689.44	2.07
余姚市	570.00	1.71
宁波华数广电网络有限公司	501.44	1.50
鄞州区	193.35	0.58
合计	33368.67	100.00

2021年宁波广播电视制作、播出情况图

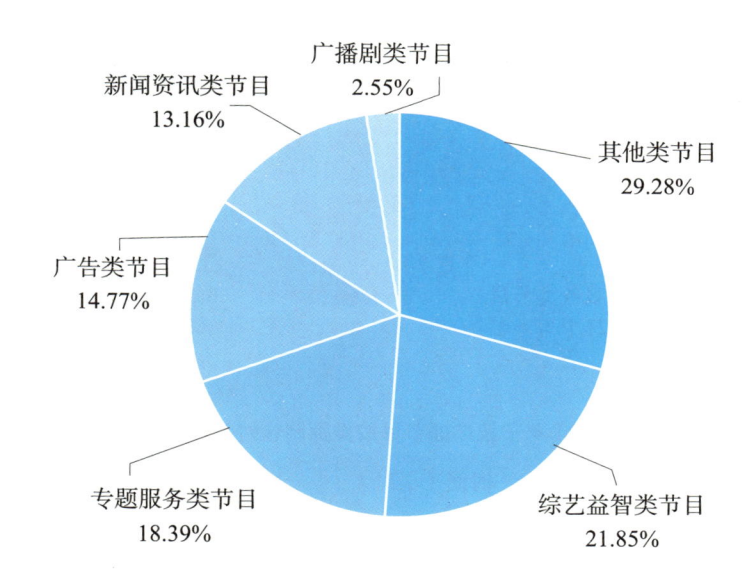

附录七

2021年宁波广播节目按类别播出时间情况

播出广播节目类别	时间（小时）	占全市广播节目播出时间比重（%）
新闻资讯类节目	12410	13.16
专题服务类节目	17342	18.39
综艺益智类节目	20599	21.85
广播剧类节目	2408	2.55
广告类节目	13924	14.77
其他类节目	27605	29.28
合计	94288	100.00

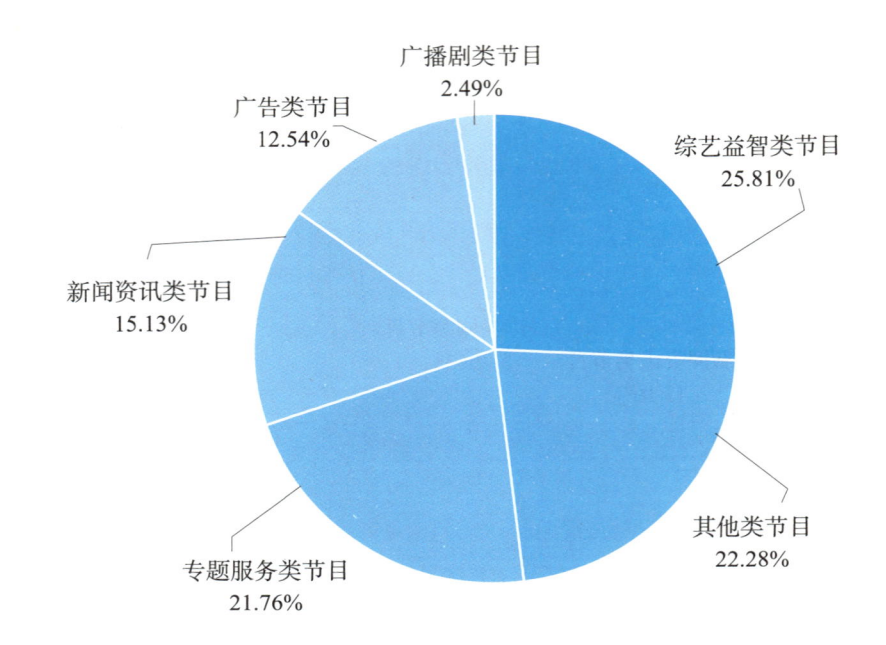

宁波广电蓝皮书
宁波广播电影电视发展报告（2022）

2021年宁波广播节目按类别制作时间情况

制作广播节目类别	时间（小时）	占全市广播节目制作时间比重（%）
新闻资讯类节目	10631	15.13
专题服务类节目	15294	21.76
综艺益智类节目	18138	25.81
广播剧类节目	1747	2.49
广告类节目	8815	12.54
其他类节目	15659	22.28
合计	70284	100.00

附录七　2021年宁波广播电视制作、播出情况图

综艺益智类节目 2.93%
其他类节目 9.02%
专题服务类节目 10.23%
新闻资讯类节目 11.72%
广告类节目 17.58%
影视剧类节目 48.52%

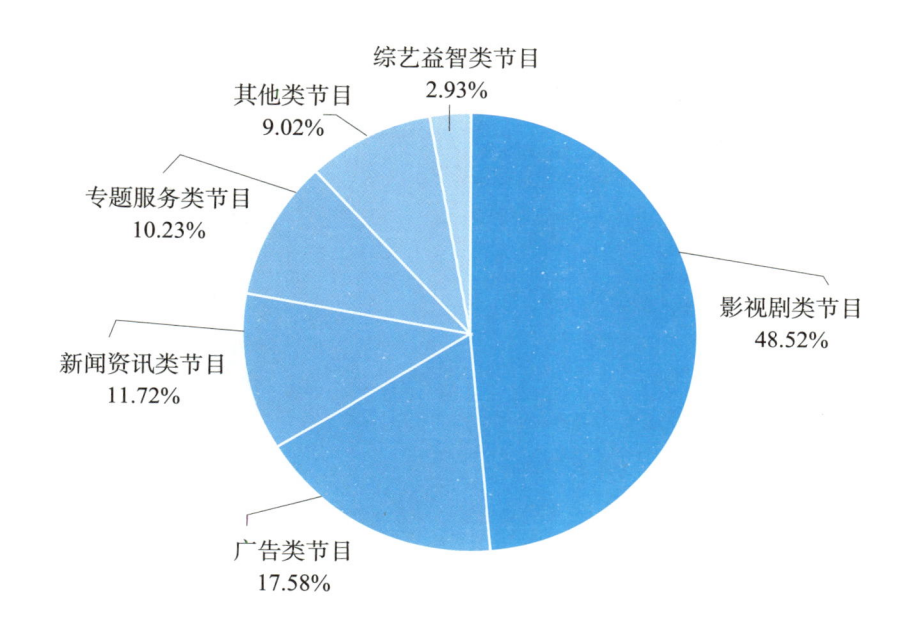

2021年宁波电视节目按类别播出时间情况

播出广播节目类别	时间（小时）	占全市电视节目播出时间比重（%）
新闻资讯类节目	9729	11.72
专题服务类节目	8488	10.23
综艺益智类节目	2431	2.93
影视剧类节目	40272	48.52
广告类节目	14590	17.58
其他类节目	7485	9.02
合计	82995	100.00

综艺益智类节目 6.99%
影视剧类节目 0.27%
其他类节目 8.75%
新闻资讯类节目 33.18%
广告类节目 21.10%
专题服务类节目 29.70%

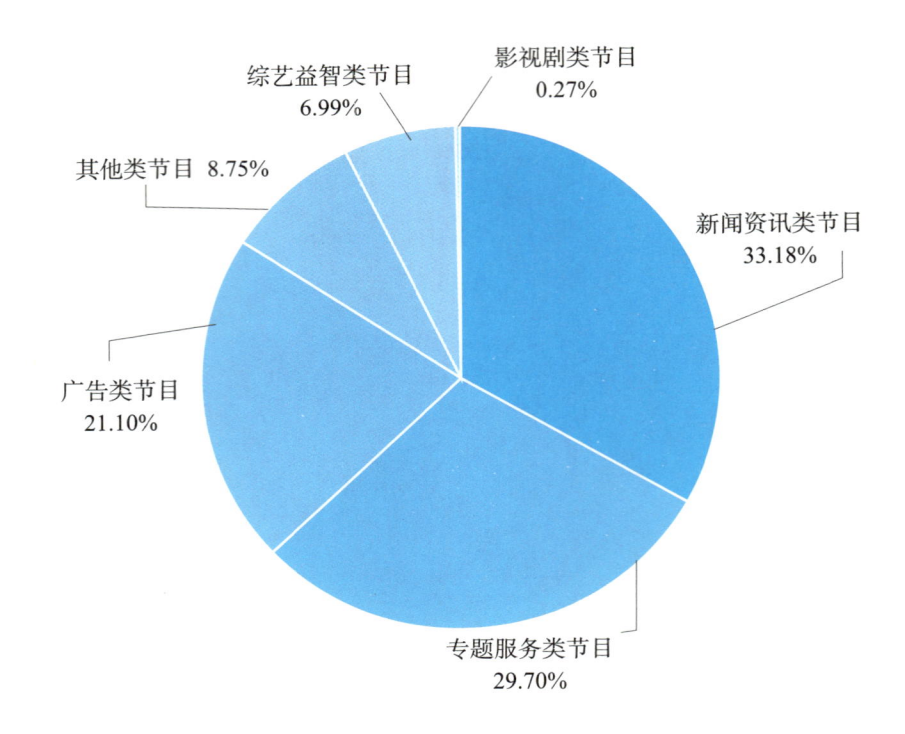

2021年宁波电视节目按类别制作时间情况

制作电视节目类别	时间（小时）	占全市电视节目制作时间比重(%)
新闻资讯类节目	3316	33.18
专题服务类节目	2969	29.70
综艺益智类节目	699	6.99
广告类节目	2109	21.10
影视剧类节目	27	0.27
其他类节目	875	8.75
合计	9995	100.00

2021年度浙江省广播电视获奖作品一览表

附录八

2021年度浙江省广播电视奖获奖一览表

一、广播电视奖

（一）广播电视新闻

1. 广播部分

奖级	作品标题	主创人员	报送单位
一等奖	《"红色情书"见初心》	吴巧、王秋萍、蒋博；编辑：沈弘磊、毛洲英	宁波人民广播电台
一等奖	《"天空没有留下翅膀的痕迹，但我已经飞过"》	沈弘磊、衡帅、刘天奇、沈棠燕、黄育莉；编辑：郭英杰、林玲、张钰倩	宁波人民广播电台
三等奖	《你好，封控区的"抗疫宝宝"》	吴梦帆、陈朔愉、马旭锋、韩林雍、施俊杰、徐立栋；编辑：张文波	镇海区新闻中心
三等奖	《冠军来了——"甬"夺五金背后的故事》	诸晓丽、翁常春、叶赵明、周凌辉、毛欣、罗以哲、叶秀少；编辑：刘莹、徐明明、毛洲英	宁波人民广播电台
三等奖	2021年11月25日《92新闻晚高峰》	集体（毛洲英、吕岸、王秋萍、王净、范轶轩、周凌辉）；编辑：集体（沈建华、吴福明、徐宇辉、曹国堂、顾迎燕、汪蓉）	宁波人民广播电台

续表

奖级	作品标题	主创人员	报送单位
三等奖	《云龙镇的两封倡议书》	洪晓薇、高佳胤、郁振潮、俞朝辉、秦玉权;编辑:李伟、崔颖	鄞州区广播电视台
三等奖	《一封尘封80年的"革命情书"》	吴梦帆、顾雁君、王霞、计怀斐、郑童、陈延鹏;编辑:吴梦帆、顾雁君	镇海区广播电视台

2. 电视部分

奖级	作品标题	主创人员	报送单位
一等奖	2021年7月1日《宁波新闻》	俞玲芳、闫全、赵兵;编辑:俞玲芳、闫全、赵兵	宁波电视台
二等奖	《"我叫党员!"——记台风"烟花"中一位平凡的党员志愿者》	籍梦、张恩、周海宇、徐硕;编辑:夏吉波	宁波电视台
二等奖	《杨倩:越努力越幸运》	金诚、何星烨、江涌、史宇健、张馨予;编辑:叶志达	宁波电视台
三等奖	《鄞州姑娘杨倩勇夺东京奥运会首枚金牌 打破鄞州奥运金牌零纪录》	徐焕、蔡科波、郁振潮;编辑:洪晓薇、李伟	鄞州区广播电视台
三等奖	《强蛟下渔95户村民无偿让出庭院 铺就滨海"共富路"》	张帆、赵士超、周艳阳;编辑:张帆、沈洁、尤慧婷	宁海县广播电视台
三等奖	《海之盐》	张芸飞、戚一、马景鑫、江云、李洁、许融斌、殷卓敏;编辑:崔澜莹	宁波电视台

(二)对外传播("金鸽奖")

奖级	作品标题	主创人员	报送单位
二等奖	《复兴路上逐梦人——被光点亮的人》	蔡丽莉、薛大炯、徐鼎、姚昊、钱力、求剑锋	宁波电视台

（三）服务类节目

奖级	作品标题	主创人员	报送单位
三等奖	《健康正能量特别关注——新冠疫苗接种进行时》	娄邵明、刘天奇、郭英杰、毛欣、马丹	宁波人民广播电台
三等奖	《"烟花"过境后，如何防疫防蛇虫？》	周言射、陈丹丹、刘晶嫒、朱宇波	宁波电视台

（四）内部参考（无）

（五）广播电视报刊新闻与专稿（无）

（六）对农节目

奖级	作品标题	主创人员	报送单位
一等奖	《守望乡村儿童 赋能乡村振兴》	储超、王雨卿、贺丛、杨眉、邬恒博、叶文彬	宁海县广播电视台
三等奖	《新农村》	徐霄鹏、陈霞、孙海苗、王一男、叶聪、娄智伟、吕晓	余姚市融媒体中心
三等奖	《"跨越山海"象山乡村产业空间发布活动》	金宇、石保青、吴启超、邱瑞娜、夏琪磊、王秉琪、吴敏勇、陈佳雯、王泽奇、张薇	象山县传媒中心
三等奖	《一本"小红书"打通"绿水青山"向"金山银山"的转换通道》	张慧英、徐观霖、王秉琪、屠世丹、金宇、金旭东	象山县广播电视台

（七）少儿节目

1.广播部分

奖级	作品标题	主创人员	报送单位
一等奖	《奥运冠军回来啦》	朱丹、贺叶、朱施展	鄞州区广播电视台

续表

奖级	作品标题	主创人员	报送单位
二等奖	《今天不上学之少年派》	袁鹤、毛洲英、张倩奕、叶赵明	宁波广播电视集团
三等奖	《白鹭纷飞 镇海更美》	黄建英、王霞、陈延鹏	镇海区广播电视台
三等奖	《奥运冠军离我那么近！》	徐宁、陈曦、胡旭霞	宁波广播电视集团

2.电视部分

奖级	作品标题	主创人员	报送单位
一等奖	《我爱我家》	严哲泳、姜娴、周衍、石丽虹	宁波广播电视集团
一等奖	《童心向党 山海同行——"请让我来帮助你"大型广场公益活动》	张霞、王桦楠、陈青禾、陈冬青、黄瑶汝、柴宁斐、孙燕、周仲昊	宁波广播电视集团
二等奖	《双减后的周末》	黄茫、周亮、丁丹斌、杨亮	余姚市广播电视台
二等奖	《草木华滋》	陆艺、余可歆、洪旭祺、高凌宵、颜逸超	镇海区广播电视台
二等奖	《"闪耀吧！少年"——2021 NBTV第六届少儿春晚》	任力廷、黄瑶汝、周成通、周仲昊、章天宁、石丽虹、柴宁斐、贺杨	宁波广播电视集团
三等奖	《跟着崔译文姐姐讲文明》	傅陈、李铁、胡盼盼、蒋豪、鲍骀科、应捷敏、王桃波	奉化区广播电视台

二、广播电视新媒体奖

奖级	作品标题	主创人员	报送单位
二等奖	《你敢测吗？|我的宁波气质竟然是……》	集体（陈炳、张科、潘修恒、周凯、张学文、劳超超、张宸琦、张文茜、杨彦翀、黄佳妙、吴亚晓）	宁波电视台
三等奖	《泪目！生死时速！宁波温度！#救援》	王骞亿、罗晶、姜新燕、郭英杰	宁波人民广播电台

附录八　2021年度浙江省广播电视获奖作品一览表

续表

奖级	作品标题	主创人员	报送单位
三等奖	《宁波制造——打造单项冠军之城》	罗建永、张馨予、励正、司陈锋、金敏、戚一、郑静峰、张健	宁波电视台
三等奖	《H5｜镇海"解封"！甬战"德尔塔"，凌厉十一招》	集体（邓少华、吴育新、梅子满、沈严、洪朕禹、毛雪娇、张悦、易鹤、张钱鸿、孔锡成、史米可、俞越、何巧巧、张颖）	宁波日报报业集团
三等奖	《H5｜红色文物告诉你》	徐千、孙景石、楼斯婷、李培妮、刘霞飞、刘文治	余姚市广播电视台
三等奖	《美兮·慈溪》	琼珊、胡安	慈溪市广播电视台
三等奖	《直播｜突发！两只糙齿海豚搁浅！宁海紧急救援……》	黄浓珍、应刘意、吴帅、邱雯雯、俞枝秀、李炯炯、杨矜矜、林佳怡	宁海县广播电视台

三、广播电视播音主持奖

奖级	作品标题	主创人员	报送单位
一等奖	《冠军来了！——"甬"夺五金背后的故事》	毛欣	宁波人民广播电台
一等奖	2021年3月29日《宁波新闻》	孙大彬	宁波电视台
二等奖	《划开宁波第一桨》	李侃、张倩奕、王净	宁波人民广播电台
二等奖	2021年7月1日《宁波新闻》	董寅寅	宁波电视台
二等奖	《杨倩：越努力越幸运》	张馨予	宁波电视台

四、广播电视学术论文奖

奖级	作品标题	主创人员	报送单位
二等奖	《连接、对抗、在场："云传播"时代的主播话语体系解构》	毛欣	宁波广播电视集团

325

续表

奖级	作品标题	主创人员	报送单位
三等奖	《城市广播亲子少儿类音频产品的开发与传播》	胡旭霞	宁波广播电视集团
三等奖	《重大突发事件与媒体应急机制》	屠彪	宁波广播电视集团

五、广播电视广告奖

奖级	作品标题	主创人员	报送单位
二等奖	《珍爱美丽地球》	杨翰钰、胡旭霞、罗红波	宁波广播电视集团
三等奖	《防诈口诀》	刘承煜	宁海县广播电视台
三等奖	《我是共产党员》	集体（郑萍、沈飞女、郑静峰、沈弘磊、沈世芳、邬周维、吴晟波、卢怡、陈贵积、王玮）	宁波广播电视集团

六、广播电视文艺奖

奖级	作品标题	主创人员	报送单位
一等奖	《大地知道我来过》	毛欣、郭英杰、黄育莉、马丹、戴洁敏、张箭锋	宁波人民广播电台
二等奖	《俞峰心中的黄河大合唱》	集体（宓锐、石丽虹、周成通、郑莹、姚慧慧、周仲昊、江锋、姜娴、严哲泳）	宁波电视台
二等奖	《在你身后，我看见了春天》	集体（郑萍、沈飞女、陈雅峰、沈弘磊、邬周维、吴晟波、陈贵积、卢怡、王玮）	宁波电视台
二等奖	《北京来信了》	集体（郑萍、沈飞女、沈弘磊、张箭锋、邬周维、吴晟波、陈贵积、张倩奕、王玮、范少俊、莫若铭、蒋辰石）	宁波电视台
二等奖	《菜场里的女作家》	申小轩、诸晓丽、胡建泽、徐迅、陈晔、杨浪	宁波人民广播电台

续表

奖级	作品标题	主创人员	报送单位
三等奖	《2021中国（宁波）大运河国际钢琴艺术节暨郎朗杯钢琴大赛开幕式》	翁莉娜、姜陈亚、林杭、张盈盈、魏林骎骎、毕静岩、杜勇、洪楠、王霁钦	宁波电视台

第六届（2021年度）浙江省纪录片"丹桂奖"获奖一览表

奖级	节目名称	主要完成人	报送单位
优秀短纪录片	《相遇·恰好》	王旭雷、刘萌鸣、高凌宵、王君美、陆楚楚	镇海区广播电视台
优秀长纪录片	《秘色之城》	徐伟明、李晋、Molly McEwan、朱星光、吴鑫、张科迪	宁波思华年影视文化传媒有限公司、宁波云享文化传媒有限公司
优秀系列纪录片	《三江汇处是吾乡》	李帆、杨哲、欧阳忠、李洁	宁波广播电视集团

2021年度浙江省广播节目技术质量"金鼎奖"获奖一览表

一、广播录制技术质量奖

奖级	节目名称	单位	主要完成人
一等奖	《向海而生》	宁波广播电视集团	陈晔、黄河、陈起来
一等奖	《怒吼吧黄河》	宁波广播电视集团	黄河、陈晔、忻震
一等奖	《中国明信片》	宁波广播电视集团	陈晔、黄河、齐亚坤
一等奖	《重逢》	宁波广播电视集团	陈晔、黄河、罗天琦
一等奖	《舞龙迎亚运》	象山县传媒中心	许周腾、郑科峰、孙平华

续表

奖级	节目名称	单位	主要完成人
一等奖	《破壳》	象山县传媒中心	郑科峰、许周腾、孙平华
一等奖	《冠军城》	北仑区传媒中心	江干宏、施齐杰
二等奖	《种太阳的人》	宁波广播电视集团	陈晔、黄河、孙刚鸿
二等奖	快板《为奥运冠军来点赞》	宁波广播电视集团	黄河、陈晔、辛静
二等奖	《我是光荣的劳动者》	宁波广播电视集团	陈晔、黄河、张静怡
二等奖	《梅园往事》	宁波广播电视集团	陈晔、黄河、罗天琦
二等奖	《起飞》	镇海广播电视台	嵇波、崔春天、王建敏
三等奖	甬剧《拔兰花》	宁波广播电视集团	黄河、陈晔、罗天琦
三等奖	《在战火硝烟中挺立》	北仑区传媒中心	江干宏、施齐杰
三等奖	《古筝将军令》	北仑区传媒中心	江干宏、施齐杰
三等奖	《最美的时光在路上》	北仑区传媒中心	江干宏、施齐杰
三等奖	《瞿秋白》	镇海广播电视台	虞杲红、许坚刚、董珍怡

二、广播播出技术质量奖

奖级	单位	主要完成人
一等奖	宁波广播电视集团	陈起来、孙刚鸿、忻震、赵勇、丁小敏、黄河、黄准、张立影、吴挺、吴海翔
三等奖	北仑区传媒中心	江干宏、施齐杰

2021年度浙江省电视节目技术质量"金鼎奖"获奖一览表

一、电视播出技术质量奖

奖级	单位	主要完成人
一等奖	宁波广播电视集团	吴石松、吴晨海、戴宏斌、李洪波、毛迅成、鲍岳伟、黄银萍、姜梁、张翰鹏、樊峥、孙亦炜、周静海

续表

奖级	单位	主要完成人
三等奖	北仑区传媒中心	陈建伟、黄汇宇、赵甲飞、白净
三等奖	镇海广播电视台	虞昊红、傅景涛、董珍怡、陈桢、嵇波、崔春天
三等奖	宁波大榭开发区传媒中心	林浩、胡良兵、方军、王乔晖

二、高清电视录制技术质量奖

奖级	节目名称	单位	主要完成人
一等奖	《宁波新闻》	宁波广播电视集团	金雄翔、王征新、姚庆波、周亚波
一等奖	《看点》	宁波广播电视集团	夏樱芝、乐袁、李奇阜、陈莎莎
一等奖	《一湖诗语》	宁波广播电视集团	袁琼妮、徐益峰、夏樱芝
一等奖	《经济生活频道形象宣传篇》	宁波广播电视集团	陈列铭、黄晶俊、吴颖丹
二等奖	《梅华和他们的孩子们》	宁波广播电视集团	俞敏、乐袁、顾晓宇、应可进
二等奖	《海之盐》	宁波广播电视集团	林雯瑾、戚一、刘冬平、张芸飞
二等奖	《宁波市庆祝中国共产党成立100周年文艺晚会》	宁波广播电视集团	干一润、潘白涛、谢联斌、陆琦、乐袁、应可进
二等奖	《新版人民币——为您的生活添光彩》	宁波广播电视集团	王晨、李炯、岑迪来
二等奖	《看看看》	宁波广播电视集团	徐夏丹、陈波迪、朱旭杰
二等奖	《镇海新闻》	镇海广播电视台	陈桢、傅景涛、虞昊红、嵇波
二等奖	《飞岩》	象山县传媒中心	聂芳芳、郑科峰、许周腾、刘竞成
二等奖	《为你而来》	镇海广播电视台	崔春天、傅景涛、董珍怡

续表

奖级	节目名称	单位	主要完成人
三等奖	《北仑新闻》	北仑区传媒中心	谢彪、赵甲飞、贺佳、叶建建
三等奖	《跨越山海的情谊》	镇海广播电视台	嵇波、董珍怡、虞杲红

2021年浙江省广播电视科技创新项目"金潮奖"获奖一览表

奖级	项目名称	完成单位	完成人
一等奖	基于交互终端+大数据的节目收视智慧分析系统	宁波华数广电网络有限公司、宁波广电集团	钟发松、徐鸿乾、孙欣、陈起来、吴石松、林灵、董磊、杨沪辉
一等奖	基于AIoT数据分析的社区融媒宣传应用系统	宁波广播电视集团、宁波市无线城市运营有限公司、宁波华数广电网络有限公司	王伟、钟发松、武开有、陈起来、徐鸿乾、董万春、周全、缪志敏
一等奖	基于星型传播架构的慈溪融媒体中心融媒制播一体化系统	慈溪市融媒体中心	冯立中、张登尔、费宇晖、洪涛、胡建人、徐芳芳、孙丹勇、胡文成
一等奖	基于智能应急广播的国土资源管理平台	余姚市融媒体中心、宁波智想科技有限公司	叶逢春、杨兴浩、朱斌、汤建良
一等奖	广电综合自助服务终端网络体系的设计与实践	宁波华数广电网络有限公司	钟发松、徐鸿乾、王晨明、毛俊豪、顾叶丹
一等奖	项目管理在高清化播出在线技术改造中的应用与实践	宁波广播电视集团	吴石松、王伟
二等奖	宁海中波发射台迁建工程	宁波广播电视集团	黄培建、袁汉君、周剑、叶亦能、薛乾乾、傅尔辉、童亿若、郑晓夏

续表

奖级	项目名称	完成单位	完成人
二等奖	宁波广电集团原播控系统高清化在线改造工程	宁波广播电视集团	王伟、谢辉珍、吴石松、戴宏斌、吴晨海、葛晓雷、李洪波、陈荣海
二等奖	基于物联网数据接入平台的智慧停车系统项目	宁海广电网络有限公司、宁波华数广电网络有限公司海曙分公司	陈健海、陈述、胡杰敏、葛益、徐世吉、王卫飞、李文杰、刘存明
二等奖	广电省级5G平台建设发展的分析及思考	宁波华数广电网络有限公司	楼昶、李仲祥、高峰
二等奖	基于国家、市、县三级平台联网联动联播的全域应急广播模式的探索与实践	宁波广播电视集团	庄奇斌、陈起来
二等奖	基于卷积神经网络的监控图像智能分析系统	宁波广播电视集团	郑凯辉、黄培建
二等奖	发射安播业务智慧化的具象思考和技术实践	宁波广播电视集团	黄培建
二等奖	超融合架构平台在发射监控系统中的应用	宁波广播电视集团	庄严
二等奖	多媒体智能融合的象山县融媒体指挥中心技术平台	象山县传媒中心	李仁德、许周腾、干磊、郑科峰、刘竞成、方永东、齐国府、汤雪巧
三等奖	基于"智慧广电＋数字孪生"的社会综合治理平台	余姚市融媒体中心、宁波智想科技有限公司	叶逢春、杨兴浩、朱斌、汤建良
三等奖	"5G+"多形态移动转播系统	宁波广播电视集团、中国联合网络通信有限公司宁波市分公司	谢辉珍、程波、王征新、刘金强、干一润、潘白涛、王友琴、马建锋

续表

奖级	项目名称	完成单位	完成人
三等奖	基于移动互联网语音互动的广播融媒直播区	宁波广播电视集团广播技术中心	陈起来、孙刚鸿、忻震、赵勇、黄准、丁小敏、吴挺、张立影

2021年浙江省广播电视技术能手竞赛获奖一览表

奖级	项目	单位	姓名
二等奖	客服代表	宁波华数广电网络有限公司	陆金娟
三等奖	网络安全	慈溪市广播电视台	赵战战
三等奖	网络安全	宁波广播电视集团	孙旻
三等奖	装维技能	宁波江北华数广电网络有限公司	吕昊
三等奖	客服代表	慈溪市广播电视台	陆红霞

第十四届浙江飘萍奖一览表

序号	姓名	单位	荣誉称号
1	毛洲英	宁波广播电视集团	第十四届浙江飘萍奖

2021年度宁波市广播电视获奖作品一览表

附录九

2021年度宁波市广播电视奖获奖作品名单目录

一、广播电视新闻奖

（一）广播新闻

一等奖（8件）

序号	作品标题	主创人员	报送单位
1	消息：《宁波"00后"小将杨倩为中国勇夺东京奥运会首金》	周凌辉、王秋萍、胡旭霞；编辑：沈弘磊、毛洲英	宁波广播电视集团
2	消息：《"数字水利一张图"让治水更智能》	赵怡、严小和、黄罕；编辑：黄央芳	慈溪市融媒体中心
3	消息：《全国最大的海岸滩涂渔光互补光伏项目今天成功并网发电》	周春梅、邱瑞娜、徐静、陈亚琴；编辑：周春梅、陈亚琴	象山县传媒中心
4	评论：《奥运"五金"启示录》	周凌辉、王秋萍、翁常春；播音：张倩奕；编辑：沈弘磊、胡旭霞、毛洲英	宁波广播电视集团
5	新闻专题：《〈锻造东方大港的"硬核"力量〉——写在宁波舟山港集装箱运输突破3000万标箱之际》	吴巧、王秋萍、钱志瑶、王一晴；编辑：沈弘磊、郑静峰、毛洲英	宁波广播电视集团

续表

序号	作品标题	主创人员	报送单位
6	新闻专题：《云龙镇的两封倡议书》	洪晓薇、高佳胤、郁振潮、俞朝辉、秦玉权；编辑：李伟、崔颖	鄞州区融媒体中心
7	社教专题：《"天空没有留下翅膀的痕迹，但我已经飞过"》	沈弘磊、衡帅、刘天奇、沈棠燕、黄育莉；编辑：郭英杰、林玲、张钰倩	宁波广播电视集团
8	社教专题：《一封尘封80年的"革命情书"》	吴梦帆、顾雁君、王霞、计怀斐、郑童、陈延鹏；编辑：吴梦帆、顾雁君	镇海区新闻中心

二等奖（11件）

序号	作品标题	主创人员	报送单位
1	消息：《宁波组团打造"不停航"办证新模式，在全国尚属首次》	吴巧、王秋萍、郑静峰；编辑：沈弘磊、毛洲英	宁波广播电视集团
2	消息：《"三宝"书记方国君》	赵丽萍；编辑：赵丽萍	江北区全媒体中心
3	消息：《"残疾三宝"用爱点亮生命之光》	宋文、唐梦阳、范晓磊；编辑：宋文、刘姗、吴小平	北仑区传媒中心
4	消息：《时隔93年 裘古怀烈士"重回"故里》	沈旭琴、夏亦蓟、王层裕、俞晖；编辑：邢良军	奉化区融媒体中心
5	消息：《95户村民集体让地 铺就渔村共富路》	周艳阳、雷洋、张帆、赵世超；编辑：周艳阳、张秀珍	宁海传媒集团
6	系列（连续）报道：《"红色情书"见初心》	吴巧、王秋萍、蒋博；编辑：沈弘磊、毛洲英	宁波广播电视集团
7	系列（连续）报道：《你好 封控区的抗疫宝宝》	吴梦帆、陈朔愉、韩林雍、施俊杰、徐立栋、王丹丹；编辑：张文波	镇海区新闻中心
8	广播评论：《防止戴口罩的形式主义》	孙海苗、郑杰锋、徐霄鹏；编辑：王圣仁、阮占君、李宏伟	余姚市融媒体中心

续表

序号	作品标题	主创人员	报送单位
9	社教专题：《同一首歌，用一片海》	申小轩、沈欣、朱宣瑾；编辑：马莎、胡建泽、邵怡	宁波广播电视集团
10	新闻节目编排：《92新闻晚高峰》	集体（毛洲英、吕岸、王秋萍、王净、范轶轩、周凌辉）；编辑：集体（沈建华、吴福明、徐宇辉、曹国堂、顾迎燕、汪蓉）	宁波广播电视集团
11	新闻访谈节目：《冠军来了——"甬"夺五金背后的故事》	诸晓丽、翁常春、叶赵明、周凌辉、毛欣、罗以哲、叶秀少；编辑：刘莹、徐明明、毛洲英	宁波广播电视集团

三等奖（14件）

序号	作品标题	主创人员	报送单位
1	消息：《让"双减"落地更有温度，镇海这所学校推出教师"无理由休息券"》	林晓艳、邵少杰、吴梦帆、颜鲁伊；编辑：林晓艳	镇海区新闻中心
2	消息：《北仑通过全省首个"打捆"环评报告审批》	邵晶靖、李平、唐梦阳、王越；编辑：严武意、张华	北仑区传媒中心
3	消息：《贫困母亲辞世独留女儿，17位医护人员建群默默接力资助》	俞佳伟、司徒凯；编辑：崔颖、张义朝	鄞州区融媒体中心
4	消息：《高空扔酒瓶被判刑 宁波首例高空抛物罪案件当庭宣判》	俞佳伟、秦玉权；编辑：崔颖、徐国春	鄞州区融媒体中心
5	消息：《孕妇脐带脱垂 奉化医护人员9分钟生死救援》	方振；编辑：沈旭琴	奉化区融媒体中心
6	消息：《井头山遗址发现中国最早漆器》	吕莹、郑杰锋；编辑：王圣仁、苏英英	余姚市融媒体中心

续表

序号	作品标题	主创人员	报送单位
7	消息：《宁海县职教中心师生坚持卖废品30年 资助千名贫困学子》	陈俊、王鹆涞、刘承煜；编辑：张秀珍、周艳阳	宁海传媒集团
8	消息：《浙江省渔船精密安全智控系统今天在象山启动》	邱瑞娜、金宇、周春梅；编辑：陈亚琴	象山县传媒中心
9	系列（连续）报道：《大数据下的"小生活"》	梁瑾；编辑：郭英杰、项北	宁波广播电视集团
10	系列（连续）报道：《微观党史·我家的故事》	宋文、徐澍、郭智博、吴美娜；编辑：宋文、刘姗	北仑区传媒中心
11	新闻专题：《"组团一起走，奔向共富路"——慈溪探索党建引领乡村片区组团发展之路》	黄励咪、王天明、刘芸、徐国斌、叶佳颖；编辑：黄央芳	慈溪市融媒体中心
12	新闻专题：《少数民族姐妹情 共富路上领路人——彝族女茶光菊的故事》	陈亚琴、邱瑞娜、周春梅；编辑：金宇、石保青、刘德雅	象山县传媒中心
13	社教专题：《最好的纪念》	申小轩、李博、杨浪、朱宣瑾；编辑：张轶宁、舒风、倪乐融	宁波广播电视集团
14	新闻访谈：《菜场里的女作家陈慧》	陈霞、孙海苗、娄智伟、傅森；编辑：叶聪、娄城、吕晓	余姚市融媒体中心

（二）电视新闻

一等奖（9件）

序号	作品标题	主创人员	报送单位
1	消息：《镇海炼化白鹭园成为国内石化行业首个白鹭天然栖息地》	屠佳祺、罗建永、王肃；编辑：俞玲芳	宁波广播电视集团

续表

序号	作品标题	主创人员	报送单位
2	消息：《宁波舟山港：数字化助力硬核建设 年集装箱吞吐量首破3000万标箱》	司陈锋、罗建永、叶武、董寅寅、刘智超；编辑：赵兵	宁波广播电视集团
3	消息：《"我叫党员！"——记台风"烟花"中一位平凡的党员志愿者》	籍梦、张恩、周海宇、徐硕；编辑：夏吉波	宁波广播电视集团
4	消息：《一个人的艺考 一群人的坚守》	马旭峰、施俊杰、周芳、袁力波；编辑：张文波	镇海区新闻中心
5	消息：《宁波舟山港荣膺中国港口界首个中国质量奖》	严健中、郝玉亮、王越、张华；编辑：曾丹华、严武意、石梦蕴	北仑区传媒中心
6	消息：《强蛟下渔95户村民无偿让出庭院 铺就滨海"共富路"院 铺就滨海"共富路"》	张帆、赵士超、周艳阳；编辑：张帆、沈洁、尤慧婷	宁海传媒集团
7	消息：《"摸底大考" 亚帆中心交出完美答卷》	徐静、周春梅、董蒙蒙、贺林汕；编辑：朱磊、励静静	象山县传媒中心
8	新闻专题：《复兴路上：勇立潮头》	集体（钱力、姚昊、蔡丽莉、李剑飞、求剑锋、金永亮、虞航、吴金城、薛大炯、徐鼎、徐涵、汪昊、张俊、陈列铭、吴昌文）；编辑：集体（李可、丁杨明、徐明明、罗建永、高红明）	宁波广播电视集团
9	新闻访谈：《杨倩：越努力越幸运》	金诚、何星烨、江涌、史宇健、张馨予；编辑：叶志达	宁波广播电视集团

二等奖（14件）

序号	作品标题	主创人员	报送单位
1	消息：《（防御台风"烟花"）"敲门书记"陈海燕：与台风"赛跑"提前转移70位居民》	郁雨绮、罗彪、林晨雨；编辑：董颖超	江北区全媒体中心

续表

序号	作品标题	主创人员	报送单位
2	消息：《鄞州姑娘杨倩勇夺东京奥运会首枚金牌 打破鄞州奥运金牌零纪录》	徐焕、蔡科波、郁振潮；编辑：洪晓薇、李伟	鄞州区融媒体中心
3	消息：《病床前的这根红绳"牵"动人心》	章璐晶、司徒凯、俞朝辉；编辑：洪晓薇、李伟	鄞州区融媒体中心
4	消息：《小生命无恙！感谢医生9分钟托举脐带》	方振、宗发旺、郑连乔；编辑：邢良军	奉化区融媒体中心
5	消息：《一个老兵 一面国旗 三代传承》	吴奇林、徐国斌、龚森杰、张存凯；编辑：吴奇林	慈溪市融媒体中心
6	消息：《古林镇卫生院开出水上"流动诊室"》	秦福海；编辑：周舟、丁晓婷	海曙区全媒体中心
7	系列（连续）报道：《蹲点日记：抗疫进行时》	王佩璐、吴金城、蔡丽莉、梁静君、虞航、徐涵、汪昊、曹力；编辑：周书畅、林丽媛、何枫	宁波广播电视集团
8	系列（连续）报道：《丈量象山最美海岸线》	李延毅、励争臻、楼璐、楼李武、许波、朱磊、贺梓钊、张慧英；编辑：金宇、石保青	象山县传媒中心
9	电视评论：《让宅基地"活"起来》	李剑飞、钱其杰、薛大炯、虞航、童振祥；编辑：求剑锋、姚昊、金永亮	宁波广播电视集团
10	新闻专题：《卖杂货的女作家》	庄钒、江涌、张馨予、叶志达；编辑：何星烨、许建树	宁波广播电视集团
11	社教专题：《海之盐》	张芸飞、戚一、马景鑫、江云、李洁、许融斌、殷卓敏；编辑：崔斓莹	宁波广播电视集团

附录九　2021年度宁波市广播电视获奖作品一览表

续表

序号	作品标题	主创人员	报送单位
12	社教专题：《一城五金！地市之首！——探寻甬城奥运金牌井喷的奥秘》	集体（冯勇、徐驰、邵磊、陈方晓、郭栋、章天宁、蒋昕、林明、张聪、任宇鹏、周仲昊、蔺鲁、冯喆）；编辑：徐驰	宁波广播电视集团
13	新闻现场直播：《奋力防御"烟花"特别报道》2021年7月25日15点档	集体（俞玲芳、赵兵、王勤刚、王宇权、蔡非帆、徐扬、张馨予、林益柏、邬晓燕、徐旭之、屠佳祺、陈蕾、秦萍、陈彦如）；编辑：俞玲芳、赵兵	宁波广播电视集团
14	新闻节目编排：2021年7月1日《宁波新闻》	俞玲芳、闫全、赵兵	宁波广播电视集团

三等奖（18件）

序号	作品标题	主创人员	报送单位
1	消息：《全国最大海岸滩涂渔光互补光伏项目今天并网发电》	蔡非帆、刘智超、赵兵；编辑：赵兵	宁波广播电视集团
2	消息：《"大心脏"宁波姑娘射落东京奥运首金》	贺辛欣、史宇健、金诚；编辑：叶志达、忻圆	宁波广播电视集团
3	消息：《亚洲最大海上枢纽互通工程今全面开工建设》	贝顼、刘云、汤越、徐幼蕾；编辑：王马飞	镇海区新闻中心
4	消息：《北仑：打造铸牢中华民族共同体意识示范先行的"浙江样本"》	范晓磊、舒一展、张国辉；编辑：曾丹华、张华	北仑区传媒中心
5	消息：《凌晨有人偷盗电动车外卖小哥飞身擒贼》	秦玉权、俞佳伟；编辑：崔颖、朱越	鄞州区融媒体中心
6	消息：《汪顺：我做到了！让国旗在东京飘扬，让国歌在东京奏响》	张裕定、何好斌；编辑：沈旭琴	奉化区融媒体中心

宁波广电蓝皮书
宁波广播电影电视发展报告（2022）

续表

序号	作品标题	主创人员	报送单位
7	消息：《我市用革命文物"活教材"讲好红色故事》	孙海苗、方镇勇；编辑：陆小玲	余姚市融媒体中心
8	消息：《一家三口一氧化碳中毒 民警展开生死救援》	胡琼；编辑：陆艳艳	慈溪市融媒体中心
9	消息：《我县职教中心师生坚持卖废品30年 资助千名贫困学子》	陈俊、王鹁涞；编辑：葛斌斌	宁海传媒集团
10	消息：《共富课堂挤爆新春果园》	励申之、石保青；编辑：郑琪	象山县传媒中心
11	系列（连续）报道：《小忻逛名村》	忻圆、姜涛、贺辛欣；编辑：叶志达	宁波广播电视集团
12	系列（连续）报道：《四明山镇着力绘好"四明山居图"》	孙海苗、方镇勇、胡晓东、翁明敏、傅森、马亚萍；编辑：王圣仁、阮占君、陆小玲	余姚市融媒体中心
13	系列（连续）报道：《小巨人企业启示录》	徐国斌、张金科、刘芸；编辑：吴奇林	慈溪市融媒体中心
14	系列（连续）报道：《奋斗百年路 启航新征程·为无名烈士寻亲》	陈俊、胡维、丁倩倩、王鹁涞、潘云翔、杨思敏、陈锦波、方岑；编辑：朱邦安、葛斌斌、童振祥	宁海传媒集团
15	新闻专题：《车轮上的日与夜》	周芳、施俊杰、刘云、吴梦帆、张文波、方园园、罗婷婷；编辑：张文波	镇海区新闻中心
16	新闻专题：《外科医生杨科跃：定格"治愈的笑容" 定格医患温情与信任》	李伟、徐焕；编辑：洪晓薇	鄞州区融媒体中心
17	社教专题：《滑板姑娘》	伍珊、傅莉丽、何斌、刘昊；编辑：张美庭	宁波广播电视集团
18	新闻节目编排：2021年4月6日《奉视新闻》整档	卢毅、邢良军、张裕定	奉化区融媒体中心

二、纪录片·服务类·内参

（一）纪录片（播出机构）

一等奖（2件）

序号	作品标题	主创人员	报送单位
1	短纪录片：《相遇·恰好》	王旭雷、刘萌鸣、高凌宵、刘健、陆楚楚	镇海区新闻中心
2	长纪录片：《消失的宝顺轮》	赵军、吴晟波、郑萍、沈飞女、张箭锋、王玮	宁波广播电视集团

二等奖（4件）

序号	作品标题	主创人员	报送单位
1	微纪录片：《乡建》	郑萍、沈飞女、张健、张箭锋、赵军、吴晟波；制片人：王玮	宁波广播电视集团
2	微纪录片：《她从新疆来》	王黎东、郝玉亮、杜倩、卢彦伯	北仑区传媒中心
3	短纪录片：《晒盐》	金旭东、李延毅、夏琪磊、郑伦、金宇、张薇	象山县传媒中心
4	系列纪录片：《三江汇处是吾乡》	李帆、杨哲、欧阳忠、李洁	宁波广播电视集团

三等奖（4件）

序号	作品标题	主创人员	报送单位
1	微纪录片：《花甲校长》	郭国伟、钱丰、虞夕红、吕彦续	北仑区传媒中心
2	微纪录片：《宁波作家 艺术家走运河》	鲁旭安、鲁纯晓雪	余姚市融媒体中心
3	短纪录片：《滞留在大货车上的日与夜》	刘云、吴梦帆、张文波	镇海区新闻中心
4	短纪录片：《回家》	吴奇林、胡君央、施丹雅、杨建城	慈溪市融媒体中心

（二）纪录片（社会机构）

序号	奖项名称	作品标题	主创人员	报送单位
1	最佳长纪录片奖	《秘色之城》	徐伟明、李晋、Molly McEwan、朱星光、吴鑫、张科迪	宁波思华年影视文化传媒有限公司、宁波云享文化传媒有限公司
2	优秀微纪录片奖	《传奇人民音乐家——冼星海》	江权、穆世兵、王泽辉	宁波市江权文化传媒有限公司
3	优秀短纪录片奖	《天上人间 康藏秘境》	王冀杭、赵鹏扬、方煜琦	魔灯（宁波）影业有限公司
4	优秀系列纪录片奖	《宁波老字号——幸福小康路》	陈峰、王钰锋、周姿歆、徐中顺、赵阳、汪海炳	宁波众诚文化传播有限公司

注：上表最佳奖等同宁波市广播电视节目奖一等奖，优秀奖等同宁波市广播电视节目奖二等奖。

（三）服务类节目

一等奖（4件）

序号	作品标题	主创人员	报送单位
1	广播服务类：《健康正能量特别关注——新冠疫苗接种进行时》	娄邵明、刘天奇、郭英杰、毛欣、马丹	宁波广播电视集团
2	广播服务类：《赢在高考》——2021高考志愿填报特别节目	刘承煜、唐珊珊、周艳阳、张洪睿、雷洋、林琦	宁海传媒集团
3	电视服务类：《"烟花"过境后，如何防疫防蛇虫？》	周言射、陈丹丹、刘晶媛、朱宇波	宁波广播电视集团
4	电视服务类：《医保电子凭证宣传片》	胡欣、鲍吉丽、李铁	奉化区融媒体中心

二等奖（4件）

序号	作品标题	主创人员	报送单位
1	广播服务类：《共筑免疫屏障 你我一臂之力》	周月、石瑜莹、李侃、毛洲英、钱志遥、黄河	宁波广播电视集团
2	电视服务类：《快乐运动 健康生活》	王博众、张美庭、梁佳慧、程国华、李科	宁波广播电视集团
3	电视服务类：《健康呼吸 无与伦比》	梁佳慧、张美庭、程国华、李科	宁波广播电视集团
4	电视服务类：《水果"维C之王"大揭秘》	王嫣、张炎、陈宁宁、陈艳	鄞州区融媒体中心

三等奖（7件）

序号	作品标题	主创人员	报送单位
1	广播服务类：《不再流浪，带你回家》	杨新宇、马雪儿	北仑区传媒中心
2	广播服务类：《如何预防近视及选配近视眼镜》	孙佳鑫	鄞州区融媒体中心
3	电视服务类：《奉话健康之"青春之心灵、青春之少年"》	李铁、胡欣、王桃波、应婕敏、鲍骀科、蒋豪	奉化区融媒体中心
4	电视服务类：《打卡吧青年》	虞夕红、张强、钱丰、郭国伟、张佳丽、吕彦续	北仑区传媒中心
5	电视服务类：《来吧 带你玩转横山岛》	储超、李江林、杨眉、叶文彬、王雨卿、任敏	宁海传媒集团
6	电视服务类：《健康鄞州 听医生讲：关注胃食管反流病》	潘淑瑶、陈艳、朱梓榭、杨超	鄞州区融媒体中心
7	电视服务类：《尝尝阿拉慈溪的味道》	朱松青、黄央芳、罗羽璐	慈溪市融媒体中心

（四）内部参考

一等奖（1件）

序号	作品标题	主创人员	报送单位
1	文字内参：《菜市场限塑令何以"限速"》	吴昊、王秋萍、徐湘秀、吕岸、毛洲英	宁波广播电视集团

二等奖（1件）

序号	作品标题	主创人员	报送单位
1	文字内参：《干旱缺水持续加重 限水措施执行有待加强》	严小和	慈溪市融媒体中心

三等奖（2件）

序号	作品标题	主创人员	报送单位
1	影像内参：《我区商铺"三合一"场所消防安全隐患严重》《我区商铺"三合一"场所得到全面清理和整顿》	包晔、赵前进、胡莎莎、王越、郭智博	北仑区传媒中心
2	文字内参：《劣五类水消而不灭 谨防"五水共治"后劲不足》	邱瑞娜、陈亚琴、贺林汕、石保青、金宇	象山县传媒中心

三、广播电视文艺奖

（一）广播文艺

一等奖（3件）

序号	作品标题	主创人员	报送单位
1	音乐节目：《〈我们这片土地〉——交响乐作品〈宁波组曲〉赏析》	仇芳华、张箭锋、邬宵蕾、周竞敏、诸晓丽、黄河	宁波广播电视集团
2	综艺节目：《大地知道我来过》	毛欣、郭英杰、黄育莉、马丹、戴洁敏、张箭锋	宁波广播电视集团
3	戏曲·曲艺节目：《特殊的"遗产"，别样的继承——宁海平调原创小戏〈争遗产〉》	唐珊珊、雷洋、张洪睿、刘承煜、周艳阳、张秀珍	宁海传媒集团

二等奖（5件）

序号	作品标题	主创人员	报送单位
1	音乐节目：《唱支山歌给党听 2021》	王珺、陈曦、毛洲英、张倩	宁波广播电视集团

续表

序号	作品标题	主创人员	报送单位
2	文学节目：《菜场里的女作家》	申小轩、诸晓丽、胡建泽、徐迅、陈晔、杨浪	宁波广播电视集团
3	戏曲·曲艺节目：《风雪中的墙》	邬宵蕾、周竞敏、陈雅峰、洪桦、仇芳华、任驰群	宁波广播电视集团
4	文学节目：《文学的力量——〈坏小孩〉赏听》	王芳、赵磊、朱丹	鄞州区融媒体中心
5	综艺节目：《母慈子孝？鸡飞狗跳！》	宋凯、凌白	奉化区融媒体中心

三等奖（6件）

序号	作品标题	主创人员	报送单位
1	音乐节目：《古曲新韵听国潮》	周琪、朱宣瑾、舒风、张轶宁、张睿、黄河	宁波广播电视集团
2	文学节目：《大樟树下烹鲤鱼》	毛欣、黄育莉、张自通、张婷玉、朱帅、胡建泽	宁波广播电视集团
3	音乐节目：《百年红歌——永不消失的歌声》	孙平华、刘德雅、金宇、张蓉丽	象山县传媒中心
4	音乐节目：《〈龙泉山下〉——唱响阳明故里》	朱杨、陈霞、王锦	余姚市融媒体中心
5	文学节目：《延安精神耀慈溪——新中国的电影拓荒者》	傅静雯	慈溪市融媒体中心
6	综艺节目：《蜕变——花甲之年宁镇路的变迁》	沈佳乐、李练娴、陈延鹏、姚嘉楠、黄建英、王霞、李子昕	镇海区新闻中心

（二）电视文艺

一等奖（4件）

序号	作品标题	主创人员	报送单位
1	艺术片：《在你身后，我看见了春天》	郑萍、沈飞女、吴晟波、陈雅峰、张箭锋、陈贵积	宁波广播电视集团

续表

序号	作品标题	主创人员	报送单位
2	综艺节目：《2021中国（宁波）大运河国际钢琴艺术节暨郎朗杯钢琴大赛开幕式》	翁莉娜、姜陈亚、林杭、张盈盈、魏林骎骎、毕静岩、杜勇、洪楠、王霁钦	宁波广播电视集团
3	音乐节目：《北仑》MV	史虹亮、郝玉亮、石梦蕴	北仑区传媒中心
4	音乐节目：《亲》	何顺、王科杰、王旭雷、高凌宵、刘健	镇海区新闻中心

二等奖（5件）

序号	作品标题	主创人员	报送单位
1	音乐节目：《北京来信了》	集体（郑萍、沈飞女、吴晟波、张箭锋、陈贵积、范少俊、莫若铭、蒋辰石）	宁波广播电视集团
2	音乐节目：《俞峰心中的黄河大合唱》	集体（宓锐、石丽虹、周成通、郑莹、周仲昊、江锋、姜娴、严哲泳）	宁波广播电视集团
3	专题片：《古村情怀》	黄茫、张晓炯	余姚市融媒体中心
4	艺术片：《醇味年华》	金旭东、胡渊博、胡绿茵、罗彦博、金宇	象山县传媒中心
5	综艺节目：《守好红色根脉 传承百年初心》	朱松青、黄央芳、岑政阳、李俏萱	慈溪市融媒体中心

三等奖（7件）

序号	作品标题	主创人员	报送单位
1	音乐节目：《鲜了八千年》	杨彦翀、潘志君、张科、陈炳、徐诗梦、吴亚晓	宁波广播电视集团
2	综艺节目：《疫情下的温暖》	林宏宙、屠一栋、史高青、张叶璐、韩震宇、周海宇、周燕	宁波广播电视集团

续表

序号	作品标题	主创人员	报送单位
3	音乐节目：《太阳花开》主题曲	李巧燕、华瑛、王晓丹、余婷婷、童泽芝、杨显峰	宁海传媒集团
4	音乐节目：奉化撤市设区五周年MV《听我说爱你》	成功、周渊民、胡盼盼、宋凯、孙嘉阳	奉化区融媒体中心
5	综艺节目：《满园"鄞"龄耀春晖 迎新春文艺晚会》	孙佳鑫、洪晓薇、李伟、朱越	鄞州区融媒体中心
6	文学节目：《十二月的春风》	集体（徐崇禧、陈延鹏、胡嵘、徐长艳、董启明、陈潇、仇凯、方迎丹）	镇海区新闻中心
7	综艺节目：《百年风华 青春正茂——宁波市北仑区庆祝建党100周年主题晚会》	曹跃、张强、张昀	北仑区传媒中心

四、广播电视播音主持奖

（一）广播播音主持

一等奖（3件）

序号	作品标题	主创人员	报送单位
1	文艺及其他播音：《划开宁波第一桨》	李侃、王净、张倩奕、王一晴	宁波广播电视集团
2	文艺及其他播音：《讲述——方妈妈和她的慢飞天使》	林琦、张洪睿	宁海传媒集团
3	新闻主持：《冠军来了！——"甬"夺五金背后的故事》	毛欣	宁波广播电视集团

二等奖（5件）

序号	作品标题	主创人员	报送单位
1	新闻播音：《92新闻晚高峰》	范轶轩	宁波广播电视集团

续表

序号	作品标题	主创人员	报送单位
2	文艺及其他播音：《菜场里的女作家》	陈沨韵、胡建泽	宁波广播电视集团
3	服务类主持：《上班晚一点》	尹思源	宁波广播电视集团
4	服务类主持：《关于消费预充值的那些事》	朱施展	鄞州区融媒体中心
5	服务类主持：《你的眼睛在发光》	夏洁云、沈佳乐、梅艳艳	镇海区新闻中心

三等奖（7件）

序号	作品标题	主创人员	报送单位
1	文艺及其他播音：《大地知道我来过》	毛欣、胡建泽	宁波广播电视集团
2	文艺及其他播音：《天空没有留下翅膀的痕迹，但我已经飞过》	衡帅	宁波广播电视集团
3	文艺及其他播音：《一书一世界》（《平凡的世界》一、二集）	袁子扬、凌白	奉化区融媒体中心
4	文艺及其他播音：《抗疫手记——疫情，让世界变得温柔》	艾世强、陆楚楚	镇海区新闻中心
5	新闻主持：《小康之声》8月25日	刘德雅	象山县传媒中心
6	文艺主持：《为爱发声 守望乡村——关爱乡村儿童精神成长》	雷洋、唐珊珊	宁海传媒集团
7	服务类主持：《可乐爱回家——盲盒产业的利与弊》	邵雨晨、王卓、杨新宇	北仑区传媒中心

（二）电视播音主持

一等奖（4件）

序号	作品标题	主创人员	报送单位
1	新闻播音：2021年7月1日《宁波新闻》	董寅寅	宁波广播电视集团
2	新闻播音：2021年3月29日《宁波新闻》	孙大彬	宁波广播电视集团
3	新闻主持：《杨倩：越努力越幸运》	张馨予	宁波广播电视集团
4	新闻主持：《"龙"腾"马"跃 留"鄞"过年》	杨超	鄞州区融媒体中心

附录九　2021年度宁波市广播电视获奖作品一览表

二等奖（6件）

序号	作品标题	主创人员	报送单位
1	新闻播音：《慈溪新闻》	张存凯、王浩	慈溪市融媒体中心
2	新闻主持：2021年7月2日《看点》	沙瑛雪	宁波广播电视集团
3	文艺主持：《经典甬流传》——孙威	石丽虹	宁波广播电视集团
4	文艺主持：《大艺术"+"⑤｜刘东峰：让村民在家门口富起来》	朱鲁瑶	宁海传媒集团
5	服务类主持：《走进恬园——"浪漫蔬菜"别样生财》	吕彦续	北仑区传媒中心
6	服务类主持：《山水乡愁可寄　美好生活可期——主播带你一眼望四季》	成功	奉化区融媒体中心

三等奖（9件）

序号	作品标题	主创人员	报送单位
1	新闻播音：《防御台风"烟花"特别报道》	高家晅	宁波广播电视集团
2	新闻播音：2021年12月31日《宁波新闻》	曹力恒、张玥	宁波广播电视集团
3	新闻播音：2021年7月25日《江北新闻》	王璐	江北区全媒体中心
4	新闻播音：2021年4月30日《江北新闻》	许婷婷	江北区全媒体中心
5	新闻播音：《镇海新闻》	卢奕林	镇海区新闻中心
6	文艺及其他播音：《小山村里孕出大梦想》	张薇	象山县传媒中心
7	新闻主持：《主播帮帮帮：这个13岁的小女孩需要您的帮忙（上）——30万元截肢手术费愁煞家人》	俞樾	宁海传媒集团
8	新闻主持：2021年10月31日《余姚新闻》	傅森	余姚市融媒体中心
9	服务类主持：《传奇中国节　中秋节　鱼虾满仓庆丰收　聚享团圆品乡情》	范添鑫	鄞州区融媒体中心

五、广播电视少儿节目奖

（一）广播少儿节目

一等奖（2件）

序号	作品标题	主创人员	报送单位
1	《万物带来你的消息——致袁隆平》	集体（毛欣、郭英杰、马丹、姚兰、胡旭霞、戴洁敏、洪桦、冯筱、黄育莉、张自通、刘涛、何美樨、王骞亿、杨广杰、刘天奇、赵文博、蓝文田、吴盈、黄河）	宁波广播电视集团
2	《今天不上学之少年派》	袁鹤、毛洲英、张倩奕、叶赵明	宁波广播电视集团

二等奖（3件）

序号	作品标题	主创人员	报送单位
1	《奥运冠军离我那么近！》	徐宁、陈曦、胡旭霞	宁波广播电视集团
2	《"双减"路上寻宝记》	孙平华、石熹、张蓉丽、杨曦	象山县传媒中心
3	《白鹭纷飞 镇海更美》	黄建英、王霞、陈延鹏	镇海区新闻中心

三等奖（5件）

序号	作品标题	主创人员	报送单位
1	《童年在北仑，友好"童"路行》	马雪儿、卢彦伯、杨新宇、周永声、曹跃	北仑区传媒中心
2	《童言心语之布袋和尚传说》	蒋琳	奉化区融媒体中心
3	《红色经典——鸡毛信》	石熹、张蓉丽、孙平华	象山县传媒中心
4	《奥运冠军回来啦》	贺叶、朱施展、蔡科波	鄞州区融媒体中心
5	《浙东之声少儿红色电台》	吕晓、陈霞、娄智伟、陆晓珊	余姚市融媒体中心

（二）电视少儿节目

一等奖（3件）

序号	作品标题	主创人员	报送单位
1	《"闪耀吧！少年"——2021 NBTV第六届少儿春晚》	周成通、黄瑶汝、任力廷、章天宁、石丽虹、周仲昊、柴宁斐、贺杨	宁波广播电视集团
2	《童心向党 山海同行——2021"请让我来帮助你"大型广场公益活动》	张霞、王桦楠、陈青禾、陈冬青、黄瑶汝、柴宁斐、孙燕、周仲昊	宁波广播电视集团
3	《草木华滋》	陆艺、余可歆、洪旭祺、高凌宵、颜逸超	镇海区新闻中心

二等奖（5件）

序号	作品标题	主创人员	报送单位
1	《加油，向未来！》	曹跃、虞夕红、郭国伟、张强、钱丰	北仑区传媒中心
2	《"童心向未来"2021奉化少儿春晚》	傅陈、李铁、蒋豪、胡盼盼、鲍骈科、沈昕、王桃波	奉化区融媒体中心
3	《我爱我家》	严哲泳、姜娴、郑少艳、周衍、石丽虹	宁波广播电视集团
4	《"好少年"炼成记》	朱越、郁振潮、张弦、张楠茵子	鄞州区融媒体中心
5	《快乐碰碰车》	黄茫、周亮、丁丹斌、杨亮	余姚市融媒体中心

三等奖（6件）

序号	作品标题	主创人员	报送单位
1	《"青声童语"张人亚党章学堂志愿讲解员决赛》	张强、曹跃、郭国伟、吕彦续、张金鹏	北仑区传媒中心
2	《"童心·中国梦"2021慈溪市少儿电视春晚》	黄励咪、陈建泽、胡焕龙、黄凯	慈溪市融媒体中心

续表

序号	作品标题	主创人员	报送单位
3	《红领巾学党史》	陈建泽、黄励咪、史柏炯、黄凯、康丹虹	慈溪市融媒体中心
4	《跟着崔译文姐姐讲文明》	傅陈、李铁、胡盼盼、蒋豪、鲍骅科、应捷敏、王桃波	奉化区融媒体中心
5	《"百年辉煌 童心颂党"——庆"六一"国际儿童节文艺汇演》	华瑛、李巧燕、王晓丹、余婷婷、葛倡、童泽芝、杨显峰、胡宏波	宁海传媒集团
6	《双减后的周末》	黄茫、周亮、丁丹斌、杨亮	余姚市融媒体中心

六、广播电视广告奖

（一）广播广告

一等奖（3件）

序号	作品标题	主创人员	报送单位
1	长版：《珍爱美丽地球》	杨翰钰、胡旭霞、罗红波	宁波广播电视集团
2	长版：《请开始表演》	王伟波、邱靖蕾、李旻昱、孙家蔚	宁波广播电视集团
3	长版：《把童年时光，还给孩子》	卢彦伯、马雪儿、王卓	北仑区传媒中心

二等奖（6件）

序号	作品标题	主创人员	报送单位
1	长版：《节约用水》	胡建泽、张轶宁、舒风、沈世芳	宁波广播电视集团
2	短版：《接种与杀毒》	赵磊、汪慧、朱丹	鄞州区融媒体中心
3	长版：《奥运精神传承有我》	赵磊、夏文珺、朱丹	鄞州区融媒体中心
4	长版：《防诈口诀》	刘承煜、周艳阳	宁海传媒集团
5	长版：《眼镜的自白》	凌白	奉化区融媒体中心

续表

序号	作品标题	主创人员	报送单位
6	长版：《爸爸的爱》	陈霞、吕晓、娄智伟、娄城、陆晓珊、朱杨	余姚市融媒体中心

三等奖（8件）

序号	作品标题	主创人员	报送单位
1	长版：《闪亮的名字》	刘守则、周竞敏	宁波广播电视集团
2	长版：《低碳出行》	杨翰钰、胡旭霞、徐宁、陈曦	宁波广播电视集团
3	长版：《复仇者交通版宣——任我行》	王骞亿、郭英杰、毛欣、刘涛、蓝蓝、罗晶	宁波广播电视集团
4	长版：《迎亚运，我们乘风破浪》	孙平华、吴启超、金宇、张蓉丽、沈绚	象山县传媒中心
5	长版：《拒绝酒驾 平安回家》	杨新宇、马雪儿	北仑区传媒中心
6	长版：《老师，我想对您说》	裘盛娜	奉化区融媒体中心
7	长版：《今天你戴口罩了吗》	朱杨、陈霞、娄智伟、吕晓、王一男、王锦	余姚市融媒体中心
8	长版：《自由成长》	黄建英、王霞、艾世强	镇海区新闻中心

（二）电视广告

一等奖（3件）

序号	作品标题	主创人员	报送单位
1	长版：《宁波奥运冠军防疫提醒"六还要"》	冯勇、徐驰、蒋昕	宁波广播电视集团
2	长版：《我是共产党员》	集体（郑萍、沈飞女、郑静峰、沈弘磊、沈世芳、邬周维、吴晟波、卢怡、陈贵积、王玮）	宁波广播电视集团
3	长版：《信息时代请拉上老人的手》	陈霞、吕晓、娄智伟、徐霄鹏、娄城	余姚市融媒体中心

二等奖（4件）

序号	作品标题	主创人员	报送单位
1	长版：《跟着小蚁哥学分类2》	傅陈、胡盼盼、鲍骀科、蒋豪、李铁	奉化区融媒体中心
2	长版：《世界自闭症关注日：请不要放弃我们 请不要忽视我们》	黄新策、史进、吴珊妍、郑迦挥、潘佩佩	鄞州区融媒体中心
3	长版：《树的价值》	蔡苏杰、邓梦佳	北仑区传媒中心
4	长版：《防疫：戴口罩篇》	鲍云辉、胡馨文、徐争艳	镇海区新闻中心

三等奖（5件）

序号	作品标题	主创人员	报送单位
1	长版：《加油，为了更好的明天》	集体（郑萍、沈飞女、郑静峰、沈弘磊、沈世芳、邬周维、吴晟波、卢怡、陈贵积、王玮）	宁波广播电视集团
2	短版：《看不见》	钱丰、吕彦续	北仑区传媒中心
3	长版：《人人都是健康责任第一人》	赵真珍、金宇、励静静、章巧奕	象山县传媒中心
4	长版：《安全生产月》	吴珊妍、史进、黄新策、郑迦挥	鄞州区融媒体中心
5	长版：《手牵手 共富裕》	集体（杨军、胡晓云、傅斐云、毛晓红、袁峰、周成森、李迪佳）	余姚市融媒体中心

七、学术论文奖

一等奖（2件）

序号	作品标题	主创人员	报送单位
1	节目研究：《连接、对抗、在场："云传播"时代的主播话语体系解构》	毛欣	宁波广播电视集团
2	新媒体及其他研究：《城市广播亲子少儿类音频产品的开发与传播》	胡旭霞	宁波广播电视集团

二等奖（4件）

序号	作品标题	主创人员	报送单位
1	节目研究：《记录小生活 映照大时代——纪录片〈三公里的担心〉创作心得》	宓锐	宁波广播电视集团
2	节目研究：《历史性重大主题报道的故事化呈现——以宁波广播电视集团新闻综合广播〈决胜脱贫在今朝〉为例》	郑士炎	宁波广播电视集团
3	新媒体及其他研究：《从河南卫视"中国节日"系列节目看"全媒"思维转变》	郭雪玲	宁波广播电视集团
4	节目研究：《县级台纪录片创作的探索和思考》	孙海苗、方镇勇	余姚市融媒体中心

三等奖（6件）

序号	作品标题	主创人员	报送单位
1	经营研究：《传媒产业融合对市场绩效的影响分析》	叶慧惠	宁波广播电视集团
2	决策研究：《重大突发事件与媒体应急机制》	屠彪	宁波广播电视集团
3	新媒体及其他研究：《浅谈媒体融合的动力机制》	求剑锋、管妍敏	宁波广播电视集团
4	新媒体及其他研究：《县级融媒如何打通服务群众的"最后一公里"——以北仑区传媒中心"仑传"APP的实践为例》	张丽丽	北仑区传媒中心
5	新媒体及其他研究：《融媒体时代下探究纪录片"出版＋短视频"的发展模式》	何顺	镇海区新闻中心
6	新媒体及其他研究：《融媒体环境下主持人的生存与发展路径》	孙平华	象山县传媒中心

八、新媒体类奖

（一）短视（音）频新闻

一等奖（4件）

序号	作品标题	主创人员	报送单位
1	《奥运五金 宁波亮了》	杨彦翀、陈炳、林楚楚、王福寿、潘志君、张科	宁波广播电视集团
2	《在这"一"瞬间，我们重返2021的那些温暖》	沈世俊	江北区全媒体中心
3	《一段短视频暖了全国网友 鄞州八旬教授插着鼻胃管给小病友讲题》	王莎、王世杰、章良开、司徒凯、徐奇锋、金建锋	鄞州区融媒体中心
4	《你好，封控区的"抗疫宝宝"》	陈朔愉、吴梦帆、马旭锋、施俊杰、乌晓聪	镇海区新闻中心

二等奖（7件）

序号	作品标题	主创人员	报送单位
1	《"东京奥运"短视频系列报道》	集体（周海宇、冯勇、杨佳佳、邵磊、徐硕、许赛、蒋昕、陈方晓、郭栋、王桦楠、章天宁、张聪、姚淑娟、王霄轩）	宁波广播电视集团
2	《泪目！生死时速！宁波温度！＃救援》	王骞亿、罗晶、姜新燕、郭英杰	宁波广播电视集团
3	《一起守护这座有温度的城市》	施贤能、朱越、王世杰、徐奇锋、宋健益、金建锋	鄞州区融媒体中心
4	《美兮·慈溪》	琼珊、胡安	慈溪市融媒体中心
5	《爱聚海曙！加油洞桥，我们一定行》	王杨乐、李旭煌、邬盈蓓	海曙区全媒体中心

附录九　2021年度宁波市广播电视获奖作品一览表

续表

序号	作品标题	主创人员	报送单位
6	《遇见宁海｜泥金彩漆：丹漆非遗一抹红》	王鸫涞、应刘意、高悦雯、黄浓珍、吴帅	宁海传媒集团
7	《新闻路上，你我同行——第22届中国记者节主题短视频报道》	赵真珍、胡渊博、陈佳雯、许波、金宇、方子龙	象山县传媒中心

三等奖（10件）

序号	作品标题	主创人员	报送单位
1	《郎朗在宁波》	李帆、杨哲	宁波广播电视集团
2	《抗疫进行时：镇海人民医院的12小时》	集体（王佩璐、吴金城、何枫、薛大炯、钱其杰、徐旭之、高红明、吕霞、赵莹）	宁波广播电视集团
3	《大鲜回应#我要买R8》（上、中、下三篇）	钟佳銮、刘莹、顾迎燕、胡旭霞、沈建华、吴福明	宁波广播电视集团
4	《资格证异地可年审，便捷千万货运司机！向总理诉难的他，今天网上办好了》	邓少华、吴益丹、刘哲、吴育新、梅子满、沈之蓥	"甬派"客户端
5	《王红举：骑行2000多公里的义诊路，我一直在路上》	项秋冰、蔡苏杰、王奕丹	北仑区传媒中心
6	《溪游记》	邵姗姗、卢晔、岑天炜、黄凯、黄海波	慈溪市融媒体中心
7	《菜农隔离不能出摊，海曙这位老顾客帮其吆喝卖菜》	朱燕君、陈心琪、邬盈蓓、叶维肖	海曙区全媒体中心
8	《非遗老人：守护最美乡愁》	金旭东、胡渊博、胡绿茵、夏琪磊、章巧奕、林爱雪	象山县传媒中心
9	《灵秀四明湖　白鹭舞翩跹》	黄茫、徐宇文	余姚市融媒体中心
10	《这就是我们》	何顺、高凌宵、马旭峰、陈士伟、颜逸超、刘健	镇海区新闻中心

（二）新闻直播

一等奖（1件）

序号	作品标题	主创人员	报送单位
1	《直播｜突发！两只糙齿海豚搁浅！宁海紧急救援……》	黄浓珍、应刘意、吴帅、邱雯雯、俞枝秀、李炯炯、杨矜矜、林佳怡	宁海传媒集团

二等奖（2件）

序号	作品标题	主创人员	报送单位
1	《宁波制造——打造单项冠军之城》	罗建永、张馨予、励正、司陈锋、金敏戚一、郑静峰、张健	宁波广播电视集团
2	《"智"战"烟花"！甬派+城市大脑跨介质互动直播》	集体（邓少华、吴育新、王子尘、张钱鸿、郁莉娜、陈隽、杨公允、何巧巧、吴益丹、孙捷、孔锡成、孙宇卓、史米可、黄国飚、吴冠夏、李敬平、俞越、柯善露、梅子满、陈思佳）	"甬派"客户端

三等奖（2件）

序号	作品标题	主创人员	报送单位
1	《和你在一起，致敬50年初心》	卢晔、吴奇林、徐施荻、岑政阳、胡霄萌、徐波杰、黄海波	慈溪市融媒体中心
2	《众志成城！直击三江口抢险》	黄未、王世杰、杨超、张炎、史进、张旻、戴云龙、徐奇锋、宋健益、姚赛芬	鄞州区融媒体中心

（三）创意互动

一等奖（2件）

序号	作品标题	主创人员	报送单位
1	《你敢测吗？｜我的宁波气质竟然是……》	集体（陈炳、张科、潘修恒、周凯、张学文、劳超超、张宸琦、张文茜、杨彦翀、黄佳妙、吴亚晓）	宁波广播电视集团

续表

序号	作品标题	主创人员	报送单位
2	《H5｜镇海"解封"！甬战"德尔塔"，凌厉十一招》	集体（邓少华、吴育新、梅子满、沈严、易鹤、洪朕禹、毛雪娇、张悦、张钱鸿、孔锡成、史米可、俞越、何巧巧、张颖）	"甬派"客户端

二等奖（2件）

序号	作品标题	主创人员	报送单位
1	《H5｜红色文物告诉你》	徐千、孙景石、楼斯婷、李培妮、刘霞飞、刘文治	余姚市融媒体中心
2	《H5｜2021对话1921，幸得有你，山河无恙……》	胡馨文、陈潇	镇海区新闻中心

三等奖（1件）

序号	作品标题	主创人员	报送单位
1	《红色印记——重温那段不能遗忘的历史》	郑亚清、郑恬	慈溪市融媒体中心

（四）新媒体主持

一等奖（1件）

序号	作品名称	主持人	报送单位
1	《仑传主播带你探访白峰外峙岛盐田 体验古法晒盐技艺》	王孟思	北仑区传媒中心

二等奖（1件）

序号	作品名称	主持人	报送单位
1	《直播｜分享"五金"荣光！奥运冠军做客甬派，讲述奋斗故事》	吴益丹	"甬派"客户端

三等奖（3件）

序号	作品名称	主持人	报送单位
1	《宁波文化符号系列》	胡建泽、申小轩、何瑾、舒风、张轶宁	宁波广播电视集团
2	《飞越甬江北岸系列报道》	刘思好	镇海区新闻中心
3	《HELLO 小答人之"疫"战到底》	宋凯、凌白	奉化区融媒体中心

2021年度宁波市广播节目技术质量"金鼎奖"获奖一览表

一、广播播出技术质量奖

奖级	单位	主要完成人
一等奖	镇海区广播电视台	王建敏、许坚刚、董波、严洪智、陈桢、傅景涛
二等奖	北仑区传媒中心	江干宏、施齐杰
二等奖	余姚市融媒体中心	万振华、吴高权、汪颢、严杰、阮建庆
三等奖	鄞州区融媒体中心	应建明、徐云、徐松林、陈浩良
三等奖	宁海传媒集团	骆海林、何红枫、胡杰敏、陈吉、蔡伟东、陈勇

二、广播录制技术质量奖

奖级	节目名称	单位	主要完成人
一等奖	古筝《将军令》	北仑区传媒中心	江干宏、施齐杰
一等奖	《家书》	镇海区广播电视台	俞昊红、许坚刚、董珍怡
一等奖	《破壳》	象山县传媒中心	郑科峰、许周腾、孙平华
二等奖	《炮兵的眼睛——记抗战老兵冯刚》	奉化区融媒体中心	张荣辉、孙亦斌、杨成业
二等奖	《跨越八千年的涛声》	余姚市融媒体中心	汪颢、严杰、吴高权
二等奖	《两航起义》	镇海区广播电视台	嵇波、崔春天、王建敏

续表

奖级	节目名称	单位	主要完成人
二等奖	《高空坏蛋》	余姚市融媒体中心	汪颢、阮建庆、万振华
二等奖	《音乐让我说》	镇海区广播电视台	崔春天、陈桢、董珍怡
三等奖	《舞龙迎亚运》	象山县传媒中心	许周腾、郑科峰、孙平华
三等奖	《在战火硝烟中挺立》	北仑区传媒中心	江干宏、施齐杰
三等奖	《用生命坚守防控复工第一线——追记宁海好支书叶全奖》	宁海传媒集团	骆海林、何红枫、胡杰敏
三等奖	《冠军城》	北仑区传媒中心	江干宏、施齐杰
三等奖	《垃圾分类》	宁海传媒集团	何红枫、蔡伟东、陈吉
三等奖	《疫情超能力》	鄞州区融媒体中心	应建明、徐松林、贺叶
三等奖	《最美的时光在路上》	北仑区传媒中心	江干宏、施齐杰
三等奖	《环境卫生100分》	鄞州区融媒体中心	应建明、贺叶

2021年度宁波市电视节目技术质量"金鼎奖"获奖一览表

一、电视播出技术质量奖

奖级	单位	主要完成人
一等奖	鄞州区融媒体中心	戴云龙、应志峰、陈威、张旻
二等奖	北仑区传媒中心	陈建伟、黄汇宇、赵甲飞、白净
二等奖	奉化区融媒体中心	董玉立、杨成业、张荣辉、杨永革、孙亦斌、江河
三等奖	象山县传媒中心	郑科峰、许周腾、刘竞成、朱永杰、聂芳芳、干磊
三等奖	镇海区广播电视台	虞杲红、董珍怡、傅景涛、陈桢、嵇波、崔春天

二、高清电视录制技术质量奖

奖级	节目名称	单位	主要完成人
一等奖	《鄞视报道》	鄞州区融媒体中心	戴云龙、应志峰、张旻
一等奖	《飞岩》	象山县传媒中心	聂芳芳、郑科峰、许周腾、刘竞成
一等奖	《象山电视台ID》	象山县传媒中心	郑科峰、许周腾、聂芳芳、杨洁
一等奖	《为你而来》	镇海区广播电视台	崔春天、傅景涛、董珍怡
二等奖	《镇海新闻》	镇海区广播电视台	陈桢、傅景涛、虞杲红、嵇波
二等奖	《北仑新闻》	北仑区传媒中心	谢彪、赵甲飞、贺佳、叶建建
二等奖	《象山新闻》	象山县传媒中心	郑科峰、许周腾、朱永杰、刘竞成
二等奖	《四明峰火》	余姚融媒体中心	万振华、严杰、宋建红
二等奖	《泥金彩漆》	宁海传媒集团	骆海林、何红枫、蔡伟东
二等奖	《云上大堰》	奉化区融媒体中心	尹磊、张荣辉、孙亦斌
三等奖	《奉视新闻》	奉化区融媒体中心	肖蓉勤、斯光男、杜晓、俞远
三等奖	《大榭新闻》	宁波大榭开发区传媒中心	林浩、蔡凯蕾、郭鹏、仇唯杰
三等奖	《浓农画艺》	北仑区传媒中心	陈建伟、郭国伟、贺佳、赵甲飞
三等奖	《跨越山海的情谊》	镇海区广播电视台	嵇波、董珍怡、虞杲红
三等奖	《知行合一》	余姚融媒体中心	严杰、宋建红、万振华
三等奖	《炒毛蟹》	北仑区传媒中心	贺佳、曹佳敏、邓梦佳
三等奖	《北仑之夏》	北仑区传媒中心	谢彪、杜倩、郝玉亮
三等奖	《阳明故里》	余姚融媒体中心	严杰、宋建红、万振华
三等奖	《清明》	鄞州区融媒体中心	戴云龙、曾立云

2021年宁波市广播电视科技创新项目"金潮奖"获奖一览表

奖级	项目名称	完成单位	完成人
特别奖	基于AIoT数据分析的社区融媒宣传应用系统	宁波广播电视集团	王伟、钟发松、武开有、陈起来、徐鸿乾、董万春、周全、缪志敏
一等奖	基于"智慧广电+数字孪生"的社会综合治理平台	余姚市融媒体中心	叶逢春、杨兴浩、朱斌、汤建良
一等奖	基于交互终端+大数据的节目收视智慧分析系统	宁波华数广电网络有限公司	钟发松、徐鸿乾、孙欣、陈起来、吴石松、林灵、董磊、杨沪辉
一等奖	发射安播业务智慧化的具象思考和技术实践	宁波广播电视集团	黄培建
一等奖	项目管理在高清化播出在线技术改造中的应用与实践	宁波广播电视集团	吴石松、王伟
一等奖	广电综合自助服务终端网网络体系的设计与实践	宁波华数广电网络有限公司	钟发松、徐鸿乾、王晨明、毛俊豪、顾叶丹
二等奖	基于智能应急广播的国土资源管理平台	余姚市融媒体中心	叶逢春、杨兴浩、朱斌、汤建良
二等奖	基于星型传播架构的慈溪融媒体中心融媒制播一体化系统	慈溪市融媒体中心	冯立中、张登尔、费宇晖、洪涛、胡建人、徐芳芳、孙丹勇、胡文成
二等奖	坡地中波发射台建设工程	宁波广播电视集团	黄培建、袁汉君、周剑、叶亦能、薛乾乾、傅尔辉、童亿若、郑晓夏
二等奖	基于国家、市、县三级平台联网联动联播的全域应急广播模式的探究和实践	宁波广播电视集团	庄齐斌、陈起来

续表

奖级	项目名称	完成单位	完成人
二等奖	超融合架构平台在发射监控系统中的应用	宁波广播电视集团	庄严
二等奖	基于卷积神经网络的监控图像智能分析系统	宁波广播电视集团	郑凯辉、黄培建
二等奖	广电省级5G平台建设发展的分析及思考	宁波华数广电网络有限公司	楼昶、李仲祥、高峰
三等奖	宁波广电集团原播控系统高清化在线改造工程	宁波广播电视集团	王伟、谢辉珍、吴石松、戴宏斌、吴晨海、葛晓雷、李洪波、陈荣海
三等奖	基于物联网数据接入平台的智慧停车系统项目	宁海传媒集团	陈健海、陈述、胡杰敏、葛益、徐世吉、王卫飞、李文杰、刘存明
三等奖	多媒体智能融合的象山县融媒体指挥中心技术平台	象山县传媒中心	李仁德、许周腾、郑科峰、刘竞成、干磊、方永东、齐国府、汤雪巧
三等奖	"5G+"多形态移动转播系统	宁波广播电视集团	谢辉珍、程波、王征新、刘金强、干一润、潘白涛、王友琴、马建锋
三等奖	基于移动互联网语音互动的广播融媒体直播区	宁波广播电视集团	陈起来、孙刚鸿、忻震、赵勇、黄准、丁小敏、吴挺、张立影
三等奖	广电发射台站智慧化进程的数据应用	宁波广播电视集团	黄培建
三等奖	基于广播融媒体演播系统的视频业务平台设计与实现	宁波广播电视集团	武开有
三等奖	县市级融媒体中心全媒体高清演播室建设的思考	慈溪市融媒体中心	张登尔
三等奖	光缆交接箱智能管控系统的设计与应用	宁波华数广电网络有限公司	钟发松、徐鸿乾、王业、朱静波、吴有伟、顾叶丹
三等奖	县级媒体融合的象山实践	象山县传媒中心	许周腾、方永东

2021年宁波市广播电视技术能手竞赛获奖一览表

奖级	项目	单位	姓名
一等奖	广播中心	宁波广播电视集团	干一润
一等奖	电视中心	宁波广播电视集团	吴挺
一等奖	客服代表	宁波华数广电网络有限公司	陆金娟
一等奖	网络安全	宁波广播电视集团	孙旻
一等奖	网络安全	宁波广播电视集团	曹晓宇
一等奖	装维劳动技能	宁波华数广电网络有限公司江北子公司	吕昊
一等奖	装维劳动技能	宁波华数广电网络有限公司鄞州子公司	张浩杰
二等奖	广播中心	宁波广播电视集团	俞侃
二等奖	广播中心	慈溪市融媒体中心	岑泽煊
二等奖	电视中心	宁波广播电视集团	张立影
二等奖	电视中心	余姚市融媒体中心	汪颗
二等奖	客服代表	宁波华数广电网络有限公司	李祯
二等奖	客服代表	宁波华数广电网络有限公司	周闻蓉
二等奖	网络安全	宁波广播电视集团	庄奇斌
二等奖	网络安全	宁波广播电视集团	沈雷
二等奖	网络安全	北仑广电网络有限公司	丁立
二等奖	装维劳动技能	宁波华数广电网络有限公司海曙分公司	严幸杰
二等奖	装维劳动技能	宁波华数广电网络有限公司江北子公司	邵佳辉
二等奖	装维劳动技能	宁波华数广电网络有限公司海曙分公司	曹启国
三等奖	广播中心	宁波广播电视集团	王友琴
三等奖	广播中心	宁波广播电视集团	马建锋
三等奖	广播中心	镇海区新闻中心	傅景涛
三等奖	电视中心	宁波广播电视集团	赵勇

续表

奖级	项目	单位	姓名
三等奖	电视中心	宁波广播电视集团	黄准
三等奖	电视中心	慈溪市融媒体中心	徐芳芳
三等奖	客服代表	慈溪市融媒体中心	陆红霞
三等奖	客服代表	宁波华数广电网络有限公司	林凤静
三等奖	客服代表	象山数字电视有限公司	刘辉
三等奖	客服代表	奉化广电网络有限公司	毛静
三等奖	网络安全	镇海区新闻中心	董珍怡
三等奖	网络安全	宁波广播电视集团	翁青山
三等奖	网络安全	镇海区新闻中心	崔春天
三等奖	网络安全	鄞州区融媒体中心	曾立云
三等奖	网络安全	北仑广电网络有限公司	陈挺
三等奖	装维劳动技能	宁波华数广电网络有限公司鄞州子公司	龚建豪
三等奖	装维劳动技能	宁波华数广电网络有限公司海曙分公司	陈国君
三等奖	装维劳动技能	象山县传媒中心	许周腾
三等奖	装维劳动技能	象山数字电视有限公司	郭挺男
三等奖	装维劳动技能	宁波华数广电网络有限公司海曙分公司	梁平

《宁波广播电影电视发展报告（2022）》图表索引

附录十

图 1-1　2017—2021 年宁波广播电视实际创收收入情况 ……………… 043
图 1-2　2021 年区县（市）广播电视行业实际创收收入前三位 ………… 043
图 1-3　2021 年宁波广播电视行业实际创收收入结构情况 …………… 044
图 1-4　2021 年宁波广播节目按类别播出时间情况 …………………… 048
图 1-5　2021 年宁波广播节目按类别制作时间情况 …………………… 048
图 1-6　2021 年宁波电视节目按类别播出时间情况 …………………… 049
图 1-7　2021 年宁波电视节目按类别制作时间情况 …………………… 049
图 1-8　2017—2021 年宁波广播电视行业广告收入情况 ……………… 050
图 1-9　2017—2021 年宁波广播和电视广告收入情况 ………………… 050
图 1-10　2021 年宁波广播电视广告收入区域构成情况 ………………… 051
图 1-11　2017—2021 年宁波广播广告收入情况 ………………………… 053
图 1-12　2017—2021 年宁波电视广告收入情况 ………………………… 056
图 1-13　2017—2021 年宁波广播电视网络收入情况 …………………… 058
图 1-14　2017—2021 年宁波有线数字电视实际用户数 ………………… 059
图 1-15　2017—2021 年宁波电影票房 …………………………………… 061
图 1-16　2016—2021 年宁波全市影院数与票房增长趋势变化 ………… 061
图 1-17　2016—2021 年宁波市电影平均票价走势 ……………………… 061
图 1-18　2021 年全国票房排名前二十的城市 …………………………… 062
图 1-19　2018—2021 年宁波月票房走势 ………………………………… 064
图 1-20　2018—2021 年宁波月观影人次走势 …………………………… 064
图 1-21　2018—2021 年四大重点档期票房占比 ………………………… 065

图 1-22	2021 年宁波全年观影人次排名前十影院	068
图 1-23	2017—2021 年影院票房前二十占全市票房比	069
图 1-24	2017—2021 年全市影院按票房分类数量图	069
图 1-25	2021 年区县（市）票房占比	070
图 1-26	2021 年区县（市）平均票价和场均人次	071
图 1-27	总票房排名前五的影投公司	074
图 1-28	2021 年全市票房前十影片占全年票房比例	076
表 1-1	2021 年宁波广播电视广告收入区域构成情况	051
表 1-2	2021 年宁波广播广告收入区域构成情况	052
表 1-3	2021 年宁波电视广告收入区域构成情况	055
表 1-4	2017—2021 年宁波市电影市场数据同比分析	062
表 1-5	2021 年宁波全市电影票房每月基础数据同比	063
表 1-6	2021 年宁波全市四大档期票房同比	065
表 1-7	2021 年宁波全市影院体量分布（按影厅数）	066
表 1-8	2021 年宁波全市影院体量分布（按座位数）	066
表 1-9	2021 年宁波全年票房排名前二十影院	067
表 1-10	2021 年全市影院票房区间	069
表 1-11	2021 年区县（市）影院市场数据	070
表 1-12	2021 年区县（市）新开影院	072
表 1-13	2021 年区县（市）关停影院	073
表 1-14	2021 年全市 22 条电影院线情况	075
表 1-15	2021 年全市票房前十影片情况	076
表 1-16	2019 年、2021 年国产片和进口片情况	077
表 2-1	2021 年宁波文化广电旅游管理机构一览表	092
表 2-2	2021 年宁波广播电视监测机构一览表	093
表 2-3	2021 年宁波影视产业区机构一览表	093
表 2-4	2021 年宁波广播电视播出机构一览表	093
表 2-5	2021 年宁波广播电视网络机构一览表	094
表 2-6	2021 年宁波视听新媒体平台一览表	095

附录十 《宁波广播电影电视发展报告（2022）》图表索引

表 2-7　2021 年宁波乡镇（区）广播电视站（中心）一览表 ············ 096
表 2-8　2021 年宁波广播电视播出机构频率频道一览表 ················ 099
表 2-9　中国广播电视大奖 2019—2020 年度广播电视节目奖一览表 ······· 129
表 2-10　第三十一届中国新闻奖一览表 ································ 129
表 2-11　2021 年度第十四届中国电影电视技术学会科技进步奖一览表 ···· 129
表 2-12　2021 年"王选新闻科学技术奖"项目奖一览表 ················· 129
表 2-13　2021 年优秀新闻科技论文奖一览表 ·························· 130
表 2-14　2021 年度第十四届中国电影电视技术学会科技进步奖一览表 ···· 130
表 2-15　首届广播电视和网络视听人工智能应用创新大赛获奖一览表 ···· 130
表 2-16　2021 年宁波广播电视行业从业人员情况一览表（一） ········· 131
表 2-17　2021 年宁波广播电视行业从业人员情况一览表（二） ········· 132
表 2-18　2021 年宁波广播电视正高级专业技术职务人员一览表 ········· 133
表 2-19　2021 年宁波广播电视副高级专业技术职务人员一览表 ········· 135
表 2-20　2021 年宁波电影公司一览表 ································ 147
表 2-21　2021 年宁波电影院线公司一览表 ···························· 147
表 2-22　2021 年宁波电影院情况一览表 ······························ 149
表 2-23　2021 年宁波农村数字电影放映队一览表 ····················· 154
表 2-24　2021 年度宁波市电影公益放映基地一览表 ··················· 160
表 2-25　2021 年宁波广播电视制作经营机构一览表 ··················· 165
表 2-26　2021 年宁波广播电影电视社团组织一览表 ··················· 201
表 2-27　2021 年宁波广播电影电视编辑书刊一览表 ··················· 202
表 3-1　2021 年国庆档电影票房榜 ··································· 204
表 3-2　中国电影票房总榜前十位（截至 2021 年 10 月 22 日） ·········· 206
表 3-3　2019 年中国电影票房总榜前十位 ····························· 208
表 3-4　2020 年中国电影票房总榜前十位 ····························· 210
表 4-1　宁波老年与少儿广播在宁波地区的收听表现 ··················· 252
表 4-2　宁波老年与少儿广播重点节目收听表现 ······················· 252

附录十一 《宁波广播电影电视发展报告（2022）》撰稿人名单

总报告……………………………………………浙大宁波理工学院　王仁忠
　　　　　　　　　　　　　　　　　　宁波市文化广电旅游局　李仲祥

第一章　第一节　广播电视新闻宣传……………浙大宁波理工学院　王仁忠
　　　　第二节　广播影视公共服务……………浙大宁波理工学院　阮佳蒂
　　　　第三节　广播电视产业…………………浙大宁波理工学院　王仁忠
　　　　第四节　电影和电视剧产业……………浙大宁波理工学院　王仁忠
　　　　第五节　视听新媒体……………………浙大宁波理工学院　阮佳蒂

第二章　第一节　广播影视管理机构……………宁波市广播电视学会　徐位岳
　　　　第二节　广播电视播出网络机构………宁波市广播电视学会　徐位岳
　　　　第三节　频率频道………………………宁波市广播电视学会　徐位岳
　　　　第四节　节目播出………………………宁波市广播电视学会　徐位岳
　　　　第五节　受众调查………………………宁波市广播电视学会　徐位岳
　　　　第六节　评奖与表彰……………………宁波市广播电视学会　徐位岳
　　　　第七节　广播电视从业人员……宁波市广播电视学会　徐位岳　周丽清
　　　　第八节　电影经营单位……宁波市电影集团有限责任公司　史　啸
　　　　第九节　广播电视节目制作经营机构
　　　　　　　　………………………宁波市广播电视学会　徐位岳　周丽清
　　　　第十节　社团组织………………………宁波市广播电视学会　徐位岳
　　　　第十一节　书刊简目……………………宁波市广播电视学会　徐位岳

附录十一 《宁波广播电影电视发展报告（2022）》撰稿人名单

第三章　第一节　主旋律电影国庆热潮下的"宁波思考"
……………………江厦智库（宁波）经济研究院　江　知

　　　　第二节　主流价值传播的网络建构
　　　　　　——以"'NB轰红'短视频大赛"为例
………………………………浙大宁波理工学院　何镇飚

　　　　第三节　连接、对抗、在场："云传播"时代的主播话语体系解构
………………………………宁波广播电视集团　毛　欣

　　　　第四节　关于主流媒体参与基层社会治理的探讨
　　　　　　——以宁波广播电视集团新闻综合频道《看点》栏目为例
………………………………宁波广播电视集团　陈伯霖

第四章　第一节　以建设性新闻舆论监督助推清廉机关建设
　　　　　　——《阳光热线——清廉机关·你我同行》特别节目的实践
………………………………宁波广播电视集团　郑士炎

　　　　第二节　锤炼"四力"创作"网感"短视频　讲好乡村振兴故事
　　　　　　——以甬派团队创作短视频专题《小裤脚教授》为例
………宁波日报报业集团宁波报网传媒有限公司　张璟璟

　　　　第三节　创新节目形态　丰富报道手段　拓宽传播渠道
　　　　　　——《第一发布》特别节目《决战决胜全面小康区县（市）长访谈》新突破
………………………………宁波广播电视集团　金永亮

　　　　第四节　台风报道的策略与实践
　　　　　　——以宁波电视台新闻综合频道5G直播连线为例
………………………………宁波广播电视集团　何星烨

　　　　第五节　记录小生活　映照大时代
　　　　　　——纪录片《三公里的担心》创作心得
………………………………宁波广播电视集团　宓　锐

371

第六节　浅谈如何办好少儿广播节目
　　　　——以《小星星乐园》获奖为例
　　　　………………………………宁波广播电视集团　胡旭霞

第七节　电视健康服务类节目须讲"新闻性"
　　　　——以宁波广播电视集团自办节目《健康有1套》为例
　　　　……………………宁波广播电视集团　张美庭　傅莉丽

第八节　在共性中展现个性 挖掘好"共同富裕"这座"富矿"
　　　　………………………余姚市融媒体中心　孙海苗　方镇勇

第九节　助推鄞州"出圈"的媒体力量
　　　　——简析融媒体情境下城市形象宣传的创新
　　　　………………………………鄞州区融媒体中心　王　嫣

附录一　2021年宁波广播电影电视发展大事记………宁波市广播电视学会　徐位岳

附录二　2021年宁波广播电影电视事业产业发展亮点一览表
　　　　………………………………………浙大宁波理工学院　王仁忠

附录三　2021年宁波广播电视发展主要指标一览表
　　　　………………………宁波市广播电视学会　徐位岳　周丽清

附录四　2021年宁波广播电视行业实际创收收入构成情况图
　　　　………………………………………浙大宁波理工学院　吕宝缘

附录五　2021年宁波有线电视网络收入构成情况图
　　　　………………………………………浙大宁波理工学院　吕宝缘

附录六　2021年宁波广播电视广告收入分布情况图
　　　　………………………………………浙大宁波理工学院　吕宝缘

附录七　2021年宁波广播电视制作、播出情况图
　　　　………………………………………浙大宁波理工学院　吕宝缘

附录八　2021年度浙江省广播电视获奖作品一览表
　　　　………………………………………宁波市广播电视学会　周丽清

附录九　2021年度宁波市广播电视获奖作品一览表
　　　　………………………………………宁波市广播电视学会　周丽清

附录十 《宁波广播电影电视发展报告（2022）》图表索引
　　……………………………………………宁波市广播电视学会　徐位岳

附录十一 《宁波广播电影电视发展报告（2022）》撰稿人名单
　　……………………………………………宁波市广播电视学会　徐位岳

附录十二 《宁波广播电影电视发展报告（2022）》提供材料单位及特约编辑
　　……………………………………………宁波市广播电视学会　徐位岳

附录十二 《宁波广播电影电视发展报告（2022）》提供材料单位及特约编辑

单位	特约编辑
宁波市文化广电旅游局广播电视处	倪海敏　董海涛　冯　丰
宁波广播电视集团	郑士炎　刘　奇
鄞州区融媒体中心	李东千
镇海区新闻中心	盛柏臻
北仑区传媒中心	徐　丽
奉化区融媒体中心	刘　声
慈溪市融媒体中心	杨宝峰
余姚市融媒体中心	吕　群
宁海传媒集团	谢海涛
象山县传媒中心	杨增艳
江北区全媒体中心	朱乐梅
海曙区全媒体中心	周　舟
宁波甬派传媒股份有限公司	郑旭辉
宁波市影视文化产业区	童亦杨
宁波市电影集团有限责任公司	史　啸
宁波市广播电视监测中心	陈方晖
宁波华数广电网络有限公司	孔维阁
宁波市影视产业协会	陈奕羽
宁波市航拍协会	覃　华
宁波市微电影协会	倪　东
宁波市广播电视学会	周丽清

后记

2021年是中国共产党成立100周年，是"十四五"规划开局之年和全面建设社会主义现代化国家新征程、向第二个百年奋斗目标进军的开启之年，是全市广播电影电视行业奋力应对行业持续下滑和新冠肺炎疫情冲击，着力抓好内容建设、媒体融合、经营创收、技术支撑、综合保障的特殊一年。媒介技术、环境和生态急剧变化，媒体深度融合发展，新时代广播电影电视行业机遇与挑战并存。

宁波广电蓝皮书致力于跟踪并再现宁波广播电影电视行业改革发展轨迹，聚焦并展示行业发展实践和政策研究最新成果，致力于展示全市广播电影电视行业发展的政策导向和基本规律，是全国和全市行业内外了解宁波广电改革发展、领略全市广播电影电视发展风云的重要窗口。

2022年，宁波市广播电视学会和宁波市广播电视发展研究中心在总结经验的基础上，继续组织撰写宁波广电蓝皮书。

宁波广电蓝皮书是宁波广电行政管理部门、广电业界及相关专业人员的权威参考书，也是广大社会读者了解广电行业的必备工具书。

宁波市文化广电旅游局、宁波广播电视集团，各区县（市）文化和广电旅游体育局、各区县（市）广播电视台、宁波影视文化产业区、宁波市电影集团有限责任公司、宁波市广播电视监测中心等单位和部门大力支持广电蓝皮书的撰写，安排专人负责向本书编写组提供行业发展数据、工作总结和个案分析报告等文字资料，并对本书初稿提出了很多宝贵的修改意见和建议，在此一并致谢。

由于经验不足和水平有限，书中难免存在一些问题和不足，恳请广大读者向我们提出宝贵意见和建议，以便于我们进一步提升和完善广电蓝皮书的质量和权威性。

联系方式：宁波市广播电视学会秘书处

联系地址：宁波市鄞州区紫鹃新村148号

邮政编码：315040

联系电话：0574-81850501　81850502

电子信箱：nbgdxh@163.com

图书在版编目（CIP）数据

宁波广播电影电视发展报告.2022 / 宁波市广播电视学会，宁波市广播电视发展研究中心编著. —北京：中国国际广播出版社，2022.10
ISBN 978-7-5078-5214-1

Ⅰ.①宁… Ⅱ.①宁…②宁… Ⅲ.①广播事业－研究报告－宁波－2022②电影事业－研究报告－宁波－2022③电视事业－研究报告－宁波－2022 Ⅳ.①G229.275.53

中国版本图书馆CIP数据核字（2022）第185602号

宁波广播电影电视发展报告（2022）

编　　著	宁波市广播电视学会　宁波市广播电视发展研究中心
责任编辑	尹春雪
校　　对	张　娜
版式设计	邢秀娟
封面设计	黄　旭　赵冰波

出版发行	中国国际广播出版社有限公司［010-89508207（传真）］
社　　址	北京市丰台区榴乡路88号石榴中心2号楼1701 邮编：100079
印　　刷	天津市新科印刷有限公司

开　　本	710×1000　1/16
字　　数	390千字
印　　张	24.5
版　　次	2022 年 12 月　北京第一版
印　　次	2022 年 12 月　第一次印刷
定　　价	85.00 元

版权所有　盗版必究